LOVING TOUCH

Auch die Sexualität ist eine Kunst, die erlernt werden will. Am Anfang der Entdeckungsreise zur eigenen Lust und zu der des Partners stehen Neugierde und Mut zum Experiment.

»Loving Touch« ist ein Führer zu mehr Offenheit, Sicherheit und Selbstverständnis im Umgang mit Sexualität in der Partnerschaft. Das Buch nähert sich dem spannenden Thema von vielen verschiedenen Seiten: Es beschäftigt sich mit dem Erwachen der Sexualität, der Rolle der Masturbation beim Kennenlernen des eigenen Körpers und den sexuellen Signalen der Körpersprache. Der größte Abschnitt des Buches ist der Bedeutung und den Techniken des Geschlechtsverkehrs gewidmet. Aber es werden auch Fragen zur Empfängnisverhütung, zu Geschlechtskrankheiten und Aids beantwortet.

Mehr als siebzig farbige Abbildungen unterstützen den Text visuell. »Loving Touch« liefert einen wichtigen Beitrag zur Bereicherung des Liebeslebens, hilft bei der Überwindung von Hemmungen und zeigt vorbehaltlos, wie man seinem Partner und sich selbst mehr Vergnügen beim Sex bereiten kann.

LOVING TOUCH

Anleitung für eine harmonische Partnerschaft

Mit mehr als siebzig farbigen Abbildungen

GOLDMANN

Bildnachweis:
Kobal Collection: 31 Lets Make Love
Jean Loup Charmet: 39, 43
Mary Evans Picture Library: 51
Dave King: 57 links
Peter Knapp: 57 rechts
Image Bank: 133 links und rechts
Byron Newman: 169, 170

Der Goldmann Verlag
ist ein Unternehmen der Verlagsgruppe Bertelsmann

Vollständige Taschenbuchausgabe April 1991
Wilhelm Goldmann Verlag, München

Originalverlag: Marshall Cavendish Ltd., London
Originaltitel: The Loving Touch
Umschlaggestaltung: Design Team München
Satz: Filmsatz Schröter GmbH, München
Druck: Wenschow, München
Verlagsnummer: 13600
Kö · Herstellung: Martin Strohkendl / Sc
Made in Germany
ISBN 3-442-13600-8

10 9 8

Inhalt

Einleitung

Man sagt oft, daß der erste Hauskauf das wichtigste Ereignis im Leben sei. Das stimmt nicht. Es ist auch nicht der Kauf des ersten Autos oder der Höhepunkt einer Karriere. Viel entscheidender ist die Fähigkeit, mit einem geliebten Partner eine rundum erfüllende sexuelle Beziehung aufrechtzuerhalten und die Grenzenlosigkeit der eigenen Sinnlichkeit zu erkennen.

Vieles hat sich seit den Zeiten geändert, als man Sex für eine tierische Leidenschaft hielt, die der rücksichtslose Ehemann an seiner leidgeprüften Frau ausließ. Glücklicherweise wird Sex nicht mehr als bloße Prozedur zur Zeugung von Kindern betrachtet. Früher war die Frau am häuslichen Herd vielleicht ein wahres Muster an Tugendhaftigkeit, aber auf den Straßen herrschte Prostitution und Elend.

Heutzutage wird befriedigende Sexualität als Bestandteil jeder intimen Beziehung gesehen. In der Partnerschaft ist gesunde Sexualität der Kitt, der ein Paar zusammenhält.

Dahinter steht eine völlig neue Philosophie. Sex bedeutet heute weder eine unvermeidliche Unannehmlichkeit noch unanständigen Zeitvertreib, dem nur ausschweifende Menschen frönen. Er ist auch kein Hobby wie Briefmarkensammeln oder Gärtnern. Er ist der Stoff, aus dem das Leben ist.

Allerdings gibt es sehr viel zu lernen, und die Zeit ist kurz. Zwischen der Pubertät und den letzten Aufwallungen des Alters liegen Tausende von Liebesakten. Selbst wenn man die ganze Zeit über einem einzigen Partner treu bleibt, ist es unwahrscheinlich, daß man sich jemals dabei langweilt. Es gibt immer etwas Neues zu entdecken, wenn man mit jemandem zusammen ist, den man liebt. Das Problem ist eher, wie man all die erregenden Empfindungen unterbringt, die man dabei erleben kann.

Denken Sie aber auch daran, daß Sie beim Liebesakt nicht nur eine andere Person lieben. Es geht auch um Sie selbst. Nur wenn Sie jemandem so nahe sind wie beim Liebesakt – der engste körperliche Kontakt, den Sie je zu einem anderen Menschen haben werden –, können Sie die Einsamkeit ertragen, die mit dem tiefen Blick in Ihr eigenes Inneres verbunden ist. Die Franzosen nennen den Moment des Orgasmus »la petite morte« – den kleinen Tod. Sex ist vielleicht die einzige Vorbereitung aufs Sterben, die wir überhaupt haben.

Wenn man jung ist und die ersten zögernden Schritte in die Welt der Sexualität unternimmt, erscheint alles sehr geheimnisvoll. Und es gibt niemanden, den man fragen kann. Die Eltern sind verlegen, die Lehrer in der Schule oft schlecht informiert. Geistliche Leiter von Jugendgruppen und Sozialarbeiter haben alle ihre eigenen moralischen Vorstellungen. Ältere Schwestern und Brüder kichern, um die eigene Unwissenheit zu verbergen. Freunde sind ebenso schlecht informiert wie man selbst. Und sonst nimmt einen keiner ernst.

Dieses Buch will Ihnen ein tiefes Verständnis für den Liebesakt vermitteln, für seinen Verlauf und seine Techniken und für die bedeutende Rolle, die er in unser aller Leben spielt. Es soll Ihnen helfen, die ersten Schritte in Richtung Liebe zu machen, indem Sie etwas über Körpersprache, Flirten und Küssen erfahren. Es bietet Unterstützung bei der Einschätzung möglicher Partner und untersucht die Rolle der Jungfräulichkeit in dieser und anderen Gesellschaftsformen.

Es beschäftigt sich mit dem Erwachen der Sexualität, mit den komplexen Sex-Signalen, die wir uns gegenseitig übermitteln, und mit der Rolle der Masturbation beim Kennenlernen des eigenen Körpers und dessen sexueller Reaktionen. Es soll Sie Schritt für Schritt dazu anleiten, Hemmungen zu überwinden, und beschreibt die Probleme und Risiken des »ersten Mals«.

Das Thema Verhütung wird ausführlich behandelt, und ein spezieller Abschnitt befaßt sich mit Verführungsstrategien. Für den Bedarf an Liebeselixieren steht ein ABC der Aphrodisiaka zur Verfügung.

Die Kunst der Intimität muß erlernt werden, wenn man sie richtig genießen will. Warum sind manche Menschen promiskuitiv und andere treu? Was ist ein Orgasmus? Was führt zur Erregung? Diese Fragen werden hier beantwortet. Außerdem gibt es Anleitungen für Ganzkörpermassage und intime Berührungen.

Der Abschnitt über Spezial-Sex behandelt das Vorspiel für Fortgeschrittene, Liebesspiele und den schnellen Sex. Und er befaßt sich mit einigen Utensilien, die zur erotischen Stimulierung und beim Fetischismus eine Rolle spielen.

Um es zum Experten zu bringen, muß man sich in der Liebe für Fortgeschrittene, mit dem G-Spot und den Möglichkeiten des gleichzeitigen Orgasmus auskennen. Und man lernt außerdem, wie man den Genuß durch eine Verlängerung des Liebesaktes, durch tiefes Eindringen und durch Steigerung und Vervielfachung des Orgasmus noch erhöhen kann. Auch die Stellung ist wichtig. Der einfallslose Mann-liegt-oben-Sex ist nicht das einzige, was Spaß macht.

Jeder erlebt irgendwann sexuelle Schwierigkeiten. Wenn Ihr Orgasmus zu früh oder gar nicht eintritt, hilft Ihnen das Buch, diese Probleme zu verstehen, und berät Sie mit Offenheit und Vernunft darüber, wie Sie sie überwinden können. Es beschäftigt sich mit Geschlechtskrankheiten, einschließlich der mörderischen Krankheit AIDS, und sagt Ihnen, wie Sie zu einem weniger riskanten sexuellen Verhalten finden.

Nicht jeder allerdings wünscht sich die übliche Beziehung mit einem Partner des anderen Geschlechts. Manche Menschen entscheiden sich dafür, als Homosexuelle, Lesbierinnen, Bisexuelle oder sogar enthaltsam zu leben. Dies ist die wichtigste Entscheidung, die Sie in Ihrem Leben treffen.

Obgleich in den meisten Abbildungen dieses Buches die Männer keine Kondome tragen, empfehlen wir deren Verwendung, besonders in einer neuen Beziehung, oder wenn Sie Ihren Partner noch nicht sehr lange kennen.

Direkter, ausgiebiger Blickkontakt – ein sicheres Zeichen für starke gegenseitige Anziehung

Kapitel Eins

Die ersten Schritte

Körpersprache

Kann man erkennen, wie sich jemand fühlt, wenn man nur seine Bewegungen beobachtet? Die Antwort ist ja, aber wie bei jeder anderen Sprache muß man die Feinheiten der Körpersprache richtig deuten können.

Unsere Körper sprechen. Jedesmal, wenn wir jemanden ansehen, mit einem Angehörigen des anderen Geschlechts reden, etwas trinken, uns hinsetzen oder herumgehen, übermitteln wir eine Botschaft. Diese Botschaft verrät den Empfängern etwas über uns, über unsere Gefühle zu anderen Menschen, darüber, wie angenehm oder unangenehm uns die Situation ist, und in vielen Fällen etwas über unsere Bereitschaft und Zugänglichkeit für eventuelle sexuelle Kontakte.

Es ist wichtig zu wissen, welche Handlungen und Bewegungen den richtigen und den falschen Eindruck machen und welche die »richtigen« und die »falschen« Signale aussenden. Wenn wir befangen sind, neigen wir dazu, Eindrücke zu vermitteln, die andere Leute abschrecken. Sind wir selbstsicher, so senden wir eher körperliche Botschaften aus, die das Interesse der anderen erwecken – oder wir versuchen es zumindest. Wenn wir jemanden mögen oder hassen, kann das sehr deutlich sichtbar sein.

Gesellschaftliche Gewandtheit

Psychologen haben die durch die Körpersprache vermittelten Botschaften sehr gründlich untersucht und herausgefunden, daß sie über ein ganzes Verhaltenssystem »nicht-verbaler Äußerungen« transportiert werden, bei dem Sprache keine Rolle spielt. Diese Äußerungen unterliegen in den meisten sozialen Bereichen einem genauen Schema und machen die Basis der gesellschaftlichen Gewandtheit aus, die unseren alltäglichen Handlungen zugrunde liegt.

Wie jede Fähigkeit wird auch diese von manchen Menschen beherrscht, von anderen dagegen nicht. Wie jede andere jedoch läßt sie sich auch durch Übung erwerben – oder in vielen Fällen einfach durch gründliches Nachdenken.

Es ist ähnlich wie beim Radfahren. Fast jeder kann auf dem Zweirad das Gleichgewicht halten und es vorwärtsbewegen, aber kaum jemand könnte genau erklären, wie er es eigentlich anstellt, wie er es schafft, nicht umzukippen, wie weit er das Rad einschlägt und sich zur Seite lehnt, um eine Kurve zu nehmen.

Gleichermaßen behalten wir unsere sozialen Verhaltensformen ganz selbstverständlich bei, ohne unbedingt deren Regeln benennen zu können oder zu wissen, ob wir die richtigen Botschaften aussenden. Je mehr wir uns aber dessen bewußt sind, was unser Körper über uns mitteilen kann, desto besser können wir darauf achten, daß wir das Richtige übermitteln – und nicht das Falsche.

Sprechende Körper

Fast jeder Körperteil, der nach außen sichtbar ist, kann eine Botschaft aussenden. Die Wahl unserer Kleidung verrät anderen Menschen etwas über uns – ebenso die Art, wie wir sitzen oder stehen. Gesten und Handbewegungen enthalten Mitteilungen. Blicke können beredter sein als Sprache. Der Abstand, den wir bei einem Gespräch einhalten – auch er ist bedeutsam.

Die über Körpersprache vermittelten Botschaften lassen sich in drei Kategorien einteilen – wie man sich selbst wahrnimmt (ob man sich zum Beispiel befangen oder selbstsicher fühlt, ob man die Wahrheit sagt oder lügt); was man von der anderen Person hält (ob man sie mag oder nicht, ob man ihr traut oder mißtraut); und wie man die Beziehung empfindet oder die Unterhaltung oder die Umgebung, in der die Begegnung stattfindet (ob man sich entspannt oder angespannt fühlt, angeregt oder gelangweilt, behaglich oder unbehaglich).

Wenn man sich erst einmal klargemacht hat, daß diese Botschaften durch so simple Dinge wie Körperhaltung (die Art, wie man steht), Abstand (die jeweilige Nähe zu anderen Leuten) und Augenkontakt (wie oft man jemanden ansieht und wann, bezogen auf das, was man sagt) übermittelt werden, eröffnet sich einem eine ganz neue Welt des gesellschaftlichen Umgangs.

Ausdruck der Zugänglichkeit

Wenn wir offen für die Annäherung eines anderen Menschen sind, zeigt sich das in der Art, wie wir stehen.

Wir wenden zum Beispiel jemandem das Gesicht zu, wenn wir mit ihm reden wollen, obwohl er uns auch hören könnte, wenn wir woanders hinsähen. Wir sehen ihn an und lenken seinen Blick auf uns – auch wenn es im Gespräch nicht unbedingt notwendig ist. Und die Verweigerung des Blickkontakts kann eine Ablehnung bedeuten, sich in eine Unterhaltung hineinziehen zu lassen. So einfach ist das.

Signale durch Körperhaltung

Die Zugänglichkeit kann sich auch in der Körperhaltung ausdrücken. Eine Positur kann »offen« oder »geschlossen« sein.

Bei einer offenen Körperhaltung ist der Körper den Blicken und Annäherungen anderer Menschen zugänglich – wenn etwa jemand im Sitzen seinen Arm auf die Stuhllehne legt und das eine Bein mit dem Knöchel auf dem Knie des anderen Beines ruht.

Jemand mit einer geschlossenen Körperhaltung kann zum Beispiel mit dicht zusammengepreßten Beinen und eng über der Brust gefalteten Armen dasitzen. Bei der ersten Person lautet die grundsätzliche Botschaft »komm näher«, bei der zweiten »Abstand halten«.

Bei Männern ist die klassische offene Haltung, die Zugänglichkeit signalisiert, mit gespreizten Füßen an einer Wand zu lehnen und eine Hand am Gürtel oder in der Tasche zu haben.

Die offene Haltung von Frauen sieht so aus, daß ihre Knie in die Richtung des für sie attraktiven Gegenübers zeigen statt weg von ihm. Frauen neigen allerdings eher als Männer dazu, ihre Augen zu benutzen, womit sie denselben Effekt erzielen; und häufige Blicke auf einen Mann, der ihnen gefällt, sind ein sicheres Zeichen für Interesse.

Sobald der Kontakt hergestellt ist, gibt es andere Möglichkeiten, das Interesse wachzuhalten und weiterhin Zugänglichkeit zu vermitteln. Dem Partner wiederholt in die Augen sehen, ihn zum Reden ermutigen, Lächeln und Zustimmung sind Mittel, mit denen man zeigt, daß man interessiert ist – und verfügbar.

Diese Mittel dienen als »Verstärker« und helfen dem anderen, sich zu entspannen und sich akzeptiert und attraktiv zu fühlen.

Die Sprache des Begehrens

Wenn Aufgeschlossenheit in Begehren umschlägt, werden dieselben Mittel eingesetzt, um die Beziehung zu intensivieren, aber jetzt kommt eine andere, nicht-verbale Verhaltensdimension ins Spiel – die der Berührung.

Begehren kann sich anfänglich in den Augen, durch die Haltung und andere nicht-verbale Verhaltensweisen ausdrücken, aber der eindeutigste Hinweis sind Nähe oder körperlicher Kontakt. Bei einer »engen Beziehung« sitzen Leute eben dichter beieinander, wenn ihnen der andere gefällt.

Als einleitenden Schritt erproben sie manchmal ihre Möglichkeiten, indem sie sich flüchtig an Arm oder Schulter berühren, bevor sie enger zusammenrücken und anschließend den Kontakt verstärken.

Der erste Hinweis, der auf Begehren deutet, sind häufige Blicke, die immer länger dauern; der direkte gegenseitige Augenkontakt steigert sich auf erregende Weise, wenn zwei Menschen einander gefallen.

Körperliche Nähe

Sobald feststeht, daß die beiden sich füreinander interessieren, kann das Begehren sich darin äußern, daß man das Gesicht des anderen absichtlich dann studiert, wenn er oder sie einen ansieht.

Gleichzeitig verringert sich der Abstand zwischen den zwei Personen, und sie rücken enger zusammen. Diese beiden »Stichworte« –

zunehmender Augenkontakt plus körperliche Nähe – sind sehr nachdrückliche Anzeichen des Begehrens.

Dies erklärt auch, warum es uns so schwer fällt, Menschen ins Gesicht zu sehen, mit denen wir dicht gedrängt zusammenstehen – zum Beispiel im Fahrstuhl oder in einer überfüllten U-Bahn.

Wenn wir das täten, würden wir signalisieren, daß sie uns gefallen.

Wachsende Intimität

Je intimer die Beziehung wird, desto leichter fällt es uns, intensivere Kombinationen von Augenkontakt, physischer Nähe und vertraulichem Gespräch zuzulassen. In weniger intimen Situationen neigen wir eher dazu, einen intensiver werdenden Kontakt anderweitig auszugleichen. Wenn zum Beispiel das Gespräch plötzlich persönlicher wird, sehen sich zwei Partner bei einer förmlichen Begegnung weniger an. Sie lehnen sich vielleicht auch noch zurück, um den körperlichen Abstand zwischen sich zu vergrößern – und halten so die Intimität insgesamt auf ungefähr gleichbleibendem Niveau. Das hat man bei Interviews feststellen können, in denen häufig persönliche Fragen und Antworten vorkommen.

In vertraulichen Situationen fühlen sich die Beteiligten um so stärker zueinander hingezogen, je häufiger der Blickkontakt, »privater« das Gesprächsthema und größer die körperliche Nähe ist.

Je weiter sich der Abstand verringert, um so mehr erhöht sich die Wahrscheinlichkeit von Berührungen. Man streift sich, hält sich an den Händen, legt die Arme umeinander oder kuschelt sich aneinander, um den Kontakt zu verstärken.

Da hinsichtlich Körperkontakt unmißverständliche Regeln gelten, signalisiert dies sehr deutlich Anziehung.

Zeichen

Sobald eine Beziehung sich etabliert hat, verwendet man andere Signale, die man »Zeichen der Gebundenheit« nennen kann, um damit Besitzrechte anzuzeigen. Ein gutes Beispiel dafür ist der Ehering, aber es kann auch so etwas Simples wie Händchenhalten sein. Beides drückt aus: »Hier besteht eine Beziehung. Versuche nicht, dich einzumischen.«

Wie man die Zeichen liest

Begehren ist eine Sache, es zu akzeptieren eine ganz andere. Die Tatsache, daß jemand die Annäherungen eines anderen Menschen günstig aufnimmt, kann man ebenfalls aus nicht-verbalen Hinweisen ersehen. Ein interessantes Beispiel ist das sogenannte »Widerspiegeln«, das darin besteht, daß man Gesten und Haltung des Partners nachahmt.

Manchmal tun wir das unbewußt und stellen dann fest, daß der andere seine Hand ans Kinn hält (wir auch) oder sich vorbeugt (wir auch) oder wir uns beide mehr oder weniger im selben Moment zurücklehnen und die Beine übereinanderschlagen. Wir spiegeln ausdrucksstarke Personen wider und solche, die wir mögen – mit Sicherheit niemanden, den wir nicht leiden können. Es ist also ein deutliches Zeichen für die Zustimmung oder das Interesse eines anderen, wenn wir merken, daß er unser Verhalten widerspiegelt.

Die Bedeutung von Berührungen

Berührungen zuzulassen ist ein weiteres Zeichen des Entgegenkommens. Wir lassen uns nicht von Menschen anfassen, die wir nicht mögen, und sich einer Berührung nicht zu entziehen, deutet auf Zuneigung und Zustimmung. Aus diesem Grund nehmen viele Menschen, um Zugänglichkeit zu signalisieren, eine Position oder Haltung ein, in der der andere sie leichter berühren kann. Oder sie nehmen selbst auf nicht allzu offenkundige Weise mit dem anderen Fühlung auf, indem sie seine Krawatte oder seinen Schal geraderücken, ihm etwas von der Schulter wischen oder das Haar aus den Augen streichen.

Eine Person am Arm oder an der Hand zu berühren, ist ebenfalls ein Signal, und es gefällt uns allen, berührt zu werden, auch wenn wir es gar nicht merken. Eine Studie in den Vereinigten Staaten hat ergeben, daß Bücherei-Angestellte, die beim Zurückgeben eines Buches die Finger ihres Gegenübers berührten, vor anderen bevorzugt wurden. Ebenso deutlich wie Blickkontakt und Nähe auf Zuneigung und Zugänglichkeit hinweisen, sind sie auch ein Zeichen für Zustimmung. Wir sehen Menschen, die wir ermuntern wollen, öfter an und rücken auch dichter an sie heran. Diese Zustimmung – manchmal sogar der ganze Vorgang – kann sich unbewußt abspielen. Häufig ist es für einen Außenstehenden offensichtlicher als für die beteiligte Person, daß jemand sich stark zu ihm oder ihr hingezogen fühlt. Die Tatsache, daß sich zwei andere Leute in die Augen starren und eng beieinandersitzen, scheinen wir stärker wahrzunehmen, als wenn wir einer von beiden sind.

Wenn es uns selbst passiert, genießen wir es einfach; erst wenn wir es bei anderen Menschen sehen, können wir es interpretieren und erkennen, was es bedeutet. Sie mögen und gefallen einander.

Die Sprache der Ablehnung

Viele Annäherungsversuche – wenn nicht die meisten – scheitern. Ablehnung drückt sich ebenfalls nicht-verbal aus, nur gelten hier die umgekehrten Signale.

Dies ist mein Revier – die Partnerin zu isolieren, indem man sich über sie beugt, bedeutet Besitzanspruch

Um die Avancen eines anderen zurückzuweisen, können wir etwa eine geschlossene Körperhaltung annehmen, um ihn von vornherein an einer Annäherung zu hindern. Wir können ihn durch die Vermeidung von Augenkontakt entmutigen, ein Gespräch zu beginnen, und den Abstand zu ihm vergrößern, wenn er immer noch nichts begriffen hat.

Wenn das alles nicht klappt, können wir uns so hinstellen, daß es für den anderen schwierig ist, uns zu berühren, und entsprechende Versuche ausdrücklich kritisieren – was nicht nur schroff, sondern äußerst abweisend wirkt.

Wie man Schüchternheit interpretiert

Schüchterne Menschen, denen es schwerfällt, jemandem in die Augen zu sehen oder anderweitig ihre Zugänglichkeit zu zeigen, vermitteln dadurch die Botschaft, daß sie uninteressiert sind. Studien haben ergeben, daß Betrachter von Videoaufnahmen, die schüchterne Menschen im Gespräch sehen, annehmen, daß der Schüchterne die Person, mit der er redet, eigentlich nicht mag.

Wenn Freunde des Schüchternen dagegen den Film sehen, kommen sie nicht zu demselben Schluß. Wenn ein schüchterner Mensch seinen oder ihren Gesprächspartner nicht kennt, wird der andere leider davon ausgehen, daß der Schüchterne ihn nicht mag oder einer Beziehung nicht zugänglich ist und ihn zurückweist.

Die Einschätzung des Partners

Wie Menschen aussehen, sich kleiden, reden und sich bewegen, gibt Aufschluß über ihre sexuellen Gewohnheiten. Und auch wie sie ihre Wohnung einrichten, ist ein Hinweis darauf, was sich in ihrem Schlafzimmer abspielt.

Die Einschätzung des Partners

Man sagt, der entscheidende Zeitpunkt bei der Begegnung zweier Menschen seien die ersten vier oder fünf Minuten. Die Eindrücke, die man in dieser Zeit gewinnt, setzen sich meistens fest und werden durch das spätere Verhalten sogar verstärkt.

In diesen ersten paar Minuten geschieht mehr, als daß wir entscheiden, ob uns jemand gefällt oder nicht; wir fällen ein Urteil über seinen Charakter, seine Persönlichkeit, seinen Intellekt, seine Gewohnheiten und Begabungen.

Unsere Sichtweise gegenüber anderen sowie unsere eigenen tiefsitzenden Vorurteile hinsichtlich Aussehen und Kleidung veranlassen uns außerdem, auch ihr Verhalten im Bett im voraus zu beurteilen.

In einer Untersuchung, die in den Vereinigten Staaten durchgeführt und 1984 im »Journal of Personality and Social Psychology« veröffentlicht wurde, zeigte Dr. Karen Dion einer großen Gruppe von Männern und Frauen Photos von attraktiven und unattraktiven Leuten und forderte sie zu einer Bewertung auf. Die attraktiven Personen wurden für sexuell leidenschaftlicher und aufgeschlossener gehalten als die anderen.

Die meisten von uns finden gutaussehende Männer und Frauen begehrenswerter. Und da die Wahrscheinlichkeit größer ist, daß sie uns sexuell anziehen, nehmen wir an, daß sie auch beim Liebesspiel besondere Qualitäten haben.

Der erste Eindruck

Der erste Blick, den wir auf andere Menschen werfen, gilt ihrem Körper – wir sehen zunächst auf den Körper, bevor wir Augenkontakt aufnehmen, so daß die Wahl der Kleidung eine wichtige Rolle spielt.

Männer haben allerdings mehr Schwierigkeiten als Frauen, Persönlichkeiten und eventuelles sexuelles Verhalten bei einer potentiellen Partnerin einzuschätzen. Das liegt nicht daran, daß sie weniger sensibel sind, sondern an der chamäleonartigen Fähigkeit der Frau, ihren Stil und damit scheinbar ihre ganze Persönlichkeit zu verändern. In Skihosen kann sie jungenhaft und unkompliziert wirken, im hautengen Trikot sexy und kapriziös, im eleganten Kostüm geschäftstüchtig und vielleicht unnahbar.

Kleidung kann ein Stimmungsbarometer sein, gibt aber nur einen sehr ungenauen Anhaltspunkt für die sexuellen Qualitäten. In einer jüngeren Studie über zwanghafte Verhaltensweisen stellte sich her-

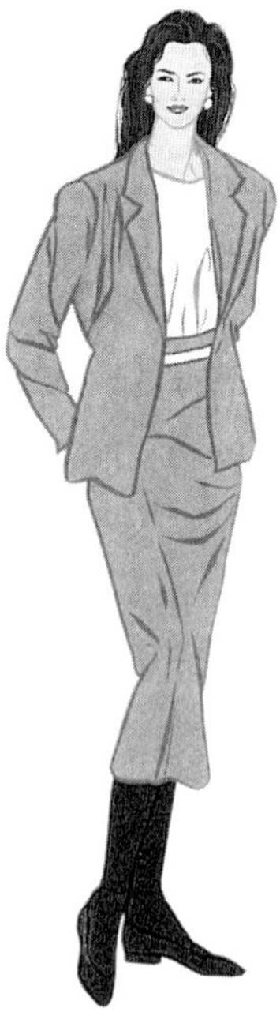

Da sie ein strenges Kostüm trägt – die traditionelle Uniform der Geschäftswelt – stellt sich die Frau außerhalb der sexuellen Sphäre. Sie ist berufstätig, seriös und will nicht als Sexualobjekt behandelt werden

aus, daß zum Beispiel übertrieben ordentlich gekleidete Menschen nicht unbedingt schlechte Liebhaber sind. Solange sie den Zeitpunkt bestimmen können – und möglichst auch noch den Ort –, können sie Sex ebenso genießen wie jeder andere.

Dieses Mädchen mit seinem direkten Blick und dem offenen Lächeln fühlt sich sichtlich wohl in seinem Körper. Der nach vorn gestellte Fuß wirkt selbstsicher, aber nicht bedrohlich. Wahrscheinlich eine verspielte, ungehemmte Geliebte

Unordentliche Haare und Kleider deuten auf einen Mann hin, bei dem nicht immer alles seine Ordnung hat, aber es ist nichts Ernstes. Nachlässig gekleidete Menschen können enthusiastische Liebhaber sein, wenn die äußeren Hüllen gefallen sind

Sie brauchen jedoch lange, um erregt zu werden. Sie tendieren beim Sex zu einer Entweder-Oder-Haltung, haben Freude daran, wenn er stattfindet, vermissen ihn aber sonst nicht. Sie sind mit größerer Wahrscheinlichkeit auch weniger empfänglich für Zärtlichkeiten und Küsse, die ein rundum erfolgreiches Sexualleben ausmachen.

Das andere Extrem sind die Schlampigen, die aussehen, als seien sie farbenblind – das Mädchen, das immer eine Laufmasche im Strumpf hat, der Mann, der nie zusammenpassende Socken trägt –, die beide ihre mangelnde Finesse im Bett gewöhnlich durch Enthusiasmus ausgleichen. Sie lernen jedoch schnell.

Wenn ein Mann und eine Frau sich zu einer sexuellen Begegnung anschicken, bereitet sich ihr Körper schon darauf vor, auch wenn sie vielleicht noch kein Wort über ihre Absichten geäußert haben.

Ihre Muskeln spannen sich leicht an. Schlaffe Partien um Kinn und Augen werden gestrafft. Sie ziehen den Bauch ein und spannen die Beinmuskulatur an.

Selbst ihre Augen wirken strahlender, während die Haut erröten oder erbleichen kann. Es kann sogar zu Veränderungen des Körpergeruchs kommen, ein Rückfall in primitivere Zeiten, da der Geruch eine immens wichtige Rolle bei den sexuellen Begegnungen der Menschen spielte.

Hier sind die Signale verwirrend. Das jungenhafte Aussehen kann noch als ansprechend gelten, besonders die engsitzenden Hosen; aber die Arme und der Gesichtsausdruck wirken defensiv und verlangen Abstand

Die saloppe Kleidung weist auf ein umgängliches Wesen hin, selbstsicher, aber nicht arrogant. Und die Haltung des Mannes zeigt eine Ungezwungenheit, die sehr gut auch fürs Schlafzimmer gelten kann

Wußten Sie schon?

In orientalischen Ländern dient die Verschleierung der Frau in erster Linie dazu, daß sie ihre wahren Gefühle verbergen kann und vor männlicher Aggressivität geschützt ist.

In diesen Ländern kennt man sich gut mit Körpersprache aus, und man akzeptiert, daß ein Mann – sobald er auch nur im geringsten ermutigt wird – Sex mit einer Frau haben will.

Der Schleier gestattet es der Frau, den unteren Teil ihres Gesichts und damit ein unabsichtlich ermutigendes Mienenspiel zu verstecken. Im 17. Jahrhundert benutzten europäische Frauen Fächer und an Stökken getragene Masken zum selben Zweck.

Gesten

Während diese Veränderungen stattfinden, fangen die beiden vielleicht mit bestimmten Imponier-Gesten an – er rückt seine Krawatte zurecht, sie streicht sich übers Haar. Dann stellen sie sich so hin, als wollten sie jedes Eindringen eines Dritten verhindern, indem sie sich das Gesicht zuwenden und sich wahrscheinlich einander zuneigen.

Wir können also aus den Körperbewegungen zweier Menschen, aus ihrer unbewußten Gestik, darauf schließen, daß sie begierig danach sind, sich näher kennenzulernen. Können wir aber noch weitergehen und abschätzen, ob ihnen der Sex miteinander Spaß macht?

Es ist allgemein bekannt, daß die meisten sich ihren Partner aus einem kleinen, eng begrenzten Kreis aussuchen. Normalerweise lebt er nicht weiter als 16 km entfernt, hat denselben sozialen Hintergrund, dasselbe Ausbildungsniveau und häufig dasselbe Hobby.

Sehen, Hören, Fühlen

Jeder Mensch nimmt seine oder ihre Welt im wesentlichen über drei »Sinne« wahr – über Sehen, Hören und Fühlen. Bei jedem Mann und jeder Frau herrscht jedoch einer dieser Sinne bis zu einem gewissen Grade vor. Wenn man herausfindet, welcher davon für einen potentiellen Partner am wichtigsten ist, verrät das eine Menge darüber, wie er sich wahrscheinlich im Bett verhält.

Um festzustellen, welcher der drei Sinne dominiert, fragen Sie etwas ganz Simples, wie etwa: »Wie ist deine Wohnung?« Wenn er oder sie zum Beispiel antwortet: »Sie ist blau gestrichen, und die Teppiche sind cremefarben«, kann es gut sein, daß für ihn oder sie das Visuelle bestimmend ist. Sagt er: »Sie liegt ungefähr drei Kilometer außerhalb der Stadt in einer ruhigen Straße«, so handelt es sich wahrscheinlich eher um einen Gehörsmenschen (höchst sensibel für Geräusche). Die Antwort »Sie ist in einem Haus mit vielen anderen alleinstehenden Leuten, und ich wohne sehr gern dort« läßt auf einen Menschen schließen, bei dem Gefühle die Hauptrolle spielen.

Visuelle Menschen

Manche Menschen reagieren sehr stark auf optische Eindrücke. Sie küssen gern mit offenen Augen (Männer sind eher visuell ausgerichtet als Frauen – 70 Prozent küssen mit offenen Augen, verglichen mit nur 3 Prozent aller Frauen) und lassen beim Liebesakt das Licht an.

Visualisten fällt es schwer, ihre Gefühle zu zeigen, deshalb werden Sie normalerweise den Anstoß zur Liebe geben müssen. Anreiz sind für sie jedoch optische Finessen wie Strumpfhalter und schwarze Strümpfe. Ein solcher Mann genießt es, seine erigierte Silhouette als Schatten an der Wand zu sehen.

Visuelle Menschen kann man an ihrem Schlafzimmer erkennen – massenhaft verstreute Zeitschriften, Bilder an der Wand, vielleicht sogar einen Fernseher. Zunächst könnte man denken, daß sie eine lange Leitung haben, aber was sie aufhält, ist eigentlich nur, daß sie den Partner gründlich mustern, bevor sie zur Sache kommen.

Gehörorientierte Menschen

Sie sind an ihren zur Seite gerichteten Augenbewegungen zu erkennen, wenn sie lange Privatgespräche mit sich selbst führen. Im Sitzen halten sie häufig die Hand seitlich an den Kopf, als würden sie telefonieren, und zwar aus demselben Grund.

Eher vernünftig als modisch gekleidet, wird ihr Schlafzimmer wahrscheinlich unordentlich aussehen, allerdings mit einer erstklassigen Stereo-Anlage in der Ecke.

Im Bett sind sie große Redner, fragen, wie der Partner es mag und lassen ihn oder sie deutlich wissen, was ihnen gefällt. Beim Orgasmus neigen sie zu großer Lautstärke.

Gefühlsmenschen

Gefühlsmenschen haben das Herz auf der Zunge und küssen und umarmen ihre Partner ständig. Eventuell haben sie Bettlaken aus Seide oder Satin und holen Öl aus dem Nachttisch, mit dem sie massiert werden möchten.

In erster Linie von Berührungen angeregt, ziehen sie den Liebesakt im Dunkeln vor und lieben ein langes Vorspiel. Da sie sehr sensibel sind, kann es ziemlich leicht passieren, daß sie an Impotenz leiden. Gewöhnlich brauchen sie sehr lange, um zum Orgasmus zu kommen. Normalerweise sind Gefühlsmenschen recht sportlich.

Dies sind nur drei Grundkategorien verschiedener Menschentypen, innerhalb derer es noch eine Menge anderer Merkmale zu beachten gibt, mit deren Hilfe man einschätzen kann, wie sich jemand im Bett verhält.

Ich seh' dir in die Augen

Augen können ausgesprochen verräterisch sein. Wenn wir an jemandem interessiert sind, weiten sich unsere Pupillen. Die Forschung zeigt, daß wir Menschen mit erweiterten Pupillen anziehender finden als mit zusammengezogenen. Das heißt, daß jemand, der Interesse an uns bekundet, wahrscheinlich auch unser Interesse weckt.

Psychologen, die sich mit Geisteskrankheit befaßten, entdeckten ein paar sehr interessante Fakten darüber, was Augen über unsere Persönlichkeit verraten.

Nach dem ersten Augenkontakt wendet man den Blick normalerweise nach links oder rechts, das heißt, man sieht etwas oder jemanden links oder rechts von der Person an, für die man sich interessiert.

Es gibt Anzeichen dafür, daß diejenigen, die nach links sehen, eher phantasievoll und kreativ sind und die sinnlichen Freuden des Lebens genießen, sowohl im Bett als auch außerhalb. Jemand, der den andern lange und ohne zu blinzeln ansieht, will dominieren, im Bett immer oben liegen, die Initiative ergreifen und kann es nicht leiden, wenn der Partner ihm sagt, was er gern möchte. Schnelle, prüfende Blicke deuten auf einen leicht erregbaren, eifrigen Liebhaber mit mehr Enthusiasmus als Stil hin.

Bei Studien über Körpersprache fand man außerdem heraus, daß aktiv wirkende Menschen mit ausgeprägten nicht-verbalen Ausdrucksformen – mit den Händen gestikulieren, von einem Fuß auf den anderen treten – als warmherzig, zärtlich, gute und aufmerksame Liebhaber, uneigennützig und tatkräftig gelten. Wenn sie sich sehr wenig bewegen, hält man sie für kalt, egoistisch und nur an ihrem eigenen Vergnügen interessiert.

Menschen, die in ihrer Körpersprache sehr ausdrucksarm und unbeweglich sind, haben Angst davor, etwas von sich preiszugeben. Sie sind eher geneigt, den visuellen Aspekt beim Liebesakt völlig auszugrenzen, indem sie nur im Dunkeln lieben und sich nicht ausziehen wollen, bevor das Licht aus ist. Halten Sie also nach lebhaften Menschen Ausschau – sie versprechen aufregende Zeiten im Bett.

Stimmen

Unabhängig von unseren Worten enthält auch die ihnen zugrundeliegende Emotion eine Botschaft. Unsere Atmung beeinflußt die Modulation der Stimme, die Schnelligkeit der Sprache und die Betonung der Wörter.

Lange Pausen zwischen den Worten verraten dem Zuhörer, daß jemand langsam erregbar, aber nicht aufzuhalten ist, wenn er oder sie erst einmal in Fahrt kommt. Zu kurze Pausen dagegen deuten auf Kälte und Gleichgültigkeit hin. Bei einem schnellen Redner könnte es sein, daß er oder sie versucht, Verlegenheit zu verbergen und im Bett vielleicht viel Ermunterung braucht. Langsames Sprechen signalisiert einen reifen und einfühlsamen Liebhaber, während zu langsames Reden ein Hinweis auf völliges Desinteresse ist – vermutlich jemand, für den ein Wettrennen auf der Autobahn aufregender ist als Sex.

Die Art von Pausen, die bei einem öffentlichen Redner auf Unsicherheit und Konfusion hindeuten, können in einer intimen Beziehung ein Zeichen für Verletzlichkeit sein, was manche Menschen reizvoll finden.

Tun Sie also Leute, die zögernd sprechen, nicht vorschnell ab; wenn sie nicht im Rampenlicht stehen, können sie zärtliche und sensible Liebhaber sein.

Auch aus dem Tonfall läßt sich vieles ablesen. Bei der ersten Begegnung fragen wir gewöhnlich: »Wie geht es Dir?« und betonen dabei das »geht«. Wenn wir dagegen das »Dir« betonen, wirkt die simple Floskel gleich viel vertraulicher und erweckt beim anderen mehr Interesse. Wenn uns der Tonfall angenehm ist, gefällt uns wahrscheinlich auch der Sprecher besser.

Männer

- Manche Menschen, besonders Männer, folgen in der Liebe einem Stereotyp. Wenn Ihr Partner Sie zum Beispiel auf ein Podest stellt und wie kostbares Porzellan behandelt, können Sie davon ausgehen, daß er von Ihnen erwartet, sich im Bett so zu verhalten, wie er es sich von einer Dame vorstellt: nicht die Initiative ergreifen, kein zu offenkundiges Vergnügen zeigen und wahrscheinlich kein oraler Sex.
- Ein Mann, der Fingernägel knabbert und sich auf die Knöchel beißt, ist auf Sicherheit aus, und zwar in der symbolischen Rückkehr zur tröstlichen Mutterbrust.
- Wenn der Mann seinen Kopf vorstreckt, ist er ein aggressiver Liebhaber, der wildes Gerangel beim Vorspiel sowie Beißen und Kratzen schätzt.
- Ein Mann mit kerzengeradem Rücken ist nicht sehr flexibel und im Bett wahrscheinlich phantasielos.
- Eingezogene Schultern verraten unterdrückten Ärger, der sich möglicherweise beim Sex Luft machen kann.
- Gerade Schultern sind ein Zeichen für Reife, das Merkmal eines fürsorglichen Liebhabers.
- Gebückte Schultern sind ein Hinweis auf egoistische Liebhaber, die sich nur für den eigenen Orgasmus interessieren.

Frauen

- Frauen sind meistens körperlich weitaus zurückhaltender als Männer. Wenn Sie anfangen, ein Mädchen auf der Straßen leidenschaftlich zu küssen, und es Sie abwimmelt, brauchen Sie nicht gleich anzunehmen, daß es Sex nicht will oder mag.
- Wenn eine Frau die Beine übereinanderschlägt und ihren Rock zurechtzupft, schließt sie damit mögliche Annäherungen aus.

Frauen, die ihre Hände in Abwehrhaltung über die Brust legen, haben möglicherweise Angst vor Sex.

- Frauen, die im Sitzen Knie und Füße zusammenpressen oder die Beine parallel stellen und über dem Knöchel leicht kreuzen, haben das Bedürfnis nach Ordnung in ihrem Leben und sind im Bett meistens nicht spontan.

Weitere Hinweise

- Achten Sie in der Disco darauf, wie Ihre Partner tanzen. Die Art, wie sie sich bewegen, ist bezeichnend für ihr Körpergefühl. Wenn sie ein harmonisches Verhältnis zum eigenen Körper haben, ist es wahrscheinlich, daß sie auch mit Ihrem Körper harmonieren.
- Menschen, die mit seitlich locker herabhängenden Armen dastehen, sind normalerweise Sex gegenüber aufgeschlossen und haben dazu eine unkomplizierte Einstellung.
- Wenn Sie mit jemandem reden und der andere lächelt und sich vorbeugt, so ist er im Bett wahrscheinlich offen und entgegenkommend.

Flirten

Die Kinoleinwand erhob den Flirt zur Kunstform. Mit dem Anzünden einer Zigarette ließ sich mehr Leidenschaft ausdrücken als in der deutlichsten Sex-Szene, und das wurde oft demonstriert.

Zu flirten heißt, Interesse – gewöhnlich sexueller Art – an jemandem zu zeigen, und zwar spielerisch. Es geht darum, deutlich zu machen – allerdings nicht allzu deutlich –, daß es nichts wirklich Ernsthaftes ist, obgleich, je nach weiterem Verlauf der Dinge, etwas daraus werden könnte.

Wie man das Terrain sondiert

Das Flirten stellt ein sehr wichtiges Element des gesamten gesellschaftlichen Lebens dar, da es zwar mit Sexualität zu tun hat, aber doch nur indirekt. Es erlaubt uns, sexuelle Signale oder entsprechende Botschaften auszusenden, ohne daß wir uns festlegen. Es erspart uns Peinlichkeiten und Demütigungen, wenn der andere nichts von uns will.

In unserer Gesellschaft gilt es als unannehmbar, eine Person anzusprechen und ihr sofort sexuelle Anträge zu machen, außer unter sehr ungewöhnlichen Umständen, wie etwa, wenn eine Prostituierte an einen Kunden herantritt. Wir können nicht auf einen Fremden zugehen und sagen: »Du gefällst mir, laß uns ins Bett gehen«, da der oder die andere den Annäherungsversuch wahrscheinlich zurückweist, uns eine Ohrfeige gibt oder die Polizei ruft.

Statt dessen können wir die Atmosphäre testen und uns ein Bild von seiner oder ihrer voraussichtlichen Reaktion auf ein sexuelles Angebot machen, indem wir zunächst flirten. Ein Zwinkern, ein Lächeln, eine anzügliche Bemerkung sind mögliche Eröffnungen. Auf diese Weise können wir unser Interesse an der anderen Person spielerisch zu erkennen geben, ohne direkt mit einem sexuellen Antrag vorzupreschen. Außerdem können wir den anderen so dazu bringen, daß er sich überlegt, Sex wäre vielleicht keine schlechte Idee, besonders wenn er oder sie den richtigen Partner wählt.

Mit Flirten läßt sich, wenn es wirklich gut gemacht ist, eine Menge erreichen. Es hilft, das Interesse des anderen zu wecken, enthält den Hinweis auf sexuelle Zugänglichkeit, legt nahe, daß es nett wäre, sich kennenzulernen, vielleicht sogar, daß man ein erfahrener Liebhaber ist. Bei all diesen Möglichkeiten ist es kein Wunder, daß Flirten so beliebt ist.

Flirten – aber wie?

Geübte Flirter haben ein ganzes Sortiment von Techniken auf Lager. Sie spielen Augen-Spielchen (Zwinkern oder Anstarren) oder setzen Körpersprache ein.

In vielen Experimenten wurde festgestellt, daß Anstarren das stärkste Signal für Vertraulichkeit und sexuelles Interesse ist, und bekanntermaßen spielt es beim Flirten auch eine Hauptrolle.

Wenn man jemandem starr in die Augen sieht, so bedeutet das, daß er einem wirklich gefällt. Erwidert er den Blick, so stehen die Chancen für den weiteren Verlauf der Sache gut.

Viele von uns haben erlebt, wie sich der Puls beschleunigt, wenn jemand Attraktives uns auf einer Party schöne Augen macht, aber es gibt auch andere Körpersignale, die auf sexuelles Interesse hindeuten. Am meisten verbreitet sind diejenigen, die mit der Körperhaltung oder Fußstellung zu tun haben, oder die Gesten, die wir mit den Händen machen.

Wir können also ebenso mit dem Körper wie mit den Augen flirten. Sich dem anderen entgegenzuneigen (besonders mit dem unteren Teil des Körpers), ihn zu berühren und unsere eigene Sexualität durch die Art zu betonen, wie wir stehen oder uns bewegen, kann sehr effektvoll sein. Zusätzliche Aufmerksamkeit können wir dadurch auf uns lenken, daß wir Teile unseres eigenen Körpers oder unserer Kleidung berühren, streicheln oder sogar liebkosen.

Das Flirten läßt sich in Körpersprache (einschließlich der Augen) und gesprochene Sprache einteilen. Sozialpsychologen haben in Experimenten herausgefunden, daß der Einsatz der Augen und anderer nicht-verbaler Komponenten rund viermal soviel Wirkung hat wie die verbalen Elemente, besonders in sexuellem Zusammenhang.

Die Faszination der Marilyn Monroe lag zum Teil darin, daß sie sowohl als verletzliches kleines Mädchen wie auch als Sex-Idol und Vamp erscheinen konnte. Hier steht der übergroße Pullover im Gegensatz zu ihrer herausfordernden Haltung, aber der Gesichtsausdruck ist kokett, und die schwarze Strumpfhose lenkt den Blick verführerisch aufwärts

Winke mit dem Körper

Zum Flirt-Verhalten gehört weiterhin, daß wir unseren Körper ganz allgemein erotisch bewegen, ihn so präsentieren, daß er sexuell stimulierend wirkt, oder unsere Geschlechtsmerkmale betonen, und zwar eher durch unser Verhalten als durch die Kleidung.

Eine Methode, in dieser Hinsicht die Aufmerksamkeit auf sich zu lenken, ist die, sich mit der Hand über Körperteile zu streichen, die mit Sexualität assoziiert werden, wie etwa übers Haar, oder die Zunge um die Lippen spielen zu lassen oder bestimmte Körperteile zu streicheln, sich zum Beispiel mit der Hand langsam über die Schenkel fahren.

Sexuelle Anzüglichkeiten

Flirt ist nicht nur eine Sache der Körpersprache, sondern beinhaltet fast immer auch verbale Elemente. Im Gespräch kann er verschiedene Formen annehmen, von versteckten Anspielungen über zweideutige Witze bis zu unverhohlenen Dreistigkeiten.

Man kann Bemerkungen über den sexuellen Gehalt von anderer Leute Unterhaltung machen oder sie so kommentieren, als wenn es dabei um einen Annäherungsversuch ginge, indem man etwa eine Redewendung hinzufügt wie »... sagte die Schauspielerin zum Bischof«.

Indem man andeutet, daß man sich in Gedanken mit Sexualität beschäftigt und das von der anderen Person auch vermutet, demonstriert man die sexuellen Möglichkeiten der Begegnung und fordert den anderen auf, ebenfalls darüber nachzudenken.

Es gibt bestimmte Floskeln dafür, die allgemein bekannt sind und sogar ziemlich standardisiert sein können. Zum Beispiel haben Studien über die Begegnung von Homosexuellen ergeben, daß in den 50er Jahren, als Homosexualität illegal war, die einleitenden Sätze, mit denen sich Homosexuelle anredeten, ziemlich voraussehbar und so aufgebaut waren, daß das Thema Sexualität vorsichtig ins Spiel gebracht wurde.

So pflegte etwa ein männlicher Homosexueller auf einen anderen Mann zuzugehen, ihn um Feuer für seine Zigarette zu bitten und ihn dabei herausfordernd anzulächeln. Dann machte er eine Bemerkung über die Ehe oder die Verwandten und fragte, warum der Angesprochene noch so spät unterwegs sei. Anschließend schlug er vor, etwas trinken zu gehen, sagte aber, sobald sie im nächsten Lokal angelangt waren, die Atmosphäre sei ungemütlich und man wolle lieber in eine andere nahe gelegene Kneipe gehen, wo die Atmosphäre netter sei. Dies war dann eine bekannte »Schwulen-Bar«, und wenn der Angesprochene keine Einwände hatte, kam das Thema Sex explizit zur Sprache.

Derartig ausgefeilte Vorschriften gelten für heterosexuelle Kontakte nicht, weil dabei nicht unbedingt Sex das angestrebte Ziel ist, und, falls dies doch der Fall ist, sich die Einleitung dazu meistens viel länger und umständlicher gestaltet.

Im allgemeinen ist es das Hauptmerkmal des heterosexuellen Flirts, die Beteiligten subtil und indirekt an Sexualität denken zu lassen und dann auf die sexuellen Aspekte der Begegnung zuzusteuern und sie zu unterstreichen.

Flirten – warum?

Wir flirten auf unterschiedliche Weise, abhängig von dem Zweck, den wir damit verfolgen. Zum Beispiel flirten wir gelegentlich vielleicht nur aus Spaß an der Sache und weil es ein gutes Gefühl ist, zu sehen, daß jemand unser Verhalten aufreizend findet und uns eventuell tatsächlich begehrt, auch wenn wir beide wissen, daß daraus nichts wird.

Forschungsergebnisse der Universität Lancaster in England haben gezeigt, daß die meisten durchaus nicht davon überzeugt sind, daß andere Menschen sie für attraktiv und sexuell begehrenswert halten. Aus diesem allzu menschlichen Grund überrascht sie die Entdekkung, daß sie positiv auf spielerische sexuelle Annäherungsversuche reagieren, und stärkt ihr Selbstbewußtsein.

Im Büro

Mit Flirten kann man auch versuchen, Konflikte und Schwierigkeiten bei der Arbeit in den Griff zu kriegen. Wenn ein Kollege oder Vorgesetzter des anderen Geschlechts Einwände gegen unsere Leistungen hat, und wir wissen, daß wir im Unrecht sind, kann ein flirtender Ton dazu beitragen, daß der Situation die Spitze genommen und unser Selbstvertrauen wiederhergestellt wird.

Ein Flirt zeigt, daß wir Gefühle und Verhalten anderer Menschen beeinflussen können. Wir können sie dazu bringen, daß sie als geschlechtliche Wesen reagieren, eine Ebene, auf der alle mehr oder weniger gleich sind und keiner von Natur aus dem anderen überlegen ist. In sexueller Hinsicht ist der Unterschied »hier Chef, da Untergebener« bedeutungslos.

Bei einer Verabredung

Flirten kann auch als Mittel dienen, das Eis zu brechen. Sozialpsychologische Experimente haben ergeben, daß annähernd 50 Prozent aller Menschen eine gewisse Nervosität verspüren, wenn sie mit einem Angehörigen des anderen Geschlechts verabredet sind, und mehr als 60 Prozent aller schüchternen Leute brechen dabei regelrecht in Panik aus.

Beim Entstehen einer Beziehung ist es einer der Kernpunkte, daß man dem anderen ein attraktives und begehrenswertes Äußeres präsentiert. Aus diesem Grund richten wir uns unwillkürlich gerader auf, streichen uns das Haar glatt oder machen andere Gesten, wenn wir jemanden sehen, der uns gefällt.

Eine weitere Methode, uns attraktiv und begehrenswert erscheinen zu lassen, ist der übertrieben offene Flirt. Er erfüllt zwei Funktionen. Er unterstreicht die sexuelle Komponente der Begegnung und bietet gleichzeitig einen gewissen Grad an Frivolität, der es uns leichter macht, zu lachen und uns zu entspannen.

Was Männer und was Frauen wollen

Flirten Männer und Frauen auf dieselbe Weise? Die aktuelle Forschung läßt darauf schließen, daß es geringfügige Unterschiede gibt.

Eine Studie von Ron Riggio und Stanley Woll aus dem Jahre 1984 zeigt, daß Frauen sich mehr zu ausdrucksstarken Männern mit ausgeprägter Körpersprache hingezogen fühlten, die ihre Absichten sehr deutlich machten. Männer dagegen fanden zurückhaltendere Frauen mit subtilerer Körpersprache attraktiver.

Es scheint, daß Frauen lieber den Eindruck haben wollen, der Mann sei sich sexuell seiner selbst sicher, und danach seine Körpersprache bewerten, während Männer eine etwas »unterwürfige« Frau vorziehen, die sie bei ihrer Begegnung die Hauptrolle spielen läßt. Männer wollen offensichtlich dominieren, wenn es darum geht, Sexualität auszudrücken, und für Frauen ist es Teil ihrer Eroberungsstrategie, daß sie sich anpassen.

Unnahbar tun

Eine der verbreitetsten Methoden, das Interesse eines potentiellen Sexualpartners zu erwecken, ist die, Spielchen mit ihm zu treiben und so zu tun, als wäre man unnahbar. Diese Taktik wurde schon im alten Griechenland angewandt und hat somit eine lange, geradezu ehrwürdige Tradition.

Funktioniert sie denn auch? Sie ist höchst riskant, da wir den Partner eventuell zu lange im Ungewissen lassen und er oder sie vielleicht das Interesse verliert. Läßt die Unsicherheit, ob wir es ernst meinen, uns attraktiver erscheinen oder bewirkt sie, daß der andere sich nach jemandem umsieht, der einen zugänglicheren Eindruck macht?

Mehrere Studien in den Vereinigten Staaten haben ergeben, daß diejenigen, die unnahbar tun, wahrscheinlich keine besonders effektive Methode anwenden, wenn sie nicht deutlich durchblicken lassen, daß sie für den Richtigen doch nicht ganz so unnahbar sind.

Wie weit man gehen kann

Der Trick ist der, wählerisch, aber nicht zu wählerisch zu erscheinen. Studien der amerikanischen Psychologin Elaine Hatfiel haben gezeigt, daß Menschen, die stets unnahbar taten, Gefahr liefen, am Ende allein dazustehen.

Diejenigen, die bei fast allen die Unnahbaren spielten, einer bestimmten Person gegenüber aber zugänglich waren, wurden als sehr attraktiv eingeschätzt. Auf diese Art zu flirten, klappt also nur, wenn man seine »Unnahbarkeit« mit einem »aber ich würde vielleicht auftauen, wenn du es weiter versuchst« verbindet.

Eine Studie, die 1984 von Rex Wright an der Universität Maryland in den Vereinigten Staaten durchgeführt wurde, stellte einen weiteren Vorteil dieser Taktik fest. Sie ist nicht nur in sexueller Hinsicht empfehlenswert, sondern man kann auch davon ausgehen, daß Leute, die in Maßen wählerisch sind, netter, attraktiver und bessere Menschen sind als diejenigen, die für alle oder für niemanden zu haben sind. Es wirkt so, als müßten sie wählerisch sein, um ihre Beliebtheit unter Kontrolle zu behalten.

Wären sie nicht wählerisch, so könnten sie sich vor Angeboten nicht retten, da sie so anziehend sind. Sie sind aber gar nicht so unzugänglich oder schwierig, daß man gar keine Chance bei ihnen hätte.

Allzu wählerische Menschen dagegen hält man für eingebildet und erachtet es nicht der Mühe wert, ihnen nachzulaufen. Diejenigen, die überhaupt nicht wählerisch sind, wirken verzweifelt und schon deshalb unattraktiv.

Das Nachlaufen muß irgendeinen Sinn haben. Der Trick besteht darin, deutlich zu machen, daß wir es wert sind, umworben zu werden, und daß man mit einiger Mühe bei uns auch zum Ziel kommt.

Flirten und sexuelle Annäherung

Männer tendieren zu der Annahme, daß die Frau immer ebenso entflammt ist wie sie selbst, und es kann sein, daß sich ihr diesbezügliches Urteilsvermögen noch weiter trübt, wenn sie Alkohol getrunken haben. Sobald sie sich also erotisch besonders angeregt fühlen, gehen sie davon aus, daß es der Frau, mit der sie flirten, genauso geht.

Die Möglichkeit, Signale mißzuverstehen, wird noch größer, wenn Männer getrunken haben, da dies gleichzeitig ihre Erregung verstärkt, ihre Hemmungen abbaut und ihre Fähigkeit herabsetzt, zwischen einem koketten Scherz und einem ernsthaften Verführungsversuch zu unterscheiden.

Die Forschung hat ergeben, daß Männer, die getrunken haben, eher bereit sind, bestimmten Geschichten einen sexuellen Gehalt zuzuschreiben und das Verhalten einer Frauen als sexy und einladend zu interpretieren.

Trotz gelegentlicher Mißverständnisse macht Flirten fast immer Spaß. Man fühlt sich wohl, wenn jemand auf einen als Flirt getarnten Annäherungsversuch eingeht, nimmt aber keinen Schaden an seinem Ego, wenn er abgelehnt wird. Man stellt fest, woran man ist, und kann entscheiden, wie man weitermachen will.

Küssen

Küssen steht am Anfang und oft auch am Ende einer sexuellen Beziehung. Es kann das erste Bekenntnis des Begehrens sein; und wenn das nicht mehr da ist, geht die Beziehung wahrscheinlich zu Ende.

Wissenschaftler haben entdeckt, daß Küssen tatsächlich eine Sache der körpereigenen Chemie ist. In der Pubertät entwickeln sich im Mundinnern und an den Lippenrändern Ansammlungen von Talgdrüsen, die Substanzen produzieren, die man als Semiochemikalien bezeichnet. Diese Semiochemikalien sind biologische Signale, die auf der Haut sitzen und durch Berührung übertragen werden, wie etwa beim Küssen, wo sie von einer Person an die andere weitergegeben werden und zu erhöhtem sexuellem Verlangen führen.

Das Biologische übernimmt die Herrschaft

Wenn Sie jemals das Gefühl gehabt haben, daß Küssen ansteckend ist – daß Sie ewig so weitermachen könnten –, so gibt es dafür auch einen biologischen Grund. Bei wachsender Leidenschaftlichkeit werden bei beiden Partnern immer mehr Semiochemikalien freigesetzt, wodurch sich das Kußbedürfnis weiter verstärkt.

Bei sexueller Erregung schwillt der Mund an und wird rot. Dies ist bei Frauen auffälliger, deren Münder normalerweise etwas größer sind als die von Männern, und die diese natürliche Tendenz manchmal noch durch Lippenstift unterstreichen.

Warum Männer blinzeln

Die Größe der Lippen ist beim Küssen allerdings nicht der einzige Unterschied zwischen Männern und Frauen. Der kanadische Anthropologe Pierre Maranda stellte in einem Experiment fest, daß 97

Prozent der Frauen beim Küssen die Augen geschlossen hielten, verglichen mit nur 30 Prozent bei den Männern.

Das heißt nicht, daß mehr Frauen als Männern das Aussehen ihres Partners nicht gefällt – sondern daß sie mit geschlossenen Augen besser ihrer Phantasie nachhängen können, während sie gleichzeitig den Augenblick des Küssens genießen.

Wenn das Küssen nachläßt

Die Art, wie Sie küssen, verrät nicht nur eine Menge über die Art Ihrer Liebe. Wie ein Thermometer kann das Küssen Maßstab für Wärme und Intensität Ihrer Beziehung sein.

Bei Eheberatungsstellen hat man herausgefunden, daß das Küssen mit als erstes aufhört, wenn eine Beziehung auseinandergeht. Überraschenderweise fällt es Paaren leichter, miteinander zu schlafen als sich zu küssen.

An der intimen Natur des erotischen Kusses liegt es zum Beispiel auch, daß Prostituierte ihre Kunden gewöhnlich nicht küssen.

Die Liebe geht

Bei Paaren, die sich gegenseitig mechanisch auf die Wange küssen, kann dies sehr gut ein Zeichen dafür sein, daß sie sich auseinanderleben und sich nicht mehr so nahe sein wollen.

Küsse auf die Stirn können darauf hindeuten, daß Ihre Beziehung unterentwickelt ist und daß Ihr Partner Sie immer noch als unreifes Kind und nicht als leidenschaftlichen Erwachsenen betrachtet. Sex zwischen Menschen, die sich selten küssen, geschieht oft in Eile und ist nur wenig von anderen körperlichen Zärtlichkeiten begleitet. Man gerät leicht in eine Situation, in der Küssen zu einer gesellschaftlichen Pflichtübung wird, statt Symbol gegenseitiger Gefühle zu sein.

Der liebevolle Kuß

Sich die Zeit für einen innigen Kuß zu nehmen, trägt dazu bei, daß die Beziehung intensiv und lustvoll bleibt. Wenn Ihr Partner Sie immer noch leidenschaftlich auf den Mund küßt, ist anzunehmen, daß auch Ihr Sexualleben befriedigend und erfüllt ist.

Nimmt das Verlangen dann zu, werden die Lippen von sich aus neue Territorien auskundschaften, die es zu erforschen und zu erobern gilt – die erogenen Zonen von Ohrläppchen, Brustwarzen, Klitoris oder Penis. Zusammen mit Lippen und Zunge sind dies die sensibelsten Körperpartien. Und Küsse aufs Ohrläppchen oder auch auf die Fingerspitzen zeigen, daß Sie bereit sind, sich für Ihr gemeinsames Vergnügen Zeit zu nehmen.

Dieser Romeo klammert sich nicht an seine Dame, weil er Angst hat, sie zu verlieren, sondern er ist ein geübter Liebhaber, der das Gesicht seiner Julia dem seinen entgegenhebt und ihr einen zarten Kuß auf die Lippen drückt

Schädliche Nebenwirkungen

Küssen mag gut für die Seele sein, ist aber nicht immer gut für den Körper. Ärzte haben entdeckt, daß es denselben Effekt hat wie Streß – die Aktivität der Schilddrüse nimmt sprunghaft zu, die Glukoseproduktion steigt an, und die Produktion von körpereigenem Insulin kommt zum Stillstand.

Durch Küsse können auch Krankheiten übertragen werden – über bis zu 250 verschiedene Bakterien und Viren. Und bei jedem Kuß wird der Herzschlag wesentlich schneller. Nach einer Studie aus den Vereinigten Staaten kann sich dadurch Ihre Lebenserwartung um drei Minuten verkürzen.

Das Gute am Küssen ist, daß man mit jedem Kuß drei Kalorien verbraucht. Das Fatale ist nur, daß man 1000 Küsse braucht, um nur ein halbes Kilo an Gewicht zu verlieren – und das kann Ihre Lebenserwartung um 50 Stunden verkürzen!

So gut wie Zahnpasta

Zahnärzte können zu ihrer Freude berichten, daß Küssen gut für die Zähne ist. Es regt die Speichelbildung an, wodurch Essensreste entfernt werden und sich der Säurespiegel im Mundinnern senkt. Dies kann dazu beitragen, daß die Entstehung von Zahnstein verhindert und die Gefahr von Zahnverfall geringer wird.

Vom Küssen zum Händeschütteln

Historisch gesehen ist das Küssen in England immer Bestandteil des gesellschaftlichen Umgangs gewesen. Im Mittelalter war es üblich, daß die Ritter sich küßten, bevor sie im Turnier gegeneinander antraten. Im 16. Jahrhundert gehörte es zum Willkommensgruß, daß der Gastgeber seine Besucher aufforderte, alle Familienangehörigen zu küssen – auf die Lippen.

Tips und Techniken

Kitzelzunge *Fahren Sie mit der Zungenspitze ihrem Partner, ihrer Partnerin, innen und außen über die Lippen, dann über und um seine oder ihre Zunge.*

Knabber, knabber *Küssen Sie Ihren Partner sanft auf die Mundwinkel. Gehen Sie immer wieder von einer Seite zur anderen.*

Viele kleine *Verpassen Sie Ihrem Partner mit zunehmender Intensität hundert winzige Küsse auf die geöffneten Lippen.*

Der forschende Kuß *Stoßen Sie mit der Zunge kräftig in alle Winkel seines oder ihres Mundes vor.*

Der rhythmische Kuß *Legen Sie Ihre Lippen fest auf die des Partners, und lassen Sie Ihre Zunge mit kraftvollen, stechenden Bewegungen in seinen Mund hinein- und herausgleiten.*

Erst als die industrielle Revolution die kleinen, in sich geschlossenen Gemeinschaften zur Auflösung zwang und deren Mitglieder zum Arbeiten in die Städte gingen, entstand aus dem Lippenkuß über den Handkuß das Händeschütteln, das wir heute als Begrüßungsform kennen.

Wie sie sich beim Küssen verraten

Ebenso aufschlußreich wie der Kleidungsstil, die Wohnungseinrichtung und die Sprechweise eines Menschen kann die Art sein, wie er küßt.

- Wer mit geschlossenen Augen küßt, kann im Grunde seines Herzens ein echter Romantiker sein, der sich ebenso oft verliebt, wie andere Paare streiten, auch wenn er weiß, daß es vielleicht unglücklich ausgeht.
- Menschen, die mit offenen Augen küssen, können Realisten sein, aber man kann sich einigermaßen gefahrlos in sie verlieben. Wenn sie einmal dem Partner ihrer Träume begegnen, sind sie häufig treu bis in alle Ewigkeit.
- Wer mit einem flüchtigen Kuß beginnt, auf den dann ein etwas längerer folgt, bevor sich die Lippen endgültig treffen, verbirgt hinter diesem langsamen Angehen eine leidenschaftliche und sinnliche Natur. Solche Menschen lassen sich nicht schnell auf etwas ein; ist ihre Entscheidung aber einmal getroffen, so bleiben sie dabei.
- Menschen, die gern kuscheln, kennen sich gut genug aus – oder haben die entsprechende Intuition –, um den Wert der Vorfreude richtig zu würdigen. Sie wirken normalerweise sanft und scheinen endlos und voller Selbstvertrauen warten zu können, ein Wesenszug, der im Bett in ausgiebigem, gekonntem Vorspiel zum Ausdruck kommt.
- Das andere Extrem sind diejenigen, die in der Öffentlichkeit küssen, also der Typ, der jede Gelegenheit ergreift. Auf der Straße, im Lokal und bei Parties benehmen sie sich wie heißblütige Liebhaber, und das Küssen macht ihnen nur Spaß, wenn Publikum dabei ist. Die sexuelle Spannung entsteht für sie in erster Linie dadurch, daß andere Leute Zeugen ihrer erotischen Meisterschaft sind.
- Menschen, die klammern, erscheinen zunächst selbstsicher und stark und machen den Eindruck, sie würden die Beziehung bestim-

men und könnten jederzeit aussteigen, wenn es ihnen paßt. Aber Liebhaber, die immer krampfhaft einen Körperteil festhalten, während sie küssen, können vielleicht im Grunde ihres Herzens Angst davor haben, daß man ihre fundamentale Schwäche erkennt und sie dann als erste verlassen werden.

● Menschen, die den ganzen Körper küssen, neigen dazu, alles im Leben voll auszuschöpfen. Beim Essen, Trinken und Lieben konzentrieren sie sich total auf die Aufgabe, die vor ihnen liegt. Gewöhnlich sind sie Optimisten und betrachten jede Begegnung als neue, aufregende Erfahrung.

● Liebhaber, die mit geschlossenem Mund küssen, sind möglicherweise auch sonst nicht aufgeschlossen. Geschlossene Lippen signalisieren den Nehmenden, nicht den Gebenden.

● Menschen, die mit gespitzten Lippen küssen, sind denen mit geschlossenem Mund sehr ähnlich. Das Spitzen der Lippen scheint zwar eine Aufforderung zu sein, ihr Kuß aber verrät eindeutig Ablehnung. Dieser Typ will, daß alles nach seiner Pfeife tanzt, beim Küssen wie im Leben.

● Zum »Staubsauger«-Kuß kommt es, wenn zwei Menschen den Mund öffnen und, statt sich gegenseitig zärtlich zu erkunden, nach innen saugen, als wollten sie tief Luft holen. Bald haften dann die

Tun und Tun lassen

● *Geben Sie keine nassen Küsse.*

● *Küssen Sie nicht allzu lange auf dieselbe Art. Das könnte langweilig werden.*

● *Küssen Sie nicht mit schlaffen, wäßrigen Lippen. Ein fester Mund fühlt sich immer besser an.*

● *Achten Sie darauf, daß Ihr Mund in erstklassigem Zustand ist. Schlecht gepflegte Zähne und unreiner Atem sind abstoßend und eine Zumutung für Ihren Partner. Sie würden nicht im Traum daran denken, den anderen mit schmutzigen Händen zu streicheln, und trotzdem gehen manche Menschen daran, lange und ausgiebig zu küssen, ohne an den Zustand ihres Mundes auch nur einen Gedanken zu verschwenden.*

● *Gehen Sie regelmäßig zum Zahnarzt, putzen Sie Ihre Zähne gründlich und häufig, und benutzen Sie ein antiseptisches Mundwasser.*

● *Essen Sie stark gewürzte und mit Knoblauch zubereitete Speisen nur zusammen mit Ihrem Partner.*

Diese Dame erwidert seine Küsse zwar nicht, ist aber sichtlich willig. Ihre Rolle scheint hier zu sein, für die Appetithappen vor dem Hauptgericht zu sorgen, und dazu bietet sie erst ihre Wange und dann ihre Halsbeuge an

Münder so fest aneinander, daß sich Schmerz anstelle von Genuß einstellt. Menschen, die so küssen, haben oft eine gewalttätige Ader und drängen ihren Partner zum Liebesakt, anstatt ihn selbst entscheiden zu lassen. Sie neigen eventuell auch zur Eifersucht.

- Zungenküsse sind sanfte Versionen von »Staubsauger«-Küssen, wobei die Zunge mit Muße und Vergnügen den Mund des anderen erforscht. Menschen, die so küssen, können wunderbare Freunde und Liebhaber sein. Ebenso, wie ihre innigen Küsse verraten, daß sie die Gefühle des Partners genießen können, teilen sie auch den Kummer ihrer Freunde – und ihre Freuden.
- Wer einem die Hand küßt, ist normalerweise so charmant, daß man sich von ihm einnehmen läßt, auch wenn man weiß, daß es mit seiner Aufrichtigkeit nicht weit her ist.
- Menschen, die am Ohr knabbern, demonstrieren keineswegs ihre Kenntnis der erogenen Körperzonen. Dieses Knabbern kann für

schüchterne Leute eine Möglichkeit darstellen, die direkte Konfrontation zu vermeiden.

Diese Befangenheit zeigt sich bei Alltagssituationen in der Abneigung, sich in den Vordergrund zu drängen, bis sie sicher sind, daß sie wirklich etwas mitzuteilen haben. Es ist wichtig, zwischen Knabbern und Beißen zu unterscheiden, zumal ein Knabbern leicht zum Beißen werden kann.

● Menschen, die beim Küssen ständig Knutschflecken erzeugen, sind wie Grafitti-Künstler, die ihre Spuren hinterlassen. Ein Knutschfleck kann ebenso die Brandmarkung des Besitzers wie ein Zeichen reiner Leidenschaft sein.

Ob Küsse nun aber gewalttätig, liebevoll, inbrünstig oder sanft sind – zwischen zwei Partnern, in der Familie oder unter Freunden –, eins trifft heute genauso zu wie früher: Küsse verraten immer, wie sehr Sie lieben oder geliebt werden.

Das Spiel der Lippen

Das Küssen ist eine sinnliche Kunst, die beim Liebesakt entscheidend ist, aber viele von uns sind sich über die aufregende Vielfalt der Genüsse, die dabei möglich ist, nicht im klaren. Ein Paar kann vieles dazu tun, die Sexualität zwischen sich zu beleben, wenn es die erotischen Techniken des Küssens erlernt.

Die ganze Zeit über, bevor es zum Liebesakt kommt, hat man seinem Partner durch gelegentliche Küsse, Umarmungen und leichte Berührungen wahrscheinlich schon seine Zuneigung gezeigt. Jetzt ist man bereit, zum nächsten Stadium überzugehen. Küsse, die auf

Küsse, süßer als Wein

Im alten Rom hatte das Küssen offensichtlich eine bestimmte Funktion. Besorgte Ehemänner, die wissen wollten, wieviel Wein ihre Frau tagsüber getrunken hatte, pflegten beim Nachhausekommen ihre Lippen zu kosten, um festzustellen, ob sie etwas getrunken hatte. Für die Römer war das Küssen so wichtig, daß sie drei Worte dafür hatten: Osculum – der freundschaftliche Wangenkuß, Basium – der Kuß auf die Lippen, Suavum – der Kuß zwischen Liebenden. Als entzündete Lippen zur Volkskrankheit wurden, verbot jedoch Kaiser Tiberius das Küssen.

> ***Die großen Angeber***
> *Das sind Menschen, die einfach jeden küssen – Liebhaber, Ex-Liebhaber, Lehrer, Kollegen, sogar Verkehrspolizisten. Sie verbreiten den Eindruck, sie hätten eine Menge Liebe, Wärme und Zuneigung zu vergeben, aber in Wirklichkeit haben sie Angst vor Körperkontakt. Während sie diese Fassade aufrechterhalten, ist der Partner oft verblüfft über ihren Mangel an Leidenschaft.*

Wange, Hals, Hand oder Arm gedrückt wurden, bewegen sich nun auf die Lippen zu und werden auf direkte Art erotisch.

Der Schlüssel zum sinnlichen Vorspiel

Der Mund ist äußerst empfindsam. Er liegt auf der Sensibilitätsskala gleich hinter den Genitalien, und da er beweglicher ist als Penis oder Vagina, bietet er die Möglichkeit für zahlreiche sinnliche Genüsse.

Die Bedeutung der Technik

Das Küssen sollte sich nicht auf Mund-zu-Mund-Kontakt beschränken. Der Mund ist perfekt dazu geeignet, jede Stelle des Körpers zu ertasten und zu schmecken.

Die erogenen Zonen Ihres Partners zu küssen, ist der intimste und erregendste Teil des Vorspiels. Beginnen Sie das Liebesspiel an den Füßen, und küssen Sie beide über und über. Bedecken Sie den empfindsamen Bogen des Spanns mit sinnlichen, weichen Küssen, und hauchen Sie mit gespitzten Lippen winzige Küsse auf die Zehen. Lecken und küssen Sie die ausgestreckten Handflächen Ihres Partners.

Machen Sie sich mit festen, kräftigen Küssen über seine Kniebeugen her, wobei Sie hinter den Lippen ganz leicht Ihre Zähne spüren lassen. Setzen Sie das Spiel bis zur Innenseite der Schenkel fort. Kühne, schnelle Küsse über die ganze Innenseite der Oberschenkel erregen sowohl den Gebenden wie auch den Empfänger.

Legen Sie Ihr Gesicht an den Schenkel des Partners, und pressen Sie Ihre Lippen darauf. Senken Sie Ihren Mund mit spitzen, kräftigen Küssen in sein Gesäß. Fahren Sie mit der Zunge seine Wirbelsäule

Küssen spielt eine entscheidende Rolle sowohl beim Vorspiel als auch nach dem Liebesakt. Es gibt dem Partner das Gefühl, begehrt und geschätzt zu sein.

entlang, und übersäen Sie sie zu beiden Seiten mit zarten Küssen. Verwöhnen Sie seine Schultern mit Küssen, und machen Sie ihn rasend vor Verlangen, indem Sie die Rückseite seines Halses abwechselnd mit weichen und mit festen Küssen bedecken.

Die Brüste einer Frau reagieren weitaus stärker auf orale als auf jede andere Art von Zärtlichkeiten. Der Mann sollte versuchen, an den Spitzen ihrer Brustwarzen zu saugen, die Brust dann möglichst weit in den Mund zu nehmen, mit den Zähnen sanft ihre Brustwarze halten und dabei mit der Zunge über deren hartgewordene Spitze schnellen.

Jungfräulichkeit

In christlichen Kulturen symbolisiert die traditionelle Hochzeit in Weiß die jungfräuliche Tugendhaftigkeit der Braut, in manchen Gesellschaften aber werden Jungfrauen gefürchtet, nicht verehrt.

Unabhängig davon, ob Jungfräulichkeit als wünschenswerter Zustand angesehen wird oder nicht, existiert in manchen Kulturen der Glaube, daß Jungfrauen übernatürliche Kräfte hätten.

Im mittelalterlichen Europa zum Beispiel war man der Meinung, nur eine Jungfrau könne ein Einhorn fangen. Osteuropäische Bauernvölker (Rumänen und Bulgaren) glaubten, daß jungfräuliche Soldaten gegen Gewehrkugeln gefeit seien.

Einer der verhängnisvollsten Mythen ist der, daß ein Mann von Syphilis oder einer anderen Geschlechtskrankheit geheilt werden kann, wenn er mit einer Jungfrau schläft. Dieser Glauben war bei serbischen Bauern und auf der Insel Jamaica verbreitet, und es gab und gibt zweifellos noch andere Arten von Aberglauben.

Rituelle Defloration

Jungfrauen wurden und werden aus dem einen oder anderen Grunde für besonders gefährlich gehalten. Die Gond in Indien, so heißt es, schätzen Jungfrauen nicht, weil sie angeblich zuviel übersinnliche Kraft aufspeichern. Und es gibt eine Reihe von Gesellschaften, wo Männer keine jungfräulichen Bräute wollen und sich bitter beklagen, wenn sie entdecken, daß sie soeben eine geheiratet haben.

In diesen Volksgemeinschaften muß die Braut von jemand anderem defloriert werden als von ihrem Ehemann. Dieser andere Mann hat häufig einen besonderen Status als Schamane oder Medizinmann – jemand, der selbst über große spiritistische Kraft verfügt –, wie etwa bei den Kagaba in Südamerika. Bei manchen Eskimos muß nur die Häuptlingstochter von einem Schamanen entjungfert werden.

Bei den Kamchadal in Ostsibirien soll es ein Fremder sein, der als erster mit einer Jungfrau Geschlechtsverkehr hat – oder mit einer Witwe, die wieder heiraten will.

Der russische Schriftsteller und Reisende Krascheninnikow berichtete 1764, daß die Kamchadal eine Zeitlang ganz verzweifelt waren, weil keine Fremden mehr bei ihnen auftauchten. Aber dann erschienen die russischen Kosaken am Ort des Geschehens, und es konnte wieder geheiratet werden.

Ein Brauch, der als *jus primae noctis* (»Recht auf die erste Nacht«) oder *droit du seigneur* (»Recht des Feudalherrn«) bekannt ist, war im europäischen Mittelalter verbreitet. Der Häuptling, Feudalherr oder andere hohe Würdenträger hatten das Recht, alle Frauen zu entjungfern, die seiner Gerichtsbarkeit unterstanden.

Dieser oder ein vergleichbarer Brauch wurde auch bei den Bewohnern der pazifischen Marshall- und Tonga-Inseln beobachtet, bei den Seri in Mittelamerika, bei den Zande in Zentralafrika und den Dard in Zentralasien. Die Rechtfertigung oder auch das Motiv für diese Sitte ist wahrscheinlich identisch oder ähnlich wie bei der rituellen Defloration. Es geht nicht unbedingt um die unersättliche Lust des Häuptlings, sondern um den Glauben, daß Jungfräulichkeit für den Durchschnittsmann eine zu bedeutende und gefährliche Sache ist.

Schottische Entjunferung

Die Frage, ob es einen derartigen Brauch wirklich irgendwo in Europa gegeben hat, ist nicht geklärt. Einige konservative Historiker sagen, er sei nur zu Beginn des Mittelalters in manchen Teilen Schottlands üblich gewesen – wenn überhaupt.

Das früheste Zeugnis ritueller Deflorationen stammt möglicherweise aus den Schriften Herodots, eines griechischen Historikers des 5. Jahrhunderts vor Christus. Er schreibt, daß in Babylon jede Frau Geschlechtsverkehr mit einem Fremden haben mußte, und zwar in einem Tempel, der der Göttin Mylitta geweiht war (eine Gottheit, die Herodot mit Aphrodite, der Göttin der Liebe, gleichsetzt). Jede Frau mußte dies einmal in ihrem Leben tun.

Herodot sagt es zwar nicht explizit, aber es ist wahrscheinlich, daß diese Handlung vor der Heirat stattfand. Das deutet darauf hin, daß die Furcht vor Jungfrauen auf einem sehr alten Glauben beruht.

Wußten Sie schon?

Theoretisch ist eine Jungfrau ein weibliches Wesen, das noch nie einen Penis in seiner Vagina gehabt – oder ein Mann, der seinen Penis noch nie in eine Vagina eingeführt hat.

Das bedeutet, daß viele Menschen mit beträchtlicher sexueller Erfahrung dennoch als Jungfrau gelten würden. Eine Frau zum Beispiel, die Oral- oder Anal-Sex gehabt hat, kann immer noch Jungfrau sein.

Dasselbe ist bei einer Frau der Fall, die einen Penisersatz – Dildo oder Finger – benutzt hat, solange noch kein echter männlicher Penis in sie eingedrungen ist.

Auch Männer und Frauen mit ausschließlich homosexuellen Erfahrungen lassen sich danach als Jungfrauen definieren. Der Marquis de Sade schrieb über »die Entjungferung des Mundes oder Anus« ebenso wie über die der Vagina, aber diese Sprachregelung ist nicht üblich.

Jungfräuliche Bräute

In drastischem Gegensatz zu dieser Angst vor der Jungfräulichkeit steht die Wertschätzung, die sie als voreheliche weibliche Tugend in anderen Gesellschaften genießt, und das Entsetzen über eine Braut, die keine Jungfrau ist.

Eine Konsequenz aus diesem anderen Extrem war die Entstehung einer Deflorations-Manie. Im 19. Jahrhundert – und später – standen die Bordelle in Europa unter starkem Druck, jungfräuliche Prostituierte zur Verfügung zu stellen, und mußten zu »kosmetischer Jungfernschaft« Zuflucht nehmen. Die Vagina wurde mit Alaun behandelt,

Wußten Sie schon?

In manchen Kulturen sind jungfräuliche Erwachsene einfach unvorstellbar. Die Anthropologen Smith und Dale berichten von der Unterhaltung mit einem männlichen Ila aus Südostafrika, bei der sie versuchten, das Ila-Wort für »Jungfrau« herauszufinden.

Anthropologe: »Wie würden Sie eine Frau nennen, die nie in ihrem Leben einen Mann gekannt hat?«

Ila: »Nun ja, ich würde sie einen Dummkopf nennen.«

Es stellte sich heraus, daß die Ila kein spezielles Wort für »Jungfrau« haben, was auf mehrere andere Sprachen ebenfalls zutrifft, darunter Abipon und Tukano in Südamerika und Pukapukan und Trukses im Pazifik.

damit sie enger wurde, der Scheideneingang eingenäht, um ein unversehrtes Jungfernhäutchen vorzuspiegeln.

In Gesellschaften, wo die Jungfräulichkeit der Braut wichtig ist, wird die Ehe gewöhnlich als ein Kontrakt betrachtet. Teil dieses Vertrages ist die Garantie von seiten der Familie der Braut, daß sie »intakt« ist.

Da dies bis vor nicht allzu langer Zeit die allgemein übliche abendländische Praxis war, mag es verwundern, daß es Gemeinschaften gibt, die es für wichtiger halten, daß eine unverheiratete Frau überhaupt ihre Gebärfähigkeit unter Beweis stellt, als sich mit Fragen zukünftiger Vaterschaft aufzuhalten.

In solchen Gesellschaften wird geheiratet, wenn die Frau schwanger ist oder ein Kind bekommt, aber nicht eher.

Schutz der Jungfräulichkeit

In pro-jungfräulichen Gesellschaften wendeten die Eltern verschiedene Mittel an, um sicherzustellen, daß ihre Töchter »intakt« blieben. Anstandsdamen und ein zurückgezogenes Leben waren die üblichen Methoden. Bei vielen Völkern Afrikas und des Vorderen Orients (anderswo selten) werden jedoch drastischere Maßnahmen ergriffen.

Die kleinen Mädchen werden einer Operation ihrer Geschlechtsorgane unterzogen, so daß sie entweder ihrer sexuellen Lustgefühle beraubt sind oder es physisch unmöglich ist, daß ein Penis in ihre Vagina eingeführt wird.

Das gerissene Hymen

Die Einstellung gegenüber dem unversehrten Jungfernhäutchen reicht von totaler Gleichgültigkeit bis zu äußerster Besorgnis. Manche Stämme – die Gond in Indien und die Kaska in Kanada – haben von der Existenz eines Hymens offenbar überhaupt keine Ahnung. Das andere Extrem sind die meisten traditionellen Gesellschaften im Vorderen Orient, in Afrika und in Europa, die das unversehrte Jungfernhäutchen fast zu einem Fetisch gemacht haben.

Die Theorie, daß ein intaktes Hymen Beweis für Jungfräulichkeit ist, läßt sich nicht immer aufrechterhalten. Es sind Fälle bekannt, in denen Frauen schon häufig Geschlechtsverkehr hatten und das Hymen trotzdem nicht riß, weil es so elastisch war.

In manchen Kulturen macht der Ehevertrag zur Bedingung, daß die Braut Jungfrau ist. Hier überprüfen Hochzeitsgäste im 18. Jahrhundert, ob die Braut »intakt« ist – oder war

Um das Interesse am Sex zu reduzieren, wird in einer sogenannten Klitoridektomie – oder weiblicher Zirkumzision – die Klitoris abgeschnitten.

Diese Praxis ist fast ausschließlich dort üblich, wo auch die Knaben beschnitten werden, wobei die männliche Zirkumzision wesentlich verbreiteter ist.

Um den Geschlechtsverkehr faktisch unmöglich zu machen, wird die Scheidenöffnung in einer Prozedur, die als Infibulation oder pharaonische Zirkumzision bekannt ist, zugenäht.

Heute wird er fast nur noch in den islamischen Gesellschaften von Äthiopien, Somalia, dem Sudan und Südägypten praktiziert. Am Tage der Hochzeit wird die Vagina von einer Hebamme geöffnet.

Sowohl gegen die Klitoridektomie als auch gegen die Infibulation hat es von seiten internationaler feministischer Gruppen scharfe Angriffe gegeben. Sie wurden zwar zumindest in einem Land, in Ägypten, als illegal erklärt, werden in anderen Ländern jedoch weiterhin durchgeführt.

Keuschheitsgürtel

Historisch gesehen war wahrscheinlich die Infibulation der Auslöser für die Erfindung des Keuschheitsgürtels, der im Mittelalter in Europa in Gebrauch kam.

Kreuzfahrer kamen zweifellos mit infibulierten Frauen in Kontakt und brachten dann aus dem Vorderen Orient die Vorstellung mit nach Hause, daß Frauen irgendwie »zugeschlossen« oder »abgeschlossen« werden könnten.

Der Glaube, daß die Kreuzritter ihre Frauen mit metallenen Keuschheitsgürteln versahen, bevor sie im Heiligen Land gewesen waren, scheint reiner Mythos zu sein. Ob unverheiratete Mädchen Keuschheitsgürtel tragen mußten, ist noch nicht geklärt.

Keuschheitsgürtel gibt es auch heute, und sie werden immer noch von mindestens einer Firma kommerziell produziert. In Großbritannien wurde 1971 der Beschluß, daß Keuschheitsgürtel Kleidungsstücke sind und damit einer elfprozentigen Umsatzsteuer unterliegen, von einem 70jährigen Witwer und Labour-Abgeordneten angezweifelt. Seine Begründung war, daß es keine Steuern dafür geben dürfe, wenn man die Tugendhaftigkeit einer Dame schützen wolle.

Im Kaukasus trugen unverheiratete Mädchen Keuschheitskorsetts, die mit zahlreichen Knoten verschlossen waren. In der Hochzeitsnacht mußte der Bräutigam jeden Knoten einzeln aufknüpfen.

Beweis der Jungfernschaft

In vielen Gesellschaften wird verlangt, daß die Braut sich irgendeiner Art Jungfräulichkeitstest unterzieht. Das bedeutet gewöhnlich, daß das Mädchen einen Fleck auf Bettlaken oder Kleidung vorweisen muß, der von dem beim ersten Geschlechtsverkehr gerissenen Jungfernhäutchen stammt.

Bei der Vorschrift, daß eine Braut Jungfrau zu sein hat, geht es im wesentlichen darum, sicherzustellen, daß sie nur die Kinder ihres Ehemanns austrägt. Dies läßt sich heute durch effektive Verhütung erreichen, die in der bisherigen Geschichte der jüdisch-christlichen Kultur zur radikalsten Infragestellung der Auffassung geführt hat, daß Jungfräulichkeit eine Tugend sei.

Kapitel Zwei

Das sexuelle Erwachen

Sex-Signale

Warum sind manche Leute sexy und andere nicht? Was zieht uns an jemandem an, den wir überhaupt nicht kennen? Sagen unsere Kleidungsstücke, Gesten und Handlungen mehr, als wir denken?

Es kann vorkommen, daß zwei Menschen schon eine ausgiebige Unterhaltung hatten, bevor sie auch nur ein einziges Wort miteinander gewechselt haben – und zwar in Körpersprache. Der menschliche Körper sendet ständig bewußte und unbewußte Signale an seine Mitmenschen aus, besonders an solche, zu denen wir uns sexuell hingezogen fühlen. Und das wirft die Frage auf – was macht eine Person attraktiv?

Vor einigen Jahren druckte eine nationale Tageszeitung die Photos von 12 Frauen ab und forderte ihre Leser auf, sie entsprechend ihrer sexuellen Anziehungskraft zu numerieren. Das Ergebnis widersprach der Vorstellung, daß »Schönheit im Auge des Betrachters liegt«, und daß jeder sein eigenes Bild davon hat, was andere attraktiv macht.

Zum größten Teil stimmten die Leute darin überein, wer am attraktivsten, am wenigsten attraktiv, am zweitattraktivsten und so weiter sei. Das Resultat stand auch im Gegensatz zu einer weiteren häufig gemachten Behauptung – daß Männer und Frauen ziemlich unterschiedliche Meinungen darüber haben, was eine Frau anziehend findet. Das war nicht der Fall – Männer und Frauen fanden dieselben Gesichter attraktiv. Auch Altersunterschiede spielten bei der Bewertung keine große Rolle.

Was sieht man in einem Gesicht?

Was nun genau ein bestimmtes Gesicht für den Betrachter attraktiv macht, ist schwer auf den Punkt zu bringen, aber es ist in der Vergangenheit eine Menge über die Wichtigkeit von Gesichtsproportionen geschrieben worden. Andere Versuche, die sexuelle Anziehungskraft von Gesichtern zu analysieren, konzentrieren sich auf Größe und Form einzelner Merkmale. Dieses Verfahren läuft meistens auf eine »Attraktivität« hinaus, die sich weitgehend aus den Punkten zusammensetzt, mit denen verschiedene Gesichtszüge bewertet werden.

Eine weitere Erklärungsmöglichkeit für die sexuelle Anziehungskraft bestimmter Gesichter ist die, daß sie uns an Babies und sehr kleine Kinder erinnern, und wir, wenn wir uns zu ihnen hingezogen

Auf der Suche nach dem perfekten menschlichen Gesicht

Für die Schönheit des Gesichts gibt es keine allgemeingültigen Standards, und Versuche, sie durch Methoden wie Schönheitswettbewerbe für Männer und Frauen zu bestimmen, sind bekanntermaßen wenig erfolgreich. In den Vereinigten Staaten wollten Psychologen feststellen, welche Gesichter bei Männern und Frauen als die attraktivsten gelten. Die Studie basierte darauf, daß bestimmte Gesichtszüge mit Punkten bewertet wurden, und ergab, daß das »perfekte Gesicht« bei beiden Geschlechtern oval sein sollte.

- *Der Abstand zwischen Mund und Kinn sollte geringer sein als die Höhe der Stirn,*
- *die Breite der einzelnen Wange nicht größer als die des Mundes; außerdem waren erwünscht*
- *Glattes Haar*
- *Große, möglichst blaue Augen*
- *Lange Wimpern*
- *Die Nase im Profil gerade und von vorn »rautenförmig«*
- *Weder zu breiter noch zu schmaler Mund.*

Die beliebteste Nasenform war die gerade Nase – gefolgt von der Stupsnase – für Männer und Frauen. Bei Männern fand man allerdings eine »römische Nase« schöner als eine »platte Nase«, während es bei Frauen umgekehrt war.

Das aus diesen Einzelteilen zusammengesetzte Gesicht müßte theoretisch als schön empfunden werden. In der Realität ist jedoch auch das schönste Gesicht nicht symmetrisch.

fühlen, damit der angeborenen Reaktion auf den Appell unseres Nachwuchses folgen, ihn zu lieben, zu beschützen und für ihn zu sorgen.

Falls das zutrifft, sollte man erwarten, daß ein Kopf um so attraktiver wirkt, je mehr er dem gewölbten Kopf eines Babies ähnelt. Außerdem müßte man annehmen, daß Frauen dafür empfänglicher sind als Männer, und das ist auch der Fall.

Als man 330 Männern, Frauen und Kindern verschiedener Altersstufen Profilzeichnungen von Gesichtern vorlegte, gefielen ihnen diejenigen mit einer gewölbten Stirn am besten, und besonders anziehend fanden sie Stirnformen, deren Wölbung in Relation zum übrigen Gesicht besonders ausgeprägt war. Dieser Effekt schien mit dem Einsetzen der Pubertät zusammenzuhängen. Die Mädchen begannen ab ungefähr zwölf Jahren, eine Vorliebe für starke Stirnwölbungen zu entwickeln, bei Männern dagegen tritt sie langsamer zutage und wird auch nie so ausgeprägt wie bei einer Frau.

Die Maßstäbe für ein schönes Gesicht folgen allerdings keinem weltweit gültigen Standard. Wenn man sich die ganze Bandbreite menschlicher Gesellschaften ansieht, so scheint es keine allgemeinen Regeln dafür zu geben, wie die sexuelle Anziehungskraft eines Gesichtes beurteilt wird, vielleicht mit einer nicht ganz überraschenden Ausnahme. Niemand, so scheint es, findet unreine Haut attraktiv, möglicherweise deswegen, weil man einen klaren Teint für ein Zeichen guter Gesundheit hält – eine offenkundig wünschenswerte Eigenschaft.

Gesichtsmerkmale

Das Gesicht ist der Körperteil, der bei einer Begegnung zuerst auffällt, und es gibt drei Merkmale, die bei Frauen besonders wichtig sind – Augen, Lippen und Wangen.

Die Augen sind das Auffälligste in einem Gesicht; sie sieht man zuerst an. Frauen benutzen häufig Make-up, damit ihre Augen größer erscheinen.

Die Augen übermitteln zudem auch zwei Arten von sexuellen Signalen. Unsere Pupillen erweitern sich, wenn uns das, was wir sehen, gefällt. Das trifft besonders dann zu, wenn es sich dabei um einen anderen Menschen handelt. Außerdem befolgt man sehr genau bestimmte ungeschriebene Regeln, von denen eine besagt, daß man Menschen nicht allzu lange anguckt, wenn man nicht irgendeine Form von Beziehung zu ihnen aufnehmen will.

Ist das nicht der Fall, so verschafft man sich so viel Überblick, wie man zu brauchen glaubt, und zwar dann, wenn sie nicht hinsehen, oder so kurz und flüchtig, daß der andere keine Zeit hat, einen dabei zu beobachten.

Die sexuelle Bedeutsamkeit der Lippen ist offensichtlich, aber es wird gelegentlich behauptet, daß Frauen weniger darauf reagieren, weil sich darin das mächtige, aber verbotene sexuelle Symbol der Schamlippen »widerspiegelt«.

Viele Frauen schminken sich auch die Lippen, verändern deren Konturen zu einem Idealmund und färben sie in ein satteres Rot, wodurch sie noch stärker an Schamlippen erinnern.

Die Ähnlichkeit der beiden Lippenpaare ist ebenso offensichtlich wie ihre Unterschiede. Die Behauptung, der menschliche Mund habe sozusagen als genitales Echo im Laufe der Evolution so vorspringende Lippen entwickelt, scheint durch das Bedürfnis bestätigt zu werden, ihre Übereinstimmung zu betonen – ein Bedürfnis, das möglicherweise entstanden ist, als die Menschen anfingen, Kleider zu tragen und ihre Genitalien zu bedecken.

Die Wangen sind bedeutsam, weil dies die Partie ist, wo wir hauptsächlich erröten. Zum Erröten kommt es, wenn das Blut in den Oberflächenbereichen der Haut zirkuliert, und es gehört zu einem allgemeinen physischen Reaktionsmuster, das sexueller Natur sein kann oder auch nicht. Es kann sich auch ebenso gut um Verlegenheit oder Empörung handeln.

Frauen tendieren eher zum Erröten als Männer, was, zu Recht oder Unrecht, häufig als sexuelle Aufforderung interpretiert wird. Zum Schminken gehört oft auch das Wangen-Rouge, vielleicht ein Versuch, permanentes Erröten vorzutäuschen. Früher, als viele Menschen krank waren, ging es vielleicht auch darum, die Trägerin gesünder erscheinen zu lassen, als sie es war.

Brüste und Gesäß

Die beiden Körperteile, die jeder sofort mit sexueller Anziehungskraft assoziiert, sind neben dem Gesicht die weiblichen Brüste und das Gesäß. Es heißt oft, daß man Männer in drei grobe Kategorien einteilen kann, in sogenannte »Brust-Männer«, »Gesäß-Männer« und »Bein-Männer«. Die Forschung hat dies tatsächlich bestätigt, wobei es jedoch zwei Typen von »Bein-Männern« zu geben scheint – diejenigen, die massige Schenkel und Waden mögen, und die, die schlanke Beine bevorzugen.

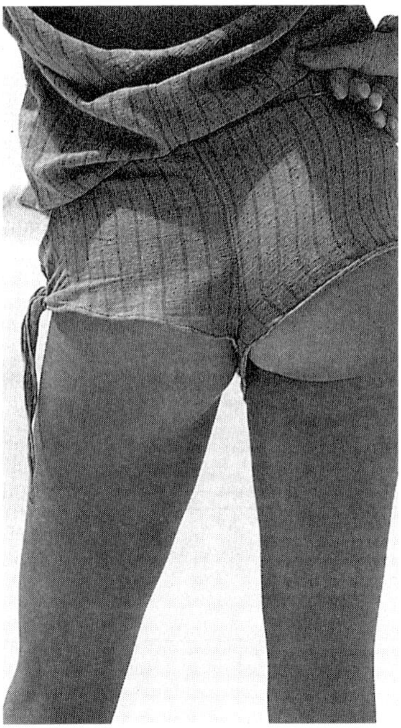

Ein spärlich bekleideter Körper wirkt häufig sexuell erregender als ein nackter. Hier werden durch das knapp bedeckte, leicht schräg gehaltene Gesäß kühne erotische Signale übermittelt, die manche Männer als Aufforderung zur Intimität interpretieren können

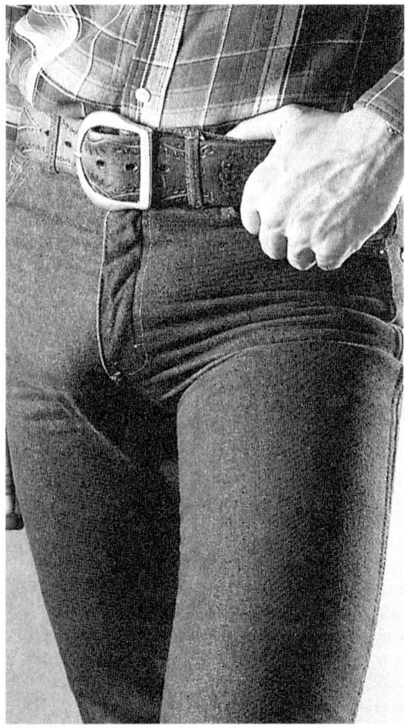

Kleidung bedeckt den menschlichen Körper nicht nur – sie kann auch bestimmte Bereiche betonen. In einem Paar enger Jeans präsentiert sich der männliche Penis als deutlich sichtbare Schwellung. Die am Gürtel plazierte Hand kann dabei als »Hinweis« dienen

Die Eigenarten dieser verschiedenen Männer-»Typen« hinsichtlich ihrer Persönlichkeit, Gewohnheiten, Interessen und Ansichten stellten sich als sehr unterschiedlich heraus. Es scheint, daß extrovertierte Männer Frauen mit großen Brüsten und Gesäßen vorziehen, während sich introvertierte Männer von üppigen Frauen überfordert und eher zu dünneren Frauen hingezogen fühlen.

Der Grund dafür kann viel mit der sexuellen Bedeutsamkeit von weiblichen Brüsten und Gesäß zu tun haben.

Eine erwachsene Frau ist das einzige Primatenweibchen, das über ein Paar angeschwollener Milchdrüsen verfügt, auch wenn es nicht säugt. Das beweist, daß es hier um mehr geht als um die Ernährung der Kinder. Eine Theorie besagt, daß sie die biologische Nachahmung eines primären Geschlechtsmerkmals – des Gesäßes – sind und die Frau dadurch mit einem starken sexuellen Signalapparat ausstatten, besonders wenn sie so gekleidet sind, daß ihre Brüste betont werden.

Das Gesäß ist bei der Frau ausgeprägter als beim Mann, ein Merkmal, das nur beim Menschen zutrifft. Wenn sich eine Frau nach vorn beugen und ihr Gesäß dem Mann so darbieten würde, wie es die Äffin bei der Aufforderung zur Kopulation tut, wären ihre Genitalien zu sehen, umrahmt von den beiden glatten, fleischigen Halbkugeln. Diese Assoziation macht sie zu einem sexuell sehr wirkungsvollen Signal, und wenn eine Frau beim Gehen die Bewegung ihres Gesäßes leicht unterstreicht, so hat das einen starken und offenkundig erotischen Effekt auf den Mann.

Behaarte Brust und breite Schultern

Bei Untersuchungen darüber, welchen Körperbau Frauen bei Männern bevorzugen, fand man heraus, daß sie Männer mit durchschnittlicher Statur vorziehen; weicht der Körper eines Mannes aber davon ab, so sollte er lieber oberhalb der Taille massiger sein als unterhalb oder an der Taille selbst. In der Tat haben Frauen eine ziemlich durchgängige Vorliebe für V- statt für Birnen-Formen.

Gleichzeitig stellten die Studien Unterschiede zwischen den Frauen fest, die verschiedene Körpertypen bevorzugten. Frauen, denen gutgebaute Männer besonders gefielen, waren häufig entweder an Leistungssport interessiert oder in vaterlosen Familien aufgewachsen. Vielleicht wählten sie eine idealisierte Männerfigur, um sich für den

Vater zu entschädigen, den sie niemals hatten. Der eigene Körperbau der Frau spielte ebenfalls eine Rolle, allerdings in unerwarteter Richtung – kleinere Frauen entschieden sich eher für größere Männer.

Andere Untersuchungen ähnlicher Art ergaben starke Anhaltspunkte für eine systematische Fehleinschätzung von Männern und Frauen darüber, was dem anderen Geschlecht gefällt. Männer glauben, daß Frauen einen Mann mit muskulöser, behaarter Brust, breiten Schultern und großem Penis wollen, die Frauen derselben Untersuchung sagten dagegen, sie zögen ein kleines Gesäß und einen hochwüchsigen, schlanken Körperbau vor.

Wenn man sich in nicht-westlichen Gesellschaften umtut, zeigen anthropologische Berichte ganz klar, daß es nur wenige Universalstandards für den schönen Körper gibt. Bei manchen Völkern werden große, massiv gebaute Frauen bevorzugt, bei anderen sind magere am begehrtesten. In vielen Kulturen sind Frauen mit breitem Becken und breiten Hüften beliebt, in mindestens einer aber besteht dagegen eine besondere Abneigung.

Die meisten anderen Zivilisationen sind nicht so »busenorientiert« wie unsere, aber auch dort, wo das der Fall ist, existieren völlig unterschiedliche Vorstellungen über die richtige Größe und Form der Brust. Manche bevorzugen lang herabhängende Brüste, andere nach oben gewölbte, runde; und bei wieder anderen kommt es bloß auf die Größe an.

Körper und Bekleidung

Menschen tragen Kleider nicht nur, um sich zu wärmen, sondern auch, um ihre Genitalien und, in den meisten Gesellschaften, die weibliche Brust zu bedecken.

Kleidung kann natürlich mehr bewirken, als nur die Körperteile zu verbergen, die wir nicht in der Öffentlichkeit zeigen dürfen. Man kann damit auch Körperformen nachmodellieren – der BH ist das deutlichste Beispiel.

Mit bestimmter Kleidung läßt sich auch das Tabu umgehen, daß man die Genitalien nicht präsentieren darf.

Masturbation

Masturbation ist ein wichtiger Teil des Liebesaktes. Viele Menschen halten sie für eine einsame Betätigung, aber als Erfahrung, die man miteinander teilt, kann sie eine der aufregendsten Möglichkeiten sein, als Paar die Bedürfnisse des anderen kennenzulernen.

Masturbation interessiert fast jeden, schon deshalb, weil die meisten von uns sie praktizieren. Dennoch existieren wahrscheinlich mehr Mythen und Schauergeschichten über das Masturbieren als über irgendeine andere sexuelle Betätigung. Es heißt, man würde davon blind, blutarm, impotent – die Liste läßt sich ewig fortsetzen.

All diese Behauptungen sind falsch, haben mit der Zeit aber dazu geführt, daß das Masturbieren einen äußerst schlechten Ruf hat. Und obgleich nahezu jeder masturbiert, ist es für sehr viele Menschen immer noch eine höchst verschwiegene Angelegenheit.

Masturbiert jeder?

Fast alle Männer und Frauen masturbieren von Zeit zu Zeit. Man sagt, 90 Prozent aller Männer geben es zu, und die restlichen 10 Prozent sind Lügner.

Manche Menschen – darunter etwa ein Drittel aller Frauen – sagen, sie könnten sich an keinen Zeitraum in ihrem Leben erinnern, wo sie nicht masturbiert hätten. Andere datieren die Anfänge auf den Beginn der Pubertät, wiederum andere scheinen erst in einer festen Beziehung damit anzufangen.

Mit ziemlich großer Sicherheit liegt die erste Masturbation jedoch weiter zurück. Fast alle Babies spielen mit ihren Genitalien, und die meisten Eltern sind sich darüber im klaren, daß ihre Kleinkinder manchmal masturbieren, obwohl schwer zu sagen ist, ob diese Art von genitaler Stimulation mit etwas endet, was Erwachsene als Orgasmus bezeichnen würden.

Mehr Möglichkeiten bei der Frau

Das Masturbieren ist mit ziemlicher Sicherheit bei Frauen weniger verbreitet als bei Männern. Das liegt aber teilweise daran, daß es bei Frauen schwerer zu definieren ist.

Bei Männern gehört zur Masturbation das direkte Stimulieren des Penis, das im allgemeinen mit einer Ejakulation endet. Bei Frauen dagegen kann fast jeder Körperteil ein Quell der Erregung und des Orgasmus sein, und seine Stimulierung kann zu unendlich variableren Reizen führen.

Es kann soziale sowie physische Gründe dafür geben, daß manche Frauen nicht »offen« masturbieren, sondern sich auf weniger augenfällige und direkte Weise stimulieren. Der elterliche Einfluß ist wahrscheinlich ein wichtiger Faktor.

Beide Elternteile neigen im allgemeinen zu größerer Toleranz, wenn ihre Söhne mit den Genitalien spielen, als wenn ihre Töchter dasselbe tun.

Indem die Mädchen sich stimulieren, ohne dabei ihre Genitalien direkt anzufassen, können sie so tun, als würden sie nicht masturbieren.

Manche Mädchen masturbieren, indem sie sich auf ihre Fersen setzen, andere beim Radfahren. Das Masturbieren kann auch mit Tätigkeiten verknüpft sein, die »legitimen« Genitalkontakt einschließen, wie etwa das Waschen der Vulva oder auch das Urinieren – es gibt unzählige Varianten.

In 20jähriger klinischer Praxis hat ein Experte auf diesem Gebiet mehr als 100 nicht-genitale Möglichkeiten festgestellt, wie Frauen masturbieren können.

Warum wird das Masturbieren geleugnet?

Die meisten Definitionen von Masturbation besagen, daß sie in einem Orgasmus endet. Ist das nicht der Fall, so denkt eine Frau vielleicht, sie würde nicht masturbieren.

Diese Art der Selbsttäuschung beschränkt sich nicht auf Frauen. Manche Männer wurden so erzogen, daß für sie Sex Schuld und Sünde bedeutet.

Im späteren Leben masturbieren sie eventuell ebenso wie andere Männer, blocken aber einen bewußten Orgasmus ab. Manche reiben ihren erigierten Penis ohne die Absicht, zu ejakulieren, und meinen daher, sie würden nicht masturbieren.

Menschen mit Schuldgefühlen masturbieren vielleicht nur zwischen Wachen und Schlafen, so daß sie die Masturbation ableugnen können, weil sie ja nicht bei vollem Bewußtsein sind.

Diese Verleugnungssysteme deuten darauf hin, welch schlechtes Gewissen viele Leute haben, wenn sie sich selbst sexuell stimulieren. Dabei ist das Masturbieren nicht nur eine angenehme, sondern auch eine wertvolle Erfahrung.

Es ist der Weg, über den die meisten zum ersten Mal lernen, wie der Körper auf sexuelle Stimulation reagiert. Ebenso wie man sprechen lernt, bevor man sich mit jemandem unterhält, masturbieren die meisten, bevor sie mit jemand anderem Liebe machen.

Wie Männer masturbieren

Die gebräuchlichste Methode der Masturbation bei Männern, jedenfalls von der Adoleszenz an, ist die, die Spitze des Penis mit den Fingern zu umfassen und die Hand dann in pumpenden Bewegungen auf und ab zu führen.

Die Spitze wird hauptsächlich mit Daumen und Zeigefinger stimuliert, die übrigen Finger umschließen den Schaft des Penis, wobei der Druck variieren kann. Manche Männer benutzen die andere Hand, um Skrotum, Anus oder andere Körperteile zu stimulieren.

Die meisten Männer hören zu einem bestimmten Zeitpunkt auf, um die Lust zu verlängern, andere »spielen« mit sich, indem sie sich an den Rand des Orgasmus bringen, dann einhalten und das Ganze ein paarmal wiederholen. Manche Männer hören in diesem Stadium sogar ganz auf und beschäftigen sich mit etwas völlig anderem, um dann später weiterzumachen.

Wieviel Druck ausgeübt wird, hängt von der persönlichen Vorliebe ab – manche Männer mögen ihn stärker als andere. Allzu stark sollte er jedoch nicht sein – das kann schmerzhaft werden.

Es gibt auch eine Variante, bei der der Mann mit dem Gesicht nach unten liegt und den Penis mit der flachen Hand auf die Matratze oder den Boden preßt und dabei Beischlafbewegungen vollführt.

Wie Frauen masturbieren

Frauen masturbieren auf sehr unterschiedliche Weise, aber die gebräuchlichste Methode ist die, auf dem Rücken zu liegen und mit einer Hand die Vulva zu stimulieren. Manche Frauen stimulieren beim Masturbieren nur die Vagina, aber die Mehrzahl reizt auch die Klitoris direkt oder indirekt.

Die Variationsmöglichkeiten sind groß. Manchmal wird der ganze Schambereich gestreichelt oder massiert, manchmal ein spezifischer Punkt – besonders die Klitoris – stimuliert.

Gelegentlich werden die inneren Schamlippen gerieben oder leicht zwischen die Finger geklemmt und vertikal oder kreisförmig hin- und herbewegt.

Manche Frauen stimulieren sich mit schmetterlingszarten Berührungen, anderen drücken etwas stärker, und wieder andere üben sehr starken Druck aus.

Wenn sie den Höhepunkt der Erregung erreicht haben, verändern Frauen gewöhnlich die Art der Stimulation, und es kann sein, daß sie beim Herannahen des Orgasmus die Klitoris zugunsten eines anderen Körperteils ganz vernachlässigen. Die meisten Frauen halten spielerisch inne und fangen dann wieder an, andere wollen so schnell wie möglich den Orgasmus erreichen.

Sie stecken vielleicht einen oder zwei Finger in die Vagina und lassen sie darin kreisen oder führen sie ein und aus. Das kann manchmal mit der Vorstellung verbunden sein, penetriert zu werden, und dazu dienen, daß der Orgasmus eine Zeitlang hinausgezögert und das Vergnügen dadurch verlängert wird.

Manche Frauen stecken sich Gegenstände in die Vagina. Von Vibratoren und Dildos bis zu Kerzen und Gurken wird und wurde dazu alles mögliche verwendet. Bei derartigen Objekten gibt es aber Risiken – sie könnten steckenbleiben.

Beim Masturbieren demonstrieren Frauen eher als beim Geschlechtsverkehr ihre größeren sexuellen Kapazitäten im Vergleich zu den Männern. Während ein Mann normalerweise nach der Ejakulation aufhört zu masturbieren, erleben viele Frauen dabei mehrfache Orgasmen – bis zu 50 hintereinander.

Lernen durch Teilhaben

Das Ziel der gemeinsamen Masturbation ist es, daß das Paar sich dabei total unbefangen gegenseitig zusieht, damit beide lernen, wie sie den anderen ebenso gut – oder besser – masturbieren können wie er sich selbst.

Schaffen Sie zunächst eine passende Umgebung – der dafür gewählte Raum sollte Abgeschiedenheit, Wärme und Entspannung vermitteln. Wenn es Ihnen hilft, trinken Sie vorher vielleicht etwas – aber nicht zuviel. Auch Musik kann zu einer gelösten Stimmung beitragen. Nehmen Sie ein gemeinsames Bad, oder duschen Sie zusammen, wenn Sie das in Stimmung bringt, und massieren Sie sich gegenseitig liebevoll. Machen Sie sich dann abwechselnd daran, ihrem Partner zu zeigen, wie es für Sie am schönsten ist.

Der Frau zusehen

Dies kann bei manchen Paaren etwas problematisch sein, denn einige Frauen sind vielleicht befangen und finden es schwer, sich ausreichend zu entspannen, um zum Orgasmus zu kommen, auch wenn ihnen das gewöhnlich ohne Mühe gelingt.

Das Geheimnis liegt vielleicht darin, daß man zunächst zärtlich miteinander umgeht, um die richtige Atmosphäre zu schaffen und die Frau dann bittet, bei gedämpftem Licht oder sogar in völliger Dunkelheit zu masturbieren, während man sie umarmt oder streichelt.

Stellen Sie bei den nächsten Malen langsam das Licht immer etwas heller, wenn sie erregt ist und anfängt, ihre Umgebung zu vergessen und achten Sie dann auf folgendes:

- die Position ihres Körpers und ihrer Beine
- was sie mit ihren Händen macht

(Rechts oben) *Seine Lust führt zu einem Moment, den viele Partner gern offenen Auges gemeinsam erleben – zur Ejakulation. Druck und Haltung der Hand und Geschwindigkeit der Stimulation sind bei jedem Mann individuell verschieden. Das Herannahen seines Höhepunktes zu beobachten, ist für beide ein erotisches Erlebnis*

(Rechts unten) *Ihr Genuß des Höhepunktes, den sie durch Masturbation erreicht, ist auch für ihn äußerst erregend und gibt ihm wichtige Hinweise für den zeitlichen Ablauf und die Technik, wenn er beim nächsten Mal an der Reihe ist, sie zu stimulieren. Masturbation ist alles andere als ein egoistisches Vergnügen*

● wie sie die Finger hält, um Vulva oder Klitoris zu stimulieren
● Art, Umfang und Druckstärke jeder Bewegung in den einzelnen Stadien der Erregung
● ob sie sich den Finger in die Vagina steckt oder nicht
● ob sie aufhört, sich zu stimulieren, und dann wieder anfängt
● die Veränderungen an Gesicht, Brüsten, Vulva, Klitoris und Haut
● ob sie beim Orgasmus Geräusche ausstößt oder schreit
● was sie im Augenblick des sexuellen Höhepunktes tut
● wie sie sich verändert, wenn sie zur Ruhe kommt.
Nehmen Sie sie jetzt zärtlich in die Arme, und reden Sie darüber.

Dem Mann zusehen

Kuscheln Sie sich an ihn, wenn er mag, und beobachten Sie:
● die genaue Position seiner Hand
● die Lage seiner Finger an seinem Penis
● wieviel Druck er ausübt
● Geschwindigkeit, Ausmaß und Art seiner Bewegungen
● die Veränderungen an Penis, Skrotum und Hoden
● andere körperliche Veränderungen, etwa bei seiner Atmung, im Gesichtsausdruck oder bei Muskelkontraktionen
● welche anderen Körperteile er stimuliert, zum Beispiel den Anus, die »Wurzel« seines Penis oder die Hoden
● die Flüssigkeitsmenge, die vor der Ejakulation austritt
● die Größe und Kraft des ersten Spritzers und die Schnelligkeit und Stärke der darauf folgenden
● den Punkt, an dem er aufhört
● wie er sich verändert, während er zur Ruhe kommt.
Wenn er sich entspannt hat, umarmen Sie sich.

Gegenseitige Masturbation

Sobald Sie einander unbefangen beim Masturbieren zusehen können und alles gelernt haben, was Sie wissen müssen, können Sie die Masturbation so richtig auskosten.

Wie man Hemmungen überwindet

Alle sexuellen Hemmungen – selbst etwas so Simples wie die Angst, im Hellen miteinander zu schlafen, lassen sich durch ein einfaches Trainingsprogramm überwinden. Warum aber leiden wir an solchen Ängsten, und was können wir dagegen unternehmen?

Unbefriedigender Sex

Das Fatale an der Schüchternheit und Gehemmtheit ist, daß Menschen dadurch ihre Sexualität nicht voll auskosten können. Selbst bei vielen sogenannten emanzipierten Frauen, die das, was sie in sexueller Hinsicht wollen, genau benennen oder sogar fordern können, kommt es vor, daß sie im Bett unbefriedigt sind und wenig Freude am Sex haben. Es ist, als ob ihr Bewußtsein sagen würde: »Mach weiter – es wird dir gefallen«, aber das viel stärkere Unterbewußtsein auf die Bremse tritt und sie daran hindert, es selbst zu genießen.

Am anderen Ende des Spektrums finden wir diejenigen, die den Partner niemals zu irgendeiner Form von sexueller Betätigung ermuntern. Sie sind, normalerweise ganz unbewußt, der Meinung, sie hätten keine sexuellen Bedürfnisse, weil sie in Wirklichkeit »unsinnlich« seien. Sie sind bereit, mit ihrem Partner mitzuhalten und »ihre Pflicht zu tun«, aber alles, was darüber hinausgeht, ist für sie so bedrohlich, daß sie es nicht genießen können. Dieses Phänomen kann man bei beiden Geschlechtern beobachten, es ist aber bei Frauen verbreiteter. Für eine solche Frau ist Sex überhaupt nur dann angenehm, wenn sie ihren Partner dafür »verantwortlich machen« kann, daß er sie dazu veranlaßt. Das befreit sie von ihren eigenen Schuldgefühlen, weil damit der Vorgang ihrer Kontrolle entzogen ist.

Ein gehemmter Mann, der mit einer derartigen Frau verheiratet ist, ist möglicherweise aus ähnlichen Gründen unfähig, Sex zu initiieren, und als Folge davon hat das Paar dann ein sehr reduziertes Liebesleben. Das kann so lange gutgehen, bis einer von beiden feststellt, daß es Angehörige des anderen Geschlechts gibt, die nicht so sind, und dann beginnen die Probleme.

Ähnliche Hemmschwellen

Wenn es um Sex geht, hat wohl jeder bei bestimmten Dingen gewisse Hemmungen. Am besten klappt wahrscheinlich die Ehe von zwei Menschen, deren Hemmschwelle ungefähr gleich hoch ist. Schwierigkeiten tauchen dann auf, wenn sich ein Paar mit sehr ähnlicher Hemmschwelle zusammentut und später dann aus dem Gleichgewicht kommt, weil der eine seine Hemmungen schneller verliert als der andere. Der weniger Gehemmte will dann all das ausprobieren und genießen, wozu der andere noch nicht bereit ist.

Hieraus können Probleme entstehen. Der weniger Gehemmte sieht sich vielleicht außerhalb der Beziehung nach Befriedigung um, ebenso der Gehemmtere – allerdings aus anderen Gründen.

Wie sich Hemmungen äußern

Es gibt viele Möglichkeiten, wie sich sexuelle Zurückhaltung, Abneigung und Gehemmtheit äußern kann. Am auffälligsten ist sie bei dem, der so sehr vor Sex in jeglicher Form auf der Hut ist, daß er oder sie Situationen, in denen es dazu kommen könnte, einfach meidet. Das ist leicht bei dem Mann zu erkennen, der sich immer den Spätfilm ansieht und kaum je zur selben Zeit ins Bett geht wie seine Frau. Er fühlt sich den sexuellen Anforderungen nicht gewachsen, die er auf sich zukommen sieht, und weicht der entsprechenden Situation deshalb aus.

Die zweithäufigste Art von Hemmungen äußert sich als Nervosität, Angst oder Schuldgefühl. Wer daran leidet, hat am Sex nur wenig oder gar kein Vergnügen.

Gelegentlich lassen sich solche Menschen, von denen es übrigens nicht wenige gibt, gehen und können eine sexuelle Begegnung tatsächlich genießen, um dann hinterher von Schuldgefühlen und Angst überwältigt zu werden. Was immer auch die Gründe sind, sie führen zur Vermeidung bestimmter Situationen, Funktionsstörungen, sexueller Unlust oder allem zusammen.

Mit den Hemmungen hat es aber eine nicht ganz einfache Bewandtnis, da viele Menschen unter manchen Umständen gehemmt sind und unter anderen nicht. Das beste Beispiel dafür ist vielleicht der Mann, der sich in seiner Ehe gehemmt fühlt, möglicherweise sogar impotent ist, beim außerehelichen Sex dagegen, etwa mit einer Prostituierten, zu voller Befriedigung kommt. Unbewußt sieht dieser Mann seine Frau als rein und »anständig« und bringt es nicht über sich, sie um das zu bitten, was er wirklich will. Als Resultat wird er nur selten richtig erregt und hat Potenzstörungen, oder es klappt überhaupt nicht. Bei einer »schmutzigen« oder »verbotenen« außerehelichen Affäre kann er seine Hemmungen ablegen und genießen, ohne daß er Angst haben muß, wegen seiner »anstößigen« Bedürfnisse abgelehnt zu werden.

Der Wandel der Gewohnheiten

Häufig sind Hemmungen sehr persönlich, aber gleichzeitig vom Zeitgeist diktiert. Vor fünfzig Jahren galt oraler Sex als pervers, und diesbezügliche Hemmungen waren nicht nur akzeptabel, sondern normal. Heute, wo oraler Sex gang und gäbe ist, werden viele Frauen einfach deshalb als gehemmt bezeichnet, weil sie diese neue Botschaft noch nicht mitbekommen haben.

Setzt man voraus, daß alle Hemmungen erworben sind, so kann man sie auch wieder loswerden, wenn der Betroffene dazu bereit ist. Die beste Möglichkeit bietet das Gespräch mit dem Partner darüber, was jeder für sich unter Liebe versteht. Während eines solchen Gesprächs entdecken beide normalerweise, daß sie von ganz eigenen Vorstellungen und bestimmten Stereotypen ausgehen und erwarten, daß der andere sich entsprechend verhält. So mag etwa eine Frau, die beim Liebesakt nicht gern oben liegt, der Meinung sein, es läge in der Natur des Geschlechtsverkehrs, daß der Mann oben liegt und aktiv ist, während es Sache der Frau sei, einfach passiv dazuliegen. Jedes andere Verhalten empfindet sie als »lieblos« und daher unnatürlich.

Hemmungen und Liebe

Wenn eine Frau bei einer sexuellen Aktivität nicht mitmacht, heißt das nicht unbedingt, daß sie ihren Partner nicht liebt, und dennoch knüpfen viele Männer derartige Vorstellungen an ihr Liebesverhältnis. »Jede Frau, die mich wirklich liebt, würde...« ist eine häufige Klage. Dies kann jedoch eine ganz falsche Definition von Liebe sein.

Die betreffende Frau mag ihn tatsächlich lieben, ist aber vielleicht nicht in der Lage, das so auszudrücken, wie er es von ihr erwartet.

Die andere Seite der Medaille sind diejenigen Frauen, die durch das in unserer Zeit gewachsene Bewußtsein der eigenen Sexualität emanzipiert genug sind, zu wissen, was ihre Bedürfnisse sind, aber nichts sagen, weil sie befürchten, in den Augen ihrer Partner allzu fordernd zu erscheinen. Es ist eine traurige Tatsache, daß bei Millionen von Paaren sich der eine vielleicht etwas vorstellt, was er gern machen würde, und der andere dazu auch bereit wäre, daß das Thema aber nie zur Sprache kommt. Möglicherweise sehen sich beide sogar anderweitig nach Befriedigung um – oft mit katastrophalen Folgen. Während eines Gesprächs dagegen kommt es zu den erstaunlichsten Enthüllungen, wenn jeder etwas über sein wahres Ich verrät.

Spielen Sie ein Spiel

Listen Sie einfach Dinge auf, die Ihnen in sexueller Hinsicht in Ihrer Beziehung Probleme machen, und schreiben Sie sie jeweils auf ein Stück Papier. Dazu können Punkte gehören wie Größe des Penis, oraler Sex, Größe der Brüste, gelegentliche Impotenz, PMT, Sperma, Sprechen während des Geschlechtsverkehrs, Liebe, wer den Anstoß zum Sex gibt und so weiter. Wenn Sie gemütlich zusammensitzen, vielleicht bei einem Glas Wein, ziehen Sie abwechselnd aus dem Stapel Zettel ungelesen einen heraus und tauschen darüber Ihre Gedanken aus. Sagen Sie Ihre ehrliche Meinung, und versuchen Sie aufrichtig, den Standpunkt Ihres Partners zu verstehen. Manche Paare finden für ein solches Gespräch die Atmosphäre in einem Lokal oder bei einem Spaziergang angenehm. Verhalten Sie sich positiv und ermutigend, und nehmen Sie die Ansichten Ihres Partners ernst.

Nach einem solchen Gespräch kann es für manche Menschen hilfreich sein, wenn sie einmal mit ihren Eltern reden. Auf diese

> *Für eine Frau, die ihre Hemmungen abbauen will, damit sie den Liebesakt auch bei Licht genießen kann, besteht der erste Schritt darin, daß sie sich im Dunkeln nackt unter die Bettdecke legt. Dann wird das Licht angeschaltet, und der Mann sollte sie küssen und umarmen. Anschließend kann das Paar das Bettzeug abstreifen und schmusen, zunächst im Dunkeln, später bei Licht.*

Weise verstehen sie vielleicht besser, was in ihrer Kindheit geschehen ist. Dinge, die man nie begreifen oder verzeihen konnte, erscheinen jetzt möglicherweise in einem anderen Licht – und erhellen den Hintergrund von Hemmungen, die man als Erwachsener hat. Es kann eine große Hilfe sein, die eigenen Hemmungen in den Griff zu bekommen, wenn man die der Eltern kennt.

Nehmen Sie sich Zeit

Schenken Sie ganz allgemein Ihrem Liebesleben mehr Zeit und Aufmerksamkeit. Wenn Sie wollen, daß Ihr Partner in einer bestimmten Hinsicht weniger gehemmt ist, so sollten Sie erst einmal sichergehen, daß er beim Liebesakt mit Ihnen auch wirklich auf seine Kosten kommt. Jemand, der sich achtlos behandelt fühlt, sich langweilt oder oft einfach nicht genügend erregt ist, wird wahrscheinlich wenig Neigung verspüren, sich ungehemmt zu verhalten.

Fangen Sie an, Sex zu genießen

Machen Sie eine positive Anstrengung, sich allgemein sinnlicher zu bewegen. Zumindest bis zu einem gewissen Grad können wir ungehemmt »tun« und dadurch erreichen, was wir wollen. Manche Frauen zum Beispiel, die Schwierigkeiten haben, sich beim Orgasmus gehenzulassen, hilft es sehr, wenn sie sich nach außen hin dabei (wie eine Schauspielerin) sexy gebärden.

Das mag zunächst etwas geheuchelt erscheinen, aber in der Praxis haben viele Frauen festgestellt, daß sie dadurch die erste Hürde leichter nehmen und, bevor sie wissen, wie ihnen geschieht, ihren Orgasmus wirklich offen genießen.

Seien Sie sich darüber im klaren, daß ein gewisses Maß an Tabuisierung Sex auch aufregender machen kann – Freud sagte, Sex würde nicht halb soviel Spaß machen, wenn er nicht so »unartig« wäre. Die bloße Tatsache, daß etwas verboten ist oder uns irgendwie anstößig erscheint, kann unsere Lust daran zusätzlich steigern. So gesehen, sind Hemmungen nicht immer etwas Negatives.

Benutzen Sie Ihre Phantasie

Stellen Sie sich beim Masturbieren oder beim Liebesakt einmal etwas anderes vor. Sind Ihre sexuellen Phantasien eher unterentwickelt, so weiten Sie sie allmählich aus, wenn Sie sehr erregt sind, bis das, was Sie sich bisher nicht einmal vorzustellen wagten, für Sie akzeptabel und angenehm ist. Viele gehemmte Menschen sind in ihren Sex-Phantasien immer Zuschauer, andere praktizieren alles mögliche, nur keinen Geschlechtsverkehr. Eine langsame, schrittweise, immer erregendere Ausweitung seiner Phantasien kann dem einzelnen helfen, sich dann auch im wirklichen Leben ungehemmter zu verhalten.

Lassen Sie Ihren Partner mit der Zeit immer mehr (und nicht nur in sexueller Hinsicht) über sich selbst wissen, und Sie werden erstaunt sein, wie Sie Ihre Hemmungen abbauen.

Wir alle möchten vom anderen, vorzugsweise von unserem Partner, voll und ganz verstanden werden, aber das kann nicht in einem Vakuum geschehen. Beide müssen sich bemühen, mehr über sich selbst mitzuteilen. Wenn sie generell offener sind, stellen die meisten Leute fest, daß sie sich automatisch ungezwungener verhalten, auch ohne sich besonders anzustrengen.

Ein Paar, das sich so miteinander entwickelt, legt mit den Jahren allmählich seine Hemmungen ab und ist mit vierzig dann oft völlig aufeinander eingestimmt.

Lernen Sie, die Grenze zu ziehen

Akzeptieren Sie, daß jeder irgendwo einen »Schlußstrich« zieht – an einem Punkt, über den er sich nicht hinauswagt. Diese Grenzen lassen sich zwar ein bißchen verschieben, aber das ist auch das Äußerste, was man erwarten kann. Jedes Liebespaar sollte dazu kommen, diese beiderseitigen »Schlußstriche« hinzunehmen und kein Thema daraus zu machen. Wird die Grenze von Ihrem Partner so eng gezogen, daß Sie sie nicht akzeptieren können, und Sie schaffen es nicht, sich damit zu arrangieren, so kann es sinnvoll sein, psychologische Hilfe in Anspruch zu nehmen.

Wehren Sie bestimmte Gedanken ab

Es gibt eine simple, psychologische Do-it-yourself-Technik, mit deren Hilfe man seinen Gedanken Einhalt gebieten kann. Sie klammert negative Assoziationen wie Schuld und Angst aus Ihrem Denken aus und ersetzt sie durch positive, nützliche Vorstellungen. Sie funktioniert, weil das Gehirn nur jeweils eine Emotion verarbeiten und eine Gefühlsregung die andere überlagern kann.

In dem Moment, wo Ihnen ein negativer Gedanke in den Kopf kommt, der Ihnen Unruhe, Angst oder Schuldgefühle bereitet und Sie daran hindert, etwas zu tun, das Sie oder Ihr Partner gern tun würden, rufen Sie laut »STOP« und schlagen dabei mit der Hand auf. Ersetzen Sie den Gedanken durch einen anderen, positiven, der für Sie angenehm oder erregend ist. Um dazu fähig zu sein, müssen Sie sich einen Vorrat erfreulicher, anregender Vorstellungen zulegen. Nach ein paar Ausrufen stellen Sie vielleicht fest, daß Sie das »Stop« nur noch in Gedanken sagen müssen und auch nicht mehr mit der Hand aufzuschlagen brauchen. Manchen Menschen hilft es, in diesem Stadium ein Gummiband ums Handgelenk zu tragen, das sie gegen die Haut schnappen lassen, sobald ein negativer Gedanke auftaucht.

Die positiven Gedanken, die Sie anstelle der negativen aktivieren, müssen überhaupt nichts mit Sex zu tun haben. Sie können ganz unterschiedliche Inhalte haben, etwa den, daß Sie Ihren ersten Roman veröffentlichen, Sieger in Wimbledon werden, eine preisgekrönte Rosenart züchten, oder was Sie sonst in Entzücken versetzen kann.

Praktizieren Sie diese Übung acht- bis zehnmal am Tag oder wann immer Ihnen ein negativer Gedanke in den Kopf kommt. Innerhalb von ein paar Wochen sollte die Anzahl Ihrer negativen Gedanken zurückgehen.

Das erste Mal

Das erste Mal miteinander zu schlafen, ist meistens eine Katastrophe. Warum wird die Premiere so oft zu einem Erlebnis, das ein Paar lieber vergißt?

In jeder Beziehung kommt irgendwann der Zeitpunkt des ersten Liebesaktes. Das kann innerhalb der ersten paar Wochen sein, oder nachdem man sich Monate oder Jahre kennt. Unabhängig davon gehen jedoch nur wenige Menschen ganz fröhlich und unbefangen daran. Die meisten, wie erfahren sie auch sein mögen, fühlen sich leicht nervös, etwas verlegen, besorgt, daß auch alles gutgeht – und unsicher, was sie voneinander erwarten sollen.

Das allererste Mal

Der allererste Liebesakt in Ihrem Leben hat eine besondere Bedeutung. Durch dieses einzigartige Erlebnis erfahren Sie etwas über Sex – aber beileibe nicht alles.

Sicher, nachdem Sie schon so lange darüber nachgedacht und sich Fragen gestellt haben, finden Sie jetzt zumindest heraus, wie es funktioniert – was so schwer vorstellbar ist, egal, wieviel man »theoretisch« davon weiß.

Nur selten klappt es absolut wunderbar. Besonders Mädchen, bei denen der Orgasmus keineswegs automatisch erfolgt, sorgen sich vielleicht, ob sie den Sex nicht überbewertet haben, und ob sie ihn jemals so genießen werden, wie das bei anderen der Fall zu sein scheint und in Büchern und Zeitschriften dargestellt wird.

Manche Mädchen sind völlig ahnungslos. Donna hatte sehr verschwommene Vorstellungen über Sex, und ihr Wissen basierte hauptsächlich auf einer schwülstigen Liebesgeschichte, die kurz vor der direkten Beschreibung des Aktes selbst haltmachte. »Ich war erst 15, als ich das erste Mal mit jemandem schlief, und ich kann kaum glauben, wie dumm ich war. Ich dachte, es wäre gar nicht passiert, weil mir dunkel vorschwebte, daß man dabei Sterne sieht und Musik hört – und das war bei mir nicht der Fall!«

Robert wußte genau, was ihn erwartete, meinte aber, daß es sich sehr kompliziert anhörte und akrobatische Verrenkungen erfordern würde.

»Ich konnte gar nicht glauben, daß es während einer Knutscherei und viel Gefummel auf dem Sofa einfach passierte. Ich dachte: ›Das ist aber einfach!‹ – Ich erinnere mich an den Stolz, den ich dabei fühlte, nicht an etwas Romantisches. Es war eine sexuelle Explosion – nicht einmal besonders sinnlich.«

Manche Menschen planen ihr erstes sexuelles Erlebnis ganz genau. Vielleicht geschieht es mit jemandem, mit dem sie schon eine Zeitlang befreundet sind; sie überlegen sich etwas zur Verhütung und beschaffen sich entsprechende Mittel.

Andere lassen sich »hinreißen« – und hoffen und beten nur, daß sie sich damit keine Schwangerschaft oder Geschlechtskrankheit eingehandelt haben.

Die Frage des ersten Mals ist heute wichtiger als je zuvor. Da nur noch wenige Menschen ihre »erste Liebe« heiraten und ewig mit ihr verheiratet bleiben, gibt es für die meisten eine ganze Reihe von ersten Malen – der sexuelle Beginn jeder neu eingegangenen Beziehung.

Die ersten Male

Manche »Premieren« erweisen sich als einmalige Gastspiele – aber der große Unterschied ist der, daß einer oder beide Partner in dem Glauben darangehen, es wäre das erste von vielen Malen.

Während eine flüchtige Begegnung vielleicht als vertane Zeit angesehen wird, wenn nicht die eigene sexuelle Befriedigung damit verbunden ist, sind die Gefühle bei einem »ersten Mal« wesentlich komplexer.

Es wird als Beginn von etwas empfunden, aus dem eine wichtige Beziehung werden könnte. Das heißt, daß die eigenen sexuellen

Ich konnte gar nicht glauben, daß es einfach passierte. Ich dachte: »Das ist aber einfach!« Ich erinnere mich an den Stolz, den ich dabei fühlte, nicht an etwas Romantisches.

Wenn der große Moment kommt, denke ich: »Oh nein! Die Zellulitis an meinen Oberschenkeln! Meine Brüste sind zu klein! Nach dem tollen Essen muß mein Bauch absolut riesig sein!«

Bedürfnisse zwar von Bedeutung sind, aber nicht mehr als die des Partners. Ebenso wichtig ist es für die Partner, herauszufinden, wie sie »zusammenpassen«. Beim Liebesakt lernen sie andere Seiten der Persönlichkeit des Partners kennen und zeigen ihm gleichzeitig ihr eigenes Wesen.

Eine ebenso große Rolle wie der eigentliche Sex spielt also das, was hinterher passiert – ob man Zärtlichkeit, gute Laune oder ein Zusammengehörigkeitsgefühl verspürt.

Chris sagte: »Es gibt Dinge, die man nur dann von jemandem weiß, wenn man mit ihm ins Bett geht. Ich erinnere mich an ein Mädchen, das sich sehr sexy aufführte – die Art, wie sie tanzte, war eine offene Aufforderung –, aber tatsächlich besaß sie keinerlei Sinnlichkeit, sie war wahrscheinlich das unsinnlichste Mädchen, mit dem ich je im Bett war. Ihr Tanzen hatte sie anderen abgeguckt, es war kein Ausdruck ihrer inneren Sinnlichkeit.«

Der richtige Zeitpunkt für Sex

Bevor man mit jemandem zum ersten Mal ins Bett geht, muß man sich dazu entschließen – ob aus einem blitzartigen Impuls heraus oder als Resultat langer Überlegungen. Man muß entscheiden, wann der richtige Moment gekommen ist – schon innerhalb weniger Wochen, oder sollte man sich zunächst besser kennenlernen?

Dabei sollte man keinen Druck ausüben. Es kann sich als Fehler erweisen, wenn einer versucht, den anderen zum Sex zu nötigen, indem er ihn etwa betrunken macht oder irgendwie gefühlsmäßig erpreßt – wenn ein Mann zum Beispiel sagt: »Bist du frigide, oder was?«; oder eine Frau: »Magst wohl lieber Männer, wie?«

Meist ist es so, daß man lieber etwas abwartet. Gewöhnlich fühlt man sich dem anderen gegenüber nicht gleich so entspannt und sicher, daß man sofort mit ihm schlafen will. Man zieht es vor, sich erst einmal besser kennenzulernen, miteinander darüber zu reden und dann Zeitpunkt und Ort sorgfältig auszuwählen.

Einer momentanen Eingebung folgen

Spontaner Sex, der etwas von unkontrollierbarer Leidenschaft an sich hat, ist als Idee sehr reizvoll – aber nicht ohne praktische Probleme.

Gegen Krankheit und Schwangerschaft müssen Schutzmaßnahmen getroffen werden, die nicht dem Zufall überlassen werden dürfen. Diese Verantwortung trägt nicht mehr nur die Frau – wenn es zur Schwangerschaft kommt, ist sie zwar am stärksten betroffen, aber beide Partner werden die Gefahr, sich AIDS zu holen, sicher dadurch verringern wollen, daß sie Kondome benutzen. Wenn sie überhaupt nicht verhütet, so sollte sie das sagen.

Sam ist kein Einzelfall, wenn er sagt: »Ich frage die Frau jetzt nie mehr, ob sie die Pille nimmt oder irgendwas anderes. Wenn ich mit Frauen zu tun habe, die zwanzig und älter sind, gehe ich einfach davon aus, daß das geregelt ist. Als ich noch zur Schule und zur Universität ging, hatte ich fürchterliche Angst vor ungewollter Schwangerschaft und habe mich immer abgesichert – aber erfahrenere Frauen haben sich ja wohl schon eine Lösung überlegt, bevor sie mich treffen.« Seit dem Auftauchen von AIDS haben auch Männer wie Sam ihre Einstellung ändern müssen.

Ein Mann sollte sich darüber im klaren sein, daß viele Frauen »zwischen« Beziehungen keine Verhütungsmittel nehmen. Falls er nicht sicher ist, daß sie sich schützt, sollte er ein Kondom verwenden – oder den Sex aufschieben.

Paula bringt das Thema immer selbst zur Sprache. »Ich sage einfach: ›Du mußt dir wegen Verhütung keine Sorgen machen‹, teils deswegen, weil ich ein Diaphragma benutze und es mir ein bißchen peinlich ist, mit jemandem darüber zu sprechen, den ich kaum kenne – manchen Männern gefällt die Vorstellung auch nicht besonders. Ich hoffe, daß ich mit meiner Bemerkung der Frage ›Nimmst du die Pille?‹ zuvorkomme, auf die ich ja mit ›nein‹ antworten müßte. Einmal fühlte ich mich unglaublich zu einem Mann hingezogen – und hatte mein Diaphragma nicht bei mir. Leider mußte ich es aufschieben, mit ihm ins Bett zu gehen – wodurch es glücklicherweise für uns beide schließlich noch aufregender wurde.«

Geschlechtskrankheiten

Ein anderes Hauptproblem für jemanden, den man kaum kennt, ist es, das Thema AIDS oder Geschlechtskrankheiten anzusprechen. Bei einem Unbekannten kann man nicht wissen, wie viele Sexualpartner er schon gehabt hat oder ob er mit einer Geschlechtskrankheit infiziert ist.

Es reicht nicht, wenn man seinem Glück vertraut. Verschiedene Menschen haben unterschiedliche Arten, mit dieser sehr schwierigen und persönlichen Frage umzugehen.

Vicky fragt geradeheraus. »Die Vorstellung, mir eine Krankheit zuzuziehen – besonders jetzt, wo auch Heterosexuelle AIDS bekommen –, erfüllt mich mit Entsetzen. Normalerweise tue ich so, als hätte ich schon mal eine schlechte Erfahrung gemacht – ein Liebhaber, der mich mit Tripper angesteckt hat, weshalb ich jetzt besonders ängstlich bin. Dann können sie sich im Notfall immer noch aus der Affäre ziehen und sagen, sie hätten den Verdacht, ihre Ex-Freundin sei ihnen untreu gewesen usw. usw.«

Ray versucht, einen Witz daraus zu machen. »Gewöhnlich sage ich: ›Weißt du, ich bin vollkommen sauber.‹ Das bricht das Eis, bringt das Thema zur Sprache – und dann können wir ein bißchen darüber reden, und wenn etwas gesagt werden muß, dann wird es gesagt. Ein Mädchen gab zu, daß sie Herpes hatte. Sie erklärte mir, daß es nicht ansteckend ist, wenn sie nicht gerade einen Anfall hat – das war also in Ordnung. Das bedeutete, daß sie später, als sie tatsächlich einen Anfall hatte, mir auch davon erzählen konnte.«

Weitere Probleme

Es gibt noch andere Probleme, die mit spontanem Sex verbunden sind. Sie sind an sich nicht sehr bedeutsam, können aber Peinlichkeiten heraufbeschwören, wenn Sie mit jemandem zusammen sind, den Sie kaum kennen.

Wenn Sie die Nacht gemeinsam verbringen, kann am Morgen das Problem auftauchen, daß Sie keine Kleidung zum Wechseln haben. Manche Frauen fühlen sich ohne Make-up unsicher, und die meisten Männer wollen sich morgens rasieren.

Ich kann nicht sagen, daß es mein Sexualleben total ruiniert hat, daß ich mir vorstelle, mein Penis sei viel zu klein, aber hilfreich ist es gerade nicht. Die ersten Male sind natürlich immer etwas nervenaufreibend. Normalerweise versuche ich es so zu arrangieren, daß sie meinen Penis am Anfang nicht sieht – oder berührt –, jedenfalls nicht, bevor ich mit ihr geschlafen habe. Wenn das anscheinend gut gegangen ist, höre ich auf, mir Sorgen zu machen, und fange an, mich besser zu fühlen.

Aus diesen Gründen ist es eine Überlegung wert, ob man die ganze Nacht über dableibt oder schon vorher geht.

Micky hat da keine Zweifel. »Ich gehe immer vor Tagesanbruch – manchmal erst kurz davor –, sagen wir, so gegen 4 Uhr. Ich halte das für wichtig, nicht nur wegen der praktischen Schwierigkeiten, sondern auch für die Entwicklung der Beziehung. Der Morgen danach mit jemandem, den man kaum kennt, kann viel problematischer sein als das, was vorher vielleicht passiert ist. Man mag zwar zu einer leidenschaftlichen Nacht bereit sein, nicht aber zum freundschaftlichen Zusammensein, das zum gemeinsamen Aufwachen gehört. Ich möchte eine Frau wirklich gut kennen, bevor ich sie mit ungeputzten Zähnen küsse oder einsilbig über der Zeitung hocke – oder das Klo benutzen kann, ohne daß mir ihre Gegenwart peinlich ist. Deshalb deichsle ich es immer so, daß die ersten paar Male bei ihr stattfinden, was mir die Freiheit läßt, zu gehen, wann ich will.«

Das aufgeschobene erste Mal

Im allgemeinen gehen Leute erst dann miteinander ins Bett, wenn sie sich schon eine Weile kennen und die gegenseitige Anziehung gewachsen ist. Das bedeutet, daß sie die richtige Zeit und den richtigen Ort mit Bedacht auswählen können und die Chancen groß sind, daß das erste Mal ein gelungenes Ereignis wird.

Man kann auch schon vorher über Probleme wie Verhütung und Geschlechtskrankheiten reden; das ist wesentlich einfacher als in dem Augenblick, da man damit beschäftigt ist, sich gegenseitig auszuziehen. Meistens ist es möglich, in scheinbar »allgemeinen Diskussionen« über Gott und die Welt diese Themen zur Sprache zu bringen, so daß man sich dann, wenn es tatsächlich zum Sex kommt, nur über wenige praktische Dinge den Kopf zerbrechen muß.

Die Verlegenheit

Ob Sex spontan oder geplant stattfindet, es gibt kaum einen Menschen, der sich nicht beim ersten Mal zumindest ein bißchen unbeholfen fühlt. Bei manchen ist die Verlegenheit so stark, daß der Akt selbst fast keine Rolle spielt.

Ganz so schlimm war es bei Alison nicht, aber sie sagt, sie hätte den ersten Sex mit einem neuen Partner noch nie richtig genossen.

Ich verstehe nicht, wie es überhaupt jemals wirklich gut sein kann. Ganz abgesehen von der Befangenheit ist es doch eine unausweichliche Tatsache, daß man sich mit dem Körper des anderen einfach nicht richtig auskennt. Besonders Frauen machen sich oft Sorgen, ob ihr Körper auch »gut genug« ist. Und ein unsicherer Mann wird vielleicht impotent, wenn es zur Sache geht. So etwas ist immer problematisch, vor allem aber, wenn man sich noch nicht so gut kennt. Sind Sie aber erst den ersten Schritt miteinander gegangen, können Sie jetzt den nächsten machen. Er kann der Anfang von etwas ganz Großem sein.

Kapitel Drei

Lektion in Liebe

Empfängnisverhütung

Trotz der Möglichkeit von Familienplanung und einer wachsenden Zahl verschiedener Verhütungsmittel riskieren überall auf der Welt Millionen Frauen immer noch eine ungewollte Schwangerschaft.

Jedes Jahr lassen zwei Millionen amerikanische Frauen abtreiben, und die Anzahl unerwünschter Schwangerschaften hält sich hartnäkkig auf hohem Niveau.

Ein Grund ist der, daß Informationen über Verhütung oft nicht die Menschen erreichen, die sie am nötigsten haben. Deswegen treffen Paare häufig die falsche Entscheidung über die Verhütungsmethode, wenden sie falsch an oder vergessen sie. Andere verhüten überhaupt nicht und verlassen sich einfach auf den Zufall, daß sie nicht schwanger werden.

Daß dies geschieht, ist eigentlich nicht verwunderlich, denn die Informationen über Verhütungsmittel wechseln ständig. Beim Testen und Erforschen verschiedener Methoden kommen immer wieder neue Risiken und Nebenwirkungen ans Licht, und die Verwirrung wird zunehmend größer – sowohl bei den Ärzten als auch bei den Betroffenen.

Die Wahl wird noch dadurch erschwert, daß wissenschaftliche Untersuchungen empfehlen, chemische Verhütungsmittel auf bestimmte Altersstufen und Gruppen von Frauen zu begrenzen.

Gleichzeitig haben Frauen gelernt, ihren Körper weitaus besser zu verstehen und wahrzunehmen und sind weniger bereit, einfach das zu akzeptieren, was man ihnen verschreibt. Sie entscheiden sich in

Daten aus einer Broschüre des britischen Familienplanungsinformationsdienstes (Stand: 1985)		*einschließlich gelegentlicher Verwendung
Methode	**Effektivität**	**Benutzer**
Pille	*Fast 100%*	*2850000*
Mini-Pille	*98%*	*228000*
Depot-Gestagen	*Fast 100%*	*Unbekannt*
IUP	*96–98%*	*912000*
Schwamm	*75–91%*	*Keine verfügbaren Daten*
Diaphragma u. ä.	*85–97%*	*Bis zu 250000**
Kondom	*93–99%*	*2–3 Millionen**
»Kombinierte« periodische Enthaltsamkeit	*85–93%*	*570000*
Sterilisation der Frau	*Gelegentliche Fehlschläge*	*1140000*
Vasektomie	*Gelegentliche Fehlschläge*	*1368000*
Post-Koital (Pille)	*97–98%*	*Unbekannt*
Post-Koital (IUP)	*Fast 100%*	*Unbekannt*
Die Effektivität bei den reversiblen Methoden bezieht sich auf den Prozentsatz von Frauen, die sie ein Jahr lang anwenden, ohne schwanger zu werden. Die Effektivitt der postkoitalen Methoden bezieht sich auf den Prozentsatz von Frauen, die sie nach dem Koitus anwenden und nicht schwanger werden.		

wachsender Anzahl für Methoden, die sie als vernünftig ansehen, womit sie dem allgemeinen Trend zum natürlicheren Leben folgen.

Gemeinsame Entscheidung

Mit dem Aufkommen von Pille und IUP (Intrauterinpessar) in den 60er Jahren haben die Frauen die Verantwortung für die Verhütung übernommen und waren erleichtert, daß sie jetzt die Mittel, eine Schwangerschaft zu verhindern, selbst unter Kontrolle hatten. Heute ärgern sich jedoch viele Frauen, daß sie allein alle Risiken und Probleme zu tragen haben, während immer mehr Männer unzufrieden sind, daß sie nicht mehr daran beteiligt sind.

Immer wieder zeigen Studien, daß Männer theoretisch bereit sind, die Verantwortung für die Verhütung mitzutragen; leider ergeben dieselben Studien, daß bei den meisten eine große Kluft zwischen Theorie und Praxis besteht.

Das ideale Verhütungsmittel gibt es nicht und wird es voraussichtlich auch in den nächsten Jahrzehnten nicht geben. Dennoch existieren brauchbare Methoden. Sie alle haben Vor- und Nachteile, und wie diese von einzelnen Individuen oder Paaren eingeschätzt werden, hängt weitgehend von ihrer Lebensweise und ihrer Einstellung zum Sex ab.

Für viele Menschen gibt es zu verschiedenen Zeiten in ihrem Leben unterschiedliche »beste Methoden«. Bei Paaren zeigt sich die gemeinsame Verantwortlichkeit darin, daß sie zwischen Verhütungsmitteln für Männer und für Frauen abwechseln.

Ärzte können Ihnen bei der Auswahl helfen, und Beratungsstellen sind sowohl Männern als auch Frauen zugänglich, aber letztlich liegt die Entscheidung bei jedem einzelnen. Die richtige Wahl des Verhütungsmittels kann dazu beitragen, daß Partner ihr Sexualleben entspannt genießen.

Die Pille

Wenn Leute über die Pille reden, so meinen sie meistens ein empfängnisverhütendes Mittel, das oral eingenommen wird und zwei Hormone enthält, Östrogen und Gestagen, die den Eisprung der Frau verhindern.

Die Pille kam Anfang der 60er Jahre auf den Markt und gewann schnell an Popularität. Heute ist sie das meistbenutzte Mittel zur Geburtenkontrolle und fast ein Synonym für Verhütung. In den letzten zwanzig Jahren wurden jedoch viele Informationen über die Auswirkung der Pille auf die Gesundheit der Frau zusammengetragen.

Manche Behauptungen über die Pille sind ohne Beweiskraft und widersprüchlich, haben aber dazu geführt, daß mehr Überlegungen über die Entwicklung einer zweiten Generation von empfängnisverhütenden Pillen angestellt wurden, die geringere Hormondosen enthalten.

Methoden zur periodischen Enthaltsamkeit

Das Prinzip der periodischen Enthaltsamkeit beruht darauf, daß Sie lernen, die Tage im Monat vorauszusehen, an denen Sie am fruchtbarsten sind. Sex bleibt den »sicheren« Tagen vorbehalten, wenn die Wahrscheinlichkeit einer Empfängnis geringer ist.

Am leichtesten wird eine Frau um die Zeit des Eisprungs schwanger, wenn das Ei vom Eierstock in den Eileiter wandert. Das geschieht normalerweise etwa zwei Wochen vor Beginn der nächsten Periode.

Da das Sperma in der Frau bis zu fünf Tage lebensfähig sein kann und das Ei etwa zwei Tage, darf eine Frau schon mindestens fünf Tage vor ihrem Eisprung keinen Sex mehr haben und auch danach mehrere Tage lang nicht.

Für die Berechnung der fruchtbaren Tage (an denen Geschlechtsverkehr vermieden werden sollte) gibt es verschiedene Methoden:

- *Die Temperaturmethode*
- *Die Billings(Zervikalschleim)-Methode*
- *Die Kalendermethode*
- *Kombinierte Methoden.*

Die Temperaturmethode *Die Frau mißt jeden Morgen beim Aufstehen ihre Temperatur und trägt sie auf einer Tabelle ein. Unmittelbar vor dem Eisprung sinkt die Temperatur leicht ab – danach steigt sie auf einen höheren Wert als in der vorangegangenen Woche.*

Die Billings(Zervikalschleim)-Methode *Diese Methode beruht auf dem Prinzip, daß man den Eisprung an Veränderungen des Zervikalschleims erkennen kann. Die Frau muß lernen, den Schleim zu untersuchen und die Veränderungen daran festzustellen.*

Die Kalendermethode *Die Frau wird angewiesen, die wahrscheinlichste Zeit ihres Eisprungs zu berechnen, indem sie über einen längeren Zeitraum über ihren Menstruationszyklus buchführt. Wird sie nur allein angewandt, ist diese Methode sehr unzuverlässig.*

Kombinierte Methoden *Durch die Kombination mehrerer Methoden und die Erkennung weiterer »Symptome« für den Eisprung erhöht sich die Zuverlässigkeit. Bei all diesen Maßnahmen ist fachmännische Anleitung wichtig.*

Am besten eignen sich diese Techniken für Frauen mit regelmäßigem Zyklus.

Die Pille und ihre Risiken

Bis zu einem gewissen Grad ist es möglich geworden, die Gruppen ausfindig zu machen, die mit der Pille eventuell ein Risiko eingehen, wie etwa Raucherinnen, Übergewichtige und Frauen mit Bluthochdruck.

Seit im Oktober 1983 Berichte veröffentlicht wurden, die auf mögliche, aber unbestätigte Verbindungen zwischen Pille und Brust- oder Gebärmutterhalskrebs hinweisen, stellen Frauen die Verhältnismäßigkeit von Verhütung und gesundheitlichem Risiko infrage.

Die große Attraktion der Pille lag immer in ihrer Zuverlässigkeit sowie der Bequemlichkeit ihrer Anwendung. Für viele Paare ist die Pille das einzige Mittel, das ihnen völlige Spontaneität in der Liebe erlaubt.

Viele Frauen versuchen, die Pluspunkte und Minuspunkte bei der Pilleneinnahme gegeneinander abzuwägen. Die ernsthafteste Bedrohung im Zusammenhang mit der Pille ist Thrombose, obgleich das Risiko sehr gering ist, wenn man nicht raucht oder Übergewicht hat. Andere mögliche Nebenwirkungen sind Depressionen, Gewichtszunahme, Verminderung des Geschlechtstriebs und Kopfschmerzen, wobei diese häufig aufhören, wenn man die Pille wechselt. Man sollte jedoch auch bedenken, daß die Pille ein Schutz gegen manche Krankheiten sein kann, wie etwa Krebs an Eierstöcken und Gebärmutter und rheumatische Arthritis. Und mit Sicherheit ist sie gegenwärtig die bequemste Form der Empfängnisverhütung.

Die Mini-Pille

Für manche Frauen, die die gesundheitlichen Risiken der Pilleneinnahme möglichst gering halten wollen, ist der Umstieg auf die Mini-Pille eine gute Lösung. Mini-Pillen enthalten nur ein Hormon, Gestagen, das außerdem niedriger dosiert ist als in der Kombinationspille. Sie verhindern nicht den Eisprung, sondern beugen einer Schwangerschaft vor, indem sie etwa den Zervixschleim verdicken, so daß das Eindringen der Spermien erschwert wird.

Da die Mini-Pille kein Östrogen enthält, wird sie nicht mit Thrombose oder dem Schreckgespenst Krebs in Verbindung gebracht. Andererseits ist sie auch weniger effektiv, und wenn es zu einer Schwangerschaft kommt, besteht das Risiko, daß sie extrauterin stattfindet. Frauen, die die Mini-Pille nehmen, neigen auch zu unregelmäßigen und Zwischenblutungen.

Mini-Pillen müssen täglich zur selben Zeit, und zwar auf die Stunde genau, eingenommen werden. Am besten geeignet hält man sie gewöhnlich für ältere Frauen und stillende Mütter.

Langzeitmethoden

Es gibt auch synthetische Gestagene, die als Depot injiziert und im Körper über einen Zeitraum von drei Monaten absorbiert werden und so den Eisprung verhindern. Ihre Anwendung wird nach wie vor kontrovers beurteilt.

IUP oder Spirale

Das Intrauterinpessar (IUP) ist ein kleines, 2,5 cm langes, flexibles Plastikgerät, meistens mit Kupfer umwickelt, das vom Arzt in die Gebärmutter der Frau eingesetzt wird.

Spiralen gibt es in unterschiedlichen Formen, und sie werden je nach Typ normalerweise alle zwei bis fünf Jahre erneuert. Obgleich niemand genau weiß, wie ein IUP funktioniert, verhindert es, daß das Ei sich in der Gebärmutter einnistet.

Wie die Pille kam auch die Spirale in den 60er Jahren auf den Markt, hat es aber nie zu solcher Beliebtheit gebracht. Ein Grund dafür war, daß die ersten Spiralen nicht unbedingt geeignet waren für Frauen, die noch keine Kinder hatten, weil sie im Verhältnis zur Gebärmutter ziemlich groß waren.

Die neueren, kupferumwickelten Spiralen sind kleiner, werden aber jetzt aus anderen Gründen nicht für Frauen empfohlen, die noch nicht geboren haben. Die Spirale macht eine Frau empfänglicher für Unterleibsinfektionen, die möglicherweise schwer auszuheilen sind und ihre spätere Empfängnisfähigkeit beeinträchtigen können.

Die Versagensquote ist bei der Spirale ungefähr ebenso hoch wie bei der Mini-Pille, und falls es zu einer Schwangerschaft kommt, dann außerhalb des Uterus.

Einer der Nachteile der Spirale ist, daß dadurch die Periode oft heftiger wird. Es kann auch zu Zwischenblutungen kommen. Einer ihrer Hauptvorteile liegt darin, daß die Frau sich um nichts mehr kümmern muß, wenn sie einmal eingesetzt ist, außer ab und zu den korrekten Sitz anhand der Fäden zu überprüfen. Es ist wichtig, daß der Arzt einmal im Jahr eine interne Überprüfung vornimmt.

Für den Mann: Die Pille und andere Methoden

Die bestechendsten Möglichkeiten für Empfängnisverhütung liegen wahrscheinlich in der Entwicklung einer Pille für den Mann

Zeitschriften-Umfragen ergeben, daß Männer sehr unterschiedlich auf die Vorstellung reagieren, daß sie die Verantwortung für die Verhütung tragen sollen, indem sie jeden Tag eine Pille schlucken.

Auch Frauen würden zwar gern die Verantwortlichkeit verlagern, fragen sich aber, wie zuverlässig die Männer bei der Einnahme sind.

Eine Pille für den Mann läßt sich tatsächlich schwerer »planen« als die Pille für die Frau, weil es bei ihm kein eindeutiges Ereignis gibt – wie den Eisprung –, bei dem man ansetzen könnte.

Die vielversprechendste Pille für den Mann kommt bis jetzt aus China und basiert auf einer Zufallsentdeckung; man stellte nämlich fest, daß die Männer in ländlichen Gegenden, wo man Baumwollsamen-Öl zum Kochen verwendete, unfruchtbar wurden.

Die ersten klinischen Versuche mit dem Pflanzenextrakt Gossypol, das die Unfruchtbarkeit verursachte, wurden 1972 in China gemacht und sechs Jahre später veröffentlicht. Die Ergebnisse waren zunächst sehr ermutigend.

Weitere Forschungen, die durch die Weltgesundheitsorganisation ausgeführt (aber mittlerweile aufgegeben) wurden, zeigten, daß doch mehr Nebenwirkungen auftraten, als ursprünglich angenommen, unter anderem Schwächegefühle, Verdauungsbeschwerden und eine Verminderung des Geschlechtstriebs.

Daraus läßt sich folgern, daß Gossypol selbst nicht die zukünftige Pille für den Mann sein kann, aber vielleicht statt dessen etwas Ähnliches entwickelt wird.

Es gibt weitere Entwicklungsmöglichkeiten der Pille für den Mann aus schon vorhandenen Präparaten, wie etwa einem, das gegenwärtig bei Bluthochdruck verwendet und in Israel getestet wird. Dieses Mittel wirkt als »Ejakulations-Hemmer«.

Mechanische Methoden

Mechanische Methoden zur Verhütung von Schwangerschaft werden von Männern und Frauen schon seit Jahrtausenden verwendet. Ihre heutige Form unterscheidet sich im Prinzip nicht sehr von den frühen Versionen.

Für Frauen gibt es zur Zeit das Diaphragma und die Portio- oder Zervixkappe. Beide bestehen aus weichem Gummi und werden so eingesetzt, daß sie den Eingang zur Gebärmutter abdecken.

Man verwendet sie zusätzlich mit einer spermiziden Creme, und sie werden so appliziert, daß sie ein Eindringen der Spermien verhindern.

Die neueste Methode dieser Art, der Kontrazeptiv-Schwamm, ist weniger zuverlässig als das Diaphragma und deshalb nur für Frauen geeignet, für die eine Schwangerschaft keine Katastrophe bedeuten würde.

Das Kondom für den Mann erlebt zur Zeit ein Comeback. Es ist ein verläßliches Verhütungsmittel, das kaum Nebenwirkungen hat.

Methoden für den »Morgen danach«

Die meisten Leute haben schon von der Pille für den »Morgen danach« gehört, weniger bekannt dagegen ist das postkoitale IUP.

Bei der Pille handelt es sich um ein Kombinationspräparat, das spätestens 72 Stunden nach dem Geschlechtsverkehr eingenommen wird. Als Alternative kann man sich innerhalb von fünf Tagen eine Spirale einsetzen lassen.

Sterilisation

Sterilisation bei der Frau und Vasektomie beim Mann sind irreversible Methoden der Geburtenkontrolle. Dabei werden bei der Frau die Eileiter und beim Mann die Samenleiter operativ durchtrennt oder abgebunden.

Die Psychologie der Verführung

Die Verführung ist wie ein Schachspiel – es ist alles eine Frage der Strategie. Sie besteht aus Zügen und Gegenzügen, bis sich schließlich einer der beiden Spieler ergibt.

Das Bedürfnis nach Sex ist ein mächtiger Trieb – so stark wie das Bedürfnis zu atmen und zu essen, sagen manche. Im Gegensatz zum Essen und Atmen jedoch ist er nicht so leicht zu befriedigen. Es gehört dazu ein ziemlich komplexes Ritual – die Wahl eines Partners und ein gewisses Umwerben. An diesem Punkt kommt die Kunst der Verführung zum Einsatz.

Die Verführung hat letztlich ein Ziel – Sex mit dem gewünschten Partner. Erreichen kann man es nur, indem man eine Reihe von Mini-Zielen bewältigt, also die richtige Gelegenheit ergreift, einen verfügbaren Partner aussucht, ihn für sich interessiert, sein Interesse wachhält, den Gedanken an Sex ins Spiel bringt und es schließlich schafft – für den Möchtegern-Verführer am wichtigsten –, daß er zum Geschlechtsverkehr bereit ist.

Warum Verführung?

Wir suchen uns einen Partner, weil die meisten von uns die sexuelle Begegnung als lustvoll empfinden. Langfristig entsteht aus einer stabilen sexuellen Beziehung die nächste Generation, aber im Augenblick der Verführung denkt man daran am allerwenigsten. Wir wollen einen Sexualpartner, weil Sex Spaß macht, aufregend und körperlich

Das Spiel beginnt

Gute Rahmenbedingungen für körperliche Erregung

- *Tanzveranstaltungen*
- *Pop-Konzerte*
- *Religiöse Veranstaltungen*
- *Sport*
- *Gefährliche Situationen – Achterbahnen, Riesenräder, Rutschbahnen*

angenehm ist. Wenn aus der Verführung mehr wird als ein »One-Night-Stand«, hoffen wir auf Stabilität, Kameradschaft und Liebe – also auf die Erfüllung wesentlicher menschlicher Bedürfnisse.

Die Forschung hat erwiesen, daß einsame Menschen und solche, die der Gemeinschaft mit anderen aktiv aus dem Weg gehen, oft intensiv von einem sexuellen Zusammensein mit anderen träumen. Es scheint so, als ob erotische Träume und Phantasien dort im Übermaß auftreten, wo kein sexuelles Ventil vorhanden ist.

Die Art und Weise, wie wir unsere Sexualpartner zu gewinnen suchen, ist von entscheidender Bedeutung. Für manche Menschen besteht der ganze Reiz der Verführung in der »Jagd«, nicht im endgültigen Triumph. Sie lieben die elektrisierende Wirkung des Begehrens und Eroberns – je ungestümer, desto besser. Solche Leute sind meistens ziemlich selbstsicher. Sie glauben an sich, an ihren Charme und an die Wahrscheinlichkeit eines Erfolges. Ihr Selbstvertrauen beeinflußt mit einiger Sicherheit den Ausgang des Geschehens.

Menschen, die sich selbst als unattraktiv für das andere Geschlecht sehen, haben viel größere Schwierigkeiten. Sie müssen zunächst von sich selbst überzeugt sein, und dann noch das Objekt ihrer Begierde von sich überzeugen. Meistens nimmt man insgeheim eine »Einordnung« der sexuellen Anziehungskraft vor, eine Skala, mit der man sich selbst sowie potentielle Partner bewertet, und wählt dann unbewußt einen etwa gleichrangigen Partner.

Die meisten halten es für Zeitverschwendung, sich sehr attraktive Menschen auszusuchen, da sie annehmen, daß sie von ihnen wahrscheinlich sowie abgelehnt würden. Statt dessen wenden sie sich denjenigen zu, die etwa ebenso anziehend sind wie sie selbst, fangen ein Gespräch an oder nehmen zumindest Blickkontakt mit ihrem Wunschpartner auf.

Das Wichtigste zu Beginn einer erotischen Begegnung ist die Wahl des richtigen Zeitpunkts und der richtigen Person. Die richtige Person ist normalerweise eine Sache des Instinkts, nachdem das unbewußte Bewertungssystem in Kraft getreten ist. Der richtige Zeitpunkt ist oft schwieriger zu bestimmen.

Manche Situationen eignen sich für sexuelle Avancen überhaupt nicht – der falsche Ort, der falsche Moment, Sex liegt einfach nicht »in der Luft«. Passende Gelegenheiten jedoch haben zwei Eigenschaften

Die Strategie planen

Fragen Sie sich

- *Ist er/sie zugänglich? (Körpersprache)*
- *Ist er/sie sehr attraktiv? (eigene Wertskala)*
- *Würden Sie gut zueinander passen? (eigene Wertskala)*
- *Ist er/sie an Ihnen interessiert? (verbale und nicht-verbale Hinweise)*

gemeinsam. Sie steigern die sinnliche Empfänglichkeit – nicht unbedingt in sexueller Hinsicht – und vor allem die Erregung beider Partner.

Aus diesem Grund kann jeder Anlaß, der physische Erregung verstärkt, günstige Vorbedingungen für erotische Kontakte schaffen. Man geht nicht nur tanzen, weil man dabei andere Menschen kennenlernen kann, sondern auch, weil das Tanzen selbst körperlich stimulierend ist.

Pop-Konzerte und auch andere Massenveranstaltungen bringen Menschen häufig in eine Stimmung, in der sie eher bereit sind, sexuelle Annäherungsversuche zu akzeptieren. Geübte Verführer besuchen derartige Veranstaltungen manchmal eben deswegen. Sie wissen aus Erfahrung, daß sie dort Leute treffen, deren gesteigerte Erregbarkeit sie für Verführungen leichter zugänglich macht.

Seltsamerweise kann auch die durch eine gefährliche Situation hervorgerufene Erregung denselben Effekt haben. Forscher fanden heraus, daß Männer, die über eine beängstigend hohe Brücke gehen, einem hübschen Mädchen, dem sie auf halber Strecke begegnen, eher erotische Avancen machen, als sie es normalerweise tun würden.

Wie man Zeichen deutet

Ein weiterer Punkt, auf den es ankommt, ist die Frage, wer interessiert und zugänglich aussieht. Die Kriterien, nach denen man das beurteilt, laufen gewöhnlich auf sehr oberflächliche und unzuverläs-

Der Augenkontakt ist intensiv, die Haltung vertraulich, Arme und Körper sind sich verführerisch nahe.

Der Eröffnungszug

Seine/ihre Aufmerksamkeit wecken

- *Finden Sie ein interessantes Thema*
- *Machen Sie ein paar intime Enthüllungen über sich selbst*
- *Demonstrieren Sie Ihre psychische Gesundheit*
- *Entlocken Sie ihm/ihr ein paar intime Enthüllungen*
- *Schmeicheln Sie ihm/ihr, indem Sie aufmerksam zuhören – stets ein gewinnträchtiges Manöver*

sige Wertungen hinaus, etwa darauf, was jemand trägt, oder ob er raucht oder nicht. (Untersuchungen zeigen, daß Raucherinnen eher zur Promiskuität tendieren.)

Abgesehen von solch vagen Anhaltspunkten erhält man die besten Informationen durch aufmerksames Studieren der Körpersprache – der nicht-verbalen Botschaften also, die durch ein bestimmtes Verhalten übermittelt werden.

Oft ist Körpersprache ein verläßlicheres Anzeichen dafür, was jemand empfindet, als die gesprochene Sprache, wahrscheinlich deshalb, weil sie instinktiv erfolgt und nicht aufgrund bewußter Überlegung.

Wir können zum Beispiel in »offener« oder »geschlossener« Haltung dastehen. Bei der geschlossenen Haltung sind die Arme über den Körper verschränkt, ein Hinweis darauf, daß kein Interesse besteht, angesprochen zu werden oder die Leute um einen herum kennenzulernen.

Mitten im Spiel

- *Flirten Sie mit Ihrem Partner*
- *Wecken Sie sein/ihr Interesse und seine/ihre sexuelle Erregung*
- *Stellen Sie klar, daß Sie begehrt sind – und umworben sein wollen*
- *Tun Sie unnahbar – aber nicht allzusehr, um das Interesse wachzuhalten*
- *Zeigen Sie, daß Sie sich manchmal erobern lassen – daß das Hinterherlaufen sich lohnt*

Bei einer offenen Haltung sitzt oder steht die betreffende Person so, daß sie sich auffälliger präsentiert, indem sie sich zum Beispiel mit einem Arm über der Rückenlehne in den Stuhl zurücklehnt oder im Stehen beide Hände auf die Hüften stützt. Ein Mensch mit offener

Haltung ist mit großer Wahrscheinlichkeit zugänglicher als einer mit geschlossener Haltung.

Weitere Hinweise erhalten wir über die Augen. Jemanden mit weit offenen Augen lange anzusehen, deutet auf Interesse hin.

Das Enthüllungsspiel

Sind der richtige Ort und die geeignete Person erst ausgewählt, so kommen andere Elemente ins Spiel. Man muß dem anderen zum Beispiel klarmachen, daß man ein normaler, psychisch gesunder Mensch ist, damit er vor einem nicht zurückschreckt.

Selbst-Enthüllung nennen Psychologen diese Art, Auskünfte über Meinungen und Gefühle zu geben. Sie trägt dazu bei, daß der andere einen als offenen reifen Menschen mit gesunder Einstellung zum Leben anerkennt, der ihm seine Gedanken anvertraut.

> *Verführung ist nicht nur eine Frage des Ansehens; man muß auch das Richtige sagen und tun.*

Normalerweise übernehmen Männer dabei die Führung. Sie stellen direkte Fragen, mit denen sie die Frauen zu persönlichen Mitteilungen ermutigen. Wahrscheinlich wird von Frauen eher erwartet, daß sie über sich reden, während Männer Angst vor Selbstbekenntnissen haben und generell weniger offen ihre Gefühle zeigen. Wie dem auch sei, eine Person, die sich nicht richtig zu erkennen gibt und auch dem anderen dazu keine Chance läßt, wird nicht weit kommen.

Wie man Interesse wachhält

Während Einschätzungen über die Zugänglichkeit einer Person Sache eines Augenblicks sein können – die auf winzigen Hinweisen wie etwa Gesten und Tonfall beruhen –, ist es von hier bis zur Verführung ein wesentlich umständlicherer Weg. Zunächst einmal kann es vorkommen, daß die Person, die erst entgegenkommend war, ihre Meinung ändert, wenn Sie sie ansprechen – vielleicht fand sie Sie langweilig, sobald Sie den Mund aufmachten.

Andererseits können Sie ihr Interesse auch erst dadurch erwecken, daß Sie beim Anreden zufällig das Richtige treffen.

Weiterer Spielverlauf

- *Reden Sie abstrakt über Sex, bleiben Sie unverbindlich, testen Sie die Reaktion*
- *Vergewissern Sie sich, daß die nicht-verbalen Hinweise – Verhalten, Körpersprache – positiv sind*
- *Vergewissern Sie sich, daß die verbalen Hinweise positiv sind*
- *Sprechen Sie vertraulicher über Sex*
- *Rücken Sie näher heran, und bereiten Sie die endgültige Eroberung vor*

Es ist wichtig, auch im weiteren Verlauf der Dinge sensibel für Zeichen von Ablehnung oder Zustimmung zu bleiben. Zu einer Verführung gehören zwei Menschen und keine starren Regeln. Das einzige, womit sich der Möchtegern-Verführer Mut zusprechen kann, ist die Tatsache, daß die meisten Menschen Spaß am Sex haben, also stehen die Chancen nicht ganz schlecht, wenn jemand das Spiel zu spielen weiß.

Verführungsmanöver

Da die Verführung zwischen Menschen eine langwierige Angelegenheit sein kann, ist es notwendig, das Interesse bis zum entscheidenden Moment wachzuhalten. Dafür gibt es verschiedene Taktiken, die üblicherweise von beiden Beteiligten angewandt werden und die normalerweise aus einer Mischung von Flirt und scheinbarer Unnahbarkeit bestehen.

Scheinbare Unnahbarkeit

Das Flirten dient dazu, den Partner für sich zu gewinnen und ihn zu erregen, aber es hat noch einen weiteren Vorzug. Man kann damit nämlich andeuten, daß man auch anderen gegenüber zugänglich ist und demzufolge einigermaßen ernsthaft umworben werden muß. Das kann an sich schon für beide ein aufregendes Spiel sein, solange man nicht soweit geht, daß es die sich anbahnende Beziehung bedroht.

Nachdem sämtliche Präliminarien erledigt sind und das Spiel von beiden Partnern erfolgreich gespielt wurde, ist es an der Zeit, die Ernte einzubringen.

Unnahbarkeit zur richtigen Zeit ist Teil des Verführungsmanövers. Sie hält das Interesse des Partners wach. Zu entgegenkommend zu sein, ist möglicherweise ebenso abstoßend wie völlige Unnahbarkeit.

Auf diesem Gebiet haben gründliche Untersuchungen stattgefunden, aus denen sich folgende Regeln zu ergeben scheinen. Erstens fürchten Männer die Zurückweisung durch ein attraktives Gegenüber; und alles, was sie darin bestätigt, daß es eine Chance gibt – auch wenn sie nicht direkt mit offenen Armen empfangen werden –, macht ihnen Mut. Deswegen muß eine Frau, auch wenn sie die Unnahbare spielen will, erkennen lassen, daß sie »zu gewinnen« ist, und daß ihr der Mann gefällt, der sie gerade zu erobern sucht.

Schachmatt

- *War es angenehm für Sie?*
- *Haben Sie Ihr Vergnügen vermittelt? (verbal und nicht-verbal)*
- *Hat es ihm/ihr gefallen?*
- *Zeigen Sie bei positiven Reaktionen Interesse an einem Wiedersehen*
- *Machen Sie Ihre Verfügbarkeit klar*
- *Treffen Sie praktische Vorkehrungen – wie, wann, wo*

Zweitens finden die meisten Männer eine Frau, die generell als unnahbar gilt, nicht anziehend. Auch hier brauchen sie irgendeinen Hinweis, daß sich die Jagd letzten Endes lohnen könnte.

Drittens ist die beste Strategie die, bei dem erwählten Partner nicht permanent abweisend zu tun, sondern die Zurückhaltung zwischendurch einmal aufzugeben und damit neue Hoffnung zu wecken.

Andere Zeichen

Es gibt andere Zeichen, denen wir ebenfalls wichtige Botschaften entnehmen können. Menschen, die uns mögen, erweisen uns zum Beispiel gern einen Gefallen; sie um etwas zu bitten, ist deshalb eine gute und schnelle Möglichkeit, ihre Gefühle einzuschätzen. Es ist auch ratsam, die Bereitschaft des anderen zu erkunden, abstrakt über Sex zu reden, bevor es zu endgültigen Schritten kommt.

Typischerweise wird im Zuge der gegenseitigen Selbst-Enthüllung zunächst allgemein, locker und ziemlich unverbindlich über Sexualität gesprochen, um die Bereitschaft des Partners zu testen, derartiges überhaupt in Erwägung zu ziehen.

Aphrodisiaka

Austern erfreuen sich als Aphrodisiakum seit langem großer Beliebtheit, während der Verzehr von gemahlenem Rhinozeros-Horn oder einem Wolfspenis mit Recht nicht jedermanns Sache ist. Funktionieren diese alten Methoden, oder wird erst die Wissenschaft des zwanzigsten Jahrhunderts das wahre Liebeselixier hervorbringen?

Von mehr als 900 Mitteln wird berichtet, daß sie den sexuellen Appetit anregen, doch es scheint, daß von den sogenannten Aphrodisiaka nur einige den jeweiligen Zeitgeschmack überdauert haben. Tatsächlich wäre eine Liste sämtlicher Aphrodisiaka auch ein Zeugnis für die Leichtgläubigkeit des Menschen bei seinem verzweifelten Bemühen, das legendäre Liebeselixier zu entdecken.

Alle möglichen Präparate sind im Laufe der Jahrhunderte ersonnen und konsumiert worden – Eselshoden, die Eingeweide von Vögeln, frisches Sperma, Menstruationsblut, der Penis von Wolf, Igel und Bisam – sowie Zwiebeln, wilder Kohl, Ananas und Nesselsamen.

Ein in Mittelmeerländern seit biblischen Zeiten hochgeschätztes Stimulans ist die Wurzel der Alraune *(Mandragora officinarum)*.

Während die Kraft der Alraune als Aphrodisiakum heute höchst zweifelhaft ist, wurde die Pflanze früher für um so besser und wertvoller gehalten, je mehr die Wurzel in ihrer Form dem menschlichen Penis ähnelte – besonders wenn sie Anhängsel hatte, die wie Hoden aussahen.

Es war eine weitverbreitete Mode, als Aphrodisiakum organische Substanzen – von Tier oder Pflanze – zu verwenden, die den Genitalien von Mann oder Frau ähnelten. Deshalb hielt man Bohnen, Bananen, Gurken und Austern für äußerst wirksame Stimulantien.

Selbst den Kartoffeln, die im 17. Jahrhundert von den Spaniern von Südamerika nach Europa gebracht wurden, schrieb man den Geschlechtstrieb anregende Kräfte zu.

In erotischen Schriften aus Griechenland und Rom spielten Liebestränke eine große Rolle, besonders ein Gebräu, das »Satyrion«

enthielt – eine Substanz, die aus dem wilden Knabenkraut gewonnen wurde. Es heißt, daß Herkules dieses Gebräu trank und anschließend die fünfzig Töchter seiner Gastgeberin deflorierte.

Wirksame Eigenschaften?

Viele Menschen lehnen heute Aphrodisiaka völlig ab oder meinen, es sei wissenschaftlich nicht erwiesen, daß sie überhaupt funktionieren.

Das mag in sehr vielen Fällen zutreffen. Es gibt jedoch Hinweise darauf, daß gewisse Substanzen in Nahrungsmitteln Eigenschaften besitzen, die ein Gefühl des Wohlbefindens vermitteln, das sehr wohl das sexuelle Verlangen steigern kann. Sind das Aphrodisiaka?

Eins ist sicher – Aphrodisiaka wirken mit größerer Wahrscheinlichkeit, wenn man daran glaubt. Und für diejenigen, die ihren »Kräften« vertrauen, gibt es keinen Grund, nicht ein paar davon zu probieren.

Glücklicherweise sind nicht alle Nahrungsmittel, die als Aphrodisiaka gelten, rare Delikatessen, die aus exotischen Ländern importiert werden müssen – oder schon gar nicht die Art von Ingredienzen, die man in einem Hexenkessel zu finden erwartet. Oft handelt es sich um weitverbreitete, ganz alltägliche Speisen wie etwa den Honig.

Man sollte allerdings festhalten, daß die Zutaten für die Liebesküche nicht Mittel sind, Impotenz oder Frigidität zu heilen, sondern für Menschen gedacht, die ihr Vergnügen am Sex noch steigern möchten – und sei es nur durch ein bißchen fröhliches Herumexperimentieren.

Ein Liebesmahl – und schon seine Zubereitung und Präsentation – kann jedermanns Liebesleben bereichern, auch wenn es noch so erfüllt ist.

Aphrodisiaka sind jedoch keine Arznei. Die Behandlung von sexuellen Störungen erfordert andere Mittel, zum Beispiel mehr Schlaf, weniger Aufregung, Vitamine oder eventuell medizinische Beratung.

Vier Liebesspeisen

Seit Generationen heißt es, daß derjenige in der Liebe besonders leistungsfähig ist, der gut ißt, und daß die Wahl der Speisen eine wichtige Rolle spielt. Man sagt, die vier besten Anregungsmittel seien

Alkohol und Sex

Alkohol galt lange Zeit als Aphrodisiakum. In kleinen Mengen kann er Nervosität verringern und Hemmungen abbauen. Die Quantität ist jedoch entscheidend, weil Alkohol mit steigender Dosis den umgekehrten Effekt hat, indem er die motorischen Reaktionen verlangsamt und zu vorübergehenden Potenzstörungen führt. Bei chronischem Alkoholmißbrauch kann die sexuelle Leistungsfähigkeit dauerhaft beeinträchtigt werden.

Die Konzentration von Alkohol im Blut hängt von verschiedenen Faktoren ab, darunter Menge und Stärke des Alkohols, Dauer des Trinkens, davon ob Speisen im Magen sind oder nicht, Alter, Geschlecht, Gewicht usw.

2 Maßeinheiten *Entspannung, weniger Hemmungen im gesellschaftlichem Umgang, leichte Erregung.*
Sexuelle Auswirkungen *Gesteigerte Durchblutung, die eine Erektion fördern kann.*

4 Maßeinheiten *Nuschelige Aussprache, leichte Koordinationsprobleme, sexuelle Aggressivität.*
Sexuelle Auswirkungen *Beeinflußt Gehirnzentren, die für Orgasmus zuständig sind; mehr Stimulierung notwendig.*

6 Maßeinheiten *Unbeholfene, taumelnde Bewegungen, übertriebene Emotionalität.*
Sexuelle Auswirkungen *Viele Frauen kommen nicht mehr so leicht zum Orgasmus. Das kann auch bei Männern der Fall sein.*

8 Maßeinheiten *Unzusammenhängende Gedanken, unkontrollierte Bewegungen.*
Sexuelle Auswirkungen *Zunehmende Schwierigkeit, eine Erektion zu halten, Orgasmus häufig unmöglich.*

Knoblauch, Honig, Sardellen und Weizenkeime – alles hochwertige Produkte.

Knoblauch soll Stärke und Ausdauer verleihen, da es aseptische und antibiotische Eigenschaften besitzt, die das Blut reinigen und den Körper kräftigen. Er kann jedoch einen schlechten Atem bewirken.

Und amerikanische Wissenschaftler machten kürzlich die merkwürdige Entdeckung, daß der Hauptbestandteil der ätherischen Öle von Knoblauch auch im Sekret einer sexuell erregten Frau nachgewiesen werden kann.

Als Energiequelle mit sofortiger Wirkung ist Honig ein hochwertiges Nahrungsmittel für jedermann. In den Illustrationen erotischer

Bücher, wie dem »Parfümierten Garten« und dem »Kama Sutra« sind immer Süßigkeiten zu sehen, die aus Honig und Gewürzen bestehen – Grundnahrung für Liebende. Honig wird auch heute noch für die weitverbreiteten Potenzpillen verwendet.

Wie die meisten anderen Meeresfrüchte sind auch Sardellen besonders reich an Phosphor, Salz, vielen Spurenelementen und Mineralstoffen, die unser Körper benötigt. Austern sind zwar die bekanntesten Aphrodisiaka, die aus dem Meer stammen – weil sie dem offenen weiblichen Genital ähneln –, aber Sardellen sind ihnen an Wirkungskraft überlegen.

Weizenkeime, wie wir sie in Weizenvollkornbrot finden, sind die ergiebigsten Vitamin-E-Lieferanten auf diesem Planeten. Das Fehlen dieses sogenannten »Fruchtbarkeitsvitamins« führt zu Sterilität, Impotenz oder anderen sexuellen Störungen.

Niemand bestreitet, daß das Vitamin einen wesentlichen Beitrag zu Gesundheit und Vitalität leistet, aber seine Qualitäten als Aphrodisiakum sind noch umstritten.

Würzen Sie kräftig

Man sollte den subtilen Effekt eines Aphrodisiakums nie unterschätzen – jeder Mensch hat seine besonderen Vorlieben. Wenn also eine Speise, ein Kraut oder ein Gewürz auf Sie oder Ihren Partner nicht anregend wirkt, probieren Sie etwas anderes aus – aber erwarten Sie keine sofortigen Wunder.

Sie können es zum Beispiel mit Kümmel versuchen, der als Zutat zu Liebestränken seit den Tagen der alten Ägypter weitverbreitet ist, oder auch mit Koriander.

Seien Sie eher vorsichtig mit Chili – die richtig dosierte Menge macht Sie vielleicht leidenschaftlicher, als Sie dachten, während zuviel davon das genaue Gegenteil bewirken kann.

Chili-Sauce wird oft als Beigabe zu Austern verwendet – sie ist auch in verschiedenen Erektionssalben für Männer enthalten.

Ein weiteres hervorragendes Stimulans ist eins der vielseitigsten scharfen Gewürze – Ingwer. Wenn man ihn zum Abschluß einer Mahlzeit kandiert oder mit Schokolade überzogen ißt, soll er eine anregende Wirkung haben.

Im Wechsel der Jahreszeiten

Gewürze eignen sich am besten für kalte, dunkle Winterabende, während die subtilere Wirkung aphrodisischer Kräuter besonders gut an warmen, hellen Sommertagen zur Geltung kommt. Wichtig ist, daß die Kräuter frisch sind. In getrockneter Form haben sie wenig oder gar keinen Effekt.

Basilikum ist eins der Liebeskräuter, bei denen es sehr auf die Jahreszeit ankommt – es muß absolut frisch sein; wenn sein Geschmack oder Duft Sie aber nicht erregt, so ist es nicht das Richtige für Sie.

Vielleicht haben Sie auch eine spezielle Vorliebe für das französische Getränk Pastis oder den griechischen Schnaps Ouzo. In diesem Fall sollten Sie es mit Anis als Gewürz probieren.

Wenn Sie Minze mögen, so weckt ihre Kühle an einem heißen Sommertag möglicherweise Ihre Leidenschaft. Von vielen anderen Kräutern, wie etwa Petersilie, Estragon und Liebstöckel, von Gemüsen wie Sellerie, Nüssen, Kresse und Spargel heißt es, daß sie zur Liebe animieren.

Die einzige Möglichkeit, festzustellen, was Ihr sexuelles Verlangen steigern oder Ihr Liebesleben verschönern kann, ist, verschiedene Dinge auszuprobieren.

Die Gefahren der spanischen Fliege

Ein 19jähriger Student hatte Schwierigkeiten, seine Freundin zu verführen, und suchte bei einem Freund Rat. Aus heiterem Himmel steckte ihm sein älterer Freund eines Tages ein Päckchen mit weißen Kristallen zu und sagt, es handele sich um ein altes Liebesstimulans, das Spanische Fliege genannt würde und bekannt dafür sei, daß es Männer und Frauen in Stimmung brächte.

Abends dann leerte der Student den Inhalt des Päckchens in den Kaffee seiner Freundin und wartete auf ihre Reaktion. Sie starb eine Stunde später an schweren inneren Blutungen. Er wurde wegen Totschlags zu fünf Jahren verurteilt.

Diese Tragödie wirft ein Schlaglicht auf die Unwissenheit und den Leichtsinn vieler Menschen, wenn es um aphrodisische Drogen und

Anregende Bäder

Ein warmes Bad, parfümiert mit aromatischen Ölen, kann Wunder wirken. Lassen Sie erst das Wasser einlaufen, bevor Sie das Öl hinzugeben, da es auf der Oberfläche schwimmen sollte.

Das Bad sollte einigermaßen heiß sein, so daß Dampf aufsteigt. So können Sie die Duftstoffe inhalieren, die in der feuchten Luft enthalten sind. Außerdem wird durch das heiße Wasser Ihre Haut gut durchblutet. Wenn Sie aus dem Wasser kommen, bleibt das Öl an Ihrer Haut haften, ohne Rückstände zu hinterlassen.

Ein Glas Wein wird zusätzlich zu Ihrer Entspannung beitragen.

Ätherische Öle mit sexuell anregender Wirkung

Schwarzer Pfeffer	*Wacholder*	*Sandelholz*
Kardamom	*Orangenblüte*	*Ylang-Ylang*
Wiesensalbei	*Patschouli*	
Jasmin	*Rose*	

Für den Mann	**Für die Frau**	**Für Sie beide**
2 Tropfen schwarzer Pfeffer	*3 Tropfen Patschouli*	*3 Tropfen Jasmin*
5 Tropfen Wiesensalbei	*2 Tropfen Ylang-Ylang*	*3 Tropfen Rose*
2 Tropfen Ylang-Ylang	*2 Tropfen Orangenblüte*	*7 Tropfen Sandelholz*
5 Tropfen Sandelholz	*5 Tropfen Sandelholz*	

andere Liebeselixiere geht. Spanische Fliege ist das getrocknete Extrakt aus toten Blasenkäfern *(Lyatta vesicatoria)*, die in Südeuropa vorkommen. Trägt man ihn auf die Hoden begattungsunwilliger Pferde oder Bullen auf, so ist ihnen das so unangenehm, daß sie sich paaren müssen.

Bei innerlicher Anwendung reizt er die Schleimhäute, besonders die Harnröhre. Unabhängig davon, ob ein Mann in Gedanken beim Sex ist oder nicht, bekommt er dann gewöhnlich eine Erektion, verbunden mit einem Kribbeln in der Harnröhre, das einen starken Juckreiz hervorruft. Frauen verspüren in der Harnröhre dasselbe Kribbeln. Mehr als eine winzige Menge ist jedoch tödlich.

Liebestränke

Alkohol ist ein mildes, aber häufig mißbrauchtes Aphrodisiakum. In kleinen Mengen genossen hat er eine schwach erregende Wirkung, weil er Hemmungen abbaut und die Durchblutung der peripheren Blutgefäße anregt.

Bei den meisten Männern ist es so, daß nach mehr als ungefähr einem Liter Bier – oder zwei Gläsern Wein – die dämpfende Wirkung des Alkohols einsetzt und den stimulierenden Effekt aufhebt. Bei einer Frau ist die optimale Dosis angeblich noch kleiner, wahrscheinlich wegen ihres geringeren Körpergewichts – etwa anderthalb Gläser Wein. Weißwein soll normalerweise wirksamer sein als Rotwein, obwohl für beide gilt, daß die potentiell anregende Wirkung mit der Qualität des Weines steigt.

Eine generelle Regel lautet, daß die Weine, die am wenigsten Säure enthalten, die besten Aphrodisiaka sind. Viele Menschen meinen,

Sexuelle Stimmungsmacher

Aphrodisiaka müssen nicht unbedingt Substanzen sein, die man ißt oder trinkt. Für manche sind Geld und Macht die wirksamsten Stimulantien.

Auch Kleidung kann so eingesetzt werden, daß sie sexuelle Zugänglichkeit signalisiert. Manche Frauen finden den Anblick eines Mannes in engen Hosen oder dickem Pullover aufreizend, während schwarze Strümpfe und Lederhosen auf Männer erregend wirken mögen.

Kosmetik kann ebenfalls einen stimulierenden Effekt haben – Lippenstift, Rouge, Wimperntusche, Lidschatten, Parfüm wirken aufreizend.

Je nachdem, was man bevorzugt, können die verschiedensten Dinge eine »Auslöser«-Funktion haben. Manche finden Tabus aufregend, während in einigen Kulturen das Einritzen der Haut als anziehend gilt. Andere versetzt sado-masochistisches Zubehör in Erregung.

Außerdem gibt es noch die visuellen Stimulantien – pornographische Bücher, Zeitschriften, Filme und Videos.

Auch mechanische Hilfsmittel, wie etwa »französische Kitzler« zur Reizung der Klitoris, Penisringe zur Aufrechterhaltung der Erektion und Vibratoren zur Steigerung der Erregung können das gewünschte Resultat erzielen, ohne daß man irgendwelche Substanzen einnimmt.

Nach einer sexualmedizinischen Studie hat Selbsthypnose eine 86prozentige Erfolgsquote bei der Behebung von Impotenz.

daß Champagner der beste erotische Stimmungsmacher ist. Das mag zutreffen, aber die Wirkung hält nicht so lange an wie beim Wein.

Chartreuse und Tequila stehen beide als alkoholische Aphrodisiaka hoch im Kurs; grüner Chartreuse enthält angeblich ätherische Öle, durch die Blase und Beckengegend leicht gereizt werden.

Rhinozeros-Horn

Wird Rhinozeros-Horn zu einem feinen Pulver zermahlen und in ein Getränk gemischt, so reizt es die Harnröhre ebenso wie die gefährliche Spanische Fliege.

Der Effekt ist allerdings gering, die Kosten dagegen sehr hoch – nicht nur, was den Kauf angeht, sondern auch, weil mehrere Rhinozerosarten als Folge eines Aphrodisiaka-Handels vom Aussterben bedroht sind.

Kokain gilt als gutes Sex-Stimulans, da es den Geschlechtsverkehr in die Länge zieht, aber seine anästhetische Wirkung reduziert Gefühl und Intensität beim Liebesspiel.

Cannabis lockert Hemmungen auf ähnliche Weise wie Alkohol. Als Aphrodisiakum beliebt seit Jahrhunderten, geht dem Cannabis-Öl der Ruf voraus, Quell exquisiter sinnlicher Empfindungen zu sein.

Parfüms

Wenn unsere natürlichen Körperchemikalien als sexueller Anreiz dienen können, erscheint es seltsam, daß wir so viel Zeit und Geld darauf verwenden, sie abzuwaschen und mit Kosmetika zu überdekken – zumal die meisten Parfüms die Sexualdrüsenextrakte von Tieren, z. B. des Moschusochsen oder der Zibetkatze enthalten.

Es gibt aber keinen Zweifel, daß Düfte und Parfüms viele Menschen anregen. Vielleicht liegt das daran, daß sie ein Hinweis auf Sauberkeit sind, höchstwahrscheinlich aber deswegen, weil wir sie mit unseren frühesten Sexualkontakten assoziieren. Das wird noch durch die Werbung verstärkt, die Erfolg beim anderen Geschlecht durch Verwendung von Duftwässern und Kosmetik verheißt.

Die verführerische Kraft aromatischer Substanzen ist jedoch eine seit langem bekannte Tatsache.

Promiskuität

Promiskuitiver Sex kann ein Ausdruck von Verzweiflung oder von jugendlichem Herumexperimentieren sein. Wir empfehlen bei lockeren sexuellen Kontakten in jedem Fall die Benutzung eines Kondoms.

In den letzten Jahrzehnten hat im Westen die Freizügigkeit im Sexualverhalten auf erstaunliche Weise zugenommen. Die leichtere Zugänglichkeit von Verhütungsmitteln und die offenere Thematisierung von Sexualität in den Medien ging einher mit einer deutlichen Zunahme von vorehelichem und außerehelichem Sex. Wie mehrere Studien zeigen, haben die Menschen heute im allgemeinen weitaus weniger Schuldgefühle bei außerehelichem Sex als früher, obwohl heute die Angst, sich mit AIDS anzustecken, ein neues reales Abschreckungsmittel geworden ist.

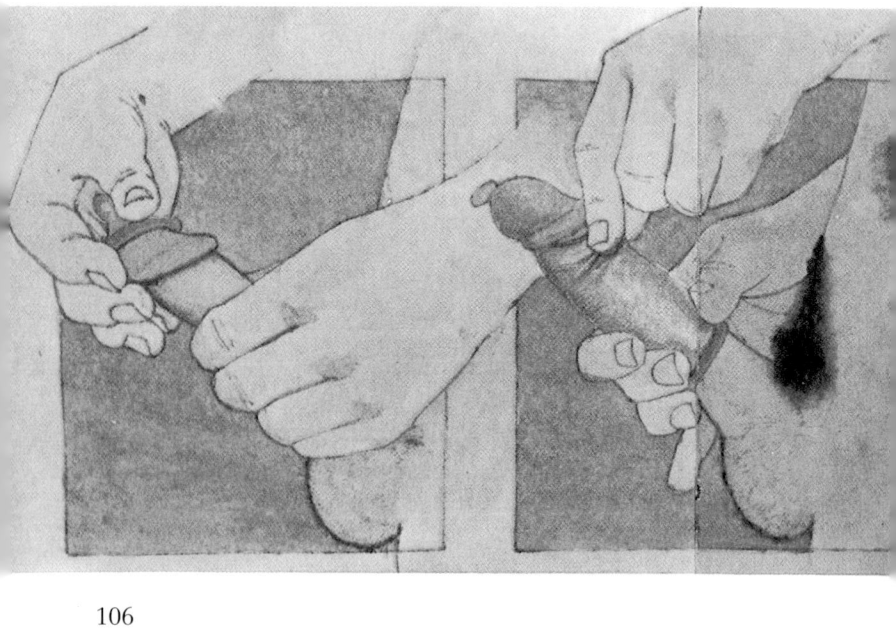

Wenn Leute sexuell erfahren sind, so heißt das jedoch nicht unbedingt, daß sie zur Promiskuität neigen. In Großbritannien ergaben zwei separat durchgeführte Untersuchungen von 1983 (durch Dr. Bury) und 1984 (durch Dr. Tobin), daß mehr Teenager als vor 20 bis 30 Jahren Geschlechtsverkehr hatten, aber nicht stärker zum »unverbindlichen« Sex tendierten als in der Vergangenheit.

Promiskuität läßt sich am besten so definieren, daß sie in ziemlich häufigen, lockeren sexuellen Kontakten besteht, die sich vom »Standard«-Sex dadurch unterscheiden, daß sie relativ wahllos sind. Sie können ohne Liebe oder sogar ohne freundschaftliche Gefühle stattfinden. Ihr Ziel ist die sexuelle Befriedigung oder einfach Lust an der nächsten Eroberung, nicht aber der Beginn einer ernsten Beziehung.

Eine Übergangsphase

Viele junge Menschen durchlaufen eine promiskuitive Phase in ihrem Leben, eine Zeit, in der sie mit einer Anzahl verschiedener Partner experimentieren. Sexualität ist für sie etwas Neues, und es gibt so vieles kennenzulernen.

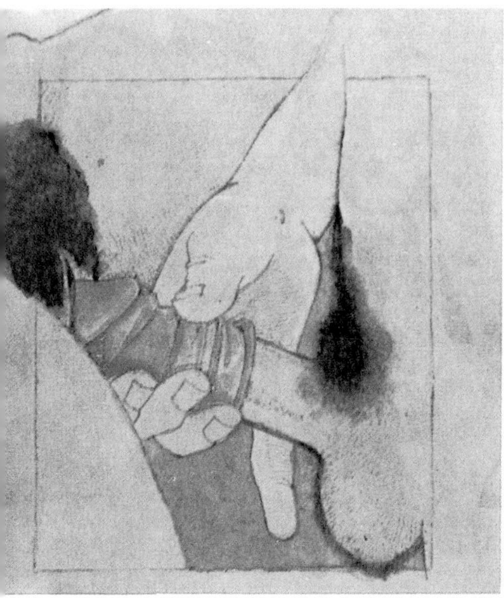

Die korrekte Methode bei der Benutzung eines Kondoms:
1) Drücken Sie die Luft heraus und setzen Sie es auf die Penisspitze
2) Entrollen Sie es vorsichtig mit beiden Händen
3) Halten Sie es beim Herausziehen gut fest, damit kein Sperma austritt

Bei normalem Verlauf der Dinge jedoch, wenn sie sich zu jungen Männern und Frauen entwickeln, fangen sie an, sich nach stabileren und langfristigeren Beziehungen umzusehen.

Nur eine kleine Minderheit entscheidet sich dafür, auch als Erwachsene promiskuitiv zu leben; doch seit dem Aufkommen von AIDS nimmt auch deren Zahl ständig ab. In einer Studie über das Sexualverhalten junger Leute fand man heraus, daß diejenigen, die mit 18 promiskuitiv waren, sich sieben Jahre später mit ebenso großer Wahrscheinlichkeit auf nur einen Partner konzentrierten wie die, die schon mit 18 »monogam« lebten. Es scheint, daß Promiskuität bei Jugendlichen sich weder auf ihre Treue in späteren Beziehungen noch auf ihre Entscheidung für oder gegen die Ehe auswirkt.

Im Übergangsstadium zwischen Promiskuität und Treue wird dann häufig das praktiziert, was man als »periodische Monogamie« bezeichnet – mehrere Partner, aber nur einen zur Zeit. Eine »feste« Beziehung zählt hier vielleicht eher nach Wochen als nach Jahren.

Bindungsangst

Beziehungen brauchen Zeit, um sich zu entwickeln. Wenn sie gelingen sollen, erfordern sie von beiden Partnern eine gewisse Aufmerksamkeit und Verbindlichkeit und ein gegenseitiges Verständnis für die Eigenarten des anderen. Oft ist derjenige, der sich auf diese Verbindlichkeit nicht einlassen kann, weil er entweder zu jung ist, vorher emotionell verletzt wurde oder zu sehr darauf aus ist, sich selbst etwas zu beweisen, promiskuitiv.

Vor dem Aufkommen von AIDS war Promiskuität eine einfache Alternative. Sie machte es unnötig, den Partner als einen Menschen mit Bedürfnissen und Gefühlen zu sehen, auf die man manchmal vielleicht Rücksicht nehmen muß. Auch wenn der Sex selbst befriedigend war, hatte man oft wenig Interesse daran, ein nächstes Treffen zu verabreden, damit daraus auf keinen Fall eine Verpflichtung entstehen könnte. Es war, als ob das Neue und Anonymität das Allerwichtigste wären.

Promiskuitiver Sex bedeutet die Weigerung, die eigenen Emotionen oder die des anderen als Bestandteil des Geschehens zuzulassen, damit sie das Phantasiegebilde nicht bedrohen.

Einfach nur Sex

Die Gründe für Promiskuität sind so unterschiedlich wie die Menschen, die sie praktizieren. Für manche Leute geht es vielleicht nur um den Wunsch nach mehr sexueller Erfahrung und Selbstsicherheit.

Für andere liegt der Reiz darin, die körperlichen und sinnlichen Besonderheiten möglichst vieler verschiedener Menschen zu entdekken. Und für wieder andere bietet Promiskuität die Möglichkeit, ihren starken Sexualtrieb zu befriedigen.

Bei manchen sind die Motive allerdings komplexer, und dann kann Promiskuität zu Verstörung und Verzweiflung führen.

Da gibt es zum Beispiel diejenigen, die wegen einer unglücklichen Kindheit nach Zuneigung suchen, die ihnen vermeintlich gefehlt hat. Sex bietet ihnen eine zeitweise Befreiung aus ihrer Einsamkeit, das Empfinden, einem anderen Menschen nahe zu sein; aber nie ist es genug. Sie wechseln von einem Partner zum nächsten, aber jede Begegnung verstärkt nur das fundamentale Gefühl der Leere.

Dabei ist promiskuitiver Sex die am wenigsten erfolgversprechende Möglichkeit, sich die Bestätigung zu verschaffen, die unglückliche Menschen brauchen, und er kann sie leicht mit einem noch größeren Gefühl der Einsamkeit und Ungeliebtheit zurücklassen.

Besonders schwerwiegend ist es bei jungen Leuten, die als Kinder sexuell mißbraucht wurden und in dem Glauben aufwachsen, daß promiskuitiver Sex etwas ist, was ihnen zusteht. Ihr Schuldgefühl besteht darin, daß sie sich »schmutzig« und nicht liebenswert vorkommen, und deshalb gehen sie auch nur »schmutzige«, lieblose sexuelle Beziehungen ein.

Was sie brauchen, ist nicht noch mehr Sex ohne jede Bedeutung, sondern die Möglichkeit, offen mit jemandem zu reden, dem sie vertrauen können und der ihnen hilft, ihre Selbstachtung wiederzugewinnen.

Vergessen

Ältere Menschen mögen andere Motive für promiskuitive Eskapaden haben. Gelegentlich suchen ganz konservative Leute, die immer

»monogam« gewesen sind, Trost in den Armen eines Fremden. Das kann mit einem dramatischen Ereignis in ihrem Leben zusammenhängen, wie etwa einem Todesfall oder einer Scheidung, einem Umbruch, der das schmerzliche Verlangen nach Erleichterung oder nach einer Möglichkeit des Vergessens in ihnen auslöst.

Abwechslung

Aus einer leichtfertigen Stimmung heraus kommt es vielleicht nur deswegen zu einer promiskuitiven Beziehung, weil sich die Gelegenheit ergibt, etwa auf einer Geschäftsreise oder im Urlaub.

Manchmal fühlt man sich »im Alltagstrott festgefahren« und wünscht sich einmal etwas radikal anderes, um auszubrechen. In solchen Fällen kann eine kurze promiskuitive Phase Veränderungen in unterschiedlichen Richtungen ankündigen.

Gefahren

Immer wieder aber hört man die traurigen Geschichten von Männern und Frauen, die sich auf eine endlose Folge sexueller Kontakte einlassen, nicht weil es ihnen Vergnügen macht, sondern weil sie sich ihrer eigenen Sexualität und ihrer Beliebtheit beim anderen Geschlecht nicht sicher sind.

Durch immer neue Eroberungen hoffen sie, der Welt ihre Männlichkeit oder Weiblichkeit zu beweisen, aber die Welt zeigt sich davon völlig unbeeindruckt. Und die Tatsache, daß sie weitermachen, scheint darauf hinzudeuten, daß sie es nicht einmal schaffen, sich selbst zu überzeugen.

Eine derart unsichere Haltung in sexuellen Dingen bekommt man weitaus besser mit Hilfe eines Beraters oder Therapeuten in den Griff, oder durch eine echte Liebesbeziehung.

Angesichts der Gefahren durch AIDS raten wir jedem, der sich promiskuitiv betätigt, dringend, gründlich über die Konsequenzen nachzudenken. Wem ein völliger Wechsel zur Monogamie zu radikal erscheint oder wer gerade keine feste Beziehung hat, der sollte sich über »Safer Sex« informieren. Ein Kondom zu benutzen, ist die beste Methode, etwaige Ansteckung zu vermeiden, obwohl auch das nicht absolut sicher ist.

Kapitel Vier

Intimität begreifen

Orgasmus

Der Orgasmus ist immer auf die jeweilige Person zugeschnitten. Nicht einmal bei zwei Menschen ist er ganz dasselbe. Die Forschung hat jedoch faszinierende Entdeckungen darüber gemacht, welche Art Lust man erwarten kann. Können Männer mehrere Orgasmen haben? Finden Sie Möglichkeiten heraus, Ihr eigenes Vergnügen – und das Ihres Partners – zu steigern.

Das überwältigende Gefühl von Erlösung – physisch wie auch emotional –, das sich im Verlauf der sexuellen Erregung einstellt, nennt man Orgasmus. Er läuft jedoch bei Männern und Frauen nicht gleich ab. Die männliche Erektion ist gut sichtbar, und der Austritt des Spermas bei der Ejakulation kaum zu übersehen. Bei Frauen dagegen geschieht alles unauffälliger und kann einem unaufmerksamen Partner sogar völlig entgehen, da manche Frauen nur wenige äußere Anzeichen dafür erkennen lassen.

Mehrfach-Orgasmen

Wenn etwas gut ist, muß mehr davon noch besser sein – nach diesem Prinzip sind viele Menschen von der Vorstellung eines Mehrfach-Orgasmus geradezu besessen.

Die meisten Frauen sind fähig, mehrere Orgasmen hintereinander zu haben, aber viele sagen, daß ihnen einer genügt, daß sie sich dann völlig befriedigt fühlen und kein Bedürfnis nach einem weiteren haben. Manche Frauen können zwanzig oder mehr Orgasmen hintereinander haben, am verbreitetsten aber sind einer, zwei oder drei.

Wie viele Orgasmen eine Frau hat, hängt von vielen Faktoren ab, unter anderem von ihren ersten sexuellen Erfahrungen, ihrer sexuellen Hemmschwelle, dem emotionalen Engagement ihrem Partner gegenüber, dessen Fähigkeit und Bereitschaft, sie weiter zu stimulieren, und natürlich ihrem eigenen Verlangen danach. Außerdem reagieren einige Frauen sexuell sensibler als andere, ebenso, wie manche Menschen kitzliger sind als andere.

Ein kleiner Prozentsatz erlebt jedesmal Mehrfach-Orgasmen, eine etwas größere Zahl von Frauen hat sie von Zeit zu Zeit. Manche Frauen behaupten, der erste Orgasmus sei der schönste, und andere sagen, daß sich ihre Erregung bei jedem Orgasmus weiter aufbaut und er von Mal zu Mal besser wird.

Mehrfach-Orgasmus bei Männern

Es ist kaum zweifelhaft, daß Jungen vor der Adoleszenz und manche jungen Männer wiederholte Orgasmen erleben können, selten aber Männer über 30. Zwischen 8 und 15 Prozent der Jüngeren haben einschlägige Erfahrungen. Es gibt jedoch zunehmend Hinweise – und das überrascht vielleicht –, daß Mehrfach-Orgasmen auch für ältere Männer zur Norm werden könnten, wenn sie dies wollen.

Heutzutage nimmt man allgemein an, daß Ejakulation und Orgasmus identisch oder zumindest unauflöslich miteinander verknüpft sind, doch das ist nicht der Fall.

Anzeichen dafür finden wir in der taoistischen Tradition der Chinesen, die den ausgedehnten Geschlechtsakt als Ideal propagiert. In der Erkenntnis, daß der in die Länge gezogene Liebesakt die meisten Männer langweilen würde, wenn sie dabei keinen Orgasmus hätten, unterweist die taoistische Lehre den Mann darin, seinen Orgasmus von der Ejakulation zu trennen. Das mag zunächst unmöglich erscheinen, läßt sich mit einiger Übung aber erreichen.

Wenn ein Mann kurz vor dem Höhepunkt ist, sind die Muskeln in Becken und Beinen normalerweise sehr angespannt. Entspannt er in diesem Augenblick die Muskeln ganz bewußt, werden seine Körpergefühle sehr intensiv. Er kann ein starkes Pulsieren spüren, das dem Orgasmus nahekommt – es ist ein Orgasmus ohne Ejakulation. Das Geheimnis liegt darin, die Symptome des »Ich werde gleich kommen« zu erkennen und an dem Punkt innezuhalten.

Männer, die nicht unbedingt bei jedem Geschlechtsverkehr ejakulieren wollen, können sich in dieser Technik üben.

Um einen besseren Orgasmus zu erreichen, ist es notwendig, daß man den exakten Verlauf der sexuellen Erregung bis zum Orgasmus genau kennenlernt.

Wie fühlt man beim Orgasmus?

Was allen Beschreibungen gemeinsam ist, sind die umfassende, explosive Entladung der aufgestauten Empfindungen, die physiologischen Veränderungen und das anschließende Gefühl von Entspanntheit und Ruhe.

Die meisten Frauen erfahren den Orgasmus als so ähnlich wie ein »explosives Niesen«, das sie überwältigt. Dabei gibt es zahlreiche Varianten, wobei manche Frauen von exquisiten Genitalreizen sprechen und andere von Gefühlen, die den ganzen Körper miteinbeziehen.

Bei Männern sind die Empfindungen meistens enger mit den Genitalien verknüpft. Manche beschreiben ein Bersten gewaltiger Energie im Penis, ausgehend von einem heiß drängenden Lustzentrum. Die überwältigende Woge des Orgasmus führt zu einer explosiven körperlichen Entladung.

Männer und Sex

Für einen Mann beginnt die Erregung gewöhnlich im Kopf. Er kommt »in Stimmung« durch etwas Erotisierendes, das entweder real oder in seiner Phantasie existiert. Dieser Prozeß bewirkt Nervenimpulse, die über das Rückenmark seine Genitalien aktivieren. Das elastische Gewebe des Penis füllt sich mit Blut, und es kommt zu dessen Versteifung. Aus dem normalerweise schlaff herabhängenden Organ wird eines, das rutenförmig hervorsteht – der Penis ist erigiert.

Weitere Veränderungen

Zur gleichen Zeit kommt es zu verschiedenen körperlichen Veränderungen. Die Atmung des Mannes wird schneller, seine Pupillen größer, sein Blutdruck steigt, der Herzschlag wird beschleunigt, die Nasenflügel blähen sich, die Muskeln spannen sich an, er schwitzt ein wenig und fühlt sich sexuell erregt.

Dieses Stadium seiner sexuellen Reaktion wird dementsprechend als Erregungsphase bezeichnet. Zur gleichen Zeit, da sein Penis erigiert, wird das Skrotum, das seine Hoden enthält, angespannter und dicker, und die Hoden selbst ziehen sich eng gegen den Körper.

Weiterer Verlauf

Es ist möglich, daß alle diese Veränderungen stattfinden und der Mann trotzdem innerhalb von Minuten zu seiner Vor-Erregungsphase zurückkehrt. Die meisten Männer gehen jedoch weiter, indem sie entweder masturbieren oder Sex suchen.

Der Penis schwillt dann noch mehr an, seine Spitze, die Eichel, verfärbt sich violett-blau, und der Inhalt des Skrotums nimmt an Größe zu. Damit ist die Plateauphase erreicht, und von hier aus ist es schwieriger, zum Normalzustand zurückzukehren, als aus der vorangegangenen Erregungsphase.

Kein Zurück

Das nächste Stadium ist der Orgasmus selbst. An diesem Punkt ist die Intensität der sexuellen Erregung so groß, daß der Mann ejakulieren muß.

Ein Strom von Impulsen wogt zwischen Nervensystem und Genitalien hin und her. Die Verbindungswege zwischen Hoden und Penis kontrahieren, ebenso die Beckenmuskeln, um den Samen an der Spitze seines Penis auszustoßen. Wenn der Mann erst einmal so weit ist, kann er nicht mehr zurück – es überkommt ihn.

Bei der Ejakulation spritzt eine kleine Menge Samen aus dem Penis, oft sogar ziemlich weit.

Das ist verbunden mit einem angenehmen Gefühl tief im Becken, wenn die Prostata sich entlädt. Anschließend folgen im Abstand von weniger als einer Sekunde vier bis fünf weitere Kontraktionen.

Jede Kontraktion bringt eine kleinere Menge Sperma hervor, bis die Samenleiter leer sind. Danach kommt der Mann zur Ruhe. Sein erigierter Penis schrumpft wieder auf Normalgröße, der Mann fühlt sich entspannt oder sogar schläfrig.

Wieviel Sperma er ausstößt hängt davon ab, wann er zuletzt ejakuliert hat und besagt nichts über seine Virilität. Jede Ejakulation,

Märchen über den Orgasmus

- **Frauen ejakulieren nicht beim Orgasmus** *Das kann doch der Fall sein, geschieht allerdings nicht sehr häufig. US-Forscher haben festgestellt, daß bei manchen Frauen, besonders wenn der G-spot stimuliert wird, wie bei ejakulierenden Männern eine Flüssigkeit aus der Harnröhre austritt.*
- **Gleichzeitige Orgasmen sind die besten** *Das stimmt nicht unbedingt – obgleich sie für manche Paare sehr lustvoll sein können. Die meisten finden, daß sich der Aufwand nicht lohnt, weil beide sich in Gedanken zu sehr auf die Gleichzeitigkeit konzentrieren.*
- **Eine Frau, die nur einen Orgasmus hat, hat ein Problem** *Das stimmt nicht. Sie kann bei einem einzigen Orgasmus sogar mehr Lust empfinden als eine multi-orgasmische Frau bei mehreren. Manche multi-orgasmischen Frauen sind schwer zu befriedigen, weil sie als unersättlich erscheinen. Für viele Männer kann es am schönsten sein, wenn ihre Partnerin einen einzigen überwältigenden Orgasmus erlebt.*
- **Wenn Männer und Frauen älter werden, geben sie sich mit weniger Orgasmen zufrieden** *Diese Behauptung hat eine gewisse Berechtigung, gilt aber keineswegs allgemein. Die meisten Frauen haben mit 80 oder 90 natürlich weniger Höhepunkte als mit 20 oder 30, aber manche bleiben bis ins hohe Alter sehr aktiv.*
- **Orgasmen sind notwendig, damit ein Paar sich sexuell befriedigt fühlt** *Das ist ein gefährlicher Mythos, der wahrscheinlich nicht der Realität entspricht, wie Millionen glücklich verheirateter, nicht-orgasmischer Frauen bezeugen können.*
- **Genitale Stimulierung ist die einzige Methode, die zum Orgasmus führt** *Das trifft hauptsächlich auf Männer zu, aber nicht auf Frauen, die durch alle möglichen nicht-genitalen Reize zum Höhepunkt kommen können. Manche Frauen können einen Orgasmus nur mit Hilfe ihrer Phantasie erleben, und sicher kann sie die Stimulierung auch anderer Körperteile zum Höhepunkt bringen.*
- **Nach den Wechseljahren haben Frauen keinen Orgasmus mehr** *Stimmt nicht; viele Frauen sind, nachdem die Möglichkeit einer unerwünschten Schwangerschaft wegfällt, sexuell ungehemmter und genießen den Sex mehr, nicht weniger.*

etwa ein Teelöffel Flüssigkeit, enthält Millionen von Spermien, von denen viele eine Frau schwängern könnten. Aussehen und Masse des Samens lassen keine Schlüsse auf seine Qualität zu, und Farbe und Konsistenz variieren je nach dem Zeitpunkt der letzten Ejakulation.

Danach kann es mehrere Stunden dauern, bis der Mann wieder sexuell erregbar ist. Die Zeit zwischen Ejakulation und der nächsten

Erektion bezeichnet man als Rückbildungsphase. Jüngere Männer sind schneller wieder erregbar als ältere.

Der männliche Zyklus von der Erregung bis zur Ejakulation kann sehr rasch durchlaufen werden, besonders bei Teenagern und jungen Männern, bei denen er manchmal nur ein paar Minuten dauert.

Frauen und Sex

In vieler Hinsicht sind die körperlichen Veränderungen bei der Frau sehr ähnlich wie beim Mann. Die Anlaufphase des Zyklus ist normalerweise länger, ebenso seine Dauer, und er kann sich fast sofort noch

Viele Frauen finden die Penetration von hinten aufregend, weil sie sich verletzlich und dem Mann total ausgeliefert fühlen

einmal wiederholen – was beim Mann nicht der Fall ist. Manche Frauen sagen allerdings, daß sie je nach gefühlsmäßigem Engagement und Stimmung auch sehr schnell erregt werden und einen Orgasmus bekommen können.

Der Aufbau

Wie beim Mann tritt auch bei der Frau zunächst die Erregungsphase ein. In diesem Stadium erigieren ihre Brustwarzen, die Brüste schwellen an, und die Venenzeichnung an den Brüsten wird deutlicher sichtbar. Wegen der erhöhten Durchblutung ist die Haut am ganzen Körper etwas dunkler, und es kann zu einer leichten Rötung kommen, einem schwachen Ausschlag an Oberbauch, Brust und Rücken, der beim Orgasmus verschwindet.

Während der Erregungsphase findet eine starke Durchblutung der weiblichen Genitalien statt. Die inneren Schamlippen, die Labia minora, und die Klitoris schwellen an und färben sich dunkler. Durch die Stimulation erigiert die Klitoris – wie ein Miniatur-Penis.

Zum Orgasmus bereit

Wird die Stimulierung fortgesetzt, so tritt die Plateauphase ein. Dabei ziehen sich Schaft und Spitze der Klitoris hinter die schützende Vorhaut zurück, und es sieht so aus, als sei die Klitoris verschwunden. Wird aber mit der Stimulation innegehalten, so kommt sie wieder zum Vorschein. Nach dem Orgasmus dauert es nur etwa zehn bis fünfzehn Sekunden, bis die Klitoris wieder ihre normale Position und Größe angenommen hat.

Die äußeren Schamlippen, die Labia majora, schwellen an und ziehen sich zurück, so daß sich die Vulva etwas weiter öffnet. Die Scheidenwände beginnen zu »schwitzen« und werden durch die austretende Flüssigkeit schlüpfrig. Bei manchen Frauen zeigt sich dieses Sekret auch an der Vaginalöffnung. Die Frau fühlt sich innen feucht, und ihre sexuelle Spannung wächst. Die Vagina entspannt und vergrößert sich, indem sie am oberen Ende einen zeltähnlichen Hohlraum bildet. Die Gebärmutter zieht sich zurück, wodurch dieser Hohlraum noch größer wird.

Muskelzuckungen

Es kommt zu noch stärkerer Vergrößerung der Brüste, und die Brustwarzenhöfe schwellen so stark an, daß die Brustwarzen fast zu verschwinden scheinen. Es kann sein, daß die Frau jetzt am ganzen Körper zu zucken beginnt. Gelegentlich fängt das Zucken in einem Zeh oder Bein an oder mit einem Flattern der Muskeln am Oberbauch. Pulsschlag und Atmung werden beschleunigt, und sie ist zum Orgasmus bereit.

Der weibliche Orgasmus

Jede Frau erlebt den Orgasmus auf andere Art; Gefühle und Reaktionen variieren. Ihr Körper krümmt sich, die Muskeln spannen sich, das Gesicht verzieht sich zu einer Grimasse, und Vagina und Uterus kontrahieren rhythmisch, ebenso ein Teil ihrer Beckenmuskulatur.

Manche Frauen stellen fest, daß gewisse Positionen, bei denen der Mann von hinten eindringt und ihren G-spot stimuliert, für sie der beste – für manche sogar einzige – Weg zum Orgasmus sind

Ihr ganzer Körper kann von heftigen, krampfartigen Kontraktionen geschüttelt werden; es kann aber auch sein, daß sie nur wenig spürt. Manche Frauen schreien, stöhnen, keuchen oder beißen sich auf die Lippen, wenn sie einen Orgasmus haben. Die Reaktion hängt einzig und allein von der Persönlichkeit und der Erfahrung der jeweiligen Frau ab. Nachdem die intensivsten Kontraktionen von Vagina und Uterus abgeklungen sind, tritt die Frau wieder in die Plateauphase ein und kann möglicherweise schon sehr bald zum nächsten Orgasmus kommen.

Habe ich einen Orgasmus gehabt?

Es mag seltsam erscheinen, aber einige Frauen wissen nicht einmal, ob sie einen Orgasmus gehabt haben, und manche, bei denen das zweifellos der Fall war, streiten es heftig ab. Das liegt daran, daß sie sich unbewußt selbst etwas vormachen, weil sie insgeheim meinen, Sex sei »schmutzig«.

Probleme mit dem Orgasmus

Aus mancherlei Gründen haben Frauen mehr Schwierigkeiten, einen Orgasmus zu haben oder zu genießen als Männer.

Als ersten Schritt auf dem Weg zu einem Orgasmus muß die Frau erkennen, daß ihre Sexualität etwas ist, das ihr gehört, nicht etwas, das ihr angetan wird. Wenn sie dazu nicht in der Lage ist, sollte sie zumindest die sexuellen Bedürfnisse ihres Körpers akzeptieren.

Den Körper kennenlernen

Um ihre Sexualität kennenzulernen, möchte sie vielleicht gern ihre sexuelle Phantasie schweifen lassen. Sie könnte zum Beispiel vor einem hohen Spiegel so tun, als ob sie eine Striptease-Tänzerin vor männlichem Publikum wäre. Statt ihren Körper gleichgültig zu betrachten, sollte sie sich erotisch in Positur stellen und bewegen, sich streicheln und bewundern und nicht zulassen, daß sie sich schmutzig oder schlecht fühlt. Zum Abschluß kann sie Beine und Vulva öffnen, sie stimulieren und beobachten, wie sie durch die angestaute Erregung anschwillt und sich verfärbt.

Manche Frauen, die der Meinung sind, sie seien nicht oder nur schwer erregbar, haben nie gesehen, wie ihre Vulva auf Stimulation reagiert, und sie sind oft überrascht, wie schnell und häufig es dazu kommt.

Wenn eine Frau beim Masturbieren ihre Vulva normalerweise nicht mit der Hand stimuliert, so sollte sie dies üben und so lernen, zum Orgasmus zu gelangen. Wenn sie »normal« masturbiert, aber viel länger als ein paar Minuten bis zum Orgasmus braucht, sollte sie die Übung regelmäßig wiederholen.

Manchen Frauen hilft es sehr, wenn sie mit einer guten Freundin darüber reden können, wenn sie Bücher über weibliche Selbstbefriedigung lesen oder sich Zeitschriften oder Videofilme ansehen, in denen Frauen ihre Vulva berühren.

Wenn die Frau oben ist, hat sie die Sache so unter Kontrolle, daß sie vor ihrem Partner zum Orgasmus kommen kann

Manchen Frauen wurde in dieser Hinsicht ein so negatives Gefühl eingeimpft, daß sie zu verspannt sind, um einen Orgasmus zu haben. Solchen Frauen hilft häufig ein Vibrator. Die meisten Vibratoren sind dazu gedacht, die Vulva zu stimulieren oder in die Vagina eingeführt zu werden.

Die Benutzung eines Vibrators

Bei einer Frau, die vorher noch keinen Höhepunkt erlebt hat, zumindest nicht bewußt, verbessert sich die Qualität ihrer Orgasmen gewöhnlich rapide bei Anwendung eines Vibrators, und die Zeitspanne bis zum Orgasmus verkürzt sich. Mit der Zeit und zunehmender Geschicklichkeit entdecken die meisten Frauen, daß sie sich mit den Fingern direkter stimulieren können, und sie benutzen den Vibrator seltener. Ein Vibrator eignet sich vor allem zum Lernen, und die meisten Frauen werden – jedenfalls langfristig – nicht süchtig danach.

Einbeziehen des Partners

Obgleich man Orgasmusschwierigkeiten am besten von vornherein mit dem Partner diskutiert, kann es sein, daß es ihr peinlich ist, ihm davon zu erzählen. Es trifft tatsächlich zu, daß manche Männer eine Abneigung dagegen haben, wenn ihre Frau masturbiert, besonders wenn sie dabei einen Vibrator benutzt. Sie begreifen es als Kritik an ihrer Fähigkeit als Mann, sie zu befriedigen. Natürlich ist diese Art Reaktion nicht unbedingt hilfreich.

Männer sollten ihre Partnerinnen ermutigen und unterstützen, indem sie erotische Literatur oder einen Vibrator kaufen, wenn dies der Frau peinlich ist.

Hat die Frau erst einmal Zutrauen in ihre eigene Sexualität und das Gefühl, daß sie der Anwesenheit ihres Partners gewachsen ist, so kann er unterstützend daran teilhaben. Sie sollte versuchen, ihre »Zurschaustellung« zu genießen, ebenso die Anzeichen der Erregung bei ihrem Partner als Reaktion darauf. Er kann das Seine tun, indem er sie zunächst streichelt und sie mit Worten ermuntert.

Orgasmus und Geschlechtsverkehr

Für die meisten Männer geht es beim Geschlechtsverkehr um den Orgasmus. Und auch Frauen haben sich schon fast einreden lassen, daß etwas nicht stimmt, wenn sie beim Liebesakt keine Mehrfach-Orgasmen haben. Fälschlicherweise glauben viele Männer, daß eine Frau während der Penetration zum Orgasmus kommen muß.

Nach einer erst kürzlich erfolgten Studie über das Verhalten von 15 000 Frauen jedoch gelangt nur etwa die Hälfte beim Geschlechtsverkehr zum Orgasmus, wahrscheinlich nach einem zumindest kurzen Vorspiel, aber nur eine von sieben Frauen schafft es jedesmal. Fast alle Männer sagten, daß es für sie wichtig sei, zum Orgasmus zu kommen, aber nur zwei Drittel der Frauen.

Viele Frauen sind vollkommen zufrieden damit, Geschlechtsverkehr ohne Orgasmus zu haben – zur großen Enttäuschung, manchmal auch zum Ärger ihres Partners.

Was Frauen anspricht

Frauen sind für klassische männliche Schönheit nicht unempfänglich, aber um sie zu erregen, braucht es mehr als ein ausgeprägt gutes Aussehen. Auch persönliche Ausstrahlung, Zuverlässigkeit, Sensibilität und Humor sind wichtige Faktoren.

Für den Ablauf der sexuellen Erregung spielen kulturelle Normen eine große Rolle. Was eine europäische Frau anspricht, unterscheidet sich sehr von dem, worauf eine Frau aus Ghana reagiert. Vor einem Mann mit tellerförmigen Lippen, riesigem Nasenring und Ganzkörpertätowierung mögen also seine Verehrerinnen vor Erregung ohnmächtig zu Füßen fallen, während außerhalb seines Kulturkreises die Frauen bei seinem Anblick aus ganz anderen Gründen in Ohnmacht sinken.

Evolution und Körperbau

Aber auch universelle Faktoren, die mit der unterschiedlichen Entwicklung des weiblichen und des männlichen Körpers zusammenhängen, sind äußerst wichtig. Hier geht es bei der sexuellen Anziehungskraft in erster Linie um diese Unterschiede.

Männer, die ja ursprünglich Jäger waren, haben einen größeren, muskulöseren Körperwuchs und größere Hände und Füße als Frauen. Frauen, die für das Gebären und Aufziehen der Kinder zuständig waren, entwickelten ein breiteres Becken, große Brüste, einen größeren Zwischenraum zwischen den Schenkeln und stärkere Fettpolster.

> *Schwellende Muskeln stellen zwar nicht für jede Frau den höchsten erotischen Reiz dar, aber manche Anthropologen glauben, daß Frauen Stärke bei einem Mann als das schätzen, was sie symbolisiert – seine Fähigkeit, für eine Familie zu sorgen und sie zu beschützen.*

Diese speziellen Eigenschaften werden mit großer Wahrscheinlichkeit von den Angehörigen des jeweils anderen Geschlechts als sexy angesehen, weil sie die Unterschiede zwischen Männern und Frauen herausheben und betonen.

Einen Gefährten finden

Da die Beteiligung der Frau an der Reproduktion soviel umfassender ist als beim Mann, geht sie anders mit Sex und demzufolge auch mit ihrer sexuellen Erregung um.

Während ein Mann in einem Zeitraum von neun Monaten theoretisch Hunderte von Frauen schwängern könnte, kann eine Frau in dieser Zeit nur einmal schwanger werden und das Kind oder die Kinder austragen. Ihre Kriterien bei der Partnerwahl sind deshalb viel strenger und zudem von Generationen von Frauen beeinflußt, auch wenn sie gar nicht beabsichtigt, mit dem Erwählten Kinder zu zeugen.

Anthropologen behaupten, daß Frauen sich von ihrer Evolutionsgeschichte her natürlicherweise wählerischer und zögernder verhielten als Männer. Sie sind weniger leicht erregbar, weil das Risiko, eine falsche Wahl zu treffen, bei ihnen viel größer ist. Bevor sie sich einen Gefährten aussuchten, mußten sie sicher sein, daß er zuverlässig war, daß er sie neun Monate und länger beschützte, versorgte und sie nicht verlassen würde.

Sex und Alter

Frauen müssen sich nicht unbedingt zu jungen Männern hingezogen fühlen, da die Reproduktionsfähigkeit des Mannes mit dem Alter nicht im gleichen Maße abnimmt wie die der Frau. Während sich also Männer eher von jungen Frauen angesprochen fühlen, die in der Lage sind, gesunde Kinder zur Welt zu bringen, können für Frauen ganz unterschiedliche Altersgruppen attraktiv sein.

Auch das Alter der Frau selbst spielt eine Rolle. Es ist anzunehmen, daß bei jungen Mädchen ganz andere Kriterien bei der Partnerwahl gelten als bei ihren älteren Schwestern oder Müttern.

Ein erfahrener Teenager kann sich durch die Aufmerksamkeit eines älteren Mannes sehr wohl geschmeichelt fühlen. Eine Mutter mit Kleinkindern findet vielleicht einen Mann reizvoll, der in ihr eine Frau und nicht nur die Mutterfigur sieht. Eine ehrgeizige Karrierefrau erliegt möglicherweise den Angeboten eines höhergestellten Kollegen oder des Chefs.

Innere Qualitäten

Auch die äußere Erscheinung ist nicht von überragender Bedeutung. Statt dessen kommt es Frauen auf Verläßlichkeit, Treue, Status, Tapferkeit und die Fähigkeit, Wohlstand zu erwerben, an.

Frauen neigen dazu, sexuell nicht auf unmittelbare Reize, sondern auf Atmosphäre zu reagieren – auf Eigenschaften, die Wärme, Innigkeit und Gefahrlosigkeit signalisieren, wie etwa Zuwendung, Aufmerksamkeit, eine sanfte Stimme und Berührung.

Frauen finden männliche Genitalien nicht auf dieselbe spezifische Art attraktiv, in der ein Mann vielleicht vom Anblick der weiblichen Brüste erregt wird. Sie fühlen sich vielmehr von einer Mischung verschiedener Qualitäten angezogen.

Statussymbole

Wenn man Männer auffordert, Frauen danach einzustufen, wie begehrenswert und attraktiv sie sind, so gibt es zwischen ihnen einen hohen Grad an Übereinstimmung. Frauen dagegen haben für ihre Einschätzung von Männern relativ individuelle Kriterien. Ihnen gefällt zum Beispiel das, was der Körper eines Mannes symbolisiert – Macht, Schutz oder Sicherheit – meist besser als sein Aussehen.

Sie sind vielleicht beeindruckt von der Geschicklichkeit und dem Mut eines Mannes bei seiner Arbeit oder beim Sport, aber nur selten erregt sie der bloße Anblick einer behaarten Brust oder schwellender Muskeln.

Frauen und Pornographie

In einer Reihe von Untersuchungen, die in den siebziger Jahren durchgeführt wurden, um festzustellen, ob Frauen sich durch Porno-Videos angesprochen fühlen, fand man heraus, daß sie am stärksten erregt waren, wenn der Film eine Szene zwischen Mann und Frau enthielt, bei der es um eine allmählich entstehende Beziehung ging. Der sexuelle Akt allein genügte nicht – bei Männern allerdings schon.

In seinem Buch »The Evolution of Human Sexuality« weist Donald Symons darauf hin, daß bei einer Frau die Phantasie eine wichtige Rolle spielt. Sie muß in der Lage sein, sich in die Situation hineinzuversetzen – sich mit der Frau auf dem Bildschirm zu identifizieren und sich langsam auf den Mann einzulassen, damit sie sexuell erregt wird.

Auch hier mag der Unterschied ein kulturspezifischer sein – Frauen werden nicht zu derselben Einstellung zum Sex erzogen wie Männer –, es kann aber auch eine Frage der Wahrnehmung sein. Es gibt Hinweise darauf, daß Frauen ein Anzeichen für physiologische Erregung bei sich selbst einfach nicht erkennen, obwohl sie tatsächlich erregt sind.

Eine andere Möglichkeit ist die, daß Frauen nur zögernd ihre Erregtheit zugeben und sie deshalb unbewußt unterdrücken. Instrumente, mit denen die Lubrikation der Vagina gemessen wird, haben Reaktionen gezeigt, derer sich die Frauen selbst gar nicht bewußt waren.

Was Frauen anzieht

Bei Frauen ist die Feststellung psycho-sexueller Erregungsauslöser weniger leicht als bei Männern, weil die physiologischen Anzeichen bei ihnen subtiler sind. Das leichte Feuchtwerden der Vagina ist kein so einfacher Erregungsmaßstab wie die männliche Erektion. Die Mehrzahl der bisherigen Studien beruht mehr auf Fragebögen als auf objektiven Messungen, hat aber trotzdem ein paar interessante Resultate gebracht.

Eine MORI-Umfrage von 1983 ergab, daß für nur 23 Prozent der Frauen das Aussehen wichtig war (aber für 40 Prozent der Männer). Treue und Persönlichkeit wurden von den meisten Frauen höher bewertet als das Äußere.

Frauen fühlten sich auch eher zu Männern hingezogen, die sich selbstbewußt und kompetent zeigten. In einem Experiment, in dem

Ein offenes Lächeln steht ganz oben auf der weiblichen Werteskala.

die Männer Frauen mit verbundenen Augen helfen mußten, ihren Weg durch ein Labyrinth zu finden, gefiel den Frauen der Mann besser, wenn er dabei Erfolg hatte. Sie hatte es auch gern, wenn sie dabei körperlich unterstützt – also angefaßt – wurden, statt nur mit Worten geleitet zu werden.

Körperhaltung

Frauen, die selbstbewußte Männer mögen, werden sich eher von Männern angesprochen fühlen, die mit gespreizten Beinen dasitzen, da dies die Haltung des sexuell selbstsicheren Mannes ist.

Sexuelle Erregung oder tiefergehendes sexuelles Interesse führt automatisch zum Einziehen der Bauchmuskeln, und eine Frau kann darauf bei einem Mann ganz instinktiv reagieren. Für sie ist ein Mann mit flachem Oberbauch attraktiv, weil das zeigt, daß er an ihr interessiert ist – und Frauen mögen aufmerksame Männer.

Die physischen Eigenschaften, die Frauen bei Männern anscheinend begehrenswert finden, unterscheiden sich ziemlich vom Stereotyp des maskulinen Mannes. Überraschende Einzelheiten, wie etwa »feminine« Kennzeichen bei einem Mann – lange Wimpern, weiche Behaarung auf starken Armen – erregen sie mehr als schwellender Bizeps und ein starkes Kinn.

In ihrem Buch »Love's Mysteries« beschreiben G. Wilson und D. Nias den Typ Mann, der eine Frau anzieht – vom Aussehen her zwölf bis fünfzehn Zentimeter größer als sie, mit kleinem Gesäß, flachem Bauch, schlank und mit klarem Teint. Vom Auftreten her werden selbstbewußte, dominante Männer bevorzugt.

Mit Frauen reden

Männer, die versuchen, sich auf Frauen einzustellen und sich im Gespräch auf sie einzulassen, haben ebenfalls gute Chancen, eine Frau für sich einzunehmen.

In einer Studie von 1978 wurden Männer miteinander verglichen, die bei Verabredungen mit Frauen entweder erfolgreich waren oder nicht. Den Erfolgreichen fiel es leichter, das Richtige zu sagen und schneller Anschluß zu finden, und sie stimmten den Frauen häufiger zu.

Auch ihr nicht-verbales Verhalten war anders – sie lächelten und nickten öfter als ihre weniger erfolgreichen Gegenspieler.

Gesellschaftliche Umstände

Da Frauen als Heranwachsende meistens nicht allzu viele nackte Männerkörper sehen, und da sie nicht täglich in den Zeitungen von einem Heer männlicher Pin-Ups bestürmt werden, sind sie nicht so sehr auf Männerkörper als Symbole sexueller Anziehung eingestellt wie Männer gegenüber Frauen.

Aufgrund dieser mangelnden Vertrautheit fühlen sie sich bei abstrakt präsentierten Männerkörpern unbehaglich und sexuell nicht sonderlich animiert.

Statt dessen reagieren Frauen eher auf die Kleidung eines Mannes und seine »Requisiten«. Aus einer Sporttasche können sie zum Beispiel schließen, daß der Mann wahrscheinlich sportlich, einigermaßen gesund und fit und möglicherweise auch ein aktiver Liebhaber ist.

Die Zurschaustellung von Sexualität

Während Frauen enganliegende Kleider und tiefe Ausschnitte tragen können, um auf ihre Partner anziehend zu wirken, haben Männer mit ihrer Kleidung weniger Möglichkeiten. Eine davon ist inzwischen ziemlich weit verbreitet, und zwar das Tragen von engen Jeans. Sie halten den Penis in einer aufrechten – und daher scheinbar erigierten – Position.

Worauf Frauen reagieren, ist nicht das offenkundige sexuelle Symbol, sondern eher der Anstoß, den ihnen der Anblick der Jeans zu Gedanken über Sex gibt.

Was Männer anspricht

Aufgewachsen mit »Idealbildern« der weiblichen Figur, legen Männer großen Wert auf die äußere Erscheinung einer Frau. Worauf aber achten sie, und was finden sie anziehend?

Jedes Mal, wenn Sie einen Raum betreten oder eine Straße entlanggehen, senden Sie eine Reihe von Signalen aus. Diese Signale variieren je nach Geschlecht, kulturellem Hintergrund, Stimmung, Aussehen und Alter.

Wenn Sie zu einem Bewerbungsgespräch gehen, wollen Sie wahrscheinlich erreichen, daß der andere Ihnen wohlgesonnen ist. Sie lächeln viel, sprechen mit gemessener Stimme und sehen ihm oder ihr direkt in die Augen. Gleichermaßen bedienen Sie sich bestimmter Verhaltensmuster, wenn Sie sexuell aufreizend wirken wollen.

Unterschiede bei den Geschlechtern

Es gibt einige Unterschiede zwischen den Geschlechtern bei der Einschätzung dessen, was sie anziehend finden, aber auch manche Überschneidungen. Generell ist das Äußere sowohl für Männer als auch für Frauen ein wichtiger Aspekt. Teils wegen der stereotypen Ansicht, daß attraktive Menschen warmherzig, gesellig, interessant und freundlich sind, wird gutes Aussehen als Initialfaktor für sexuelle Stimulierung sehr hoch bewertet.

Männer fühlen sich eher als Frauen durch körperliche Merkmale und Formen sexuell angesprochen, da für sie alles, was mit gutem Aussehen zusammenhängt, eine größere Rolle spielt. Eine britische Studie von 1985 ergab, daß Schönheit von 40 Prozent der Männer und 23 Prozent der Frauen hoch bewertet wurde.

Forschungsergebnisse über Männlichkeit und Weiblichkeit zeigen aber außerdem, daß sich Männer auch zu Frauen mit traditionellen Qualitäten wie Warmherzigkeit, sympathischer Persönlichkeit, Freundlichkeit, Sanftheit und Fröhlichkeit hingezogen fühlen.

Frauen dagegen mögen dynamische, unabhängige und selbstbewußte Männer.

Aussehen oder Persönlichkeit

In einer Studie von 1972 listeten Männer die Eigenschaften, die bei ihnen für die Anziehungskraft einer Frau die größte Rolle spielen, folgendermaßen auf:

1. Körperliche Attraktivität
2. Erotische Potenz (Sinnlichkeit)
3. Gefühlsmäßige Potenz (Wärme und Verständnis).

Häusliche Fähigkeiten waren weniger gesucht und erschienen weiter hinten auf der Liste.

In der westlichen Welt gibt es ein ziemlich weit verbreitetes Einverständnis darüber, was weibliche Schönheit ausmacht. Miss World zum Beispiel ist normalerweise 21 Jahre alt, etwa 1,70 m groß, und hat die Maße 87-60-87.

Wenn jedoch zwei Menschen versuchen, aufeinander anziehend zu wirken, kommen ganz andere Faktoren ins Spiel. Extrovertierte Männer zum Beispiel sprechen eher auf Frauen mit großen Brüsten an, während Introvertierte Frauen mit kleinen Brüsten bevorzugen.

Die Gründe hierfür sind spekulativ. Eine Theorie besagt, daß extrovertierte Männer die Aufmerksamkeit genießen, die ihre vollbusigen Partnerinnen erregen, introvertierte dagegen lieber unauffällig bleiben wollen.

Hände weg

Wenn wir nicht gerade zufällig gegen jemanden stoßen, wie etwa in einem überfüllten Zug, berühren wir ihn nicht, bevor wir nicht sorgfältig seine Signale registriert haben.

Unser Gehirn ist ständig damit beschäftigt, Hunderte von Signalen einzuschätzen, die von der anderen Person in Form von Körperbau, Bewegungen, Farbe, Geruch, Tonfall und Miene ausgehen. Diese werden dann im Bruchteil einer Sekunde interpretiert, und unser Gehirn teilt uns mit, was für ein weiteres Vorgehen angebracht ist.

Scharfmacher für Männer

Frauen, die Strümpfe tragen, sind für Männer traditionsgemäß äußerst reizvoll. Strümpfe bedecken den größten Teil des Beines, mit der qualvoll schönen Ausnahme des Stückes, das den »verbotenen« Genitalien am nächsten ist. Und Spitzenstrümpfe, die gleichzeitig verhüllen und enthüllen, wirken besonders erotisch.

Beine

Lange Beine haben an sich schon eine starke Anziehungskraft auf Männer. Die Wandlung von Mädchenbeinen in die wohlgeformten Beine einer Frau ist ein Zeichen für körperliche und damit auch sexuelle Reife. Das Tragen hochhackiger Schuhe oder hautenger Hosen betont Länge und Form des Beins und unterstreicht seinen Reiz.

Mit dem Aufkommen der Hosenmode für Frauen gilt das Sitzen mit gespreizten Beinen eher als Lässigkeit denn als Lockmittel. Werden jedoch die Beine im Sitzen so nachdrücklich aneinandergepreßt oder übereinandergeschlagen, daß die Oberschenkel regelrecht zusammengequetscht sind, so kann das bedeuten, daß die Frau sich in Gedanken intensiv mit Sex beschäftigt.

Eine Frau, die sehr augenfällig versucht, ihre Genitalien zu verbergen, zieht ebensoviel Aufmerksamkeit darauf wie diejenige, die sie offen zur Schau stellt. Ein Rock, der hochrutscht und dann wieder heruntergezogen wird, ist demnach ein erotisches Stimulans, da es den sexuellen Aspekt der Situation betont. Wäre der Rock geblieben, wo er war, hätte der Mann vielleicht nur kurz hingeblickt. Die

Wußten Sie schon?

Auch unser Gesichtssinn kann unerwartet stimulierend sein, und zwar über den Effekt des Sonnenlichts auf die Epiphyse, die als Teil des Gehirns hinter den Augen sitzt.

Wenn Sie sich nach einem Sonnenbad sehr sexy fühlen, so liegt das teilweise daran, daß das Sonnenlicht diese Drüse dazu anregt, weniger Melatonin zu produzieren, ein Hormon, das die sexuelle Aktivität hemmt. Im Sommer – der Jahreszeit mit mehr Sonnenschein – werden mehr Kinder gezeugt als in den Wintermonaten.

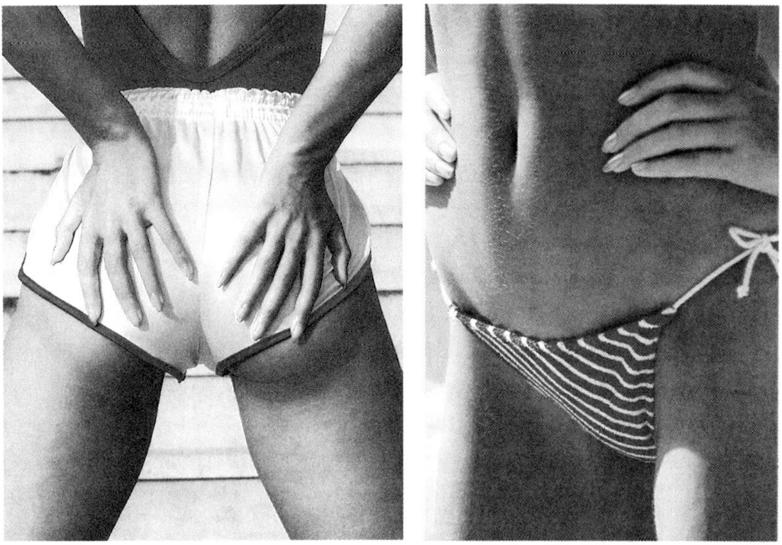

Der typische Männerkörper ist eckig und breitschultrig, wobei der Rumpf ein Dreieck bildet. Der weibliche Körper dagegen wird oft wegen seiner Kurven geschätzt, die sich mit Brüsten, Gesäß, Schultern, selbst Knien in aufregenden Rundungen ausprägen. Die Taille einer Frau ist gewöhnlich viel schmaler als die eines Mannes, und diesen Unterschied betonen die Frauen noch.

Bemühung der Frau, seinen Sitz zu korrigieren, zeigt aber, daß sie seine potentielle Bedeutsamkeit erkennt. Möglicherweise unterstreicht sie damit auch ihre Verletzlichkeit.

Gesäß

Das weibliche Gesäß ist für Männer ein starkes erotisches Signal. Bei Frauen ausgeprägter als bei Männern, entspricht das Gesäß den Schwellungen mancher Tiere, wenn sie »brünstig« sind – nur daß bei den Menschen diese Schwellung permanent ist.

Brüste

Die weiblichen Brüste sind für Männer das offenkundigste sexuelle Stimulans. Vielleicht werden sie dadurch an die Wärme und Geborgenheit an der Mutterbrust erinnert, möglicherweise ist die Faszination aber auch direkterer Art. Sie sind das augenfälligste körperliche »Etikett« für das Geschlecht der Frau und außerdem sensible erogene Zonen. Die Brustwarzen, die bei einer erregten Frau erigieren, lügen selten.

Wenn der Mann in einer Beziehung lieber die »dominante Vaterrolle« übernimmt, fühlt er sich wahrscheinlich eher von dem mädchenhaften Aussehen kleiner Brüste angezogen. Zieht er ältere, reifere Frauen vor, mag er wahrscheinlich einen größeren Busen.

Taille

Die charakteristisch schmale Taille der Frau hebt ihre Brüste zusätzlich hervor. Früher schnürten Mieder und Korsetts die Taille ein und betonten die Brust noch stärker. Zu Tudor-Zeiten blieben die Brüste über einem enganliegenden, knappen Leibchen sogar manchmal frei. Heutzutage erzielt man mit engen Gürteln eine ähnliche Wirkung.

Schultern

In den Schultern einer Frau wiederholt sich wie in ihren Brüsten annähernd die Grundform des Gesäßes, das für unsere frühen Vorfahren der erotischste Körperteil war.

Viele Männer finden entblößte Schultern berückend, eine Erklärung dafür, daß schulterfreie Abendkleider als sexuelle Appetitanreger so beliebt sind.

Lippen

Psychologen weisen darauf hin, daß viele Männer einen besonders vollen Mund unbewußt mit stark ausgeprägten Schamlippen assoziieren, der vielleicht auch für die zunehmende Beliebtheit von Lippenstift mitverantwortlich ist. Ein üppiger Schmollmund, besonders wenn er rot geschminkt ist, erinnert an das Rotwerden der Schamlippen während der fortgeschrittenen Stadien sexueller Erregung, wenn sie stärker als sonst durchblutet werden.

Figur

Männer fühlen sich sexuell eher durch die schlanke Figur eines jungen Mädchens als durch eine rundlichere, matronenhafte Silhouette angesprochen, außer in solchen Kulturen, in denen Mutterschaft als erotisch gilt. Die schlankere Version erinnert sie an die Frau, für die sie einmal schwärmten, die sie angestarrt, geküßt, und in die sie sich verliebt haben, obwohl es die mütterlichere Frau sein mag, mit der sie dann Jahre ihres Lebens in Liebe verbringen.

Augen

Die Augen spielen für Männer und Frauen eine wichtige Rolle bei der sexuellen Anziehung. Unter dem Einfluß starker, angenehmer Gefühle weiten sich unsere Pupillen so sehr, daß aus dem kleinen Punkt in der Mitte des Auges eine große schwarze Scheibe wird. Dies ist ein unbewußtes Signal für die Person, mit der Sie zusammen sind. Den anderen bei der ersten Begegnung mit einem etwas längeren Blick als üblich anzusehen, kann sehr wirkungsvoll sein. Andererseits deutet auch ein verlegenes Senken des Blicks auf Interesse.

Berührungen

Berührungen sind für Liebende wichtig. Sie erforschen damit gegenseitig ihre Körper, entdecken Bereiche, die sie in Entzücken und Erregung versetzen und machen dadurch den Liebesakt zu einem umfassenden sinnlichen Erlebnis.

Das Tasten ist der Sinn, mit dem wir auf Hitze und Kälte, Schmerz und Druck reagieren. Wie aber jeder Liebende weiß, ist es viel mehr als das. Durch Berührungen teilen wir unsere Gefühle mit, spenden und empfangen Lust und drücken unsere Bedürfnisse und Wünsche aus.

Obwohl Berührung etwas ganz Natürliches ist, wird sie vielleicht nicht immer wichtig genug genommen. Sie ist etwas, das wir neu lernen müssen, falls unser Liebesleben sich allmählich immer mehr auf den bloßen Geschlechtsverkehr konzentriert hat.

Die Berührungsabfolge

Der exakte Verlauf einer jeden sexuellen Beziehung ist individuell. Die Forschung hat aber ergeben, daß dabei, unabhängig von der Länge des Zeitraums bis zur eigentlichen sexuellen Begegnung, eine feste Abfolge eingehalten wird.

Die erogenen Zonen sind zunächst verbotene Bereiche, deren Berührung unangebracht – ja anstößig – wäre. Wir gehen vom Berühren der Hand über das Umarmen, Küssen und Streicheln zum genitalen Kontakt und Geschlechtsverkehr über.

Das »Eintreten« in den Geschlechtsverkehr heißt nicht, daß die anderen Stufen der Berührungsabfolge nicht mehr wichtig wären. In jeder langfristigen Beziehung kann es jedoch Zeiten geben, in denen das Gefühl für Berührungen verlorengeht. Geht man jetzt auf der Stufenleiter einen Schritt zurück, so kann das für die Liebe einen Schritt nach vorn bedeuten.

Streicheln, Liebkosen, Herzen, Umarmen und Küssen sind nämlich wesentliche Bestandteile des Liebesakts, sozusagen die Zutaten, die

Sex erst zu einem beiderseitig befriedigenden sinnlichen und emotionalen Erlebnis machen.

Ganzkörpermassage

Zwischen Liebenden ist Ganzkörpermassage ein erotisches, sehr intimes Berühren der Haut mit den Händen. Manchmal ist es vielleicht ein Vorspiel zum Liebesakt und ein anderes Mal wieder selbst ein Akt der Liebe.

Gemeinsame Sinnesfreuden

Das Geheimnis der Massage besteht darin, daß der eine Partner völlig passiv sein kann, während der andere die Entscheidungen trifft und den Freudenspender spielt. Ist es körperlich befriedigend für beide Seiten, kann es zu einem noch größeren Gefühl von Nähe und einem komplexeren Austausch von Liebesbezeugungen führen.

Sie können die Massagetechnik verfeinern, um daraus noch mehr über den Körper Ihres Partners zu lernen. Nehmen Sie sich zum Beispiel abwechselnd verschiedene kleine Körperpartien vor, und achten Sie dabei auf die Reaktion des Partners.

Sie könnten eine sanfte Massage mit Ölen, Essenzen und Salzen ausprobieren, also mit allem, was das Erlebnis noch intensiver macht.

Die Ganzkörpermassage wird Ihnen helfen, Ihren Körper und den des anderen zu lockern und zu genießen, indem Sie Muskelverspannungen und vielleicht auch aufgestaute Emotionen abbauen. Da dies oft der erste Schritt zu einer direkteren sexuellen Stimulierung ist, vermeiden Sie das Berühren von Genitalien und Brüsten, bis Ihr Partner völlig entspannt ist. Diese Entspanntheit macht nicht passiv oder müde, sondern läßt beide erfrischt von dieser höchst sinnlichen Erfahrung und voller Energie zurück.

Massieren ist das rhythmische Anwenden von Druck auf den Körper mit Hilfe von Handflächen, Daumen und Fingern. Die Muskeln sind von Blut- und Lymphgefäßen durchzogen, und wenn sie sich entspannen, unterstützt der sanfte Druck der Massage die Zirkulation und das Ausschwemmen von Giftstoffen. Daher ist es wichtig, daß bei den langen Strichen, Effleurage genannt, der Druck zum

Herzen hin ausgeübt wird. Ebenso wichtig ist es, nicht den Kontakt mit dem Körper zu verlieren, deshalb sollte man nach oben streichen und die Hände dann leicht über den Rücken hinunterziehen.

Im Rhythmus bleiben

Das Wesentliche an einer guten Massage ist der Rhythmus. Die langen Striche sollten wie die Bewegung des Meeres sein, das gegen die Küste brandet. Versuchen Sie nicht, sich beim Massieren zu beeilen. Machen Sie langsame und stetige Bewegungen. Ruckartiges Massieren bewirkt, daß sich Ihr Partner vielleicht anschließend gereizt und unbehaglich fühlt.

Wieviel Druck Sie anwenden, ist Geschmackssache. Die meisten Menschen fühlen gern ein gewisses Gewicht hinter jedem nach oben gerichteten Strich, ohne daß er jedoch zu heftig oder grob ist, während andere zartere Berührungen vorziehen. Im allgemeinen sollten Sie aber versuchen, Ihr ganzes Körpergewicht einzusetzen, anstatt nur die Arme und Schultern zu benutzen. So können Sie sich gut in die Effleurage hineinlehnen.

Öle und Puder

Es ist wichtig, daß Ihre Hände mühelos über die Haut gleiten, deshalb bestäuben Sie Ihre Handflächen leicht mit Puder, oder nehmen Sie Öl. Manche Menschen mögen Puder nicht, weil es die Haut austrocknen kann, während sich die Haut mit Öl wunderbar weich und glatt anfühlt. Verwenden Sie keine Handcreme oder Körperlotion, weil sie zu schnell von der Haut absorbiert wird und das Reiben dann als schmerzhaft empfunden werden kann.

Baby-Öl ist von der Konsistenz her ideal, aber manche Leute finden den Geruch abstoßend. Es gibt jedoch gute Öle und Salben, Essenzen aus Kräutern und Blüten, die beim Massieren zugleich eine wohltuende Wirkung haben.

Im Handel sind spezielle Massage-Öle erhältlich, oder Sie können sich die Grundsubstanz besorgen und mit selbstgewählten Duftstoffen mischen. Seien Sie aber vorsichtig, wenn Sie chemische und nichtnatürliche Zusätze verwenden, da manche Menschen gegen synthetische Produkte allergisch sind.

Die Entdeckung der erogenen Zonen

Wenn Sie die Körperkonturen Ihres Partners mit Händen oder Mund nachzeichnen, stellen Sie schnell fest, welche Bereiche am sensibelsten sind und eine sexuelle Reaktion hervorrufen.

Im allgemeinen sind Frauen empfänglicher für Berührungen als Männer, da ihre erogenen Zonen umfassender sind. Bei jedem Menschen aber sind Mund, Genitalien und Analbereich sexuell aufgeladen, und ihre Stimulation kann bei manchen Leuten zum Orgasmus führen.

Wenn Sie jedoch weiterforschen, so werden Sie entdecken, daß die Brüste, besonders die Brustwarzen, Gesäß und Ohrläppchen, die Innenseite von Armen und Beinen sowie der Nacken empfindlich auf Berührungen reagieren und man damit die Sinnlichkeit beim Liebesakt steigern kann. Manche Frauen kommen durch bloße Stimulierung dieser Körperteile zum Orgasmus.

Beim Sex selbst ist der ganze Körper für Reizungen empfänglich. Dabei gibt es unterschiedliche Vorlieben, und es ist sinnvoll, mit dem Partner offen darüber zu reden. Vielleicht entdecken Sie Ihre ganz individuellen Lustzentren. Es kann gut sein, daß Sie das Saugen an den Zehen, das Reiben des Kreuzes, das Liebkosen der Hüften oder das Streicheln des weichen Flaums in Ihrem Nacken erregt.

Sandelholz ist bekannt für seine entspannende Wirkung, Zitronenmelisse erfrischt. Mandelöl ist eine gute, unparfümierte Grundsubstanz und in fast jeder Apotheke erhältlich.

Wie man das Öl verwendet

Tragen Sie das Öl zunächst immer auf Ihre Hände auf, und verteilen Sie es dann sparsam auf dem Körperteil, den Sie massieren wollen. Nehmen Sie nicht zuviel Öl, da Sie sonst mit den Händen abrutschen und es zu schwierig wird, das ganze Öl in die Haut einzumassieren. Es empfiehlt sich, Ihrem Partner ein Handtuch unterzulegen, damit das überschüssige Öl keine Flecken auf Fußboden oder Bettbezügen hinterläßt.

Zeitpunkt und Ort der Massage

Sie können Ihren Partner auf dem Bett oder Fußboden massieren. Der Boden bietet mehr Widerstand gegen den Druck, den Sie ausüben, und Sie können sich freier bewegen. Bequemer wird es, wenn

Sie Ihrem Partner Kissen unterlegen. Ein Kissen unter dem Bauch, wenn er mit dem Gesicht nach unten liegt, oder unter den Schenkeln bei Rückenlage, wirkt unterstützend für das Kreuz.

Vergewissern Sie sich außerdem, daß Sie selbst beim Massieren eine bequeme Haltung einnehmen. Wenn Sie knien, können Sie sich zum Beispiel ein Kissen unterlegen. Bleiben Sie dicht an Ihrem Partner, so daß Sie sich nicht strecken müssen und Ihre Muskeln nicht überanstrengen.

Massage-Techniken

Die Massagen, die auf den folgenden Seiten gezeigt werden, bieten ein Maximum an körperlicher Entspannung, ohne allzuviel Zeit oder Anstrengung zu erfordern. Manche der dargestellten Techniken sind altbewährt, aber Sie sollten ruhig experimentieren. Der Sinn besteht natürlich darin, daß beide – derjenige der massiert, und der, der die Massage empfängt – etwas Reizvolles und Angenehmes erleben.

Die **Ausstreichung** *ist die wichtigste Technik und sollte allen anderen Massagen immer vorangehen und auch zur abschließenden Lockerung der Muskeln eingesetzt werden, die Sie bearbeitet haben. Lehnen Sie sich mit Ihrem ganzen Körpergewicht in den aufwärts gerichteten Strich hinein, und lassen Sie dann Ihre Hände sanft wieder zum Ausgangspunkt zurückgleiten, bevor Sie von neuem beginnen.*

Das **Kneten** *läuft genauso ab, als wenn man Teig bearbeitet. Ergreifen Sie mit locker gekrümmten Händen das nachgiebige Gewebe und rollen Sie es so gleichmäßig und rhythmisch über den Knochen, wie sie können.*

Das **Zirkeln** *besteht in einer kleinen, kreisförmigen Bewegung mit den Ballen von Daumen oder Fingern, die besonders effektiv für den Rücken ist, wenn man vom unteren Ansatz der Wirbelsäule nach oben arbeitet. Massieren Sie nur die Muskeln zu beiden Seiten des Rückgrats, nicht über dem Knochen selbst. Machen Sie ein paar nach außen gerichtete kreisende Bewegungen, und gleiten Sie dann mit den Daumen etwa zwei Zentimeter höher, lassen sie die Daumen wieder kreisen und so weiter.*

Die **Fingerklopfung** *ist eine schnelle, schlagende Bewegung mit den Fingerspitzen, wie wenn sie ungeduldig mit den Fingern trommeln.*

Das **Hacken** *ist eine schnelle, klopfende Bewegung mit den Handkanten. Lassen Sie Ihre Finger ganz entspannt, so daß sie zusammenschlagen, während Ihre Hände auf dem Körper Ihres Partners aufkommen.*

Das **Klatschen** *ist eine leichte, schnelle Bewegung, bei der jede Hand abwechselnd benutzt wird. Machen Sie eine hohle Hand, halten Sie dabei die Finger zusammen und ziehen Sie den Daumen an. Wenn die Hände auftreffen, sollte dabei ein klatschendes Geräusch entstehen.*

Bauchmassage

1 *Beginnen Sie mit einer Ausstreichung, indem Sie mit einer Hand kreisförmig, und zwar unbedingt im Uhrzeigersinn, über den Bauch streichen.*
2 *Kneten Sie jetzt sanft den Unterleibsbereich, ebenfalls im Uhrzeigersinn. Lassen Sie Ihre andere Hand leicht auf der Haut des Partners ruhen.*
3 *Schließen Sie mit einer beidhändigen Ausstreichung ab.*

Halslockerung

4 *Beginnen Sie, indem Sie den Nacken hinaufstreichen.*
5 *Bearbeiten Sie dann mit den Fingern vorsichtig die Schädelbasis.*
6 *Kneten Sie erst eine Seite des Halses, dann die andere, und heben Sie abschließend den Kopf so weit an, daß das Kinn die Brust berührt, und lassen Sie ihn dann sanft auf den Boden nieder.*

Zur Entspannung des Rückens

Zunächst müssen die Rückenmuskeln gelockert werden, indem man vom unteren Ende der Wirbelsäule zu den Schultern hochstreicht.
7 *Wenden Sie dann auf beiden Seiten des Rückgrats die Zirkelung an.*
8 *Kneten Sie zwischen den Schultern.*
9 *Massieren Sie anschließend um beide Schulterblätter herum.*
10 *Bearbeiten Sie jetzt beide Schulterblätter durch Zirkeln.*
11 *Streichen Sie von den Achselhöhlen bis zur Taille seitlich am Körper entlang.*

Sorgen Sie dafür, daß der Raum schön warm ist, damit keiner von Ihnen zu frösteln beginnt. Es ist ratsam, die Körperpartien zuzudekken, mit denen Sie gerade nicht beschäftigt sind. Wärmen Sie sich vorher die Hände, und nehmen Sie Ihre Ringe ab. Sanfte Beleuchtung und Hintergrundmusik können zur zusätzlichen Entspannung beitragen.

Zeit und Berührung

Lassen Sie sich für die gegenseitige Massage viel Zeit. Schalten Sie Klingel und Telefon ab. Sie müssen nicht jedes Mal das volle Programm durchspielen, sondern sollten vielleicht nur einen Körperbereich wählen, der besonders verspannt ist, oder wo das Massieren besonderes Vergnügen bereitet. Es kann zehn Minuten dauern oder

Wann man nicht massieren darf

Es gibt Zeiten und Umstände, zu denen Massieren ungünstig ist. Sollte einer der folgenden Umstände zutreffen, so massieren Sie nicht. Wenn Sie Zweifel haben, fragen Sie Ihren Arzt. Massieren Sie nicht bei

- *Herz- und Gefäßerkrankungen, unter anderem Thrombose, Venenentzündung, Angina pectoris, Bluthochdruck und Krampfadern (örtlich);*
- *ansteckenden oder infektiösen Hautkrankheiten*
- *Schwangerschaft (nicht den Bauch)*
- *Entzündungen und Schmerzen*
- *behandlungsbedürftigen Zuständen, wenn nicht der Arzt seine Zustimmung gibt*
- *Empfindlichkeiten oder Verletzungen*

zwei Stunden. Lassen Sie sich von Ihrem Partner sagen, was sich angenehm anfühlt, oder finden Sie es im Berühren selbst heraus.

Während dieser Übungen sollte die Betonung auf dem sinnlichen Vergnügen liegen – auf dem Genuß, Ihre eigene Reaktion auf Berührungen und die Ihres Partners zu entdecken. Variieren Sie die einzelnen Striche und den Druck, den Sie ausüben.

Ein Ausflug ins Intime

Begeben Sie sich auf eine intime Erkundungsreise über den Körper – durch Küssen und Streicheln von Rücken, Schultern, Gliedern und Gesicht, durch das Berühren von Gesäß, Brüsten und Genitalien. Benutzen Sie dafür jedes Zubehör, das Ihnen beiden gefällt – Federn, Seide, Samt, Pelz, Wolle. Ziehen Sie auch die Anwendung verschieden strukturierter Bürsten in Betracht, die schockartige Wirkung eines Eiswürfels oder den wohltuenden Effekt einer Schale mit warmem – nicht heißem – aromatischem Öl.

Sich abwechseln

Wechseln Sie sich beim Massieren und Massiertwerden ab. Berühren Sie sich überall, und teilen Sie sich dann gegenseitig mit, was Ihnen am meisten und was am wenigsten gefällt. Lernen Sie vor allem, sich zu entspannen. Schlagen Sie sich jeden Gedanken daran aus dem Kopf, daß Ihre Tätigkeit noch einen anderen Zweck hat als das simple Vergnügen, den Körper Ihres Partners anzufassen.

Gehen Sie dann dazu über, sich auf einen einzigen Körperteil zu konzentrieren – auf das Gesicht vielleicht, in dem sich alle erotischen Reaktionen widerspiegeln, oder auf die Genitalien. Sie werden es fast unerträglich finden, so erregt zu sein, ohne den Liebesakt zu vollziehen.

Denken Sie daran, daß eine Massage angenehm und nicht schmerzhaft sein sollte. Je mehr Sie üben, desto erfahrener werden Sie. Es ist außerdem wichtig, daß beide Partner lernen, sich gegenseitig zu massieren, da Sie dadurch nicht nur merken, was sich am eigenen Körper gut anfühlt, sondern auch das Geben und Empfangen teilen.

Es gibt andere Gelegenheiten zum Geschlechtsverkehr, also stürzen Sie sich nicht hastig in den Sex. Eine Massage erzeugt eine größere Nähe zwischen Ihnen beiden als die leidenschaftliche Innigkeit des Liebesaktes selbst. Und falls Sie das Massieren als Einleitung zum Sex benutzen wollen, lassen Sie sich Zeit – die Entspannung und das sinnliche Körpergefühl werden die Lust nur noch steigern, die Sie beide schließlich erleben werden.

Die intime Berührung

Sexueller Kontakt ist nicht nur das Berühren von Brüsten oder Penis, sondern auch das Streicheln der Schulter oder ein Kuß aufs Augenlid.

Sexualität braucht Sinnlichkeit – mit der Sinneslust wächst die sexuelle Spannkraft. Sie werden feststellen, daß der Sex inniger wird, wenn die Betonung auf lustvollen Berührungen liegt.

Vorbereitung

Bereiten Sie sich auf den Liebesakt wie auf ein besonderes Ereignis vor. Zunächst sollten Sie und Ihr Partner sich so entspannen, als ob Sie für eine spezielle Gelegenheit Urlaub vom Alltag machten.

Beginnen Sie mit Küssen, Streicheln und Schmusen. Mund, Lippen und Zunge sind leicht erregbar, aber viele Menschen finden es ebenso aufregend, auf Ohren und Hals geküßt zu werden.

Beim Liebesakt haben es die meisten Frauen und viele Männer gern, wenn an ihren Brustwarzen geleckt und gesaugt wird

Verborgene Stellen

Als nächstes erforschen Sie jeden Bereich des Körpers – die Füße, die Kniebeugen, die Innenseite der Schenkel, die Schultern, den Rükken –, indem Sie ihn dabei streicheln, kneten, küssen oder lecken. Entdecken Sie eine besonders sensible Stelle, so verweilen Sie dort liebevoll. Vergessen Sie nicht, Ihrem Partner zu sagen, was Ihnen gefällt oder als besonders angenehm auffällt. Sie machen aus dem Körper des anderen ein Diagramm. Je besser Sie diesen Körper kennenlernen, desto schöner wird der Liebesakt sein.

Brüste und Brustwarzen

Nach dem Streicheln der mäßig erogenen Zonen wird sich die Aufmerksamkeit an einem gewissen Punkt den stärker erotisch aufgeladenen Stellen zuwenden. Der Mann geht jetzt wahrscheinlich zu den Brüsten der Frau über. Es ist am besten, mit sanftem Küssen, Streicheln und Saugen zu beginnen, da sich viele Frauen beklagen, die Männer gingen zu grob mit ihren Brüsten um. Später jedoch kann der Mann etwas ungestümer werden und Brüste und Brustwarzen drükken, kneifen und leicht beißen, wenn die Frau das mag.

Durch Küssen, Lecken, Reiben und Massieren des Penis – und der Hoden – kann eine Frau dem Mann normalerweise ohne Schwierigkeiten zur Erektion verhelfen

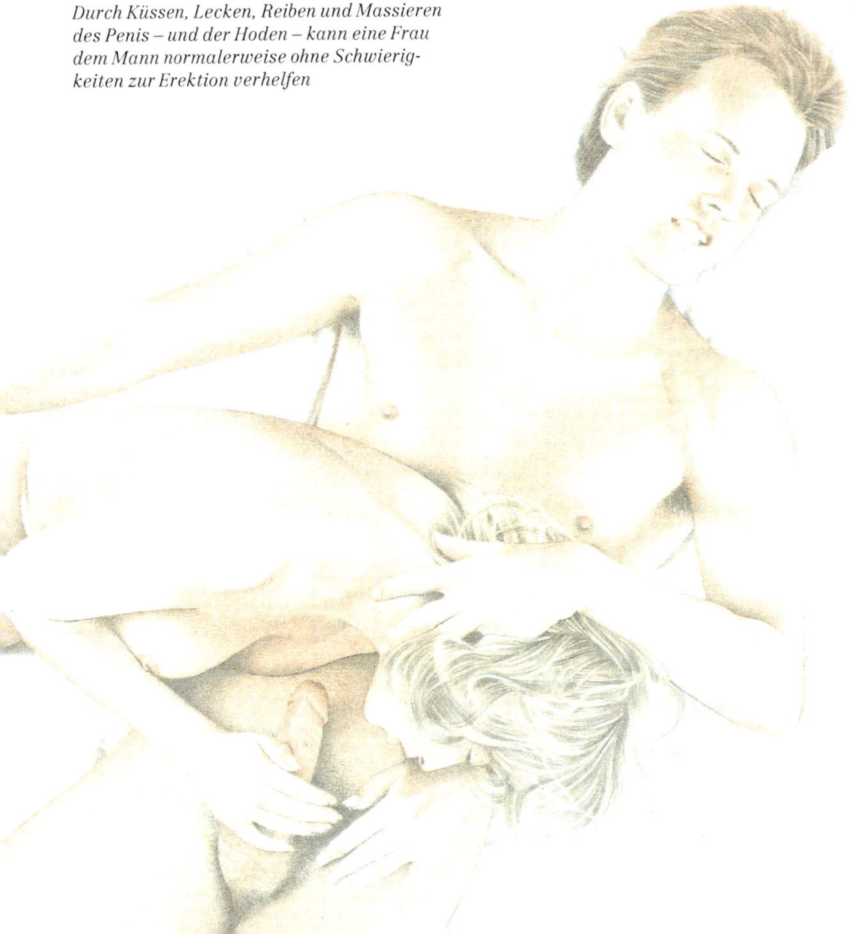

Die Ganzkörperumarmung. Sie stehen Brust an Brust, Bauch an Bauch, Becken an Becken und schlingen dabei die Arme umeinander. Wenn Sie dazu die Augen schließen, ist das Gefühl von Nähe noch stärker

Wenn eine Frau sehr erregt ist, werden ihre Brustwarzen hart, und dann kann es äußerst aufreizend sein, wenn man in sie hineinkneift. Es gibt aber Zeiten im Menstruationszyklus der Frau, zu denen ihre Brüste empfindlicher sind als sonst – gehen Sie nicht davon aus, daß Sie immer wissen, was der andere will. Scheuen Sie sich nie, zu fragen. Auch viele Männer haben sensible Brustwarzen und mögen es, wenn man daran saugt, hineinkneift oder sanft daran knabbert.

Durch Berühren, Küssen und Reiben der Klitoris kann eine Frau oft schnell und leicht zum Orgasmus gelangen. Der Mann sollte lernen, seine Partnerin durch Stimulation bis zu dem Punkt zu erregen, an dem sie zum Geschlechtsverkehr bereit ist

Gesäß

Das Gesäß ist bei Männern und Frauen ein empfindsamer Körperteil. Manche Menschen sprechen auf sanftes Streicheln an, andere mögen ein energisches Kneten. Die meisten Leute jedoch wollen nicht, daß ihnen wehgetan wird, auch wenn sie ein stärkeres Zupacken genießen. Passen Sie auf, daß aus einem Lustschrei kein Schmerzensschrei wird.

Seien Sie besonders vorsichtig, wenn Sie den Analbereich berühren, aber haben Sie keine Scheu davor. Die Gegend um den Anus herum und zwischen Geschlechtsorganen und Anus – Perineum genannt – ist reichlich mit lustempfindlichen Nerven ausgestattet. Manche Menschen finden es sehr erregend, wenn man sie hier streichelt, sanft reibt oder zwickt. Bei allerhöchster Erregung oder kurz vor dem Orgasmus kann eine Fingerspitze im Anus extrem sinnliche Gefühle auslösen.

Wenn Sie beide dazu bereit sind, bewegt sich die Hand des Mannes vielleicht auf den Vaginalbereich zu und beginnt, die Vulva zu liebkosen. Ist sie noch nicht feucht, so kann man Gleitcreme oder Speichel nehmen.

Weitere Erkundung

Die Klitoris ist äußerst sensibel und in der Lage, den Orgasmus hervorzurufen, ohne daß die Vagina penetriert wird. Weil sie aber so empfindlich ist, kann sie auch kitzlig sein. Streicheln Sie sie deshalb lieber mit festen, entschiedenen, rhythmischen als mit leichten, flatternden Bewegungen. Oft stecken Männer einen oder zwei Finger in die Vagina, um sie vor der Penetration zu stimulieren. Seien Sie langsam und behutsam. Erforschen Sie die Vagina und berühren Sie, wenn möglich, die Zervix.

Wenn die Frau den Penis des Mannes streichelt, ist dabei für die meisten Männer das Entscheidende, daß sie mit festem Griff und ohne Hast vorgeht. Lassen Sie Ihre Finger um die Spitze kreisen, und bewegen Sie dann die Hand allmählich nach unten, wobei Sie den Penis mit Daumen und Fingern umschließen. Reiben Sie ihn erst sanft, dann stärker. Vielleicht benutzen Sie dabei eine Gleitcreme.

Während Sie sich auf den Penis konzentrieren, vernachlässigen Sie aber auch das Umfeld nicht.

Nehmen Sie sanft seine Hoden in die Hand, und versuchen Sie, die empfindsame Stelle darunter zu erreichen. Manche Männer finden dieses Ertasten und Liebkosen von Hoden und Skrotum unsagbar erotisch.

Orgasmus

Für manche Paare ist es natürlich, daß der Mann durch manuelle Stimulation und nicht beim Geschlechtsverkehr zum Orgasmus kommt. Andere ziehen es vor, sich gegenseitig mit Mund, Lippen und Zunge zum Höhepunkt zu bringen und gehen dabei ebenso vor wie mit Fingern und Händen. Wichtig ist, daß Sie die Lustzentren entdekken, stimulieren, erforschen und erregen.

Obwohl weite Körperbereiche beim Geschlechtsverkehr sowieso miteinander in Kontakt sind, sollten Berührungen nicht vergessen werden. Der ganze Körper ist jetzt so erotisiert, daß eine Hand auf Brüsten oder Gesäß, das Streicheln über die Innenseite der Schenkel oder über Taille oder Rücken den Genuß noch zusätzlich erhöht.

Nach der Liebe

Ist der Geschlechtsverkehr vorüber, so denken Sie nicht, daß jetzt auch der Liebesakt beendet ist. Kommunizieren Sie weiterhin durch Berührung. Das Gefühl wird jetzt anders sein, weniger drängend, eher freundschaftlich. Es ist aber immer noch von großer Bedeutung. Mann oder Frau können sich betrogen vorkommen, wenn der Partner sich umdreht, sobald der Höhepunkt erreicht ist.

Streicheln und berühren Sie sich weiter, aber denken Sie daran, daß jetzt die Genitalien bei beiden und Brust und Brustwarzen bei der Frau ganz besonders empfindlich sein können.

Meiden Sie nach Möglichkeit diese äußerst sensiblen erogenen Zonen, und wenden Sie sich wieder den Körperpartien zu, bei denen Sie angefangen haben – Hals, Rücken, Arme.

Enges Nebeneinanderliegen, das Gesicht entweder einander zugewandt oder an den Rücken des anderen geschmiegt, schafft die Art von Körperkontakt, die Sicherheit und Geborgenheit schafft.

Kapitel Fünf

Sex für Könner

Das Vorspiel für Fortgeschrittene

Bei den meisten Paaren gibt es Zeiten, wo der Geschlechtsverkehr routiniert und nach Schema F abläuft. Ein phantasievolles Vorspiel kann erregende Variationsmöglichkeiten eröffnen.

Zu gutem Sex gehört ein angemessenes Vorspiel. Und zu raffiniertem Sex gehört ein raffiniertes Vorspiel. Tatsächlich kann das Vorspiel dann häufig gegenüber dem eigentlichen Sex die Hauptrolle als Quell der Erregung spielen. Aber wo fängt das Vorspiel an, und wo hört der alltägliche Umgang miteinander auf?

Die Antwort ist: nirgendwo. Das Vorspiel beginnt nicht an der Schlafzimmertür. Ein ganz »unschuldiges« geselliges Beisammensein kann zwischen Liebenden und potentiellen Liebenden bereits eine ganz besondere Bedeutung annehmen.

Die meisten Paare halten eine gemeinsame Mahlzeit mit einer Flasche Wein für die übliche Einleitung zum Liebesspiel. Manche finden, daß sie durch bestimmte Speisen mehr in Stimmung kommen. Scharf gewürztes Essen, das das Blut in Wallung bringt, ein exotisches Mahl, das an einen besonders verliebten Urlaub erinnert, oder einfach ein Lieblingsessen zu speziellen Gelegenheiten kann dazu dienen, das Paar erotisch anzuregen.

Zusammen tanzen

Eng miteinander zu tanzen ist eine Kunst für sich. Ein Paar, das zusammen tanzen geht, kann das dazugehörige Balzgehabe und die erotisierende Wirkung leicht nach Hause mitnehmen. In den eigenen vier Wänden gibt es es dann keinen Grund, die Kleider anzubehalten.

Professionelle Striptease- und Go-Go-Tänzer beiderlei Geschlechts waren immer schon Objekte des erotischen Interesses. Und es besteht kein Grund, daß nicht ähnliche »Darbietungen« auch privat stattfinden können, als gemeinsames Erlebnis von Liebenden. Während der eine von beiden tanzt – bekleidet oder nackt –, kann der andere das Publikum darstellen. Nacktheit hat in Verbindung mit Tanzbewegungen oft eine besonders stimulierende Wirkung. Und wenn beide Partner nackt sind, stellen sie vielleicht fest, daß das Tanzen zur Liebe nach Musik wird.

Striptease kann geradezu eine Kunstform sein, besonders wenn er in den eigenen vier Wänden praktiziert wird. Die Frau kann mit ihrem Körper den Partner so erregen, bis ihm nichts anderes mehr übrigbleibt, als mitzumachen.

Küssen

Küsse gibt es in allen Variationen von sanft bis intensiv, von der zartesten Berührung eines trockenen Lippenpaars bis zur Heftigkeit einer leidenschaftlichen Umarmung.

Pelze und Federn

Viele Dinge sind geeignet, die Haut sinnlich zu stimulieren. Manche Menschen haben spezielle Vorlieben für Gummi, Leder und PVC, aber die meisten genießen die warme, erregende Wirkung von Pelzen und Federn.

Ein nackter Körper – unter einem Pelzmantel – ist für Träger und Betrachter gleich erotisierend. Das Liebesspiel auf einem Fellteppich vor dem Kamin kann Träume wahr werden lassen. Pelz, der einem leicht über die Haut streicht, kann extrem sinnlich sein. Man könnte den Partner zum Beispiel mit einem Pelzhandschuh streicheln.

Mit Federn kann man Brustwarzen, Handflächen, Fußsohlen und die Haut im allgemeinen stimulieren, statt direkt die Genitalien zu berühren.

Auch weichere Federn lassen sich verwenden, besonders wenn man sie vorn an einem Fön befestigt. Der warme Luftstrom des eingeschalteten Föns läßt die Feder dann hin und her flattern.

Spinnenfußmassage

Vorfreude ist eine der stärksten sexuellen Stimulantien. Die Vorstellung, daß man erotisch erregt wird, ist selbst schon erregend.

Eine Praktik, die die Franzosen *pattes d'araignée* nennen – wörtlich übersetzt »Spinnenfüße« –, macht sich diese Tatsache zunutze. Es ist eine zarte, fast kitzelnde Massage, bei der nur die leichteste Berührung mit den Fingerspitzen stattfindet. Mit geschlossenen Augen muß sich derjenige, der massiert wird, sehr konzentrieren, um überhaupt wahrzunehmen, daß er berührt wird.

Das Ziel ist, die Haut selbst eigentlich gar nicht zu berühren, sondern nur die Härchen darüber. Das fühlt sich dann an wie Spinnenfüße.

Eis

Mit Sex verbindet man normalerweise Wärme, aber auch die erregende Kälte von Eis kann mit ihrer stimulierenden Schockwirkung eine besondere Rolle spielen.

Achten Sie darauf, daß das Eis nicht direkt aus dem Gefrierfach kommt. Tiefgekühltes Eis klebt an feuchten Oberflächen fest und kann wie glühendes Eisen brennen.

Eis dagegen, das kurz vorm Schmelzen ist, hinterläßt köstlich kühle, feuchte Spuren auf der Haut. Testen Sie es mit der Zunge, bevor Sie beginnen.

Ganz sicher wirkt Eis stimulierend auf die Brustwarzen – eine einzige Berührung, und sie erigieren in Sekundenschnelle –, und viele finden auch das Gefühl eines Eiswürfels auf den Genitalien erregend. Für manche Frauen ist es ungeheuer aufregend, wenn man ihnen vor dem Geschlechtsverkehr ein Stück Eis in die Vagina steckt.

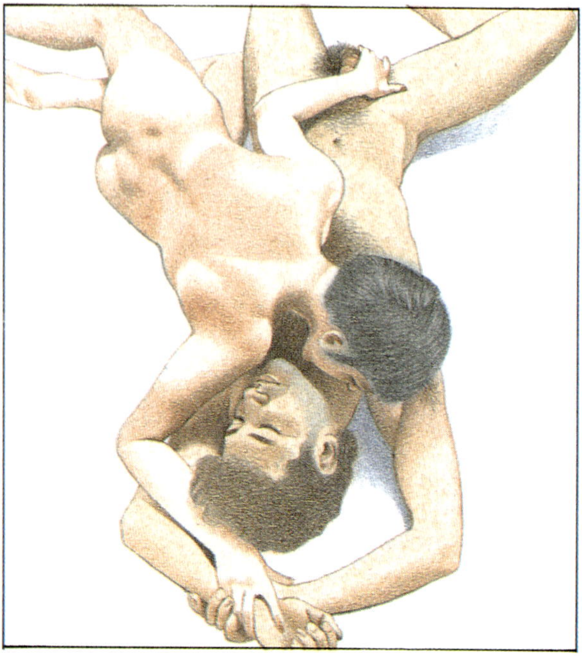

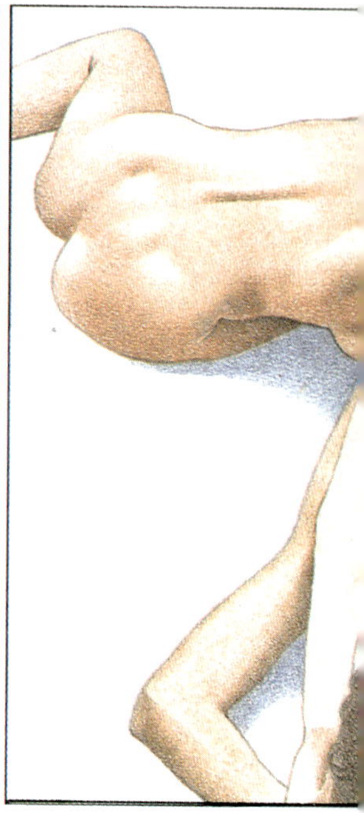

Nasse Haut

Über nasse Haut zu blasen, erzeugt automatisch eine Gänsehaut. Und das daraus resultierende Zusammenziehen der Haut kann oft äußerst erregend sein.

Am besten befeuchtet man die Haut mit der Zunge. Und dann darüber zu pusten, ist häufig das natürliche Nachspiel für eine solche Zungenwäsche. Wenn Sie nicht so viel Speichel haben, leistet Babylotion ebenso gute Dienste.

Ein Wort zur Warnung

Bei den Ohren müssen Sie mit dem Pusten allerdings sehr vorsichtig sein. Wenn Sie die Ohrläppchen stimulieren, atmen Sie ein anstatt aus, sonst machen Sie Ihren Partner taub. Und blasen Sie nie gewaltsam in die Vagina oder irgendeine andere Körperöffnung. Das kann extrem gefährlich sein.

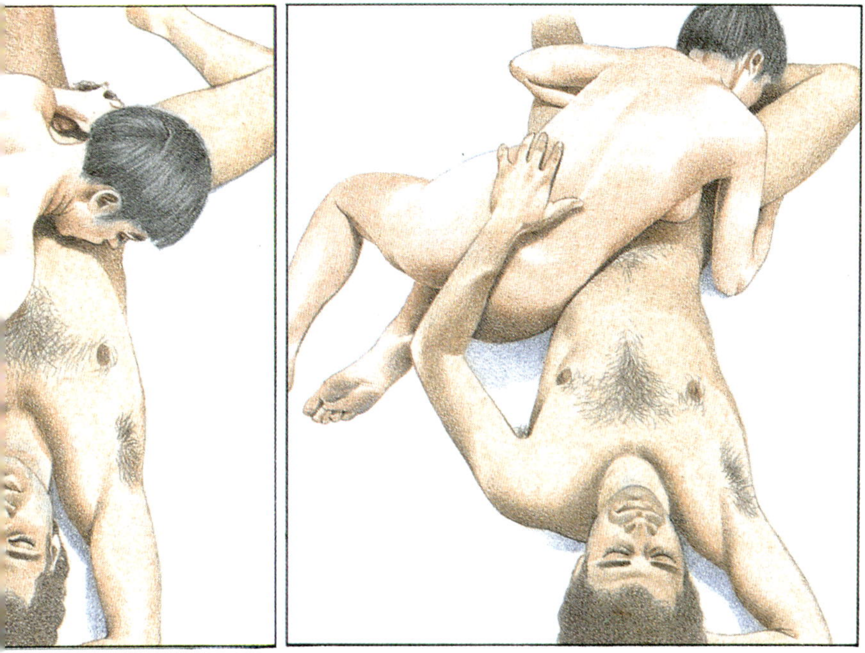

Für den Mann kann die langsame Masturbation ein einzigartiges Erlebnis sein, das ihn fast um den Verstand bringt. Die Frau kann dabei Hände, Mund und ihren ganzen Körper so raffiniert einsetzen, daß sie ihm einen wahrhaft denkwürdigen Orgasmus verschafft

Langsames Masturbieren

Die langsame Masturbation ist eine der Spezialtechniken des Liebesspiels, die besonders wirksam ist, wenn ein Partner absolut passiv ist.

Sie kann oft derartig aufreizend sein, daß manche Paare sie noch mehr genießen, wenn der passive Partner in seiner Bewegungsfreiheit etwas gehemmt ist. Der entscheidende Punkt ist der, daß der aktive Partner auf dem anderen spielt wie auf einem Instrument. Er berührt ihn, liebkost ihn, stimuliert ihn, erregt ihn bis an seine Grenzen und zieht sich dann zurück – bis er ihn soweit hat, daß er nach mehr verlangt. Er steigert die Intensität, bis die erotische Spannung fast unerträglich wird, und hört kurz vor der Erfüllung wieder auf – bis der Zeitpunkt zum Weitermachen gekommen ist.

Für Ihn

Die Frau kann mit einem langsamen Striptease beginnen – aber nur bis zum Slip. Dann läßt sie ihn den Duft ihres Körpers spüren, indem sie ihre Achselhöhlen über sein Gesicht reibt. Dasselbe kann sie auch mit Brüsten, Gliedern und Rumpf machen.

Sie kann sich auch auf seine Schultern knien und ihre Vulva gegen sein Gesicht pressen, wobei sie immer noch den Slip anhat.

Anschließend kann sie sich dann völlig entkleiden.

Als nächstes bietet sie ihm spielerisch ihren Körper dar und zieht ihn zurück, wenn er zu nahe kommt. Sobald er genügend erregt ist, sollte sie anfangen, sachte seinen Körper zu liebkosen. Sie kann ihren Atem über seine Haut hauchen, ihn leicht mit ihren Fingerspitzen oder Brustwarzen berühren oder ihr Haar über ihn streifen lassen. Sie sollte sich immer zu seinen Genitalien hinbewegen – sie aber nie tatsächlich berühren.

Ist sie dann schließlich bei den Genitalien angelangt, so muß sie sehr behutsam vorgehen – er steht wahrscheinlich gefährlich nah vor einer Ejakulation.

Kurz vor dem Orgasmus

Sie kann ihn direkt auf die Genitalien küssen, aber nur ein paar Sekunden lang. Dann sollte sie aufhören und abwechselnd mit Händen und Mund sanft an seinem Penis entlangstreichen.

Mit einiger Übung sollte sie in der Lage sein, ihn bis kurz vor den Orgasmus zu bringen, dann aber innehalten. Und jedesmal, wenn seine Erregung nachläßt, wenden sie sich ihm wieder zu. Keinen Augenblick lang sollte er jedoch ihre Anwesenheit vergessen.

Es gibt zwei Punkte, auf die sie sich konzentrieren sollte – seinen Mund und seine Genitalien. Mit beiden kann sie sich ständig beschäftigen, ohne dabei aber eine Ejakulation auszulösen. Ihre Stimulationsmöglichkeiten sind schier unendlich.

Auch mit dem Haar über seinen Körper zu streichen, kann für ihn erregend sein. Sie kann Zunge, Lippen, Hände, Atem, Brustwarzen und Vulva einsetzen, um die Hitze seiner Empfindungen weiter anzufachen.

Auch den sensiblen Partien dazwischen sollte Aufmerksamkeit geschenkt werden und der Rhythmus bei alldem nie langsamer werden. Geht seine Erektion zufällig einmal zurück, so sollte sie sich wieder darauf konzentrieren, daß sein Penis steif wird – mit den Mitteln, die ihn am stärksten stimulieren –, bevor sie mit ihrem langsamen Liebesspiel fortfährt.

Als nächstes muß das Tempo etwas gesteigert werden. Dazu kann sie sich auf seine Brust setzen, wenn sie leicht genug ist, daß sie seine Atmung nicht behindert, das Gesäß gegen sein Kinn gedrückt und die Füße unter seinen Knien.

Sie kann dann mit einer Hand die Wurzel seines Penis anfassen. Mit der anderen Hand zieht sie sacht die Vorhaut zurück. Mit Daumen und Finger kann sie schnell und kräftig den Penis hinunterstreichen, etwa einmal pro Sekunde oder langsamer. Nach ungefähr einer halben Minute geht sie dann zu etwa einem Dutzend schneller Bewegungen über, danach nimmt sie den vorherigen langsameren Rhythmus wieder auf.

Diese kurzen Auf-und-ab-Bewegungen sollten unterbleiben, wenn der Mann gefährlich kurz vor der Ejakulation steht. Die Geschwindigkeit kann reduziert, der Griff gelockert werden. Die Frau sollte ihren Partner aber so lange wie möglich am Rande des Orgasmus halten.

Dies mag sich alles furchtbar einseitig anhören, für eine Frau jedoch, die normalerweise den passiven Part beim Liebesakt übernimmt, kann es eine sehr aufregende Erfahrung sein.

Und die heiße Vulva der Frau, die sich gegen sein Schlüsselbein preßt, kann bei beiden sensationelle Gefühle auslösen.

Die meisten Männer halten es nicht länger als zehn Minuten aus. Wenn sein Penis erschlafft, sollte ihn die Frau sofort zur Ejakulation bringen.

Und umgekehrt

Diese Technik funktioniert nicht nur in einer Richtung. Beide Partner können die aktive und die passive Rolle spielen. Wenn der Mann an der Reihe ist, muß er sich auf drei Punkte konzentrieren – auf den Mund, die Brüste (besonders die Brustwarzen) und die Klitoris. Natürlich sollte der Mann, wenn er schwerer ist als die Frau – was meist der Fall ist – sich nicht auf ihre Brust setzen.

Mund und Brüsten der Frau sollte er zuerst seine Aufmerksamkeit widmen. Wenn er dann die Spitze ihrer Klitoris stimuliert, kann er genau auf ihre Reaktionen achten.

Der Mund als Freudenspender

Es gibt nur wenige Männer, die die Fellatio – das Küssen und Saugen ihres Penis – nicht mögen. Von dieser Liebestechnik gibt es eine Menge Varianten für Fortgeschrittene.

Manche Männer genießen den Kontrast zwischen heiß und kalt, der entsteht, wenn die Frau beim Saugen Eiswürfel im Mund hat. Andere finden Eis zu hart und ziehen es vor, wenn der Mund der Frau mit kaltem Joghurt oder einer anderen cremigen Substanz gefüllt ist. Auch für die Frau kann es zum unvergeßlichen Erlebnis werden, wenn sie vor der Fellatio weiches Obst oder Wein in den Mund nimmt.

Cunnilingus – das Lecken der Vulva – kann ebenso davon profitieren, wenn man Wein und andere Nahrungsmittel im Mund hat.

Mild-aromatisches Obst wie Bananen, Erdbeeren und Feigen eignet sich besonders gut. Schlüpfrige Stücke kann man ein wenig in die Vagina gleiten lassen und dann wieder herauslecken oder -saugen. Mit Naturjoghurt – vorzugsweise gekühltem – kann man den ganzen Vulvabereich übergießen.

Liebesspiele

Spiele zu spielen kann Spaß machen – besonders wenn der Zweck des Spiels die Lust auf Liebe ist.

Zwischen fast allen Paaren gibt es irgendwelche Liebesspielchen. Es kann sich dabei einfach nur um eine Geheimsprache handeln, in der die beiden in der Öffentlichkeit über Intimes sprechen, oder um systematische, formalisierte Sex-Spiele, zu denen zum Beispiel Verkleiden oder ein bestimmtes Rollenspiel gehört.

Warum Sex-Spiele?

Viele Paare betreiben Sex-Spiele nur um ihrer selbst willen. Es ist eine Art Hobby – wie Tennisspielen –, und für das kreative Paar sind Sex-Spiele ebenso eine Bereicherung ihres Liebeslebens wie andere Vergnügungen.

Man kann sich Sex-Spiele auch gegenseitig »schenken«, wenn man in besonders zärtlicher, trauriger, deprimierter oder auch dankbarer Stimmung ist. Ein Spiel zu spielen, von dem man weiß, daß es dem Partner gefällt, kann eine wundervolle Möglichkeit sein, »Ich liebe dich« zu sagen.

Für die große Mehrheit jedoch dienen Sex-Spiele dazu, das persönliche Element beim Sex zu verstärken und das sexuelle Repertoire zu erweitern.

Nach den ersten gemeinsamen Monaten spielt sich Sexualität in den meisten Beziehungen zunehmend in vorhersehbaren Bahnen ab, und nach ein paar Jahren Ehe sind viele Paare sicher sehr daran interessiert, ihre Aktivitäten vielfältiger zu gestalten.

Ein anderer Grund für Sex-Spiele ist der, daß man sich damit zumindest teilweise eine langgehegte Phantasie oder einen Traum erfüllen kann. In einer langfristigen, stabilen Beziehung können beide Partner ihre Wünsche und Bedürfnisse artikulieren und wissen, daß sie akzeptiert und nicht lächerlich gemacht oder zurückgewiesen werden. Die meisten von uns haben zumindest ein paar Wünsche und Vorstellungen, die nicht jederzeit zu realisieren sind, und Sex-Spiele sind eine gute Möglichkeit, die Spannungen abzubauen, die dadurch entstehen können.

Den Horizont erweitern

Spiele können ein Paar auch dadurch einander näherbringen, daß sie den Horizont erweitern – den eigenen und den des anderen. Ein Mann, der seine Frau bisher für schüchtern und etwas prüde hielt, kann seine Meinung total ändern, wenn sie ihm ein bestimmtes Spiel vorschlägt.

Dies ist natürlich ein wesentlicher Vorteil für die Beziehung insgesamt. Es schützt sie gegen Angriffe von außen.

Wenn sämtliche Bedürfnisse eines Paares sich innerhalb der eigenen vier Wände erfüllen lassen, besteht keine Notwendigkeit, sich außerhalb der Beziehung nach Befriedigung umzusehen. Dies entschärft viele kleine Eifersüchteleien, die sich so leicht auch in die beste Beziehung einschleichen. Die meisten Dinge, die Sex für einen oder beide Partner lustvoller machen, sollten in einer Liebesbeziehung voll akzeptiert und in sie integriert werden können.

Die Spielregeln

Es kann zu Schwierigkeiten kommen, wenn die Wünsche des einen Partners beim anderen Ängste auslösen. Das ist möglicherweise ein Problem, aber nicht unbedingt eine Katastrophe. Es hilft, wenn man darüber redet, weil es sein könnte, daß derjenige, der Bedenken hat, die Bitte des anderen total oder teilweise mißverstanden hat.

Viele Menschen glauben zum Beispiel, daß das Experimentieren mit Sex-Spielen bis zu einem Punkt eskaliert, an dem sie nicht mehr genießen können, oder wo sie dem Spiel nicht mehr gewachsen sind. In Wirklichkeit hat der Partner derartige Vorstellungen vielleicht gar nicht gehabt – das Problem existiert also nur in der eigenen Einbildung.

Die Führung übernehmen

Es stimmt zwar, daß wenig gehemmte Frauen im allgemeinen mit großer Wahrscheinlichkeit neuen Dingen gegenüber aufgeschlossen sind, aber meistens übernehmen bei Sex-Spielen doch die Männer die Führung. Das liegt teilweise daran, daß eine Frau von den meisten Männern erwartet, daß sie »die Sache in Gang bringen«.

Das kann natürlich zu einer Situation führen, in der der Mann zurückgewiesen oder als »schmutzig« oder »pervers« hingestellt wird, weil er überhaupt an solche Spiele denkt – und das wird dann vielleicht zu einem echten Problem. Diese Männer leben ihre Wünsche dann in der Phantasie beim Masturbieren oder beim Geschlechtsverkehr aus, oder sie suchen vielleicht sogar außerhalb der Beziehung nach Erfüllung.

Eine solche Krise ist aber überwindbar. Die Lösung besteht darin, daß man eine Möglichkeit findet, seine Bedürfnisse auf andere, eher annehmbare Weise zu befriedigen. Es ist besonders wichtig, daß man keine große Sache daraus macht, denn es liegt in der Natur von Extravaganzen, daß sie sich schnell ändern.

Eine echte Perversion ändert sich nicht – sie ist fester Bestandteil bei jedem Liebesakt. Leider wächst sich in vielen Beziehungen das, was zunächst mit einer trivialen Bitte um ein ganz bestimmtes Sex-Spiel begann, zum großen Streit aus, weil der unwillige Partner denkt, er oder sie müsse seine Rolle jetzt ewig weiterspielen.

Die meisten Ausschweifungen und Sex-Spiele sind Übergangsphänomene, aber bei manchen Paaren und besonders Männern wird das eine gleich durch das nächste ersetzt. Das kann dazu führen, daß ein Partner sich von den endlosen Variationen ernüchtert fühlt und sich nach ganz »normalem« Sex sehnt.

Aus vielen Sex-Büchern und Pin-Up-Magazinen gewinnt man den Eindruck, daß man ein bißchen altmodisch oder einfach langweilig ist, wenn man immer nur konventionellen Sex hat, aber das muß

Beiden kann es Spaß machen, wenn sie sich verkleidet, um ihren Partner zu verführen; sich sexy auszustaffieren, muß nicht teuer sein, wenn man ein wenig Phantasie aufwendet.

Den Partner beim Masturbieren zu beobachten, kann ebenso aufregend sein wie ein Liebesakt, besonders wenn dies das Pfand bei einem Spiel ist

ganz und gar nicht der Fall sein. Es hängt alles von der persönlichen Sexualität der Beteiligten ab, und viele Paare halten sich an ein kleines Repertoire von Liebestechniken und -positionen, von dem sie wissen, daß es ihnen beiden gefällt.

Von einer sexuellen Extravaganz in die nächste zu verfallen ist nicht, wie man annehmen könnte, ein Zeichen für besondere »Zusammengehörigkeit« oder Ungehemmtheit, sondern eher das Gegenteil. Sehr oft fühlt sich ein Mensch von normalem Sex so bedroht, daß er oder sie »Extras« braucht, um ihn zu genießen. Dieser Typ benötigt eigentlich psychologischen Rat.

Wie man sexuelle Bedürfnisse mitteilt

Eine weitverbreitete Beschwerde von Frauen gegenüber Männern ist die, daß sie im Bett langweilig seien. Das kann eine Ironie des Schicksals sein, denn dieselben Männer verfügen oft über großen Phantasiereichtum und wären gern waghalsiger, wenn die Frau ihre Wünsche zum Ausdruck bringen würde. Leider kann es sein, daß die Frau zu schüchtern ist zu sagen, was ihr am meisten Spaß macht.

Um diese Hemmungen zu überwinden, bietet sich ein Spiel an, in dem beide einen kurzen Drehbuchentwurf für einen Porno-Film aufschreiben und ihn dem anderen zu lesen geben. Daraus lassen sich wertvolle Hinweise ableiten auf das, was der andere sich wünscht, aber nicht direkt vorzuschlagen wagt.

Was die Leute so spielen

Viele Paare erhöhen die Lust am Sex und ihre Vorfreude, indem sie Sex-Spiele spielen. Es gibt endlose Möglichkeiten, und es bleibt jedem Paar selbst überlassen, seine eigenen Spielregeln aufzustellen. Die einzige Begrenzung sind das gemeinsame Vergnügen daran und die Phantasie.

Untersuchungen haben ergeben, daß manche Spiele beliebter sind als andere, obgleich es zahlreiche Varianten gibt, die den Wünschen des jeweiligen Paares angepaßt werden können.

Sprechspiele

Viele Paare, besonders wenn sie schon lange zusammen oder besonders gut aufeinander eingestimmt sind, haben eine Intimsprache, die sich auf ihr gemeinsames Liebesleben bezieht. Dazu gehören normalerweise Koseworte für ihre Geschlechtsorgane oder Teile davon und natürlich Kosenamen für sich selbst. Andere Paare haben eine nur ihnen bekannte Art, sich ihr sexuelles Verlangen mitzuteilen, und eine derartige Unterhaltung kann in der Öffentlichkeit, wie etwa im Restaurant, im Bus oder bei einer Party, sehr aufregend sein.

Heimlichkeitsspiele

Hier handelt es sich um eine Erweiterung des »Sprech«-Spiels. Ein Geheimnis miteinander zu teilen, das sonst keiner kennt, kann äußerst erregend sein. Eine allgemein übliche Form dieses Spiels ist, daß die Frau unter ihrem Kleid nackt ist, wenn beide eine Party oder eine öffentliche Veranstaltung besuchen. Die beste Spielart ist die, wenn sie es ihrem Partner erst kurz vor Betreten des jeweiligen Ortes erzählt, so daß er keine Gelegenheit mehr hat, etwas dagegen zu unternehmen. Der Reiz der Situation kann für beide fast unerträglich werden – und die Frau kann später, wenn sie ihm gegenübersitzt, scheinbar zufällig ihre Beine öffnen, so daß er einen Blick auf ihre Schenkel und ihre Vulva werfen kann, ohne daß irgend jemand anders etwas davon merkt.

Angst-vor-Entdeckung-Sex

Ein Liebesakt an öffentlichen oder halböffentlichen Orten wirkt auf manche Menschen luststeigernd durch die Furcht, entdeckt zu werden. Geschlechtsverkehr in der Öffentlichkeit ist zwar illegal, aber trotzdem sind leerstehende Eisenbahnwaggons, die Rücksitze von Autos, Strände oder Kornfelder beliebte Treffpunkte.

> *Wenn Sie an einem abgelegenen Ort parken, kann der Liebesakt im Auto sehr reizvoll sein, auch wenn er etwas unbequem ist.*

Dieses Liebesspiel muß auch nicht unbedingt ganz bis zum Geschlechtsverkehr führen – Masturbieren ist hier eine Alternative –, oder es kann wie die meisten Sex-Spiele die Einleitung zu einem Geschlechtsverkehr im trauten Heim sein.

Baby-Spiele

Die meisten von uns spielen viel öfter Kleinkind-Spiele, als uns klar ist. Selbst wenn wir uns aneinanderkuscheln und verletzlich zeigen, benehmen wir uns eher babyhaft. Die meisten Menschen, die sich beim Geschlechtsverkehr wirklich gehenlassen, verfallen dabei in kindliche Geräusche – und finden das vollkommen natürlich und angenehm.

Bei den Baby-Spielen, die manchen Paaren Spaß machen, findet der Liebesakt auf Gummilaken statt, wobei die Frau dem Mann die Brust gibt, der Mann ihr Baby ist, das sie bemuttert, und beide sich gegenseitig wie Babies baden.

Karten- und Brettspiele

Spiele »für Erwachsene« gibt es in fast jedem Sex-Shop, aber es ist billiger und lustiger, wenn man ein beliebiges Karten- oder Brettspiel nimmt und sexuelle Gunstbeweise als Preise aussetzt – Strip Poker ist ein bekanntes Beispiel.

Benutzen Sie Ihre Phantasie – aus einem simplen Mensch-ärgere-dich-nicht oder dem intellektuellen Wettstreit bei Schach oder Backgammon kann ein reizendes Schäferstündchen werden. Auch Billard bietet interessante Möglichkeiten, und das Abschießen von feindlichen Angreifern aus dem Weltraum über den Home-Computer wird weniger monoton, wenn der Verlierer eine sexuelle »Strafe« zahlen muß. Ein solches Spiel verstärkt die Erregung und gibt einen Ausblick auf kommende Freuden.

Ein sehr witziges Spiel ist, wenn man sich gegenseitig Liebes-Gutscheine gibt. Man schreibt auf einen Zettel, was man selbst am liebsten machen würde oder was der andere mit einem machen sollte. Das könnte zum Beispiel ein gemeinsames Wochenende im Hotel sein, Frühstück im Bett, ein Orgasmus in der letzten Reihe im Kino, Sex im Auto und so weiter.

Etwas so Simples wie ein weißer Kittel kann die Liebe zu einem aufregenden Spiel zwischen »Arzt und Krankenschwester« oder »Sex-Therapeut und Patientin« machen

Man verabredet dann, daß man die Gutscheine an einem bestimmten Tag, Wochenende oder zu einem sonstigen passenden Zeitpunkt einlöst, und erhöht die Spannung, indem man sie sich vorher zusteckt. Oder man legt mehrere davon in einen Behälter und läßt den Partner einen auswählen.

Eine prickelnde Variante ist die, wenn man die Zettel an den Arbeitsplatz des Partners schickt, an ihn »persönlich« adressiert.

Verkleidungsspiele

Aufreizende Unterwäsche anzuziehen ist vielleicht die verbreitetste Form des »Verkleidens«. Viele Paare finden es sehr aufregend, wenn die Frau verführerische Dessous trägt, besonders dann, wenn sie damit auf eine erotische Phantasie des Mannes (oder der Frau) eingeht. Männer, die von sinnlichen, hurenhaften Frauen träumen, werden schwarze Strümpfe und Strumpfhalter mögen, andere, die gern »Jungfrauen deflorieren« wollen, gestärkte weiße Spitzen. Sexy Unterwäsche muß nicht billig wirken – sie kann kostbar und elegant sein.

Ärzte »befehlen« einem, sich zu entkleiden und intime Körperteile zur Schau zu stellen. Zu diesem Spiel gehören üblicherweise eingehende »Untersuchungen«, die sich lange und gründlich mit den Genitalien beschäftigen.

Auch Schwestern-Spiele sind ziemlich verbreitet. Dabei ist die Frau Krankenschwester und sagt dem Mann, was er tun soll oder nimmt bestimmte »krankenschwesterliche« Prozeduren bei ihm vor.

Sado-masochistische Spiele

Viele Paare machen S/M-Spielchen, und sei es auch in gemäßigter Form. Bei diesen Spielen sollte man jedoch immer vorsichtig sein.

Am weitesten verbreitet ist vielleicht die Variante, daß die Frau vor dem Sex aufs Hinterteil geschlagen wird. Damit wird sie im voraus dafür »bestraft«, daß sie so unartig ist, überhaupt Sex zu wollen. Andere Paare »kämpfen« oder ringen vorher miteinander, bis der Mann die Frau überwältigt hat und sie »zwingt«, ihre Beine zu öffnen.

Beim »Sklaven«-Spiel läßt die Frau den Mann ihre Befehle ausführen und belohnt ihn dafür anschließend mit Sex.

Im »Herrscher«-Spiel sind die Rollen vertauscht, und die Frau ist die Sklavin.

Ein Kartenspiel um sexuelle Gunstbeweise macht sicherlich mehr Spaß, als wenn es um finanzielle Einsätze geht. Ziehen Sie sich zur Abwechslung besonders sexy an, um Ihren Partner stilvoll zu verführen.

Fetischismus

Welche Art Mensch gerät durch ein Paar Schuhe, einen Frauenhandschuh oder Gummiunterwäsche in sexuelle Erregung? Diese Fetische sind erstaunlich weit verbreitet und hauptsächlich eine Domäne der Männer.

Die meisten Menschen haben schon von einem »Fuß-Fetischisten« gehört, und immer häufiger ist die Rede von Leuten, die »auf Leder abfahren« oder »ausgefallenen Sex« suchen. Überall auf der Welt sind in Sex-Boutiquen Kleidungsstücke und andere Gegenstände zu sehen, die als sexuelle Scharfmacher dienen sollen. Sie alle und noch vieles andere sind das, was wir als Fetische bezeichnen.

Der Begriff »Fetisch« wurde ursprünglich für religiöse und magische Objekte in afrikanischen und anderen Kulturen benutzt. Seine Bedeutung wurde 1888 von Dr. Alfred Binet dahingehend erweitert, daß er sich auf Dinge bezieht, die in der Lage sind, intensives sexuelles Interesse zu erregen.

Verschiedene Sexualwissenschaftler verwenden den Begriff mit geringfügigen inhaltlichen Abweichungen, aber herkömmlicherweise werden damit Kleidungsstücke, bestimmte Körperteile und manchmal sogar Geräusche oder Gerüche bezeichnet. Manche Theoretiker erklären zum Beispiel den Reiz, der von einer Sängerstimme ausgehen kann, mit seiner Eigenschaft als Sex-Fetisch.

Ungewöhnliche Vorlieben

Der Begriff Fetisch wird dann angewandt, wenn die Mehrheit der Gesellschaft gewisse sexuelle Neigungen als ungewöhnlich empfindet. Niemand in Europa oder den Vereinigten Staaten würde von einem Mann, der von den Brüsten einer Frau sexuell erregt wird, sagen, er hätte einen Fetisch. In vielen anderen Kulturen gelten Brüste jedoch als überhaupt nicht erotisch – nur Säuglinge, die daraus ihre Nahrung beziehen, haben ein besonderes Interesse daran. In solchen Gesellschaften wäre ein Mann, der sich für Brüste begeistert, etwas Außergewöhnliches, und ein Ausdruck wie Fetischismus wäre zur Beschreibung seiner Leidenschaft durchaus angemessen.

Seit einiger Zeit macht man einen Unterschied zwischen der sexuellen Vorliebe für unbelebte Objekte und der für Körperteile. Die erste wird nach wie vor als Fetischismus bezeichnet, die zweite häufig als »Partialismus«.

Gebräuchliche Fetische

Jeder Gegenstand kann praktisch zu einem sexuellen Fetisch werden, obgleich manche, wie etwa lange schwarze Handschuhe, ziemlich verbreitet sind und andere, z. B. Frauenhüte, zu den selteneren Beispielen gehören.

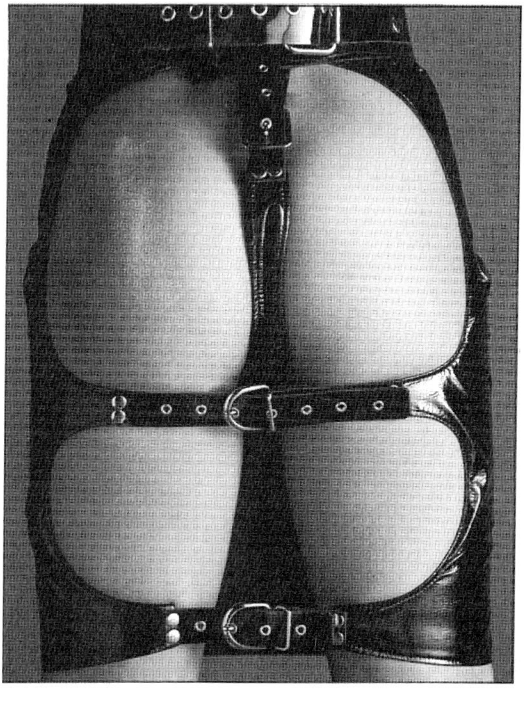

Überall auf der Welt sind in Sex-Boutiquen Kleidungsstücke und andere Gegenstände zu sehen, die als sexuelle Scharfmacher dienen sollen. Sie alle und noch vieles andere sind das, was wir als Fetische bezeichnen

Ein klassischer Fetisch aus der Literatur ist Pelz. Dazu gehört die Vorstellung von einer herrschsüchtigen Frau, die einen Pelzmantel trägt und darunter nackt ist. Die Forschung hat allerdings ergeben, daß Pelzfetischisten nicht das masochistische Element, sondern das Gefühl von Pelz selbst reizt

Ein klassischer Fetisch, aus der Literatur bekannt, ist der Pelzmantel, der durch das Buch »Venus im Pelz« des deutschen Schriftstellers Leopold von Sacher-Masoch (von dessen Name sich das Wort »Masochismus« herleitet) Berühmtheit erlangte. Er beschreibt hierin seine lustvolle Phantasie, von einer Frau beherrscht und ausgepeitscht zu werden, die unter ihrem Pelzmantel völlig nackt ist. Interessanterweise haben nur sehr wenige Menschen ähnliche Phantasievorstellungen.

Zu den vielleicht bekanntesten Fetischen der Gegenwart gehört Lederkleidung, normalerweise schwarze. Wir assoziieren sie heutzutage am häufigsten mit einer Untergruppe männlicher Homosexueller, die meistens in sogenannten »Leder-Bars« zusammenkommen.

Es kann sein, daß die Kleidung eines solchen Fetischisten ganz und gar aus schwarzem Leder besteht, bis hin zu seiner Unterwäsche. Sie ist oft maßgeschneidert und sehr teuer. Vom Stil her ähnelt sie einer Motorraduniform. Angefangen hat diese Mode möglicherweise mit dem Film »Der Wilde« von 1954, in dem Marlon Brando eine schwarze Lederjacke trug und einen rebellischen jungen Mann spielte. Der Film löste einen enormen Kult aus.

Gummi

Dem britischen Soziologen Maurice North zufolge ist Gummi das am weitesten verbreitete Material. Ob das stimmt, ist schwer zu beurteilen, weil Gummikleidung im allgemeinen bei Spezialfirmen für Fetischisten bestellt werden muß, während man andere Kleidungsstücke überall kaufen kann.

Es gibt eine beträchtliche Bandbreite von Gummi-Artikeln, die im Handel erhältlich sind und die Phantasien ihrer Benutzer widerspiegeln. Eine britische Firma bietet unter anderem eine Nonnentracht aus schwarzem und weißem Gummi an.

Sado-Masochismus

In den englischsprachigen Ländern neigen Gummi-Fetischisten zu einer Vorliebe für Schwarz, aber das gilt nicht unbedingt überall. Anderswo sind die beliebtesten Gegenstände gummierte Röcke und Unterwäsche in Pastelltönen.

Gummi- und Leder-Fetischismus geht häufig mit einem Interesse an verschiedenen Formen von Sado-Masochismus einher. Viele Gummi-Fetischisten sind Anhänger des sogenannten »Wassersports« (medizinisch: Urolagnie). Das heißt, daß sie durch Urin erregt werden – indem sie entweder jemandem beim Urinieren zusehen, auf jemanden urinieren oder auf sich urinieren lassen.

Heterosexuelle Fetischisten scheinen mehr Schwierigkeiten zu haben, Partner zu finden und mit Gleichgesinnten in Kontakt zu kommen als Homosexuelle. Möglicherweise müssen sie sich mit Phantasien und Selbstbefriedigung begnügen, obgleich manche als letzten Ausweg ihre Phantasien mit anderen Männern ausleben, auch wenn sie eigentlich nicht homosexuell sind.

Seide und Samt

Auf weiche, verspielte Stoffe fixierte Fetischisten haben ganz andere Vorlieben. Sie bevorzugen im allgemeinen Seidenunterwäsche und Kleidung aus Samt oder Pelz und sind trotz Sacher-Masoch selten an Sado-Masochismus interessiert. Damenschlüpfer sind ein weitverbreiteter Fetisch, Büstenhalter dagegen erstaunlicherweise kaum.

Männer, die ein fetischistisches Interesse an Schlüpfern haben, wünschen sie sich häufig in beschmutztem Zustand oder mit Menstruationsblut befleckt.

Stiefel und hochhackige Schuhe

Einer der bekanntesten Fetische ist der Schuh. Ein Beispiel ist der klassische Damenschuh mit Stiletto-Absatz. Wenn Stöckelschuhe in Mode sind, laufen Schuhfetischisten den ganzen Tag mit einer Erektion herum.

Klassische Fetischobjekte sind auch Stiefel, und zwar für Hetero- wie für Homosexuelle. Sehr oft sind Schuhfetischisten gleichzeitig Sado-Masochisten. Prostituierte, die auf Sado-Masochismus spezialisiert sind, demonstrieren dies häufig durch das Tragen von Stiefeln.

Eine Frage der Mode

Dasselbe gilt für Strümpfe, obgleich schwarze Netzstrümpfe traditionelle Fetischobjekte sind. Korsetts, Strumpfbänder und Handschuhe waren früher fester Bestandteile der Fetischistengarderobe, aber mit dem Wechsel der Mode haben sie ihren historischen Stellenwert verloren.

Es gibt jedoch immer noch Handschuh- oder Strumpfbandfetischisten. In einem Fall wurde von einem Mann berichtet, der Damenhandschuhe stahl, die er sich über den Penis zog, um dann zu masturbieren.

Taschentuchfetischisten scheinen sehr häufig zu sein, oft in Verbindung mit kleinen Diebstählen.

Fetische können ganz individueller Natur sein, und beim Durchsehen der Kleinanzeigen in Sex-Magazinen wird man wahrscheinlich auf Dinge stoßen, die hier gar nicht erwähnt sind. Und dann gibt es Fetische, die noch nicht einmal in solchen Anzeigen auftauchen; Kissen zum Beispiel.

Körperteile

Zu den klassischen Partialobjekten gehören Brüste, Füße und Gesäß. In manchen afrikanischen und pazifischen Gesellschaften gilt das besondere sexuelle Interesse den Labia minora, die von Kindheit an gestreckt werden, damit sie so lang wie möglich sind.

Bei den Tswana in Südafrika spielt die Länge der Schamlippen eine so wichtige Rolle in heterosexuellen Beziehungen, daß eine Frau von ihrem Mann verlassen werden kann, wenn sie nicht lang genug sind – womit soll er schließlich spielen, wenn sie zu kurz sind?

Auch von Haarfetischisten wird gelegentlich berichtet. Sie können zum öffentlichen Ärgernis werden, wenn sie nichtsahnenden Personen einfach eine Haarsträhne abschneiden. Es gibt sogar Männer, die Zahnfetischisten sind.

Winzige Füße

Das bekannteste Beispiel für einen Partialismus von nationalen Ausmaßen ist wohl die einstige Leidenschaft der Chinesen für gebundene Füße. Auf den erotischen Gemälden und Zeichnungen des alten China sind die Frauen gewöhnlich nackt, nur über den winzigen, deformierten Füßen tragen sie Socken.

Die Vorliebe der Chinesen für winzige Füße dauerte vom 10. Jahrhundert bis Anfang dieses Jahrhunderts. Bis die Mädchen erwachsen wurden, waren sie praktisch verkrüppelt, und ihre Füße ähnelten denen von Schweinen. Zum Glück starb dieser Fetischismus, der zum Brauch des Fußbindens führte, schließlich aus.

Die ersten Belege über die Praxis des Fußbindens stammen aus dem 12. Jahrhundert; es wird berichtet, daß zweihundert Jahre zuvor ein Kaiser seinen Tänzerinnen die Füße binden ließ. Vom Hofe aus verbreitete sich diese Sitte auf den Adel und erreichte im Lauf der Jahrhunderte auch tiefere Stufen der sozialen Leiter, bis sie zur allgemeinen Mode für Mädchen aus angesehenen Familien wurde, die sich diesen Brauch leisten konnten.

Am begehrtesten waren Füße, die man »Goldlotos« nannte. Sie waren am kleinsten und maßen nicht mehr als 7,5 cm. Der »Silberlotos« war etwa 10 cm lang. Noch längere Füße wurden als lächerlich und häßlich angesehen, und eine Bemerkung über zu große Füße (»Gänsefuß«, »Dämon mit Riesenfüßen« und so weiter) galt für ein Mädchen als äußerste Beleidigung.

Verkleiden

Transvestitismus ist die Neigung, Kleidung zu tragen, die normalerweise dem anderen Geschlecht vorbehalten ist. Manche Transvestiten ziehen sich auch wie kleine Kinder an, sogar wie Babies mit Windeln. Noch verbreiteter sind Kostümierungen für Erwachsene, unter anderem Nazi-Uniformen, Cowboy-Kleidung und, bei Homosexuellen Europas und Amerikas, die Motorradkluft.

Erotika

Kann das gemeinsame Lesen von Sex-Büchern im Bett oder das Betrachten oder Filmen eines »Porno-Videos« Ihr Lebesleben verschönern? Manche Paare stellen vielleicht fest, daß ihnen Erotika dabei helfen, die beiderseitigen sexuellen Vorlieben besser kennenzulernen.

Bis vor kurzem war das Image eines Pornographie-Konsumenten allgemein das eines schäbigen Typen im schmutzigen Regenmantel, der in stundenlanger Raserei über einer Riesenkollektion von obszönem Material masturbiert. »Unanständige« Postkarten gingen in fernen Häfen von Hand zu Hand. Nacktmagazine wurden von der Post in braunem Packpapier versandt. Was als anstößige Literatur galt, wurde unter dem Ladentisch verkauft. Und viele klassische mittelalterliche und orientalische Kunstwerke hielt man in den großen Bibliotheken der Welt hinter Schloß und Riegel.

In den 60er Jahren wurde alles anders. Heutzutage hängen sexuell freizügige Magazine offen bei jedem Zeitungshändler aus. Seit langem indizierte Bücher erscheinen als Paperback. Pornographische Filme und Videos sind frei erhältlich. In jeder größeren Stadt gibt es Sex-Shops. Und selbst Zeitungen, die sich als Hüter der öffentlichen Moral betrachten, veröffentlichen tagtäglich Bilder mit spärlich bekleideten Mädchen auf »Seite drei«.

Erotika oder Pornographie?

Was ist nun eigentlich Pornographie? Der Begriff bedeutet wörtlich »Beschreibung von Prostituierten«, wird aber allgemein für Filme oder Bücher benutzt, die »unzüchtige« Handlungen zeigen, und zwar allein in der Absicht, den Zuschauer oder Leser zu erregen.

Das Wort Erotika dagegen ist abgeleitet vom Namen des griechischen Liebesgottes Eros. Es bezeichnet jede Art von Material –

aufklärerisch oder künstlerisch –, das sich in irgendeiner Form mit dem Liebesakt beschäftigt.

Der Liebesakt des einen ist jedoch der unzüchtige Akt des anderen. Was manche Leute prickelnd finden, ist für andere eine schwere Zumutung. Und was einige für gesunde Stimulierung halten, gilt anderen als Verderbtheit.

In Wahrheit gibt es keine feste Grenze zwischen Pornographie und Erotika. Dinge, die im antiken Griechenland oder im mittelalterlichen China – oder sogar in der viktorianischen Epoche – pornographisch waren, sind jetzt vielleicht wegen ihres »kulturellen Wertes« bei Ihnen im Stadtmuseum oder in der Kunstgalerie als Erotikum ausgestellt. Bücher und Zeitschriften, deren Hauptfunktion darin besteht, Sie über Ihren eigenen Körper und dessen sexuelles Potential aufzuklären, können Ihnen gleichzeitig Ihre Sexualität bewußter machen. Und auch Kunstwerke – Gemälde, Literatur, Skulpturen und Filme – zeigen vielleicht Menschen und Situationen, die Sie erregen.

Viele Leute geben nicht gern zu, daß sie der Besuch einer Galerie oder eines »intellektuellen« Films sexuell animieren kann, dabei ist das eine weitverbreitete Reaktion. In manchen Gesellschaften, wie etwa im Japan des 17., 18. und 19. Jahrhunderts, wurde kein Unterschied zwischen der ästhetischen Würdigung eines Bildes oder einer schönen Frau und der sexuellen Reaktion darauf gemacht. Beides war gleich schmeichelhaft.

Moderne Pornographie

Heute finden wir Pornographie in fast allen Medien. Sexuelle Gefühle werden auf den verschiedensten Ebenen ausgelöst und oft von Werbefachleuten ausgenutzt, die darauf abheben, sexuelle Stimulierung mit ihrem Produkt in Verbindung zu bringen.

Das gebräuchlichste Medium für Pornographie sind Boulevardzeitungen. Die meisten Menschen werfen irgendwann einmal einen Blick darauf. Wegen ihrer großen Auflage sind ihnen enge Grenzen gesetzt. Brüste und Gesäß können entblößt werden, die Schamhaare aber sind nie zu sehen. Und bei männlichen Pin-Ups sind nur Brust und Beine unbekleidet.

Da man davon ausgeht, daß einschlägige Zeitschriften, Bücher und Filme nur von den Leuten gesehen werden, die eigens dafür bezahlen, sind diese wesentlich freizügiger. Sie lassen sich meistens in zwei Kategorien einteilen: Soft-core und Hard-core.

Soft-core-Pornographie gibt es beim Zeitungshändler sowie in Video- und Buchläden. Sie zeigt nackte Personen und deutet oft verschiedene sexuelle Handlungen an, schildert sie aber nicht explizit.

Hard-core-Pornographie ist nur im Spezialhandel erhältlich und überläßt nichts mehr der Phantasie. Sie behandelt auch ausgefallene sexuelle Praktiken, wie etwas Flagellantismus, Vergewaltigung, Fesselspiele und Sado-Masochismus.

Worte und Bilder

Es heißt oft, daß Männer sich mit den Augen verlieben und Frauen mit den Ohren. Forschungsarbeiten zufolge beeinflußt dieser Unterschied zwischen den Geschlechtern auch ihre Einstellung zur Pornographie.

Männer werden von sexuell eindeutigen Bildern erregt, während Frauen die Macht des geschriebenen Wortes bevorzugen. Die riesigen Umsätze von Liebesromanen kann man demnach als das weibliche Äquivalent zu den sogenannten Herren-Magazinen sehen.

Der Gebrauch von Erotika

Falls Sie bei sich pornographische Literatur einführen wollten, wie würden Sie das anfangen? Und welche Grundregeln müssen Sie beachten?

Die größte Angst eines jeden Menschen ist die, zurückgewiesen zu werden. Und wir sind alle extrem verletzlich, wenn es um sexuelle Leistungen und Vorlieben geht. Der natürliche Impuls ist der, daß wir uns schützen – und oft gilt als bestes Verteidigungsmittel der Angriff.

Die Erfindung der Polaroid-Kamera bedeutete, daß Fotos nicht mehr zum Entwickeln weggebracht werden mußten. Beide müssen sich allerdings streng verpflichten, Ihre zwanglosen Aufnahmen nicht den Jungens in der Kneipe oder den Mädchen im Büro zu zeigen.

Es ist also wichtig, daß sich beide Partner versprechen, sich gegenseitig zu respektieren. Wenn Vertrauliches geäußert wird, müssen beide gleichermaßen offen sein. Und sie sollten darin übereinstimmen, daß keiner diese Geheimnisse mit irgend jemand anderem teilt oder sie außerhalb des Schlafzimmers im Streit gegen den anderen verwendet.

Zwei Partner wollen vielleicht ganz allmählich anfangen. Wenn ihre Tageszeitung Nacktphotos enthält, betrachten sie sie und diskutieren über ihre Reaktion. Findet der Partner sie stimulierend? Welche Modelle gefallen ihm und warum? Hält sie den Vergleich mit dem Modell aus? Falls nicht, stört es sie? Würde sie gern ein männliches Gegenstück als Pin-Up sehen? Wenn ja, welche Art Körper würde ihr gefallen?

Die Partner setzen vielleicht eine bestimmte Zeit fest – einen Abend, einen Morgen oder Nachmittag –, zu der sie sich in Ruhe damit befassen können. Sie nehmen sich jede Woche etwas Neues vor, das sie sich ansehen. Von den Zeitungsphotos können sie langsam zu immer Eindeutigerem kommen. Auf diesem Wege sollten beide allmählich erkennen, was sie erregt.

Zeitschriften

Für Frauen gedachte Magazine, die es am Zeitungsstand zu kaufen gibt, zeigen Männer gewöhnlich in entspannter Haltung. Sie dürfen keinen erigierten Penis abbilden und meiden folglich auch simulierte sexuelle Stellungen.

Männermagazine dagegen zeigen Frauen fast immer in viel provozierenderen und einladenderen Posen, die Aufgeschlossenheit und Erfahrung suggerieren.

Es kann allerdings gefährlich sein, gleich mit so eindeutigen Sachen anzufangen. Wenn eine Frau zum Beispiel sehr schüchtern ist, wird sie vielleicht noch gehemmter, sobald ihr Partner mit Pin-Up-Magazinen liebäugelt – besonders wenn sie das Gefühl hat, daß die abgebildeten Körper schöner sind als der ihre.

Auch Männer können sehr wohl negativ reagieren, wenn ihre Partnerin sich für die Photos anderer nackter Männer interessiert, besonders wenn sie glauben, daß ihr Penis vergleichsweise klein ist. Sobald die Angelegenheit aber offen besprochen wird, gewinnt er sein Selbstvertrauen zurück und entdeckt vielleicht, daß er gar nicht so unterentwickelt ist, wie er angenommen hatte.

Bücher

Bücher und Magazine werden häufig benutzt, um sexuelle Phantasien während der Masturbation zu stimulieren. Sie können aber auch in einer Liebesbeziehung eine wichtige Rolle spielen. Wenn man sie liest, kann man damit sexuelle Phantasien beim Geschlechtsverkehr anregen.

Sich gegenseitig sexuelle Passagen aus Büchern laut vorzulesen, kann äußerst erregend sein. Wenn man sich gemeinsam mit Pornographie beschäftigt, kann man dadurch seinen beiderseitigen sexuellen Horizont erweitern und entdecken, was man wirklich mag. Manche Paare finden es schwer, ihrem Partner geradeheraus zu sagen, was sie von ihm wollen. Die Beschreibung von oralem Sex oder ungewöhnlichen Positionen läßt sich dann als Stichwort verwenden. Es ist viel leichter, einfach zu sagen: »Warum machen wir das nicht auch?«

Liebe auf Video

Der zunehmende Besitz von privaten Videoanlagen hat zu einer Revolution auf dem Pornographie-Sektor geführt. Nur wenige Paare wollen Sex-Filme in schäbigen – oft Männern vorbehaltenen – Kinos sehen. Heutzutage, wo auch härtere Videos von den meisten Videotheken ausgeliehen werden, können sie ihr Liebesleben in der Zurückgezogenheit ihrer eigenen vier Wände mit Video verschönern.

Die Vorteile liegen auf der Hand. Das Paar kann die Filme sogar im Bett anschauen. Die häuslichen Umstände sind jedoch nicht immer für derartige Vorführungen geeignet, so daß man zunächst die Umgebung entsprechend gestalten muß, bevor man die »Start«-Taste drückt.

Wenn Sie eine Video-Kamera haben, können Sie Ihren eigenen »Porno« drehen. Der eine ist dabei Kameramann und Regisseur. Denken Sie sich für Ihren Film eine Geschichte aus – vielleicht eine sexuelle Phantasie, die Sie miteinander teilen.

Im Schritt offene Höschen und BHs mit Gucklöchern sind nur zwei Posten aus einem reichhaltigen Sortiment von Unterwäsche, die es heutzutage in vielen Sex-Shops hinter zugehängten Fenstern zu kaufen gibt. Kleidungsstücke wie diese sehen nicht nur sexy aus, sie erleichtern auch das Liebesspiel, weil sie kein Hindernis für die Penetration oder die Stimulation der Brustwarzen sind

Wer sich einen pornographischen Videofilm ansieht, will dabei sicher nicht gestört werden. Wenn Sie einen Fernseher im Schlafzimmer haben, um so besser. Steht er aber im Wohnzimmer und kann nicht anderswo aufgestellt werden, so vergewissern Sie sich vorher, daß Sie wirklich ungestört bleiben.

Ziehen Sie die Vorhänge zu, und drehen Sie das Licht zurück. Machen Sie es aber noch nicht aus. Sie könnten die dargestellten Handlungen zu Anfang unangenehm und abstoßend finden und würden sich im Dunkeln bedroht und gefangen vorkommen.

Die meisten Videotheken gewähren einen Rabatt, wenn Sie gleich mehrere Bänder ausleihen. Und es ist am besten, wenn man eine Auswahl hat.

Man kann sich auch hier wieder zu immer deutlicheren Darstellungen vorarbeiten, vielleicht auch einen sexy Film mit in das Repertoire aufnehmen, der in normalen Kinos gezeigt wird – etwa »Emmanuelle« oder »Der letzte Tango in Paris«.

Während Sie zu immer härteren Videos übergehen, diskutieren Sie mit Ihrem Partner, was Ihnen gefällt. Dadurch erfahren Sie nicht nur mehr über die Sexualität des anderen, sondern es hilft Ihnen auch bei der Entscheidung, wenn Sie das nächste Mal in die Videothek gehen, um etwas Neues auszusuchen.

Hier muß ein Wort zur Warnung gesagt werden. Manche neueren Porno-Videos enthalten sehr brutale Gewalttätigkeiten – oft mit Vergewaltigungsszenen und Sadismus von beängstigenden Ausmaßen. Sie können eher abstoßend als anregend wirken.

Lieben und Lachen

Die meisten Leute gehen aus Jux in einen Sex-Shop. Sie schauen kurz vorbei, um irgendein Spielzeug für den Chef oder ein witziges Geschenk für den Ehemann zu kaufen oder der Ehefrau einen anzüglichen Scherzartikel zum Hochzeitstag mitzubringen. Der Sex-Shop hat aber noch viel mehr zu bieten.

Meistens findet man dort eine große Auswahl an Porno-Magazinen und -Videos, Mittel zur Steigerung der Potenz und exotische Unterwäsche, alles so verpackt und präsentiert, daß es eben nicht schäbig wirkt. Tatsächlich sehen die Verkaufsräume eines Sex-Shops nicht viel anders aus als jeder andere Laden in einer Hauptgeschäftsstraße.

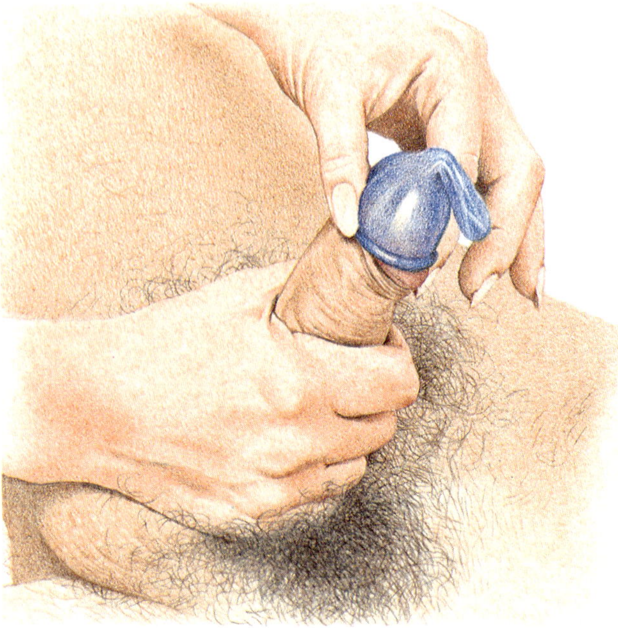

Farbige Kondome sind witzig und machen Ihrem Partner noch mehr Spaß, wenn Sie sie ihm überstreifen

Die Genitalien Ihrer Partnerin mit dem Vibrator zu massieren, während Sie ihre Brüste mit den Lippen liebkosen, wird Lustschauer über ihren ganzen Körper senden

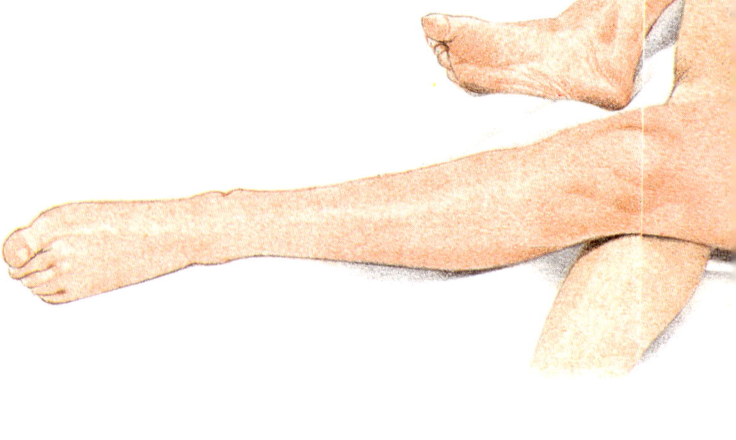

Die Scherzartikel stehen normalerweise in Kästen und Regalen in der Nähe der Tür. Da gibt es Zahnbürsten für Männer und Frauen, wie ein Phallus geformte Seife, als Brüste modellierte Becher, Spielkarten mit Sex-Motiven, anzügliche Glückwunschkarten, Plakate, Spiele, derbe Spielsachen und schlüpfrige Nippes.

Vibratoren

Weiter innen im Laden finden Sie eine Auswahl von Vibratoren in allen Formen und Größen. Sie sind gewöhnlich batteriebetrieben und variieren in ihrer Mechanik von schnellem, summendem Prickeln bis zu schlangenartigem Winden und tiefen Stoßbewegungen. Es gibt sie in verschiedenen Stärken und Längen, mit glatter oder strukturierter Oberfläche, hart und weich, steif und biegsam, gerade und eiförmig.

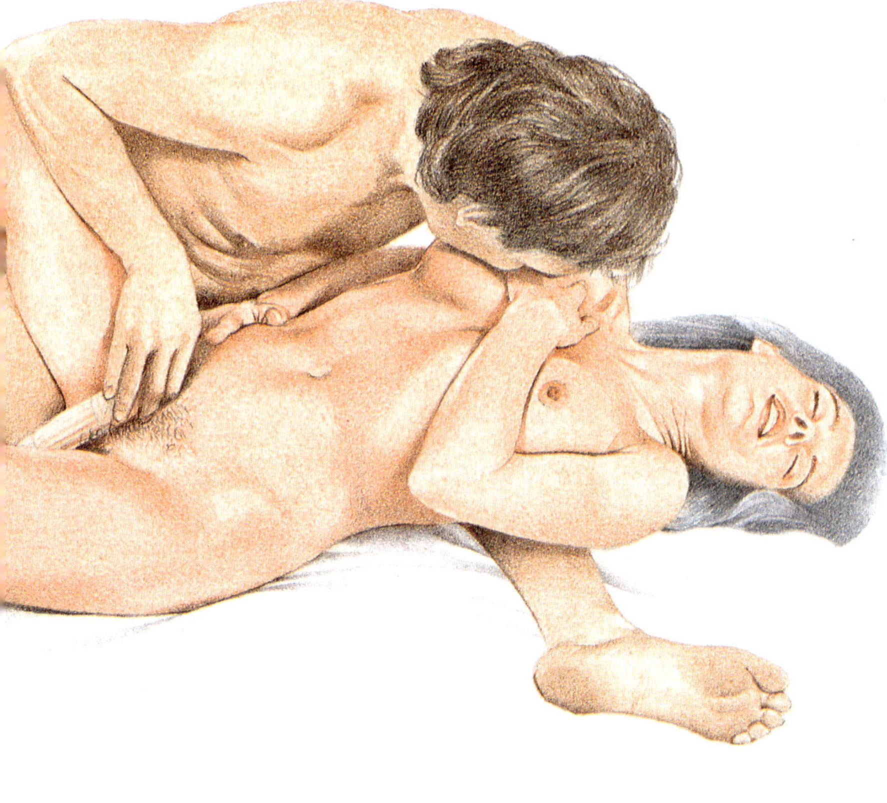

Manche haben Daumen- und Zeigefinger-Anhängsel und Analstimulatoren.

Wenn Sie einen Standard-Vibrator in die Vagina einführen, besteht keine Gefahr, daß er ganz hineinrutscht. Der Gebärmutterhals ist zu eng, als daß etwas so Dickes wie ein Vibrator durchpassen würde. Seien Sie aber vorsichtig, wenn Sie ein Standardgerät oder einen speziellen Rektal-Vibrator zur Stimulation des Anus benutzen. Der Verdauungstrakt ist sehr lang, und es ist möglich, daß etwas darin verschwindet.

Andere Sex-Hilfen

Normalerweise ist auch eine Auswahl an exotischen Kondomen im Angebot. Manche verlängern den Penis um drei Zentimeter. Andere haben Höcker und Knötchen und Fühler aus Gummi. Da diese aber nur das Innere der Vagina stimulieren, tragen sie wahrscheinlich nicht besonders zur Luststeigerung der Frau bei. Für Männer, die Schwierigkeiten haben, ihre Erektion zu halten, gibt es auch gefütterte, »erigierte« Kondome. Die meisten dieser Artikel sind wiederverwendbar, bieten aber keinen vollen Schutz.

Super-dünne Kondome zur Empfängnisverhütung in allen möglichen Formen und Farben sind ebenfalls erhältlich.

Da die Klitoris bei den meisten Frauen das Zentrum ihrer erotischen Erregung ist, kann ein Klitorisstimulator, der an einem über den Penis des Mannes gezogenen Ring sitzt, erheblich zu ihrer Luststeigerung beitragen. Der Stimulator selbst ist ein kleiner Wulst aus Gummifingern, die beim Geschlechtsverkehr gegen die Klitoris streifen. Bei anderen Versionen sind die Finger angewinkelt und an einem breiten Band um den Penis befestigt. Manche Frauen empfinden sie allerdings als Ablenkung oder sogar unangenehm.

Der Ring, an dem der Klitorisstimulator angebracht ist, erfüllt oft eine doppelte Funktion. Er hilft dem Mann, seine Erektion zu halten, denn wenn er eng anliegt, verhindert er, daß das im Penis aufgestaute Blut wieder zurückfließt.

Enge Penisringe gibt es auch in anderer Ausführung und ohne Klitorisstimulator zu kaufen. Sie sind entweder ganz schlicht oder mit einer dünnen Gummischlaufe versehen, die sich eng um die Peniswurzel zieht; der »Energie«-Ring erzeugt winzige, stimulierende

Stromschläge, und ein noch anderes Modell umschließt Peniswurzel und Unterseite des Skrotums durch zwei miteinander verbundene Schlaufen.

»Penisatoren« umschließen ebenfalls die Peniswurzel, aber sie sind elektrisch betrieben und erzeugen Vibrationen von variabler Geschwindigkeit. Der Motor dient manchmal gleichzeitig als Klitorisstimulator.

Thai-Perlen werden an einer Schnur ins Rektum eingeführt. Beim Erreichen der Klimax wird die Schnur herausgezogen und stimuliert auf diese Weise den Anus.

Geisha- oder Duett-Kugeln, auch bekannt als chinesische Glocken, sind ein murmel-großes Kugelpaar, das in die Vagina gesteckt wird. Eine davon ist hohl, die andere enthält Quecksilber. Jede Bewegung des Beckens, auch das Gehen, erzeugt bei der Frau einen stimulierenden Reiz.

Pillen und Tinkturen

In Sex-Shops werden meistens auch eine Menge Tabletten verkauft. Manche sollen die Potenz des Mannes steigern oder eine Frau in Erregung versetzen. Es gibt auch Salben, die angeblich den männlichen Penis wachsen lassen, normalerweise aber überteuert und ineffektiv sind – gelegentlich sogar schmerzhaft und gefährlich. Man sollte sie lieber meiden.

Die meisten Sex-Shops führen auch ein Sortiment an parfümierten Gleitmitteln, die Geschlechtsverkehr und oralen Sex erleichtern sollen. Andere aromatische Tinkturen werden auf die Brustwarzen aufgetragen.

Exotische Dessous

Die meisten Wäschegeschäfte haben eine große Auswahl an gerüschten Höschen, knappen Büstenhaltern und Strumpfgürteln. Wenn man hier als Paar zusammen einkauft, kann das selbst schon ein stimulierendes Erlebnis sein. Der Sex-Shop aber bietet ein noch viel größeres Sortiment an Reizwäsche – winzige Tangas, Höschen, die im Schritt offen sind, BHs, die die Brüste von unten abstützen, sie aber nicht bedecken, Polster und Quasten für die Brustwarzen, durchsichtige Nachthemden und Trachten für französische Zofen und Krankenschwestern.

Noch exotischere Requisiten finden Sie gewöhnlich ganz hinten im Laden – Leder- und Gummikleidung, Ketten, Doppel-Dildos und aufblasbare Puppen.

Auf die Schnelle

Meistens geht es Liebenden darum, sich und dem andern beim Sex soviel Genuß wie möglich zu verschaffen. Manchmal ist das Verlangen jedoch so drängend, daß es auf die Schnelle befriedigt werden muß.

Für viele Paare ist Geschlechtsverkehr etwas, das sich langsam aufbaut; und obwohl die vorbereitende Phase ein genußvoller und wesentlicher Teil einer intimen Beziehung ist, gibt es auch ungeplante Situationen, in denen man einfach und ohne irgendeine Vorbereitung das Verlangen nach Sex verspürt.

Für manche Paare ist Sex ein Ritual. Bei ihnen findet der Liebesakt nach einem vorhersehbaren Schema, ja sogar an einem bestimmten Wochentag statt. Vielen Menschen mag das ausreichen, aber andere

Für einen Mann kann es beim Sex auf die Schnelle kaum erotischere Positionen geben, als wenn er auf dem Rücken liegt und seine Partnerin halbbekleidet auf ihm sitzt und ihm ungestörte Aussicht auf ihr Gesäß bietet

Diese Stellung erfordert keine Requisiten, ist aber eher für ein einigermaßen wagemutiges Paar gedacht, weil der Mann das ganze Gewicht seiner Partnerin trägt. Mit Tempo vorgehen, heißt es jetzt auch für ganz athletische Männer

Ein Bett ist nicht nur zum Liegen da. Es bietet sich auch an, wenn die Liebenden in Eile sind – vielleicht kurz bevor sie ausgehen. Alles , was dazugehört, ist ein Minimum an Kleidung und daß die Frau sich nach vorn beugt und abstützt

beklagen sich häufig über Langeweile oder sehen sich, in der Realität oder in ihrer Phantasie, anderswo um. Warum diese Umstände, wenn man es im trauten Heim viel schöner haben kann?

Die Freuden eines »Quickies« werden oft übersehen, selbst von recht erfahrenen Liebhabern. Wir neigen alle dazu, uns auf Fragen der Technik zu konzentrieren und vergessen dabei häufig das Vergnügen, das aus der Spontaneität entstehen kann.

Sex auf die Schnelle hat mehrere Vorzüge:

- Er beweist, wie sehr Sie einander auf einer rein körperlichen Ebene anziehen. Romantisches Geturtel und subtiles Vorspiel sind gut und schön, aber es gibt Zeiten, wo es für einen oder beide Partner darum geht, zu erleben, daß sie heftig begehrt werden. Manche Frauen sagen, »Quickie«-Sex sei für sie das Beste. Da er ungeplant geschieht, müssen sie keinerlei Initiative ergreifen – und sie lassen sich einfach nehmen und von der Leidenschaft des Mannes überwältigen. Tatsächlich haben manche Frauen beim Geschlechtsverkehr nur einen Orgasmus, wenn es ein »Quickie« ist.
- Wenn sich die Aufmerksamkeit zu stark auf ihren Penis konzentriert, haben manche Männer Schwierigkeiten beim Sex oder sind vielleicht sogar impotent. Für sie kann der Anblick ihrer Partnerin, die dringend und hemmungslos nach Sex verlangt, ungeheuer animierend sein, besonders wenn sie sonst der Meinung sind (wie es bei vielen Männer unbewußt der Fall ist), daß Frauen nur ihnen zu Gefallen oder aus Pflichtgefühl mit ihnen schlafen.
- Sex auf die Schnelle passiert oft in riskanten Situationen, bei denen die Gefahr der Entdeckung besteht. Das kann höchst aufregend sein, da ein gewisser Grad an »Unanständigkeit« für manche Leute den Sex erst richtig lustvoll macht. Bei »Quickies« an halb-öffentlichen Plätzen hat man das köstliche Gefühl, »unartig« zu sein.
- Die Positionen bei einem »Quickie« unterscheiden sich oft sehr von denen, die ein Paar normalerweise im Schlafzimmer einnimmt. Ungewohnte Bewegungen und Körperhaltungen erzeugen ungeahnte Reize – die häufig in einer eher vertrauten Umgebung nicht zu wiederholen sind.

Der Mann kann einen Stuhl nehmen – um diesmal selbst die Initiative zu ergreifen. Indem er sich seine Partnerin auf den Schoß zieht, kann er ihre Brüste streicheln und drücken, während sie die Hände frei hat, um sich selbst schnell zum Orgasmus zu bringen

Die konventionelle Frau-ist-oben-Stellung bekommt eine neue Dimension, wenn sie halb bekleidet ist. Sobald das Tempo sich steigert, kann der Mann nach oben greifen und ihre Brüste entblößen, bevor beide dem unaufhaltsamen Orgasmus entgegendrängen

Für schnellen Sex ohne jedes Drumherum bietet sich fast jedes Möbelstück an. Will die Frau die Initiative ergreifen, so muß der Mann sich nur in einen Sessel zurücklehnen

● Bei »Quickies« ist meistens der eine oder sind auch beide Partner halb bekleidet. Das finden viele Menschen an sich schon äußerst stimulierend. Der Anblick einer Frau, die einfach ihren Rock hochzieht, ihren Slip fallen läßt und sich über den Küchentisch beugt, kann auch bei dem müdesten Mann das leidenschaftliche Verlangen nach Sex auslösen.

Aufregend kann auch folgendes sein:

● Eine Brust der Frau aus dem Büstenhalter zu nehmen, damit man sie küssen und daran saugen kann

● Ihren Slip einfach zu Seite zu ziehen und den Penis daneben einzuführen

● Das Hemd eines Mannes soweit aufzuknöpfen, daß ein Teil seiner Brust entblößt ist, so daß man die Hand hineinstecken und ihn streicheln kann.

Für »Quickies« sprechen noch ein paar mehr Dinge:

● Da man nicht auf Sex vorbereitet ist, sind beide Partner ungewaschen und riechen nach Schweiß und anderen Körperausdünstungen. Diese Animalität wirkt auf viele Menschen stimulierend, besonders auf Frauen, die normalerweise vorher die penibelsten Vorkehrungen treffen.

● Für viele Leute bedeutet der »Quickie« das Ausleben einer sexuellen Phantasie. Die meisten Menschen stellen sich in ihrer Phantasie vor, daß sie an diversen unkonventionellen Orten ihren Partner nehmen oder von ihm genommen werden. Beim Sex auf die Schnelle kann man das in die Praxis umsetzen. Wenn sie gefragt würden und genügend Zeit zum Überlegen hätten, wären viele Leute sicher nicht an einem solchen Ort oder auf diese Weise dazu bereit – sie würden immer irgendeine Ausrede finden. Wenn sie jedoch dazu »gezwungen« werden, macht es ihnen oft großen Spaß, und vielleicht bauen sie dies Erlebnis sogar in ihre Phantasien ein, so daß es auch der zukünftigen Luststeigerung dient.

● Manche Menschen finden das Berühren oder das Ansehen bestimmter Kleidungsstücke erregend. Die Seidigkeit eines Kleides, der Anblick hochhackiger Schuhe oder das Gefühl eines Männerpullovers auf nackter Haut kann einen zusätzlichen Reiz ausmachen, wenn man beim Sex nur halb ausgezogen ist.

● Man sagt, guter Sex hängt davon ab, ob die Frau durch das Vorspiel genügend erregt ist, so daß ihre Vagina feucht wird. Die Vagina einer

Frau kann jedoch fast sofort feucht werden, wenn sie in der Stimmung für einen »Quickie« ist. Und manche Frauen sind beim Sex auf die Schnelle besonders stimuliert, weil die leidenschaftlichen Gefühle dabei so heftig sind.

Bei Menschen, die sich wirklich lieben, nimmt Sex viele Formen an und dient vielen Zwecken. Einer davon ist, daß er das geheime Band zwischen ihnen verstärkt und sie dadurch in ihrer einzigartigen Beziehung bestätigt. In diesem Zusammenhang können »Quickies« besonders reizvoll sein, wenn sie im Rahmen eines Ereignisses stattfinden, bei dem auch andere anwesend sind. Warum nicht bei einem festlichen Abendessen oder sonst einem geselligen Beisammensein den Partner für ein kurzes Liebesspiel beiseite nehmen? Das ist dann Ihr ganz privates Geheimnis.

Zeitpunkt und Ort für einen »Quickie« bleiben ganz allein Ihrer Phantasie überlassen. Das erfinderische Paar wird immer Plätze und Situationen entdecken, die sich zur Stillung eines drängenden Liebesverlangens eignen.

Die Cuissade-Positionen
Hier nimmt der Mann die Frau halb von hinten. Beide schlingen die Beine umeinander, und der Mann kann mit seinem Penis Winkel und Grad der Penetration variieren

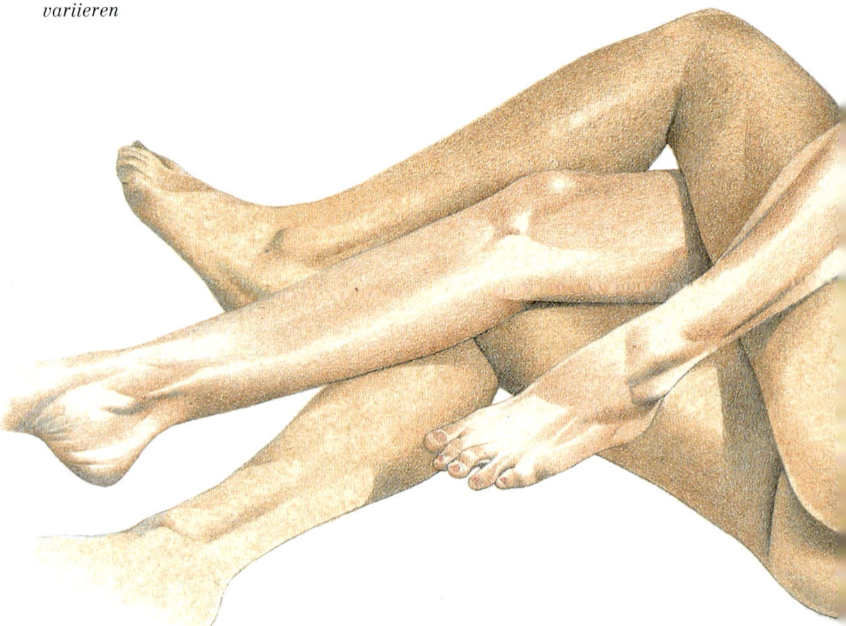

Kapitel Sechs

Wie man Experte wird

Das Liebesspiel für Fortgeschrittene

Für das Liebespaar, das gelegentlich experimentieren will, gibt es immer die Möglichkeit, etwas Neues auszuprobieren.

Im allgemeinen wird angenommen, daß die raffinierteren Sexualpraktiken aus dem Orient stammen, und daß Inder und Chinesen ein Monopol auf die gewagtesten und ausgefallensten Stellungen beim Sex hätten. Aber auch in westlichen Kulturen kennt man sexuelle Finessen. Bei manchen übernimmt der Mann die aktive Rolle – bei anderen ist es die Frau.

Der Liebesakt selbst ist in Ost und West nicht sehr unterschiedlich, nur kommen die guten Bücher alle aus dem Orient. Das indische »Kama Sutra«, der arabische »Parfümierte Garten« und die Kopfkissenbücher der Chinesen und Japaner enthalten eigentlich keine wirklichen Geheimnisse – schließlich sind der menschliche Körper und die sexuellen Bedürfnisse der Menschen überall auf der Welt ziemlich gleich. Diese Bücher haben allerdings dazu beigetragen, das Sexualverhalten zu systematisieren und den Partnern zu ermöglichen, etwas auszuprobieren, was andere vor ihnen schon versucht haben – mit Erfolg –, ohne sich ausschließlich auf die eigene Intuition zu verlassen.

Französische Variationen

Zumal die Franzosen haben sich eine Menge Gedanken über den Liebesakt gemacht und sich alle möglichen interessanten Namen für die raffinierteren Stellungen beim Sex ausgedacht.

Im Stehen

Die klassischen »zitternden Knie« können zu einer unangenehmen Anstrengung werden, wenn die Frau nicht ein bißchen größer ist als der Mann. Im allgemeinen sind Frauen kleiner als ihre Partner. Das läßt sich dadurch ausgleichen, daß sie sich auf ein kleines Podest stellt.

Diese Position ist am sichersten, wenn man sie an der Wand oder an einem stabilen Möbelstück praktiziert, an das man sich anlehnen kann. Anderenfalls sollten beide die Knie beugen und sich gegenseitig dadurch abstützen, daß sie ihre Hände unter das Gesäß des anderen legen.

Ist der Partner stark genug, so kann die Frau zunächst ein Bein um sein Gesäß schlingen, dann mit beiden Beinen seine Taille umschlie-

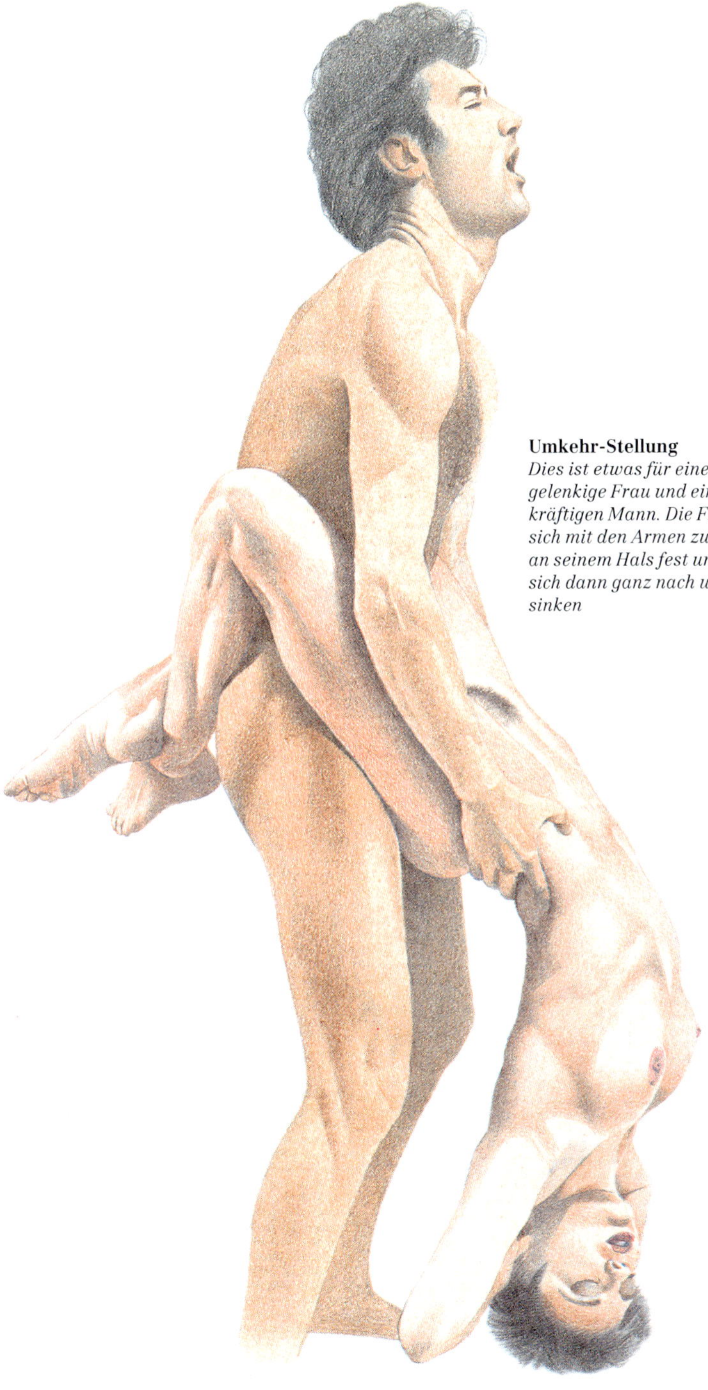

Umkehr-Stellung
Dies ist etwas für eine gelenkige Frau und einen kräftigen Mann. Die Frau hält sich mit den Armen zunächst an seinem Hals fest und läßt sich dann ganz nach unten sinken

ßen und ihr übriges Gewicht dadurch abstützen, daß sie die Arme um seinen Hals legt. Anschließend kann sie ihre Arme von seinem Hals lösen und sich nach hinten fallen lassen, bis sie mit dem Kopf ganz nach unten hängt.

Die Schubkarre

Wenn der Sex im Stehen damit beginnt, daß der Mann von hinten in die Frau eindringt, kann daraus eine Schubkarrenposition entstehen. Die Frau beugt sich einfach so weit nach vorn, daß ihre Hände oder Ellbogen auf dem Boden ruhen, und hebt dann die Beine an, die er festhält. Wenn sie nicht besonders sportlich ist, gestaltet es sich weniger anstrengend für beide Partner, wenn die Frau ihren Oberkörper auf dem Bett abstützt.

Kontrolle über die Vagina

Orientalische Sex-Handbücher berichten, daß eine Frau, die die totale Kontrolle über ihre Vaginalmuskeln hat, diese so bewegen kann, daß sie wie die Finger des Melkers wirken, der die Milch aus dem Euter der Kuh preßt.

Die früheren Übungstechniken sind uns nicht mehr zugänglich, aber Frauen können eine Menge zur Kräftigung ihrer Vaginalmuskulatur tun, indem sie regelmäßige Aufzugsübungen machen – das heißt, die Vaginalmuskeln zusammenziehen und loslassen. Üben Sie das am Anfang dreimal hintereinander, und steigern Sie es bis zu zehnmal, und das fünfmal am Tag.

Das Postillonspiel

Die Grundregel beim Postillonspiel besteht darin, einen Finger in den Anus des Partners einzuführen, kurz bevor er oder sie zum Orgasmus kommt. Das gefällt sowohl Männern als auch Frauen – birgt aber gewisse Risiken.

Zunächst muß man sich Fingernägel kurz schneiden. Lange Fingernägel können schmerzhafte Schnittwunden und Schrammen verursachen. Auch muß die Analgegend feucht sein, damit es sich nicht unangenehm anfühlt.

Denken Sie auch daran, daß ein Finger, der im Anus einer Frau war, anschließend nie in ihre Vagina gesteckt werden sollte, ohne ihn vorher zu waschen. Darauf muß man besonders bei einer Masturbationstechnik achten, die sich »Pferd in zwei Ställen« nennt, wo der Mann einen – oder mehrere – Finger in die Vagina und einen weiteren in den Anus einführt.

Die Schubkarre
Bei dieser Position sind zahlreiche Variationen möglich. Der Mann steht zwischen den Beinen der Frau und dringt von hinten in sie ein, wobei sie sich entweder mit den Ellbogen auf dem Bett oder mit den Händen auf dem Boden abstützt. Bei letzterer Stellung kann sich das Paar beim Liebesakt frei bewegen, was der Position passenderweise zu ihrem Namen verholfen hat

Die »Flanquette«-Positionen

Bei den *Flanquette*-Positionen liegt der Mann mit dem Gesicht seiner Partnerin zugewandt, hat aber nur ein Bein zwischen ihren Beinen. Er kann entweder auf ihr liegen, oder beide liegen auf der Seite.

Die *Flanquette*-Positionen erlauben ein tiefes Eindringen, und der Schenkel des Mannes kann die Klitoris zusätzlich stimulieren. Viele Männer finden es auch erregend, wenn der Schenkel der Frau gegen ihre Hoden reibt. Für andere dagegen mag es ein bedrohliches Gefühl sein. Jede plötzliche Bewegung kann schmerzhaft werden.

Die »Cuissade«-Positionen

Die *Cuissade*-Positionen sind ähnlich, nur daß hier der Mann von hinten in die Frau eindringt. Normalerweise liegt die Frau auf dem Rücken, der Mann legt sich neben sie, steckt ein Bein unter einem ihrer Beine durch und legt es über das andere, so daß sich ihr Becken leicht dreht. So kann er von hinten in sie eindringen, wobei er sich auf einen Ellbogen stützt, damit sich beide ansehen können.

Bei den *Cuissade*-Positionen kann der Winkel, in dem der Penis des Mannes in die Vagina eindringt, sehr stimulierend wirken. Wenn er sich ganz zurücklehnt, kann er tief in sie eindringen. Wenn er auf der Seite liegenbleibt, ist die Stellung für beide Partner sehr bequem – und nicht weniger erregend. Es ist eine der Positionen, die das Paar am Ende eines anstrengenden Tages einnehmen kann, so daß sogar im Einschlafen der Penis noch in der Vagina ist. Wenn er dabei sanft vorgeht, kann dies für den Mann eine interessante Methode sein, seine Partnerin aufzuwecken.

Die schwarze Variante

Die Franzosen nennen eine Stellung, bei der die Penetration von hinten erfolgt, häufig einen Koitus *à la négresse*. Für diese Bezeichnung gibt es zwei mögliche historische Erklärungen. Da diese Positionen als bestialisch und für »zivilisierte« Europäer als zu vulgär galten, hielt man sie nur für die »minderwertigen« heidnischen Völker für geeignet. Da die Frau dabei eine eher unterwürfige Hal-

Die Wiener Auster
Die Frau legt sich zurück und kreuzt ihre Füße über der Brust oder – wenn sie gelenkig ist – hinter dem Nacken. Der Mann hält ihr die Füße, während er eindringt

tung einnimmt, kann es auch sein, daß *à la négresse* die Position war, in der sich die weißen Plantagenbesitzer im 17., 18. und bis Anfang des 19. Jahrhunderts ihrer weiblichen Sklaven bedienten.

Bei der spezifischen Position jedoch, die in Sex-Handbüchern gewöhnlich als *à la négresse* bezeichnet wird, nimmt die Frau eine aktivere Rolle ein.

Zunächst liegt sie mit dem Gesicht nach unten, die Hände hinter dem Nacken verschränkt und das Gesäß hochgereckt. Wenn der Mann in sie eindringt, schlingt sie ihre Beine um seine und zieht ihn damit zu sich heran. Auf diese Weise kann die scheinbar unterwürfige Frau Geschwindigkeit und Stoßkraft beim Liebesakt gut kontrollieren.

Die Wiener Auster

Auch die Österreicher haben Spaß an der Abwechslung, wenn man an die Wiener Auster denkt.

Sie funktioniert nur bei einer extrem gelenkigen Frau. Diese muß in der Lage sein, ihre Füße hinter dem Kopf zu kreuzen. Die Position führt sie auf dem Rücken liegend aus. Der Mann legt sich dann in voller Länge auf sie und drückt ihre Füße. Abgesehen von der Stimulation ihrer Fußsohlen erlaubt diese Stellung schaukelnde Beckenbewegungen.

Weniger Gelenkige sollten versuchen, die Knie bis zu den Schultern hochzuziehen und die Füße auf der Brust übereinanderzulegen. Auf jeden Fall muß die Frau in der Lage sein, diese Position von sich aus einzunehmen. Versuchen Sie es nicht mit Gewalt, das könnte schmerzhaft sein.

Sex in Jugoslawien

Die Slawen, so scheint es, finden Gerüche beim Sex äußerst stimulierend, denn die sexuellen Ausdünstungen spielen bei ihrem Liebesspiel eine wichtige Rolle.

Folkloristischen Überlieferungen zufolge sind beide beim Sex am liebsten nackt, unkompliziert und direkt. Der sogenannte serbische Geschlechtsverkehr ist im wesentlichen eine Scheinvergewaltigung. Die Frau wird zu Boden geworfen – vorzugsweise auf einen weichen

Teppich –, dann ergreift der Mann ihre Fesseln, zieht sie daran hoch und läßt sich auf sie fallen, wobei er voll in sie eindringt.

Dies widerspricht in vieler Hinsicht allem, was der aufgeklärte westliche Mensch über Sex gelernt hat. Hier gibt es kein Vorspiel, keine Zärtlichkeit, kein sanftes Streicheln der Klitoris. Es ist unmittelbare – fast brutale – Penetration. Manche Frauen finden es allerdings aufregend, wenn ihr Partner ab und zu derartig grob vorgeht.

Die wollüstige Frau

Nur wenige Männer können einer Frau widerstehen, die beim Sex die Initiative ergreift. Eine neue Dimension kommt hinzu, wenn die Frau oben liegt und dabei ihre Fußsohlen auf den jeweiligen Spann des Mannes stützt. Dabei spreizt sie gewöhnlich die Beine, wodurch diese Position zu ihrem Namen, *der Frosch*, gekommen ist.

In dieser Stellung haben Mann und Frau vorn an den Beinen vollen Körperkontakt.

Kroatischer Stil

Das weibliche Äquivalent zum männlich dominierten jugoslawischen Sex wird kroatischer Geschlechtsverkehr genannt. Zunächst läßt die Frau dem Mann eine intime Zungenwäsche angedeihen, dann klettert sie auf ihn und beginnt mit dem Liebesakt, der so lange dauert, bis er erschöpft ist.

Die Frau kann ihn in seiner Bewegungsfreiheit einschränken, indem sie mit ihren Beinen seine Schenkel umklammert und seine Arme mit den Händen festhält. Wenn sie ihm den Rücken zuwendet, kann sie sich zurücklehnen, seine Arme mit ihren Füßen und seine Beine mit den Händen nach unten drücken.

Sex Florentine

Der Koitus *à la Florentine* verschafft der Frau Befriedigung, auch wenn der Penis des Mannes noch nicht voll erigiert ist. Sie zieht einfach die Penishaut – und seine Vorhaut, wenn er unbeschnitten ist – mit Zeigefinger und Daumen zurück, so daß sie straff gespannt ist – sowohl wenn er eindringt, als auch, wenn er herausgleitet.

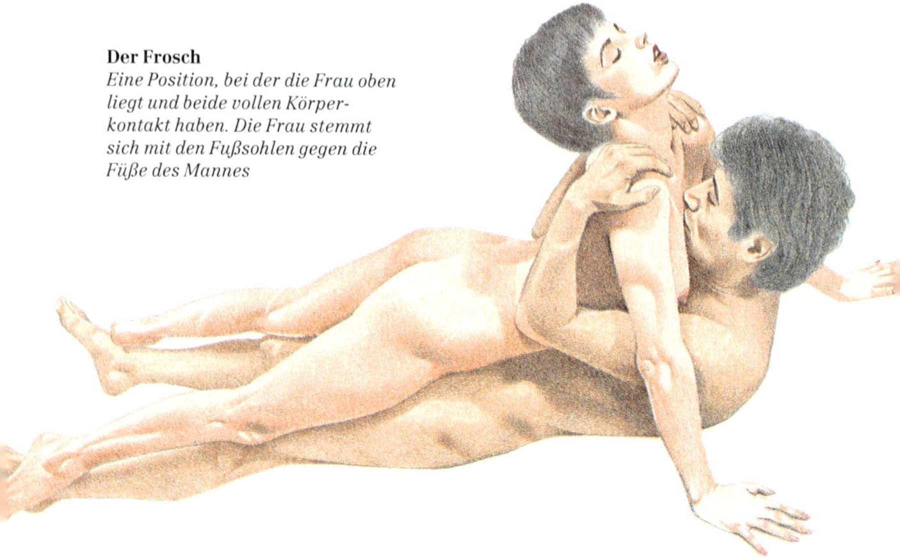

Der Frosch
Eine Position, bei der die Frau oben liegt und beide vollen Körperkontakt haben. Die Frau stemmt sich mit den Fußsohlen gegen die Füße des Mannes

Dies macht den Penis manchmal steif genug für den Geschlechtsverkehr, auch wenn der Mann überhaupt nicht erregt ist.

Sie kann diese Technik auch anwenden, um den Zeitpunkt seiner Ejakulation zu kontrollieren – gewöhnlich zu beschleunigen. Für den durchschnittlich wachen, nüchternen und potenten Mann ist Florentinischer Sex äußerst stimulierend.

Raffiniertere Variante

Aus der Position, bei der die Frau über dem Partner kniet, kann sie ein Bein unter seinen Oberschenkel manövrieren, das andere Bein auf dieselbe Körperseite des Mannes legen und auf seine Schulter stützen.

Jetzt kann sie sich, immer noch in sitzender Haltung, so zurücklehnen, daß sein Penis den größtmöglichen Druck auf die Vorderseite ihrer Vagina, und damit hoffentlich auf ihren G-spot, ausübt. Man nennt dies die X-Stellung, die auch dazu dient, den Geschlechtsverkehr in die Länge zu ziehen.

Oft ist es schwierig für die Frau, in dieser Position die Balance zu halten. Es ist vielleicht notwendig, daß sie sich dabei am Nacken oder an der Hand des Mannes festhält.

Spaß mit Möbeln

Die unkomplizierteste Position, bei der die Frau oben ist und außerhalb des Bettes, ist die auf dem Stuhl. Wenn der Mann sich hinsetzt, kann die Frau sich einfach, das Gesicht ihm zugewandt, auf ihn setzen. Manche Stühle haben vorn niedrige Sprossen, auf denen der Mann seine Füße abstützen kann, und höhere an den Seiten für die Füße der Frau.

Sie kann aber auch mit dem Rücken zu ihm auf seinem Schoß sitzen. Wie die meisten Möbel können auch Stühle ein endloser Quell erotischen Vergnügens sein. Versuchen Sie es mit einem Liebesspiel über der Stuhllehne oder quer über den Sitz.

Postkutsche

Die beste aller Stellungen, bei denen die Frau die Oberhand hat, ist eine Position, die die Franzosen »die Postkutsche nach Lyon« nennen.

Dabei liegt der Mann auf dem Rücken, und die Frau kniet über ihm. Wenn sein Penis voll in sie eingedrungen ist, lehnt sie sich zurück und verlagert ihr Gewicht auf die Hände. Dann bewegt sie ihre Beine so, daß sie flach neben seinem Körper ruhen.

Dadurch wird nicht nur Druck auf ihren G-spot ausgeübt, sondern auch sein Penis stimuliert, und der Anblick, der sich ihm bietet, ist sehr erregend.

In dieser Position kann die Frau ihren Körper auf- und niederfedern lassen wie die sprichwörtliche »Postkutsche nach Lyon«. Das ist aber noch nicht alles. Die Frau kann ihren Körper so drehen, daß er quer über seinem liegt. Dann kann sie sich wieder umdrehen, bis ihr Körper in derselben Richtung liegt wie seiner, sich aber nur mit Händen und Füßen abstützen.

Für den Mann ist das Schöne an dieser Stellung, daß er selbst sehr wenig tun muß – außer sich vielleicht etwas vom Bett abzufedern. Die Frau – sie muß athletisch genug sein, um ihr ganzes Gewicht eine Zeitlang nur auf Armen und Beinen ruhen zu lassen – hat das Gefühl, den Sexualakt vollkommen unter eigener Kontrolle zu haben und imstande zu sein, ihre Vagina in jedem gewünschten Winkel zu bewegen.

Oraler Sex

Oralen Sex miteinander zu genießen, ist eine der intimsten Freuden des Liebesspiels.

Es gab eine Zeit, die noch nicht lange zurückliegt, in der oraler Sex in westlichen Gesellschaften allgemein als Perversion angesehen wurde. Bestenfalls galt er als unanständige Raffinesse, die Huren und anderen »Professionellen« vorbehalten war, im schlimmsten Falle wurde er als ekelhaft und unmoralisch abgelehnt.

Heute wird generell anerkannt, daß oraler Sex eine Mischung aus Intimität, Vertrauen, Großzügigkeit und Zärtlichkeit darstellt, die oft etwas ganz anderes ist als der Geschlechtsverkehr. Und er kann in höchstem Maße Erregung und Befriedigung bieten.

Was ist oraler Sex?

Oraler Sex hat zwei verschiedene »Namen«. Das Küssen, Lecken und Saugen der weiblichen Geschlechtsteile heißt Cunnilingus. Den entsprechenden Kontakt von Mund zu Penis nennt man Fellatio.

Das gleichzeitige, gegenseitige Praktizieren von Fellatio und Cunnilingus ist als *soixante-neuf*, Französisch für »69«, bekannt. Die Ziffern repräsentieren zwei Menschen, die Kopf an Fuß beieinanderliegen.

Oralen Sex kann man als eigenständiges sexuelles Erlebnis betrachten, bei dem einer oder beide Partner zum Orgasmus gelangen, häufiger ist er aber Teil des Vorspiels, das dem eigentlichen Geschlechtsverkehr vorangeht.

Für viele Frauen ist Cunnilingus aufregender als Geschlechtsverkehr. Der Mund erzeugt leichter Feuchtigkeit als die Vagina, und der Mann hat mehr Kontrolle über seinen Mund als über seine Genitalien.

Für einen Mann ist Fellatio besonders erregend, weil sie so anders ist als der »konventionelle« Geschlechtsverkehr. Die Lippen, deren innere Schleimhäute denen der Vagina ähneln, fühlen sich an wie eine neue Vagina. Fellatio zeigt außerdem einen hohen Grad an Intimität und gibt dem Mann eine Gelegenheit, sich verwöhnen zu lassen und eine passive Rolle zu spielen, was ihm von Zeit zu Zeit sicher ganz recht ist. Es ist auch eine äußerst effektive Methode, den Mann für eine zweite Runde in Schwung zu bringen.

Ist oraler Sex normal?

Viele Menschen finden den bloßen Gedanken an oralen Sex immer noch widerlich. Vielleicht halten sie es für »schmutzig«, mit Lippen und Zunge die Organe zu berühren, die zum Urinieren dienen. Oder sie sind einfach schüchtern.

Besonders Frauen haben meist Vorbehalte, sich aus der Nähe »inspizieren« zu lassen, häufig deshalb, weil ihnen von Kindheit an beigebracht wurde, ihre Schamteile seien irgendwie unappetitlich und unattraktiv.

Auch manche Männer können oralem Sex gegenüber Unbehagen empfinden, da sie ihn für unhygienisch oder sogar anormal halten. Vielleicht sind sie auch zu verletzlich, um ihre »Männlichkeit« den Zähnen einer anderen Person anzuvertrauen, oder sie idealisieren die Frauen und denken, sexuelle Praktiken außerhalb gewisser enger Grenzen würden sie herabsetzen.

Ein weiterer Grund kann der sein, daß manche Männer das Gefühl haben, das Verlangen nach oralem Sex sei Ausdruck homosexueller Neigungen, die sie fürchten und derer sie sich schämen müßten.

Für gesunde Paare ist an oralem Sex nicht Unnormales, Perverses oder Unhygienisches. Es ist lediglich eine andere Form sexueller Betätigung.

Die meisten Menschen küssen beim Sex den Körper des anderen – Brust, Schultern, Rücken, Bauch und so weiter. Oraler Sex ist nichts anderes als die natürliche Fortsetzung – ein Kuß, der den intimsten Körperteil des Partners liebkost.

Leider wird oraler Sex in Filmen und Büchern häufig in herabsetzender Form geschildert und ist eine stetige Quelle schmutziger Witze, was vorhandene Mißverständnisse noch begünstigt.

Nichts ist obligatorisch

Es kann in einer Beziehung zum Problem werden, wenn ein Partner oralen Sex will und der andere sich weigert. Ganz gleich, ob dies nun aus Verlegenheit, Angst oder Unwissenheit geschieht, kann es doch eine Beziehung stark belasten.

Die »69er«-Position stellt für manche Männer das Höchstmaß an sexuellem Genuß dar, weil sie dabei gleichzeitig Lust spenden und empfangen können

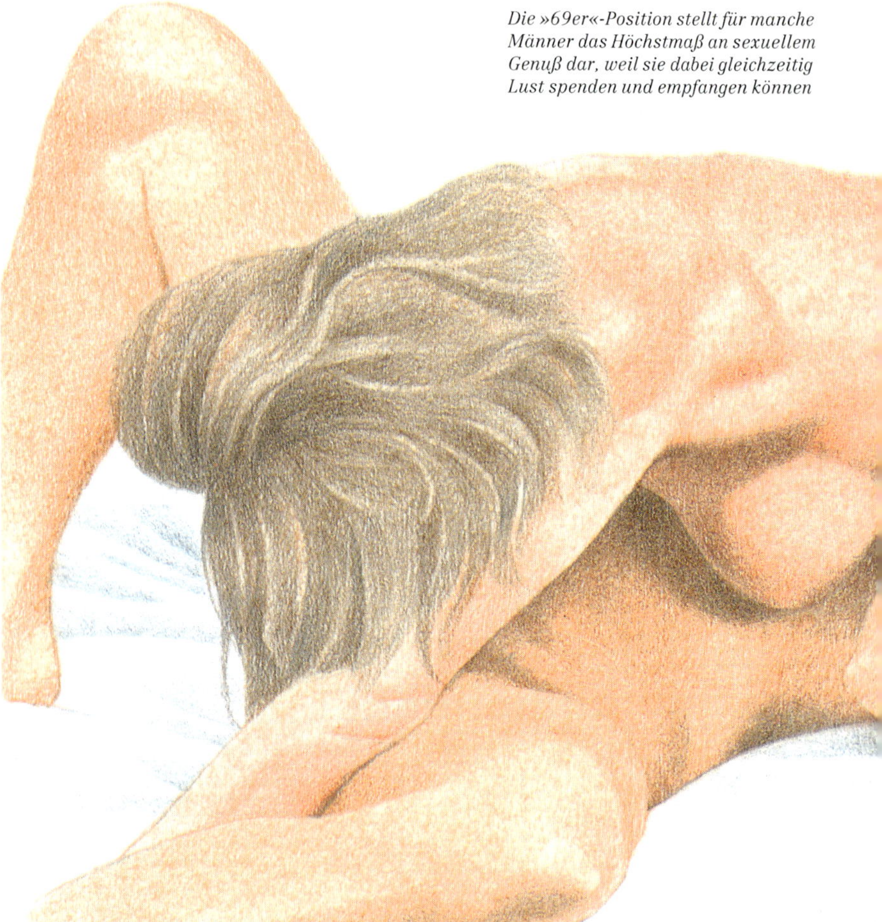

In einer Beziehung offen und ehrlich über seine Wünsche zu sprechen, ist zwar etwas Positives, aber niemand sollte dazu gezwungen werden, etwas zu tun, was er nicht will. Wenn Ihnen oraler Sex gefällt, Ihrem Partner aber nicht, so sollten Sie versuchen, seine Vorbehalte zu begreifen und sie mit Verständnis und Geduld zu beseitigen. Keiner darf sich aber durch erpresserische Forderungen oder das Drängen eines rücksichtslosen Liebhabers verpflichtet füh-

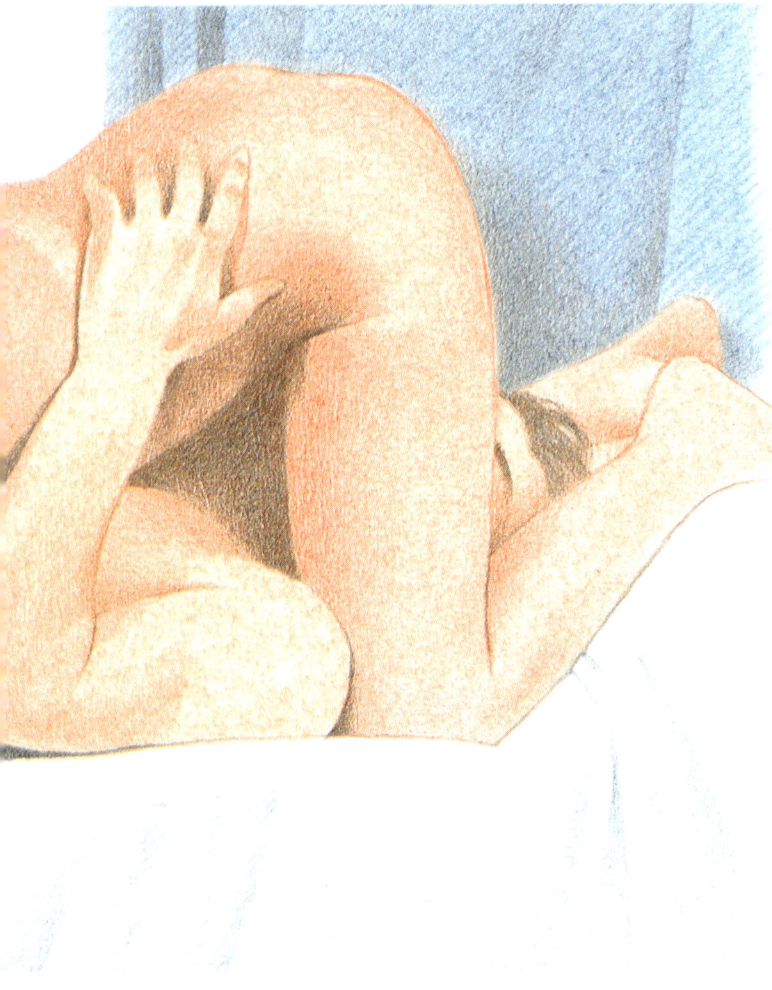

len. Oraler Sex, der aus Pflichtgefühl stattfindet oder einfach, weil es erwartet wird, würde damit zu einem lästigen Muß statt zu dem liebevollen, sinnlichen Erlebnis, das er für viele Paare ist.

Was ein Paar im Bett tun will, ist eine Frage des persönlichen Geschmacks und hängt davon ab, ob sich beide – nicht nur einer – wohl dabei fühlen.

Die Vorteile von oralem Sex

Abgesehen davon, daß er Spaß macht, kann oraler Sex bei gewissen Gelegenheiten eine besonders praktische Liebestechnik sein. Das ist etwa dann der Fall, wenn eine Penetration der Vagina nicht ratsam erscheint – zum Beispiel weil keine Verhütungsmittel verfügbar sind oder kurz nach einer Geburt. Er empfiehlt sich vielleicht auch, wenn der Mann zu schnell »gekommen« ist und jetzt seine Partnerin zum Orgasmus bringen will.

Oraler Sex kann dabei helfen, bestimmte sexuelle Probleme zu lösen. Frauen, die sich für »frigide« hielten, haben dadurch lustvolle Mehrfach-Orgasmen erreicht. Impotente Männer können ihre Partnerin durch Cunnilingus befriedigen, und manche haben – durch Fellatio – gelernt, ihre sexuellen Schwierigkeiten zu überwinden.

Oraler Sex kann Abwechslung in jede Beziehung bringen und ein Sexualleben, das vielleicht ein bißchen schal wird, neu beleben.

Tips für beide

Beißen Sie nie in die Genitalien, auch nicht spielerisch. In der Hitze des Gefechts könnten Sie sich leicht mitreißen lassen und Ihrem Partner weh tun.

- *Seien Sie stets peinlich sauber. Waschen Sie Ihre Genitalien täglich.*
- *Einigen Sie sich vorher über die »Spielregeln« – besonders darüber, ob die Frau das Sperma hinunterschluckt.*
- *Seien Sie behutsam. Ein plötzlicher tiefer Stoß mit dem Penis in den Mund der Frau ist rücksichtslos und kann gefährlich sein.*
- *Blasen Sie nie in die Genitalien. Eine Frau kann tatsächlich daran sterben, wenn gewaltsam Luft in ihren Uterus dringt. Auch für den Mann kann es gefährlich sein.*

Sie für Ihn

Obgleich man häufig annimmt, daß eine Frau den Penis des Mannes küßt und saugt, weil es für ihn so angenehm ist, tun es viele Frauen, weil es sie selbst intensiv erregt. Manche Frauen finden es sogar so aufregend, daß sie – ebenso wie ihr Partner – dabei zum Orgasmus gelangen.

Das Wichtige an der Fellatio ist, daß man sie als eine Form des Geschlechtsverkehrs begreift und entsprechend dabei vorgeht. Niemand würde sich ohne Vorspiel in den Sex stürzen, und dasselbe gilt auch für Fellatio.

Die einzige notwendige Vorbereitung für Fellatio ist die, daß der Mann sich von der Sauberkeit seiner Genitalien überzeugt.

Wie man die Fellatio praktiziert

Wenn die grundsätzlichen Spielregeln feststehen und das Vorspiel im Gange ist, suchen Sie sich eine Position, in der Sie sich bequem und leicht dem Penis Ihres Partners widmen können. Die Stellungen können variieren. Manche Männer ziehen es vor, auf dem Rücken zu liegen, andere sitzen vielleicht lieber. Eine gute Position ist auch die, wenn der Mann mit den Händen in die Hüften gestemmt dasteht und Sie vor ihm knien. Sein erigierter Penis ist in Höhe Ihres Gesichts. Sie haben die Hände frei, um ihn zu streicheln und an Hoden und Anus herumzuspielen.

Nehmen Sie seinen Penis in die Hand und befeuchten Sie die Spitze mit Speichel, ohne ihn dabei Ihre Zähne fühlen zu lassen. Nehmen Sie dann die Spitze des Penis in den Mund, und zwar so weit, wie es Ihnen angenehm ist, und bewegen Sie Ihren Kopf so, daß der Penis hinein- und herausgleitet. Das Geheimnis liegt darin, ihn nie Ihre Zähne spüren zu lassen.

Ist der Mann sehr stimuliert und erregt, können Sie seinen Penis aus dem Mund nehmen und mit der Zunge daran auf und ab fahren und dabei auch seine Hoden berühren. Dies empfinden die meisten Männer als sehr lustvoll, ebenso, wenn Sie mit der Zunge über das Frenulum, den dünnen Hautstreifen an der Unterseite des Penis, schnellen. Hören Sie nach ein paar Minuten damit auf und necken Sie ihn, indem Sie Ihre Aufmerksamkeit anderen Körperteilen zuwenden – an ihm herumknabbern, ihn über und über küssen.

Kehren Sie wieder zu seinem Penis zurück, und nehmen Sie ihn fest in den Mund, wobei Sie gleichzeitig mit seinen Hoden spielen, wenn er das mag. Richten Sie sich mit der Art Ihrer Saugbewegungen nach den Wünschen des Mannes.

Lassen Sie Ihre Zunge stetig um seine Eichel kreisen, erst im Uhrzeigersinn, dann andersherum. Stecken Sie Ihre Zunge in den Schlitz an der Spitze des Penis, und ziehen Sie sie wieder zurück, und kombinieren Sie dann das Kreisen der Zunge mit den Saugbewegungen. Benutzen Sie die ganze Zeit über auch Ihre Hände – versetzen Sie Ihren Partner so richtig in Ekstase.

Wollen Sie sein Sperma nicht im Mund haben, so nehmen Sie kurz vor der Ejakulation – Sie werden schnell lernen, ihr Herannahen zu erkennen – seinen Penis aus dem Mund, und masturbieren Sie ihn bis zum Orgasmus über Ihren Brüsten. Versuchen Sie in diesem Stadium keine vaginale Penetration – kurz bevor der Mann kommt, klappt das meistens nicht so gut.

Wenn Sie sein Sperma in den Mund nehmen wollen, verschließen Sie Ihre Kehle bei der Ejakulation, und lassen Sie das Sperma sich in Ihren Mund ergießen. Spucken Sie es dann diskret aus, oder schlukken Sie es, je nachdem, was Ihnen lieber ist.

Bei vielen Paaren geht die Fellatio nicht bis zur Ejakulation, sondern ist eine Art Vorspiel, auf die bald danach der Geschlechtsverkehr folgt.

Das Geheimnis liegt darin, daß Sie die Anzeichen kennenlernen, die auf die Ejakulation Ihres Partners hindeuten, indem Sie auf die Anspannung seiner Muskeln, veränderte Atmung, Geräusche und Bewegungen achten, die er beim Herannahen des Orgasmus macht.

Drücken Sie notfalls die Spitze seines Penis zwischen Daumen und Zeigefinger zusammen, um ihn etwas abzukühlen, bis Sie zur Penetration bereit sind.

Tief hinein

Einige wenige Anhängerinnen des oralen Sex behaupten von sich, daß sie in der Lage seien, den Penis des Mannes ganz tief in den Mund hineinzunehmen, aber die meisten Frauen bekommen Erstickungs-

und Panikgefühle, wenn der Mann seinen Penis zu weit in ihre Kehle stößt. Das sollte er nie tun, wenn sich die Frau nicht vorher ausdrücklich damit einverstanden erklärt.

Fellatio zur Wieder-Anregung

Als Wiederanregungs-Technik ist die Fellatio kaum zu schlagen. Auch der widerstrebendste oder erschöpfteste Penis kann durch zärtliche orale Stimulierung innerhalb von Minuten zu neuem Leben erweckt werden.

Auch für den älteren Mann, dessen Erektionsfähigkeit nicht mehr so groß ist, kann sie Wunder wirken, oder wenn ein Mann schon ejakuliert hat, seine Partnerin aber noch einmal von ihm penetriert werden möchte.

Eine Frau, die an ihrem Partner wirklich gern Fellatio praktiziert – entweder um ihm oder sich selbst intensivste Lustgefühle zu verschaffen –, wird fast immer auch den widerspenstigsten Penis zur Erektion bringen können. Es gibt nur wenige Männer, die von derart intimen Liebesdiensten nicht heftig erregt würden.

Er für Sie

Ein gelungener Cunnilingus ist wesentlich schwieriger als die Fellatio. Fast alle Männer erigieren bei adäquater oraler Stimulation von seiten der Frau und geraten schnell in Erregung. Bei Frauen können die Dinge anders liegen, hauptsächlich deshalb, weil sie so unterschiedlich in ihren sexuellen Bedürfnissen und ihrem genitalen Lustempfinden sind.

Wie bei der Fellatio ist auch hier die Sauberkeit der Geschlechtsteile einzige Vorbedingung. Sich unmittelbar vorher zu waschen ist jedoch nicht nötig. Das tägliche Bad reicht aus.

Wie man's macht

Legen Sie der Frau ein Kissen unters Gesäß, damit es für Sie beide bequemer ist, liebkosen Sie sie über und über, und küssen Sie ihre Brüste und Brustwarzen. Necken Sie sie, indem Sie mit den Lippen

Eine der bequemsten Möglichkeiten für eine Frau, oralen Sex zu genießen, ist die, wenn sie mit gespreizten Beinen auf dem Rücken liegt und es ihrem Partner überläßt, mit der Zunge ihre sensibelsten Körperpartien zu erforschen

über ihre empfindsamsten Körperteile streifen, aber nicht so, daß es kitzelt.

Küssen Sie die Umgebung der Vulva und den gesamten Schambereich. Küssen Sie die äußeren Lippen, und fahren Sie mit der Zunge daran entlang. Nehmen Sie eine in den Mund, und saugen Sie daran. Saugen Sie ebenso sanft an den inneren Schamlippen.

Lecken Sie um die Scheidenöffnung herum und den Bereich zwischen Vagina und Anus. Stecken Sie die Zunge in ihre Vagina und lassen Sie sie hinein- und herausschnellen. Wenn sie erregt ist und ihre Scheidensäfte zu fließen beginnen, wenden Sie Ihre Aufmerksamkeit ihrer Klitoris zu.

Wie Sie mit diesem sensiblen Organ umgehen, hängt in erster Linie von den Wünschen Ihrer Partnerin ab. Lecken Sie über den ganzen Bereich, aber behandeln Sie die Spitze besonders sanft, da sie äußerst empfindsam sein kann.

Manche schätzen das eigentliche Lecken der Klitoris überhaupt nicht, während andere sehr starke Saug- und Zungenbewegungen besonders genießen, wenn sie kurz vor dem Höhepunkt sind. Falls sie

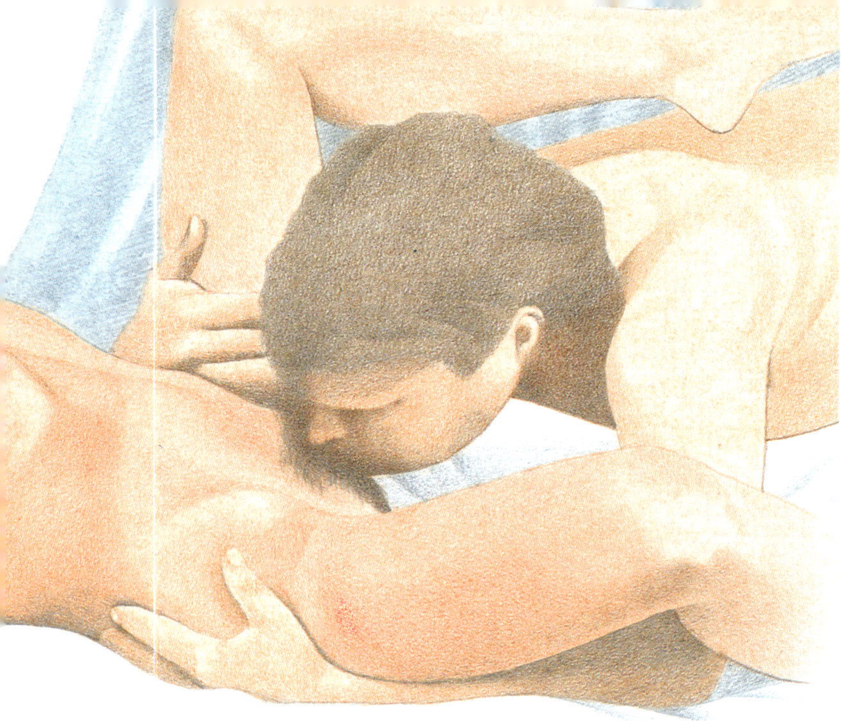

noch stärker erregt ist, führen Sie einen oder zwei Finger in ihre Vagina ein, und tun Sie damit, was ihr am meisten Spaß macht. Liebkosen Sie die ganze Zeit über ihre Klitoris mit der Zunge.

Hören Sie von Zeit zu Zeit mit der Stimulierung ihrer Klitoris auf, und konzentrieren Sie sich auf ihre Vagina und andere Körperteile. Das regt sie auf und erzeugt eine andere Art von Lustgefühlen. In diesem Stadium können Sie auch – falls ihr das gefällt – einen Vibrator oder Dildo benutzen.

Wenn sie es nicht mehr aushält, widmen Sie sich mit Zunge und Mund wieder ihrer Klitoris, und bringen sie zum Orgasmus. Richten Sie sich nach ihren Wünschen. Für manche normalerweise multiorgasmischen Frauen ist ein oral stimulierter Orgasmus genug, sie wollen und brauchen keinen weiteren. Andere brauchen mehrere Orgasmen, entweder mit Hilfe oraler Zärtlichkeiten oder durch den Penis in ihrer Vagina, was nach dieser langen Konzentration auf ihre Genitalien ungeheuer erotisch sein kann.

Viele Frauen genießen es sehr, mit den Genitalien des Mannes zu spielen, während er sie küßt und leckt, also nehmen Sie eine Position ein, in der auch dies möglich ist. Das einzige Ziel ist es aber, der Frau die größte sinnliche Lust bei diesem Erlebnis zu verschaffen, deshalb sollten Sie sie in allen ihren Wünschen ermutigen.

Manche Frauen denken, das alles müßte für ihren Partner sehr anstrengend sein, und er täte es nur, weil er sich dazu verpflichtet fühlt oder weil er sie liebt. Nichts könnte weiter von der Wahrheit entfernt sein. Die meisten Männer haben großes Vergnügen am Cunnilingus, und manche erregt er so sehr, daß sie auch ohne genitale Stimulierung kommen.

Bei manchen Paaren, wo die Frau Schwierigkeiten hat, auf andere Art zum Orgasmus zu kommen, empfindet es der Mann als lustvoll, seine Partnerin erregt zu sehen, wenn alles andere »gescheitert« ist. Das kann für beide ein großes Vergnügen sein.

Mythen, die sich überlebt haben

Hier werden einige davon präsentiert. Das einzige, was sie gemeinsam haben, ist, daß sie alle unzutreffend sind.

- *Zuviel oraler Sex führt zu Geschlechtskrankheiten*
- *Männer, die Fellatio genießen, sind homosexuell*
- *Frauen, die an einem Mann gern Fellatio praktizieren, sind unterwürfig oder Huren*
- *Ein Mann, der Gefallen am Cunnilingus hat, kann seine Partnerin nicht richtig befriedigen*
- *Wenn man Sperma hinunterschluckt, kann man davon schwanger werden*
- *Oraler Sex kann einen krankmachen*

Viele Mißverständnisse über oralen Sex sind mittlerweile ausgemerzt. Obwohl die Oberhäupter der großen Religionen sich nach wie vor nicht klar zum oralen Sex äußern, wurden die ehemaligen Verbote inzwischen gelockert.

Der G-spot

Den G-spot zu entdecken, kann für ein Paar den Liebesakt um eine ganz neue Dimension bereichern. Er kann auch zu sehr unterschiedlichen Arten von Orgasmus führen – bei beiden Partnern.

Bis in die siebziger Jahre hinein nahm man allgemein an, daß Frauen fast ausschließlich durch die Stimulierung der Klitoris (auch wenn sie beim Geschlechtsverkehr nur indirekt stattfand) zum Höhepunkt gelangten, und daß Männer nur einen Orgasmus haben könnten, wenn ihr Penis gereizt wird.

Es gibt jedoch bei Männern wie Frauen einen inneren Bereich, der – wenn er richtig stimuliert wird – zu intensiver Erregung und zum Orgasmus führen kann. Bei Männern ist dieser Bereich die Prostata – bei Frauen wird er als G-spot bezeichnet.

Viele Menschen hatten schon aus eigener Erfahrung festgestellt, daß es diese Bereiche gab. Das hielt aber manche »Experten« nicht davon ab, die Existenz »alternativer« Lustzentren zu bestreiten.

Ernst Gräfenberg

In den vierziger Jahren beschrieb der deutsche Gynäkologe und Geburtshelfer Ernst Gräfenberg eine »erogene Zone ... in der vorderen Wand der Vagina«. Dieser Bereich wurde dann unter dem Namen G – wie Gräfenberg – -spot bekannt. Verschiedene Forscher haben inzwischen den G-spot detaillierter untersucht und sind zumindest zu einem gewissen Grad von Übereinstimmung gelangt.

Eine gute Position zur Stimulierung des G-spots ist die, wenn die Frau sich mit leicht gespreizten Beinen hinkniet und sich dann auf ihre Fersen setzt.

Mehr Lust für Sie

In den achtziger Jahren nahmen die amerikanischen Forscher Bevery Whipple und John Perry Gräfenbergs Entdeckungen wieder auf. Sie fanden sie bestätigt und stellten fest, daß in der Vagina ein kleiner Bereich existiert, der auf Stimulation reagiert.

Sie entdeckten auch, daß dieser Bereich – den sie G-spot nannten – bei richtiger Stimulierung äußerst intensive Orgasmen hervorrufen kann, und daß die Frau bei diesen Orgasmen häufig eine geringe Menge klarer Flüssigkeit ejakuliert. Die Analyse ergab, daß diese Flüssigkeit in ihrer Zusammensetzung dem Sekret der Prostata ähnelt, das den männlichen Spermien zum Schutz beigemischt ist.

Wer hat ihn?

Diese Entdeckungen hielten diejenigen, die darauf bestanden, einzig und allein die Klitoris sei die Quelle weiblicher Lust, für unglaubhaft.

Whipple und Perry ließen jedoch 400 Frauen untersuchen – und bei jeder wurde ein G-spot festgestellt. Das scheint darauf hinzudeuten, daß dieses verborgene Lustzentrum bei Frauen nicht die Ausnahme, sondern die Regel ist.

Was ist er?

Beim G-spot scheint es sich um eine kleine Gewebsmasse aus Nervenenden, Drüsen und Blutgefäßen zu handeln, die die Urethra umgibt.

In unerregtem Zustand ist sie normalerweise nicht spürbar, sondern läßt sich als spezifischer Bereich erst bei tiefgehender vaginaler Stimulation ausmachen.

In diesem Fall beginnt sie anzuschwellen, manchmal sogar sehr rasch, und hebt sich als klar umgrenzter kleiner Bereich von der Wand der Vagina ab.

Da die bei einem G-spot-Orgasmus ejakulierte Flüssigkeit dem Prostatasekret sehr ähnlich ist (bis auf die Spermien), glauben viele Wissenschaftler, der G-spot sei eine rudimentäre Version der männlichen Prostata, die bei Stimulierung ähnliche Effekte hervorruft.

Die Sexualwissenschaftler sind sich allerdings bis heute nicht darüber einig, ob der G-spot irgendwelche organischen Funktionen erfüllt – abgesehen davon, daß er einer Frau oft zu einem unverhofft hohen Maß an sexueller Befriedigung verhilft.

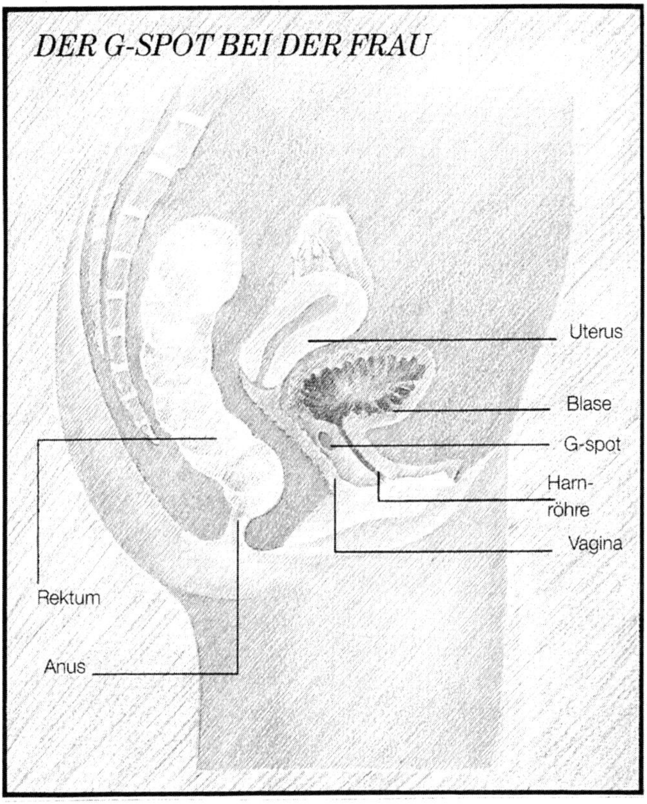

Spielt er eine Rolle bei der Geburt?

Man nimmt an, daß der G-spot eventuell eine Rolle bei der Geburt spielt.

Die intensiven Orgasmen, die auf eine Stimulierung des G-spots folgen, sind oft von einem Gefühl des »Nach-unten-Pressens« begleitet. Da es sein kann, daß auch der Fötus bei der Geburt stimulierend auf den G-spot wirkt, erscheint es denkbar, daß seine Funktion darin liegt, zu einer möglichst leichten und schnellen Geburt beizutragen.

Wo ist er?

Der G-spot ist bei der Frau nicht gerade leicht zu finden, da er im Bereich einer etwa 2,5 cm breiten imaginären Senkrechten unterhalb des Nabels, etwa in der Mitte zwischen Schambein und Gebärmutterhals, liegt. Das Problem besteht darin, ihn zu stimulieren, um ihn zu finden, und ihn zu finden, um ihn zu stimulieren.

Das Aufsuchen des G-spots

Für eine Frau ist es gut zu wissen, wo ihr G-spot ist, und sei es nur, um sich selbst zu beweisen, daß sie ihn hat.

Im Liegen ist es nicht gut möglich, da durch die Schwerkraft die inneren Organe zu weit vom Scheideneingang entfernt sind. Besser ist eine sitzende oder hockende Position.

Am besten sollte sie wahrscheinlich ihre Suche nach dem G-spot beginnen, während sie auf der Toilette sitzt, und zwar deshalb, weil die vorsätzliche Stimulierung des G-spots oft ein Gefühl verursacht, das einem Drang zum Urinieren ähnelt. Wenn die Frau zunächst Wasser gelassen hat, dann aber auf der Toilette sitzenbleibt, wird ihr das ein zusätzliches Gefühl der Sicherheit verleihen.

Beide Hände benutzen

Sie sollte ihre Finger in die Vagina einführen und sie dann mit festen Druck gegen deren vordere Wand pressen. Manchmal hilft es, wenn sie mit der anderen Hand von außen gegen ihren Unterleib drückt.

Wenn jetzt der G-spot anschwillt, wird er als kleiner Klumpen zwischen den Fingern beider Hände spürbar.

Obgleich die durchschnittliche Größe des G-spots in etwa einem Pfennigstück zu entsprechen scheint, gibt es eigentlich keine Norm dafür – und die Größe hat offensichtlich auch nichts mit der Art des Empfindens zu tun.

Der G-spot-Orgasmus

Bei fortgesetzter Stimulierung des G-spots beginnt die Gebärmutter, sich lustvoll zusammenzuziehen. Schließlich kommt es zu einem intensiven Orgasmus, der völlig anders ist als einer, der durch Klitorisstimulation hervorgerufen wird. Zu diesem Zeitpunkt kann die Frau eine geringe Menge klarer Flüssigkeit ejakulieren, die aus der Harnröhre austritt. Dabei handelt es sich nicht um Urin.

Ist die Frau erst einmal mit dieser neuen Erfahrung vertraut, so kann sie weiterexperimentieren, indem sie sich jetzt mit gespreizten Beinen auf das Bett oder den Fußboden kniet.

Gemeinsame Entdeckung

Mit einem einfühlsamen Partner kann diese Entdeckung natürlich noch viel intimer und lustvoller werden.

In diesem Fall sollte die Frau mit dem Gesicht nach unten und ein oder zwei Kissen unter den Hüften auf dem Bett liegen. Ihr Partner kann dann vorsichtig zwei Finger einführen und die vordere Wand ihrer Vagina abtasten.

Durch Beckenbewegungen kann die Frau die Lokalisierung des G-spots erleichtern und die angenehmste Art der Stimulierung feststellen. Die Hauptsache ist, sie vergißt nicht, daß die anfänglichen Gefühle in Wirklichkeit kein Harndrang sind. Mit der Zeit wird sie lernen, daß es sich dabei nur um eine Art Vorläufer des vaginalen Orgasmus handelt.

Die Wichtigkeit der Position

Von allen Kulturen der Welt scheinen nur die Europäer die Missionarsstellung als bewährte, natürliche Form des Liebesaktes zu sehen. Eine Reihe von anderen Völkern betrachtet sie lediglich als eine von vielen Positionen – sogar als etwas altmodisch – und als nicht sonderlich geeignet, die Frau vollständig zu befriedigen.

Bei der Missionarsstellung zielt der Penis gewöhnlich auf die hintere Wand der Vagina. Dadurch kann zwar die Klitoris, nicht aber der G-spot stimuliert werden.

Die einfachsten Positionen, mit denen man eine Reizung des G-spots erreicht, sind wahrscheinlich »von hinten« und wenn die Frau oben liegt.

Bei der Penetration von hinten stimuliert der erigierte Penis des Mannes den G-spot in der vorderen Wand der Vagina – besonders wenn die Frau ihre Hüften bewegt und kreisen läßt, so daß sie den Penis ihres Partners an den lustvollsten Punkt dirigieren kann.

Wenn die Frau oben liegt

Positionen, bei denen die Frau oben liegt, erlauben ebenfalls eine direkte Stimulierung des G-spots und ermöglichen der Frau, Richtung und Tiefe beim Eindringen des Penis zu kontrollieren. Wenn der Mann auf dem Rücken liegt und die Frau auf seinem erigierten Penis sitzt, kann sie sich auch nach vorn oder seitwärts beugen, um seinen Penis dorthin zu dirigieren, wo es für sie am besten ist.

Der Mann kann dazu beitragen, indem er selbst auch seinen Körper bewegt und den Schaft seines Penis zusammendrückt, damit die Eichel vollen Kontakt mit ihr behält. Als Resultat kann es und wird es oft zu einer Reihe intensiver Orgasmen für beide Partner kommen.

Sowohl die Penetration von hinten als auch die Positionen, bei denen die Frau oben ist, waren in europäischen Ländern weit verbreitet, bevor die Missionarsstellung zum Standard erhoben wurde – möglicherweise als Ergebnis der Lehren von Paulus, denen zufolge die Frau dem Mann in jeder Hinsicht untertan sein sollte. Im Tierreich ist die Penetration von hinten mit Sicherheit die üblichste.

Medizinische Implikationen

Whipple und Perry, die das Phänomen des G-spots am besten erforscht haben, konnten zwei bedeutsame medizinische Begleiterscheinungen feststellen.

Die erste ist die, daß viele Frauen, die ein Diaphragma benutzen, darüber klagen, daß sie nicht denselben Grad sexueller Befriedigung erreichen, als wenn sie die Pille nehmen oder ihr Partner ein Kondom benutzt.

Das Problem besteht darin, daß das Diaphragma sowohl den Gebärmutterhals als auch die vordere Wand der Vagina bedeckt und dadurch möglicherweise eine direkte Stimulation des G-spots verhindert, wenn er in dem vom Diaphragma verdeckten Bereich liegt.

Diese Schwierigkeit läßt sich auf zwei Arten beheben. Stimulieren Sie entweder den G-spot, bevor Sie das Diaphragma einsetzen, so daß Sie trotzdem einen G-spot-Orgasmus erleben, oder entscheiden Sie sich statt dessen für eine Portiokappe (die kleiner ist als das Diaphragma und direkt auf der Zervix sitzt) oder andere Verhütungsmittel.

Vorsicht bei Operationen

Angesichts ihrer neugewonnen Erkenntnisse betonten Whipple und Perry außerdem, wie wichtig es ist, daß Chirurgen bei einer Hysterektomie sehr umsichtig vorgehen, damit sie die vordere Wand der Vagina nicht beschädigen. Dieselbe Sorgfalt ist auch bei allen anderen Operationen im Bereich der Vagina erforderlich.

Neue sexuelle Reaktion?

Als Masters und Johnson in den 60er Jahren das Buch »Die sexuelle Reaktion« schrieben, traten sie damit den Beweis an – so schien es jedenfalls –, daß alle weiblichen Orgasmen durch Stimulierung der Klitoris hervorgerufen werden.

Millionen von Frauen sagen allerdings, daß sie auch ohne jede Reizung der Klitoris zum Orgasmus gelangen, und manche behaupten, sie kämen durch Penis-in-Vagina-Sex allein zum Höhepunkt. 1977 ergab eine Studie in den USA mit 131 Frauen, daß 56 von ihnen dachten, sie hätten sensitive Nervenbahnen in der Vagina. 78 sagten, sie hätten eine besonders empfindsame Stelle in der Vagina – bei Befragung hatten auch 71 ihrer Partner einen besonders sensiblen Punkt festgestellt. 24 gaben an, sie hätten selbst ejakuliert. 42 hatten »Angst gehabt, urinieren zu müssen«, wenn sie erregt waren. 31 hatten das Gefühl, beim Geschlechtsverkehr uriniert zu haben. 30 erlebten einen Orgasmus ausschließlich durch vaginale Penetration.

Mehr Lust für Ihn

Männer haben ebenfalls eine Art G-spot. Wie bei den Frauen umgibt dieser Bereich auch hier die Harnröhre unterhalb der Blase. Er wird Prostata genannt und hat im Gegensatz zum weiblichen G-spot eine klar definierte Funktion.

Die Prostata produziert einen Teil der Flüssigkeit, die das Sperma beim Geschlechtsverkehr in die Vagina der Frau transportiert.

Viele Männer haben festgestellt, daß eine Stimulierung der Prostata vor oder während des Beischlafs einen intensiveren Orgasmus als sonst zur Folge hat. Dieser Orgasmus unterscheidet sich nicht nur gefühlsmäßig von den üblichen Formen, sondern auch die Art der Ejakulation ist eine andere. Nach einer Stimulierung der Prostata ejakuliert der Mann in einem einzigen Stoß statt in einzelnen Spritzern.

Das Aufsuchen der Prostata

Für einen Mann ist es schwierig, an seine Prostata selbst heranzukommen, weil er dazu einen Finger – oder Daumen – in das Rektum einführen muß, aber es ist nicht unmöglich. Die beste Position ist die, wenn er auf dem Rücken liegt und die Knie soweit anzieht, daß die Fußsohlen flach auf dem Boden ruhen, oder sie bis zur Brust hochzieht.

Wenn er dann einen Daumen in seinen Anus einführt und gegen die vordere Wand des Rektums drückt, sollte er seine Prostata eigentlich fühlen können – es ist eine feste, etwa walnußgroße Gewebsmasse.

Hier ein paar Tips für die Frau, die den Mann auf diese Art stimulieren will:

- Vergewissern Sie sich, daß Sie keine langen Fingernägel haben, da Sie ihn sonst innerlich verletzen könnten.
- Befeuchten Sie Ihren Finger gut. Im Gegensatz zu Ihrer Vagina wird der Anus nicht von sich aus feucht. Speichel reicht gewöhnlich nicht aus – Sie werden eine Gleitcreme brauchen.
- Legen Sie ihn mit dem Rücken aufs Bett, und führen Sie langsam und vorsichtig einen Finger in seinen Anus ein. Warten Sie ein paar Sekunden ab, bis er sich an die Anwesenheit Ihres Fingers gewöhnt

hat. Denken Sie daran, daß das für sein Rektum ein ungewohntes Gefühl sein mag – im Gegensatz zu Ihrer Vagina.

● Tasten Sie die vordere Wand des Rektums ab, bis Sie seine Prostata finden – und dann massieren Sie sie kräftig. Das kann ziemlich ermüdend sein, wird aber dadurch erleichtert, daß er seine Knie bis zur Brust hochzieht.

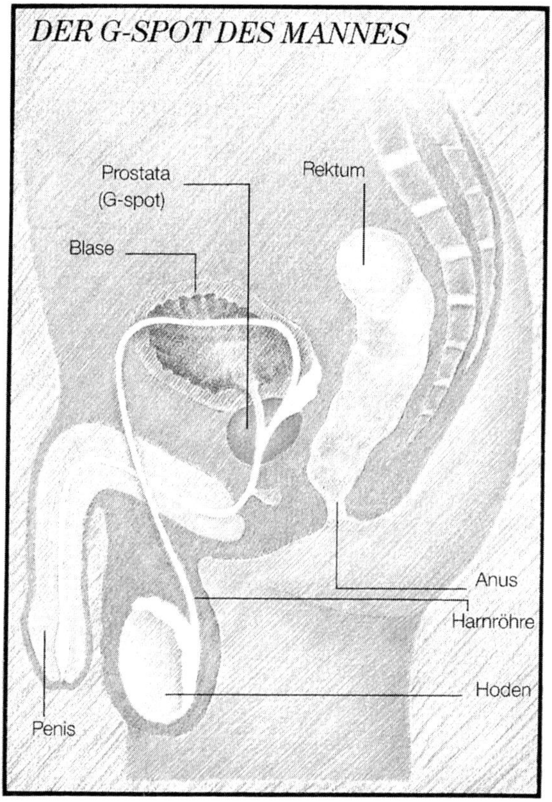

● Auch wenn Sie seinen Penis überhaupt nicht berühren, wird er wahrscheinlich erigieren und zum Orgasmus gelangen.

● Wenn Sie Ihren Finger wieder herausziehen, waschen Sie ihn sofort – berühren Sie damit nicht Ihre Vagina, weil Sie damit Bakterien übertragen könnten.

Manche Frauen fühlen sich besser, wenn sie dabei einen Plastikhandschuh zum Wegwerfen tragen.

Der Mann, den die Stimulierung seiner Prostata besonders erregt, weiß eine in dieser Hinsicht geschickte Frau sehr zu schätzen. Eine sehr draufgängerische Frau kann auch gleichzeitig Fellatio praktizieren, während sie seine Prostata massiert.

Der gemeinsame Orgasmus

Für ein Liebespaar kann das höchste Glück beim Liebesakt darin bestehen, so aufeinander eingestimmt zu sein, daß beide genau gleichzeitig zum Höhepunkt kommen.

Für viele Paare ist der »ideale« Liebesakt der, bei dem beide gleichzeitig den Orgasmus erreichen – alles andere erscheint ihnen im Vergleich dazu weniger aufregend. Sicherlich, es kann sehr lustvoll sein, gemeinsam zum Orgasmus zu gelangen, aber wenn man beim Liebesspiel nichts anderes im Kopf hat, so führt das nur zu Enttäuschungen und zukünftigen Vorurteilen.

Wenn man sich zu sehr anstrengt

Versuchen Sie, sich den Liebesakt als eine Dinner-Party vorzustellen, deren Sinn es ist, Essen und Trinken und die Gesellschaft zu genießen. Wenn Sie sich nun darauf festlegen würden, den letzten Bissen genau im selben Moment hinunterzuschlucken wie Ihr Partner, so wären Sie ausschließlich mit der zeitlichen Koordinierung beschäftigt, könnten sich nicht auf das Essen konzentrieren und es demzufolge auch nicht genießen. Und angenommen, Sie wären tatsächlich genau zur gleichen Zeit mit Ihrer Mahlzeit fertig, wäre das Ereignis deswegen wirklich schöner?

Leider ist es bei vielen Paaren ähnlich, wenn sie zusammen den Orgasmus erleben wollen – die bloße Tatsache, daß man es unbedingt schaffen muß, verhindert, daß man gleichzeitig soweit ist. Die Anstrengung, den eigenen Orgasmus zurückzuhalten, bis die Frau soweit ist, kann für einen Mann sehr ermüdend sein. Wenn er dann trotzdem ejakuliert, empfindet er das möglicherweise als weniger lustvoll. Für die Frau kann es ebenso belastend sein, wenn sie ihren Orgasmus beschleunigen muß, um mit ihm gleichzuziehen.

Der gemeinsame Orgasmus beim Geschlechtsverkehr

Für Männer ist der Orgasmus wesentlicher Bestandteil des Zeugungsaktes. Ohne ihn kann er eine Frau nicht schwängern. Der männliche Orgasmus ist von daher eine biologische Notwendigkeit.

Der weibliche Orgasmus dagegen ist schwerer feststellbar und weniger klar umrissen. Die einzige biologische Notwendigkeit besteht darin, daß die Frau empfänglich genug ist, damit das Sperma des Mannes ihre Zervix erreichen kann. Ein Orgasmus beim Geschlechtsverkehr ist dafür nicht notwendig.

Bei dieser Position hat der Mann beide Hände frei – mit einer Hand kann er ihre Klitoris stimulieren, mit der anderen andere Körperteile streicheln

Von den Frauen, die zum Orgasmus kommen, erlangen ihn doppelt so viele durch manuelle oder orale Stimulation der Klitoris wie beim Geschlechtsverkehr. Eine 1980 in den Vereinigten Staaten durchgeführte Studie an 106 000 Frauen ergab, daß 34 Prozent gewöhnlich beim Geschlechtsverkehr einen Orgasmus hatten, dem Hite-Report von 1974 zufolge waren es 30 Prozent. Wenn es nun noch zum gleichzeitigen Orgasmus beim Geschlechtsverkehr kommen soll – was sich die meisten Paare wünschen –, so schaffen das wahrscheinlich nur wenige.

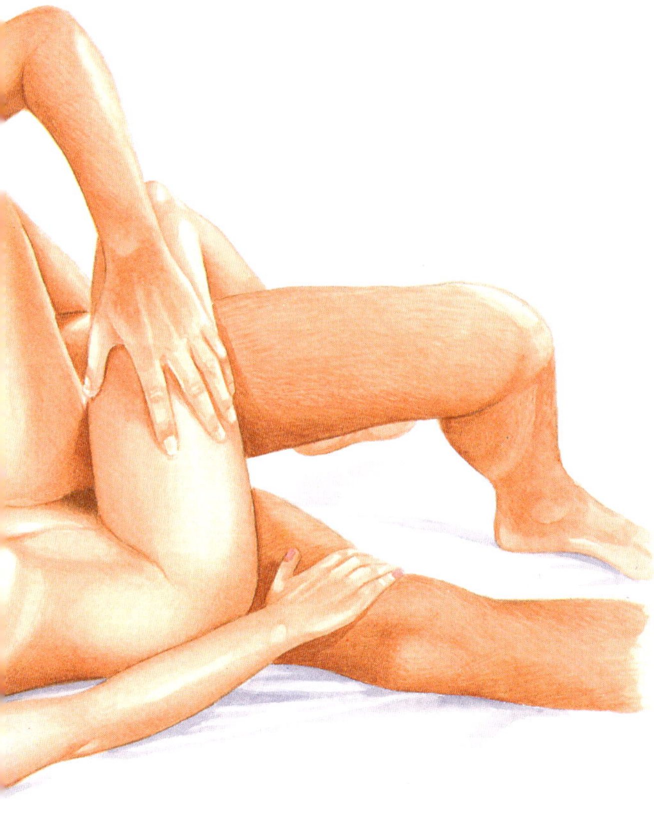

Mit einigen Mythen aufräumen

Manche Männer beschuldigen ihre Partnerin, »frigide« zu sein, wenn sie nicht beim Geschlechtsverkehr, und schon gar nicht zusammen mit ihm zum Orgasmus kommt. Das ist unsinnig, da Frigidität etwas völlig anderes ist als die Unfähigkeit, zum Orgasmus zu gelangen.

Frigidität bezeichnet das völlige Fehlen jeder sexuellen Reaktionsfähigkeit, wobei der Orgasmus nur eine von vielen Möglichkeiten ist. Für so manchen Mann fehlt einer Frau etwas, die keinen Orgasmus hat oder haben kann (möglichst noch beim Geschlechtsverkehr). Das ist eine absolut irrige und schädliche Vorstellung, weil sie die weibliche Sexualität nach männlichen Standards beurteilt.

Männer in unserem Kulturkreis sind zweckorientiert und sehen einen Orgasmus bei sich selbst als entscheidenden Bestandteil jeder sexuellen Begegnung an. Demzufolge erwarten sie dasselbe von ihrer

Jede Penetration von hinten beschleunigt den Orgasmus bei einer Frau, deren sexuelles Erregungszentrum hauptsächlich der G-spot ist. Manche Frauen stellen fest, daß sie eher zum Höhepunkt kommen, wenn sie ihr Gesicht vom Partner abwenden. Sie fühlen sich dann freier, ihre eigene Lust voll zu genießen

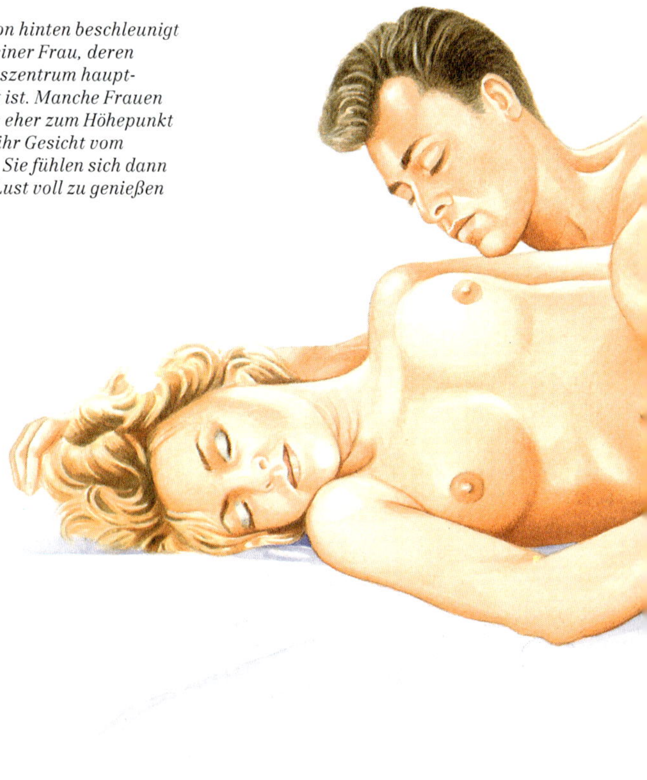

Partnerin. Eine umfangreiche, 1977 in den Vereinigten Staaten mit über 4000 Männern durchgeführte Untersuchung ergab, daß die Mehrheit das Ende des Geschlechtsverkehrs als den Zeitpunkt definierte, wenn »beide einen Orgasmus gehabt haben«. Viele Frauen würden dem sicher nicht zustimmen.

Gegenwärtig gibt es zwei widersprüchliche Erklärungsversuche für die Tatsache, daß Frauen insgesamt seltener einen Orgasmus haben als Männer.

Der erste beruft sich auf die Psychoanalyse und behauptet, daß zwar grundsätzlich alle Frauen über Geschlechtstrieb und Orgasmus-

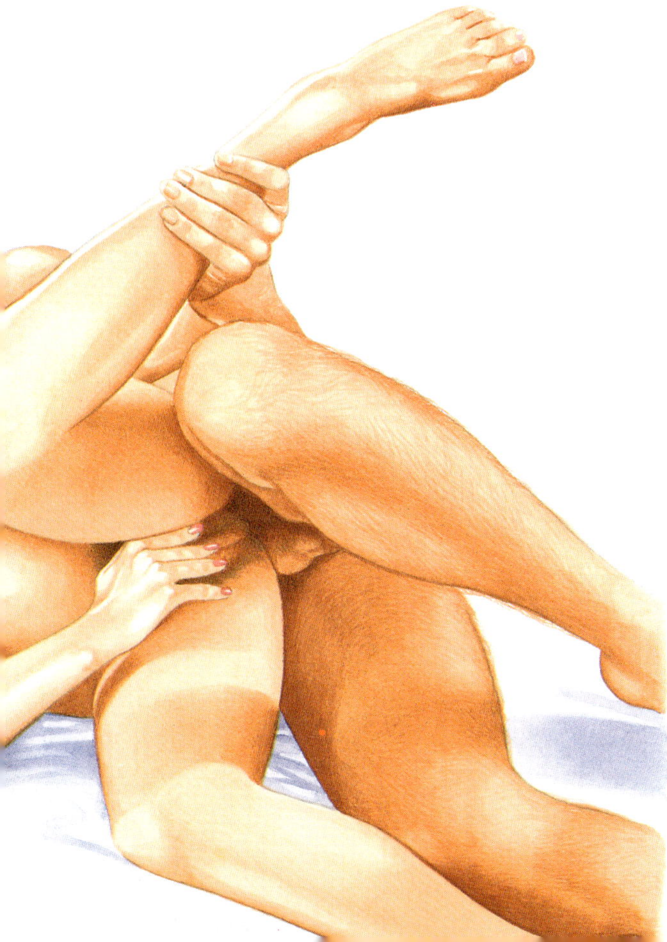

Das Erlernen der Drücktechnik

Der Mann sollte sich mit erotischer Literatur in Stimmung bringen und sich durch Masturbieren eine Erektion verschaffen. Wenn der Penis richtig erigiert ist, hört er auf, legt Finger und Daumen um den oberen Rand und drückt die Spitze zusammen. Dadurch wird die Erektion schnell nachlassen. Ist der Penis erschlafft, so sollte er ihn mit seiner Lieblingsmethode erneut stimulieren und diesen Zyklus von Erregung und Innehalten solange fortsetzen, wie er es aushalten kann.

Er sollte die Zeit, die er bis zum Orgasmus verstreichen läßt, allmählich steigern, bis er ohne Probleme auf eine halbe Stunde kommt.

Manche Männer wiederholen das Ganze dann noch einmal mit ihrer Partnerin. Das ist eine gute Übung, weil die Umstände hier realistischer sind und mehr mit dem eigentlichen Geschlechtsverkehr zu tun haben.

Nach ein paar Tagen Training sollte der Mann in der Lage sein, seine Erektion eine Zeitlang zu halten, ohne zu ejakulieren. Dann könnte er irgend etwas im Haus erledigen oder für seine Partnerin tun, und anschließend bringen ihn beide wieder zur Erektion.

Solange die einzelnen Übungsrunden für den Mann immer in Geschlechtsverkehr oder Masturbation münden, wird es keine Probleme geben.

Nach einigen Wochen wird fast jeder Mann seinen Orgasmus beinahe beliebig lange hinausschieben können. Der Trick besteht darin, daß er erkennt, wann er den Punkt erreicht, an dem er nicht mehr »umkehren« kann. Er kann seiner Partnerin sagen oder signalisieren, daß sein Orgasmus unmittelbar bevorsteht, damit sie aufhört, ihn zu stimulieren. Wenn er dann später beim Geschlechtsverkehr dieselben Symptome wahrnimmt, kann er mit den Stoßbewegungen des Penis innehalten und ihn entweder aus der Vagina herausziehen, damit sie ihn zusammendrückt, oder etwas anderes tun, um seinen Orgasmus unter Kontrolle zu bekommen.

fähigkeit verfügen, die meisten aber durch ihre Erziehung dazu konditioniert werden, Sex für schmutzig, unrecht oder schädlich zu halten. Das Resultat ist, daß viele Mädchen ihre entsprechenden Möglichkeiten niemals so entdecken wie Knaben und deshalb schon irgendwie verbogen sind, wenn sie zur Frau werden. Dieser Zustand läßt sich ändern, so wird behauptet, indem man die alten Mythen zerstört und die Schäden damit reduziert.

Die klinische Praxis zeigt, daß vieles für diese Theorie spricht, aber sie scheint unvereinbar mit einer zweiten, die sich aus der Anthropologie herleitet, und derzufolge Frauen die einzigen weiblichen Lebewesen sind, die einen Orgasmus haben. Sie weist außerdem darauf hin, daß weibliche Orgasmen biologisch nicht von Bedeutung, sondern eine speziell erlernte Vervollkommnung sozialen Verhaltens sind, vergleichbar mit dem Erlernen des Klavierspiels.

Die zeitliche Abstimmung

Bei einer so individuellen Angelegenheit wie der menschlichen Sexualität kann es nun einmal keine ausnahmslos gültigen Regeln dafür geben, wie man zusammen zum Orgasmus kommt, aber die klinische Praxis macht es möglich, daß wir von anderen lernen. Für die große Mehrheit von Paaren gilt, daß die Frau ihren Orgasmus beschleunigen und der Mann seinen zurückhalten muß, wenn der gleichzeitige Höhepunkt mehr als ein Zufallstreffer sein soll. Hier ein paar Tips, wie man das erreicht.

Zur Beschleunigung der weiblichen Erregung

- Sehr günstig wirkt sich vorherige orale Stimulation aus. Wenn der Mann die Frau mit dem Mund fast zum Höhepunkt bringt und sie dann penetriert, kann es gut sein, daß sie fast sofort kommt. Die abschließende Stimulation durch das Hineinstoßen des Penis reicht aus, um der Frau zu einem Orgasmus zu verhelfen, den sie sonst nicht gehabt hätte.
- Bei einer Frau, deren hauptsächliches Lustzentrum ihr G-spot ist, kann die Penetration von hinten, besonders die sogenannte »Hündchen«-Position, dazu beitragen, daß sie dort stimuliert wird, wo die größte Wirkung zu erzielen ist. Manche Frauen haben in diesen Stellungen auch deshalb beim Geschlechtsverkehr einen Orgasmus, weil ihr Gesicht vom Partner weggewandt ist und sie so besser, ohne visuelle Ablenkung, das Liebesspiel genießen können. Diese Frauen stellen sich in ihrer Phantasie oft einen anderen Mann vor, dem ihr wirklicher Partner sonst »im Wege ist«. Ein anderer Grund kann der sein, daß sich Frauen in dieser Position äußerst verletzlich fühlen – sie werden penetriert und sind völlig hilflos dem ausgeliefert, was der Mann mit ihnen macht. Ein Paar, das durch die Erkundung der

Vagina festgestellt hat, daß die Frau über einen sensiblen G-spot verfügt, kann gut mit verschiedenen dieser Stellungen experimentieren.

- Lassen Sie Ihre Phantasie ausschweifen. Manche Frauen können sich selbst von »angenehm warm« bis auf den »Siedepunkt« bringen, wenn sie an eine besonders erregende Szene denken.
- Für die meisten Frauen hängt die Möglichkeit eines Orgasmus beim Geschlechtsverkehr vom Vorspiel ab. Dies muß ganz individuell auf die einzelne Frau abgestimmt sein. Vielleicht liegt es daran, daß mehr ältere, verheiratete Frauen beim Geschlechtsverkehr einen Orgasmus erleben als junge, alleinstehende – sie haben mehr Zeit gehabt, auszuprobieren und sich zu perfektionieren.
- Das Paar sollte eine Stellung finden, in der die Klitoris der Frau sich leicht und bequem stimulieren läßt. Eine der hierfür am besten geeigneten Positionen ist die, wo der Mann im rechten Winkel zum Körper der Frau und unter ihren angehobenen, gespreizten Ober-

Abgesehen von den Vorzügen einer tieferen Penetration finden viele Frauen, daß sie ihren eigenen Orgasmus und den des Partners besser steuern können, wenn sie oben sind. Und in manchen Positionen, wie etwa in dieser, ist es für den Mann auch leichter, gleichzeitig ihre Klitoris zu stimulieren

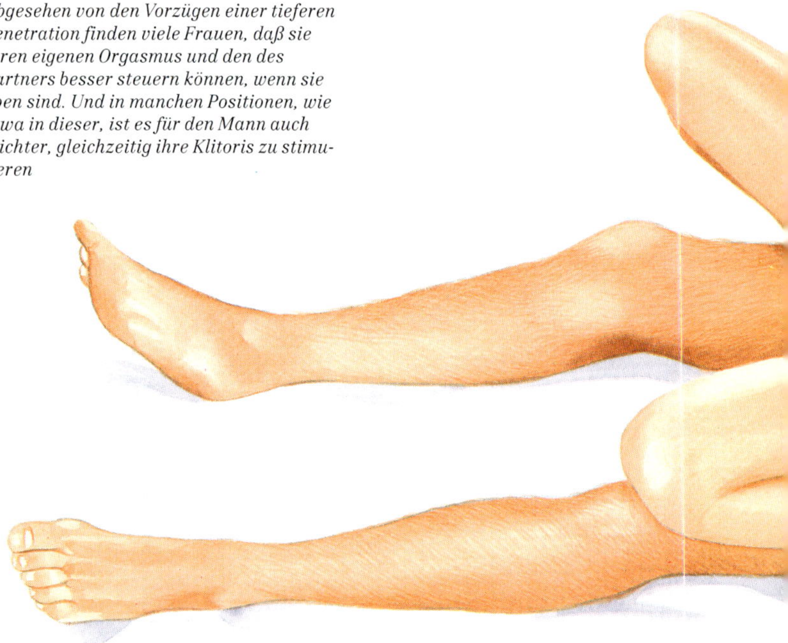

schenkeln liegt. Dabei hat er beide Hände frei, so daß er mit einer ihre Klitoris streicheln und mit der anderen andere Körperteile liebkosen kann. Es gibt auch eine Reihe von Stellungen, bei denen die Frau sich selbst die Klitoris streicheln kann, während der Mann sie penetriert.

Dazu gehören die sogenannte Löffel-Position – er dringt von hinten in sie ein, wobei sie das obere Bein anhebt –, oder die Stellung, bei der die Frau oben liegt – ein erfinderisches Paar wird schnell feststellen, wie es die besten Ergebnisse erzielen kann. Manche Frauen haben nur einen Orgasmus, wenn sie für Vulva oder Klitoris einen Vibrator benutzen, während sie penetriert werden, und auch manchen Männern gefällt dieses Gefühl.

● Bringen Sie sich vor dem Geschlechtsverkehr zum Orgasmus. Das macht einen durch anschließende Penetration bewirkten Höhepunkt wesentlich wahrscheinlicher.

Manche Frauen, die beim Masturbieren und während des Vorspiels durchaus (oft sogar mehrfach) orgasmusfähig sind, gelangen beim Geschlechtsverkehr nie zum Höhepunkt. Kaum noch jemand geht heute davon aus, daß mit diesen Frauen etwas nicht stimmt.

Verlangsamung des Mannes

Dies zu erreichen ist bedeutend schwieriger als das Beschleunigen bei der Frau, und jedes Paar, das diese Übungen macht, geht das Risiko ein, daß der Mann sich schließlich so unter Kontrolle hat, daß er nicht mehr zum Orgasmus fähig ist, auch wenn er einen haben will.

Handelt es sich nur darum, daß der Mann gelegentlich früher kommt, als er möchte, und den Orgasmus seiner Partnerin nicht abwarten kann, so sind hier ein paar Vorschläge, wie es vielleicht besser klappt.

● Sprechen Sie mit Ihrer Partnerin – vielleicht kann sie Ihnen helfen. Möglicherwiese stimuliert sie Sie zu intensiv, küßt Sie zu leidenschaftlich oder bringt Sie schon beim Vorspiel an den Punkt, wo Sie nicht mehr zurückkönnen, und wundert sich dann, warum Sie so schnell kommen und sie noch nicht bereit ist. Hier besteht der Trick darin, daß Sie Ihr Tempo einander angleichen. Verwenden Sie mehr Zeit darauf, sie anzuheizen, und lassen Sie sich von ihr erst streicheln und selbst in Erregung bringen, wenn ihr eigener Orgasmus kurz bevorsteht.

● Benutzen Sie ein paar Wochen lang ein Kondom. Das kann die Sensibilität so vermindern, daß dadurch die allzu steile Erregungskurve unterbrochen wird.

- Tragen Sie eine schwach anästhetisierende Creme oder Salbe auf die Spitze Ihres Penis auf. Das reduziert seine Empfindlichkeit, und Sie halten länger durch.
- Versuchen Sie, bei jedem Stoß Ihren Anus eng zusammenzuziehen.
- Tiefe Penetration hilft manchen Männern, weil dabei die Spitze des Penis weniger stimuliert wird. Das kommt daher, daß die Vagina der Frau oben erheblich erweitert ist, wenn sie sehr erregt ist, und den Penis nicht so eng umschließt.
- Konzentrieren Sie Ihre Gedanken auf etwas Nicht-Sexuelles. Denken Sie an ein Problem bei der Arbeit oder ein beliebiges Thema, das Sie zeitweise von Ihrer allzu rasch steigenden Erregung ablenkt.
- Trinken Sie vor dem Geschlechtsverkehr etwas Alkohol. Manche Männer sind nervös, besonders wenn die Frau sie wegen des gleichzeitigen Orgasmus unter Druck setzt, und werden durch Alkohol entspannter.
- Die Drück-Technik zu erlernen, ist auch eine Methode, wie der Mann mehr Kontrolle über seine Ejakulation erlangen kann.

Das Ejakulations-Training ist auch noch in anderer Hinsicht von Vorteil – es ermöglicht der Frau bis in die intimsten Kleinigkeiten, die Anzeichen für einen unmittelbar bevorstehenden Orgasmus bei ihrem Partner zu erkennen. Das kann nützlich sein, wenn sie ihren Höhepunkt zeitlich auf seinen abstimmen oder ihn so verlangsamen will, daß er auf sie warten kann.

Ein liebevoller und aufmerksamer Mann wird durch gleichermaßen sorgfältige Beobachtung seiner Partnerin beim Masturbieren und beim Sex die Anzeichen ihrer Erregung kennenlernen und sich zeitlich darauf einstellen. Manche Paare haben einfach nie genug Zeit und Aufmerksamkeit investiert, um diese Symptome erkennen zu können, und wundern sich dann, warum sie nie gemeinsam zum Orgasmus kommen.

Kombinationstechniken, mit denen der Orgasmus des Mannes verzögert und der der Frau beschleunigt wird, bringen meist die besten Resultate. Wenn beide Partner ihre eigenen Orgasmen kontrollieren und deren Symptome beim anderen erkennen können, sollten sie in der Lage sein, gleichzeitig zum Höhepunkt zu kommen.

Nicht Forcieren!

Wenn das Bemühen um einen gleichzeitigen Orgasmus zur Anstrengung wird oder Sie von Ihrer Freude am Sex ablenkt, sollten Sie damit aufhören. Es ist wahrscheinlich sinnvoll, es nicht allzu oft zu probieren und sich den gemeinsamen Orgasmus für spezielle Gelegenheiten vorzubehalten, wenn Sie in besonders zärtlicher und entspannter Stimmung sind.

Kapitel Sieben

Die Verlängerung der Lust

Mehr Zeit für die Liebe

Beeilen Sie sich bei der Liebe? Findet Sex bei Ihnen häufig, aber nur kurz statt? Dann sollten Sie sich wirklich mehr Zeit für die Liebe nehmen.

Es gibt Zeiten in einer sexuellen Beziehung, wo der eilige Liebesakt zwischendurch ganz aufregend sein kann. Die Methode »ruckzuck und vielen Dank« kann durchaus am Platze sein, vielleicht kurz bevor man sich abends mit Freunden trifft, in der Mittagspause oder am Ende des Tages.

Es gibt jedoch andere Zeiten, in denen beide den Geschlechtsverkehr nur dann voll befriedigend finden, wenn Zeit genug ist, ihn auch auszudehnen. Der sinnliche, in die Länge gezogene Geschlechtsverkehr drückt nicht nur die emotionale Verbundenheit stärker aus als ein »Quickie«, er kann auch körperlich erfüllender sein, da beide Partner all ihre Liebe und Geschicklichkeit einsetzen, um einander langsam auf den Gipfel der Erregung zu bringen und sich schließlich zu befriedigen.

Der in die Länge gezogene Liebesakt sollte nicht als Wert an sich betrachtet werden. Manche Menschen machen den Fehler zu glauben, daß die Fähigkeit, länger »auszuhalten«, sie zu guten Liebhabern macht. Wenn Sie und Ihr Partner das Erlebnis nicht tatsächlich genießen, sondern nur durchhalten, um Ihre Ausdauer zu beweisen, ist dies eine sinnlose Übung.

Wie bei jeder sexuellen Begegnung ist auch hier das Entscheidende, daß Sie Ihre Gedanken und Reaktionen miteinander teilen und sensibel für die Bedürfnisse und Gefühle Ihres Partners sind.

In Stimmung

Die sexuelle Erregung kann schon lange vor dem Geschlechtsverkehr einsetzen. Sie kann durch sinnliche Küsse und Berührungen ausgelöst werden – aber auch durch eine ganze Reihe anderer Dinge. In Gedanken bei Ihrem Liebhaber, Ihrer Geliebten oder einer Phantasiegestalt zu sein, eine bestimmte Melodie zu hören, etwas zu riechen, das Erinnerungen heraufbeschwört, ein besonderes Essen oder Getränk – all das kann Sie in Stimmung für die Liebe versetzen. Das kann sich über Stunden hinweg steigern, bevor Sie sich auch nur berühren.

Wenn Sie das Liebesspiel verlängern wollen, ist es am besten, nicht nur den Akt selbst auszudehnen, sondern auch dessen Einleitung und die Zeit danach.

Ein Striptease zur Einleitung

Es gibt nichts, das aufregender – aber auch lächerlicher – wirken könnte, als das Auskleiden vor einem Liebesakt. Männer sind oft besonders unbeholfen, indem sie zuerst Hemd und Hose ablegen und sich dann wundern, warum ihre Partnerin den Anblick eines Mannes in Unterhosen und Socken eher komisch als sexy findet.

Frauen machen manchmal den Fehler, daß sie sich zu schnell ausziehen – schade, weil die meisten Männer den Anblick einer nur teilweise bekleideten Frau äußerst erregend finden. Nur in Jeans oder mit T-Shirt und Slip zu »posieren«, kann sehr aufreizend wirken. Wenn beide sich Zeit nehmen und sich bei jedem Kleidungsstück gegenseitig helfen, können Sie zusammen auch Schwierigkeiten wie klemmende Reißverschlüsse und komplizierte Haken meistern.

Die Sprache der Liebe

Die Stimme ist ebenso Teil des Körpers wie Hände oder Lippen. Man kann seinem Partner ebensoviel Freude bereiten, wenn man ihm oder ihr sagt, wie sehr man ihn liebt, wie gut einem sein oder ihr Körper gefällt, was für ein geschickter Liebhaber er ist, wie sehr man den Anblick ihrer Brüste oder seines Penis mag.

> ***Die Wahl des richtigen Zeitpunkts***
>
> *Bevor Sie eine ausgedehnte sexuelle Begegnung planen, sollten Sie sich mit Ihrem Partner darüber einigen, und sei es nur stillschweigend, daß es für Sie beide zu einer bestimmten Zeit angenehm ist.*
>
> *In den Ferien und an Wochenenden ist es natürlich leichter, dem Partner volle Aufmerksamkeit zu widmen und sie bis zum Sex langsam und allmählich zu steigern. Aber auch ein normaler Arbeitstag bekommt eine besondere Note durch ein paar zusätzliche Gesten – dem Partner eine Tasse Kaffee ans Bett bringen, ein sehr liebevoller Kuß zum Abschied.*
>
> *Wenn dann der Moment für die Liebe näherrückt, müssen Sie sich absolut vergewissern, daß bestimmte Bedingungen erfüllt sind; Zeit zu haben ist natürlich besonders wichtig. Man wird sich kaum auf einen langsamen, sinnlichen Liebesakt einlassen können, wenn man ein wichtiges Telefongespräch erwartet oder weiß, daß die Kinder jede Minute heimkommen könnten oder ein Gast zu Besuch kommt. Wärme und Behaglichkeit sind ebenfalls wichtig. Gänsehaut und Kälteschauer sind unnötige Ablenkungen.*
>
> *Ausschlaggebend ist schließlich die totale Ungestörtheit. Wenn Sie dazu ein Schloß an Ihrer Schlafzimmertür anbringen und den Telefonhörer von der Gabel nehmen müssen, dann tun Sie es. Manchmal sind wir noch von früher her darauf eingestellt, uns beim Sex zu beeilen, weil wir damals Angst hatten, von Eltern oder Mitbewohnern gestört zu werden.*

Das Liebevollste, was Sie tun können, ist, den Körperteil Ihres Partners zu loben, den er selbst für unattraktiv hält, und ihm zu versichern, daß sie ein Bäuchlein kuschelig oder kleine Brüste toll finden. Inzwischen sollten Sie beide schon ziemlich erregt sein und können Ihre Zärtlichkeiten auf andere Körperteile ausweiten.

Die gegenseitige Erkundung

Vor dem Geschlechtsverkehr werden Sie den Körper Ihres Partners erkunden wollen und möchten sicher, daß auch Sie gestreichelt und liebkost werden.

Eine gute Einleitung dazu ist das gemeinsame Bad. Sie bereiten sich dadurch nicht nur körperlich auf die Liebe vor, so daß Sie sicher sein können, sich so wohlriechend und angenehm wie möglich zu präsentieren, sondern Sie werden auch merken, wie leicht Ihre Hand mit Seife und Shampoo unter Wasser über den Körper Ihres Partners gleitet.

Die Haut ist mit ihrer vielfältigen Strukturierung, ihrem Aroma und ihrer Empfindlichkeit gegenüber Temperaturschwankungen das wichtigste nicht-genitale Geschlechtsorgan. Dennoch wird sie beim Liebesspiel oft vernachlässigt, besonders von Männern, die weniger sensibel für Berührungen sind als Frauen.

Mit Händen, Fingern und Zunge zu experimentieren, während Sie gegenseitig Ihre Körper erforschen, kann die Sinneslust vor dem Geschlechtsverkehr erheblich steigern.

Sie können beim Streicheln auch Massage- oder Baby-Öl oder eine Creme verwenden und sich gegenseitig zu einem entspannten, glücklichen Zustand verhelfen.

Breiten Sie ein großes Handtuch über Bett oder Fußboden aus, so daß Sie sich keine Sorgen wegen eventueller Flecken machen müssen, und gehen Sie daran, den anderen einzuölen oder einzucremen und zu streicheln. Halten Sie sich in diesem Stadium noch von den erogenen Zonen fern – sie sind besonders sensibel und erregbar.

Sparen Sie sich die Genitalien, die Innenseite der Oberschenkel und die Brüste für später auf und konzentrieren Sie sich einstweilen auf jeden anderen Körperteil.

Erkunden Sie sich gegenseitig mit Handflächen, Fingern, Lippen und Zunge von den Zehenspitzen bis zum Scheitel. Allmählich werden Sie merken, wie jeder Körperteil auf die Berührung des Partners reagiert, und zwar manche Bereiche empfindlicher und lustvoller als andere.

Ermutigen Sie Ihren Partner, deutlich zu zeigen, welcher Körperteil am empfänglichsten für Ihr Streicheln ist, und welche Art von Zärtlichkeiten er oder sie bevorzugt – und machen Sie umgekehrt dasselbe.

Die Zungenwäsche

Versuchen Sie, Ihre Zunge ebenso zu benutzen wie Ihre Hände. Lecken Sie in langen, breiten, langsamen Strichen, und verwenden Sie soviel Speichel wie möglich. Bedecken Sie damit jeden Körperteil Ihres Partners, indem Sie auf dem Rücken beginnen, ihn dann umdrehen und vorne weitermachen.

Wenn Sie zu den erogenen Zonen kommen, probieren Sie, beim Lecken gleichzeitig zu pusten – das Gefühl von nasser Haut, die durch Anhauchen getrocknet wird, kann ausreichen, um jeden, ob Mann oder Frau, in Ekstase zu versetzen. Pusten Sie Ihrem Partner jedoch nicht in die Ohren, weil er davon taub werden könnte, und blasen Sie niemals in die weibliche Vagina, da dies zu ernsthaften Verletzungen führen kann – sogar zum Tode.

Langsame Positionen

Es gibt verschiedene Stellungen beim Liebesakt, die Ihnen helfen, den Geschlechtsverkehr über eine lange Zeit aufrechtzuerhalten. Alle beruhen darauf, daß es die Frau ist, die die Koitusbewegungen kontrolliert. Das Ziel der Übung ist generell, den Mann so lange zu bremsen, wie es für beide Partner wünschenswert ist.

Während eine Frau mehrere Orgasmen erleben und weiterhin den Geschlechtsverkehr genießen kann, ist es für den Mann an diesem Punkt mit dem Liebesakt erst einmal vorbei.

Sobald er seine Plateauphase erreicht hat, fällt es ihm vielleicht schwer, seine Bewegungen einzustellen oder zu verlangsamen, aber wenn seine Partnerin die Dinge unter Kontrolle hat, kann alles etwas langsamer ablaufen. Sie kann auch seinen Penis herausziehen und die Drück-Technik anwenden, um eine Ejakulation zu verhindern. Dazu muß sie den Daumen auf sein Frenulum und Zeige- und Mittelfinger auf die andere Seite des Penis legen und ihn sanft drücken.

Die Frau liegt oben

Eine Position ist die der »überlegenen Frau«, bei der der Mann auf dem Rücken liegt und die Frau auf ihm sitzt. Sie kann gerade sitzen oder sich auch in ganzer Länge auf ihn legen, die Beine dabei zwischen seinen oder außen halten. Bei dieser Stellung die Hand auf ihr Kreuz zu drücken, stimuliert ihre Klitoris, indem sein Penis zwischen ihren und seinen Körper gepreßt und ihr größtmögliche Bewegungsfreiheit gelassen wird. Dabei kann der Partner ihre Brüste und ihr Gesäß streicheln.

Im Schoße des Glückes

Für diese Position braucht man einen biegsamen Rücken – falls Sie also Rückenprobleme haben, nehmen Sie sich in acht. Der Mann sitzt dabei mit ausgestreckten Beinen auf einem Bett. Seine Partnerin läßt sich auf seinen Schoß sinken, legt ihre Beine über seine und führt, wenn beide dazu bereit sind, seinen Penis in ihre Vagina ein.

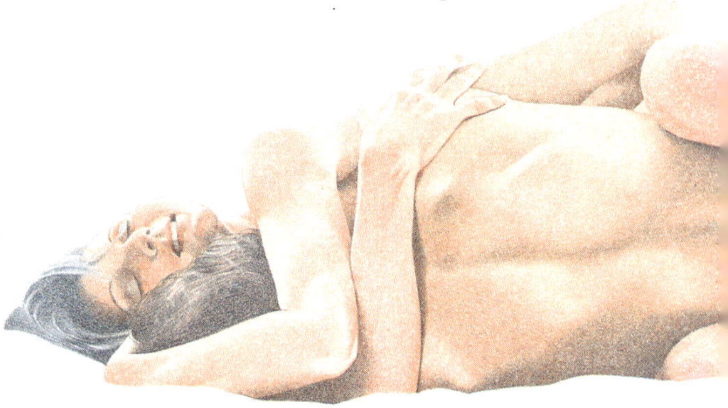

Sie kann die Beine um seinen Rücken schlingen oder sie entspannt neben ihm ausstrecken.

Beide können sich zurücklehnen und sich dabei mit den Händen abstützen, oder sie kann ihn umarmen, wobei er sie zusätzlich festhält. Er kann auch auf ihrem Schoß sitzen und dabei seine Beine über ihre legen oder sie um ihren Rücken schlingen.

In einer weiteren Variante preßt er seine Knie zusammen, und sie lehnt sich zurück.

Da sie sehr entspannt ist, bietet die seitliche Position auch die ideale Möglichkeit, nach dem Orgasmus weiterhin vollen Körperkontakt beizubehalten

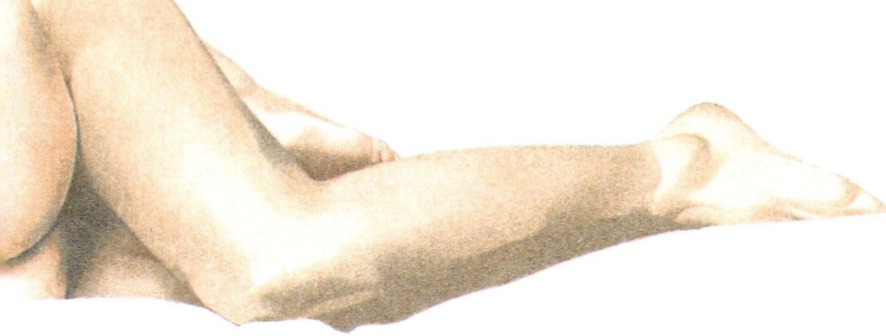

Seite an Seite zu liegen, ist eine perfekte Zwischenlösung. Man kann dabei den Rhythmus des Liebesspiels konstant halten und erspart sich bei einer Veränderung der Position verrenkte Muskeln

Wenn sie ein Knie anhebt und ihren Fuß gegen seine Brust stemmt, kann sie seine Stöße kontrollieren, indem sie mit dem Fuß hin- und herschaukelt. Er wiederum kann ihren Fuß küssen und streicheln – für viele Frauen eine sehr erotische Liebkosung.

Seite an Seite

Auf der Seite zu liegen, ist eine besonders entspannte Position. Die Frau kann auf dem Schenkel ihres Partners liegen oder umgekehrt. Die Bewegungsmöglichkeiten sind eingeschränkt, und deshalb ist diese Stellung ideal für den langsamen, gemächlichen Liebesakt.

Beide können mit einer Hand den anderen streicheln und lange Blicke und Küsse austauschen. Die seitliche Position ist die ideale »Ruhe«-Stellung, in die man sich begeben kann, wenn man die Erregung eine Zeitlang etwas abbremsen will.

Die Art der Bewegungen

Die Bewegungen erfolgen gewöhnlich stoßweise und stimulieren damit in erster Linie den Mann durch das Reiben von Eichel und Schaft seines Penis. Die Klitoris läßt sich jedoch gleichermaßen reizen, wenn man seitliche und kreisende Bewegungen anwendet, ähnlich dem »Stoßen und Mahlen« einer Striptease-Tänzerin. Diese Bewegungen können für die Frau äußerst erregend sein, während ihr Partner dadurch »gestoppt« wird.

Die meisten orientalischen Kulturkreise praktizierten die Kunst, die Ejakulation zurückzuhalten. Als guter Liebhaber wurde derjenige angesehen, der seiner Frau »tausend Liebesstöße« versetzen konnte und sie mehrfach zum Orgasmus brachte, ohne selbst zu ejakulieren. Das Ideal war ein Erguß bei 100 Malen.

Nachdem beide den Reiz und die gemeinsame Nähe eines ausgedehnten Geschlechtsverkehrs ausgekostet haben und er sich vergewissert hat, daß seine Partnerin befriedigt ist, werden die meisten Männer unseres Kulturkreises sicher das Gefühl haben, daß der beste Abschluß eines Liebesaktes auch für sie ein explosiver Orgasmus ist.

In die zweite Runde gehen

Bei einem ausgedehnten Liebesspiel stellen Sie wahrscheinlich fest, daß die Frau mehr als einen Orgasmus erleben kann. Abhängig von Alter und Kondition des Mannes mag auch er sich eine »Zugabe« wünschen.

Ein Mann über 30 merkt wahrscheinlich, daß er nach seinem Orgasmus länger zur Regeneration braucht als in seiner Jugend. Selbst beim jüngsten und gesündesten Mann wird es mindestens 20–30 Minuten dauern, bis sein Körper wieder reaktionsfähig ist.

Eine Dusche oder ein Bad, eine Zeitlang redend und den Körper des anderen spürend zusammenzuliegen, kann manchmal zu überraschenden Ergebnissen führen – besonders wenn die Frau seinen Penis mit Lippen und Zunge liebkost. Wenn dieser Körperteil darauf jedoch nicht anspricht, so denken Sie daran, daß kein erigierter Penis nötig ist, um »Liebe zu machen«.

Die Momente danach

Sie können mit Ihrem übrigen Körper das Liebesspiel fortsetzen, indem Sie einander streicheln, solange Sie wollen. Viele Frauen empfinden die Momente nach dem Sex als die angenehmsten, in denen der Partner sie umarmt und ihnen seine Zuneigung zeigt. Nach dem Geschlechtsverkehr fühlen wir uns entspannt, in uns selbst ruhend und vertrauensvoll.

Mehrfach-Orgasmen

Viele Frauen sind, ohne es zu wissen, zu mehrfachen Orgasmen fähig. Durch die Aufmerksamkeit und Zärtlichkeit eines liebevollen Partners können sie vielleicht ungeahnte Höhepunkte erreichen.

Die Erregungskurve der Frau läßt sich in vier Phasen einteilen. In der ersten – der Erregungsphase – erigieren ihre Brustwarzen, ihr Herzschlag beschleunigt sich, und ihre Brüste schwellen an. Die Vagina erweitert sich und wird feucht, und ihre Klitoris wird größer.

In der nächsten – der Plateauphase – zieht sich die Klitoris zurück, das obere Ende der Vagina bläht sich auf, und die Frau tritt in die dritte Phase ein – die des Orgasmus.

Sie beginnt vielleicht, schwerer zu atmen, vor Lust zu zucken und sich zu winden und zu schreien oder zu stöhnen. Die Muskeln ihrer Vagina ziehen sich rhythmisch zusammen. Nach mehreren Kontraktionen auf dem Höhepunkt des Orgasmus setzt dann das letzte Stadium – die Rückbildungsphase – ein. Innerhalb von zehn Minuten bis zu einer halben Stunde kommt alles langsam wieder zur Ruhe, und der Körper kehrt, wenn er nicht weiter stimuliert wird, zum sexuell unerregten Zustand zurück.

Während dieser Rückbildungsphase können viele Frauen ein zweites Mal zum Orgasmus gelangen.

Wie viele Frauen sind das?

In den vierziger Jahren stellte der amerikanische Sexual-Forscher Kinsey fest, daß eine von sieben Frauen gelegentlich Mehrfach-Orgasmen erlebte. Terman, ein anderer Forscher, fand diese Zahlen in etwa bestätigt. In den sechziger Jahren entdeckten Masters und Johnson jedoch, daß bei ausreichender Stimulierung die meisten Frauen zu Mehrfach-Orgasmen fähig sind. Und sie bekamen heraus, daß eine Frau in den meisten Fällen »imstande (ist), einen zweiten, dritten, vierten oder sogar fünften und sechsten Orgasmus zu haben, bevor sie völlig befriedigt ist«. Etliche der Frauen, die an dieser Untersuchung teilnahmen, konnten fünf oder sechs abgeschlossene Orgasmen erreichen, und zwar in ebenso vielen Minuten.

Durch den »Cosmopolitan«-Report – eine Untersuchung von 106 000 amerikanischen Frauen aller Altersstufen – gewonnene neuere Daten ergaben, daß 67 Prozent der Befragten meist Mehrfach-Orgasmen hatten und von den über 35jährigen jede Siebte sagte, Mehrfach-Orgasmen wären bei ihr bei jedem Liebesakt die Regel. Von all denen, die Mehrfach-Orgasmen hatten, waren es bei 66 Prozent bis zu fünf bei einem einzigen Sexualakt, 13 Prozent hatten sechs bis zehn, und 6 Prozent hatten elf und mehr.

Mehrfachorgasmen und Masturbation

Ganz klar haben viel mehr Frauen Mehrfach-Orgasmen, als allgemein angenommen wird, aber die große Mehrheit erreicht sie nicht ausschließlich beim Geschlechtsverkehr. Daran liegt es, daß viele Männer ihre Partnerin nicht für multi-orgasmisch halten, obwohl sie es eigentlich ist.

Die meisten Frauen haben Mehrfach-Orgasmen nur beim Masturbieren – wahrscheinlich, weil sie die Situation besser unter Kontrolle haben und die Stimulation länger aufrechterhalten können, als es beim Geschlechtsverkehr möglich ist.

Die größte Anzahl von Orgasmen stellten Masters und Johnson bei Frauen fest, die einen Vibrator benutzten.

Ist einer genug?

Manche Frauen – wahrscheinlich jede dritte – fühlen sich durch einen einzigen Höhepunkt total befriedigt, ebenso wie ein Mann. Tatsächlich sagen viele Frauen, daß sie jede Stimulierung nach dem

> *Die Frau sollte ihrem Partner zeigen, was sie am liebsten mag, indem sie ihn genau wissen läßt, wo er seine Hände hinlegen und wie er seine Finger benutzen soll, um sich dann zurückzulegen und seine Aufmerksamkeiten zu genießen. Wenn sie total entspannt ist, kann er noch einmal mit oralem Sex beginnen, indem er seine Zunge geschickt an den Schamlippen und an der Klitoris einsetzt und sie zum Orgasmus bringt.*

Orgasmus als schmerzhaft und unangenehm empfinden und daß diese alle weitere Lust in ihnen abtötet.

Daß die direkte Stimulierung der Klitoris beim ersten Mal am besten zum Orgasmus führte, heißt allerdings nicht, daß dies auch für nachfolgende Orgasmen die beste Methode ist. Da die Klitoris in der Rückbildungsphase immer noch erigiert und wieder aus ihrer schützenden Vorhaut herausgetreten ist, ist sie tatsächlich höchst sensibel, und eine direkte Reizung mag schmerzhaft sein.

Das Geheimnis besteht darin, die Klitoris jetzt indirekt zu stimulieren. Das kann durch Streicheln des ganzen Vulva-Bereichs (ausschließlich der Klitoris), Geschlechtsverkehr oder die Stimulierung anderer weiblicher Körperteile geschehen.

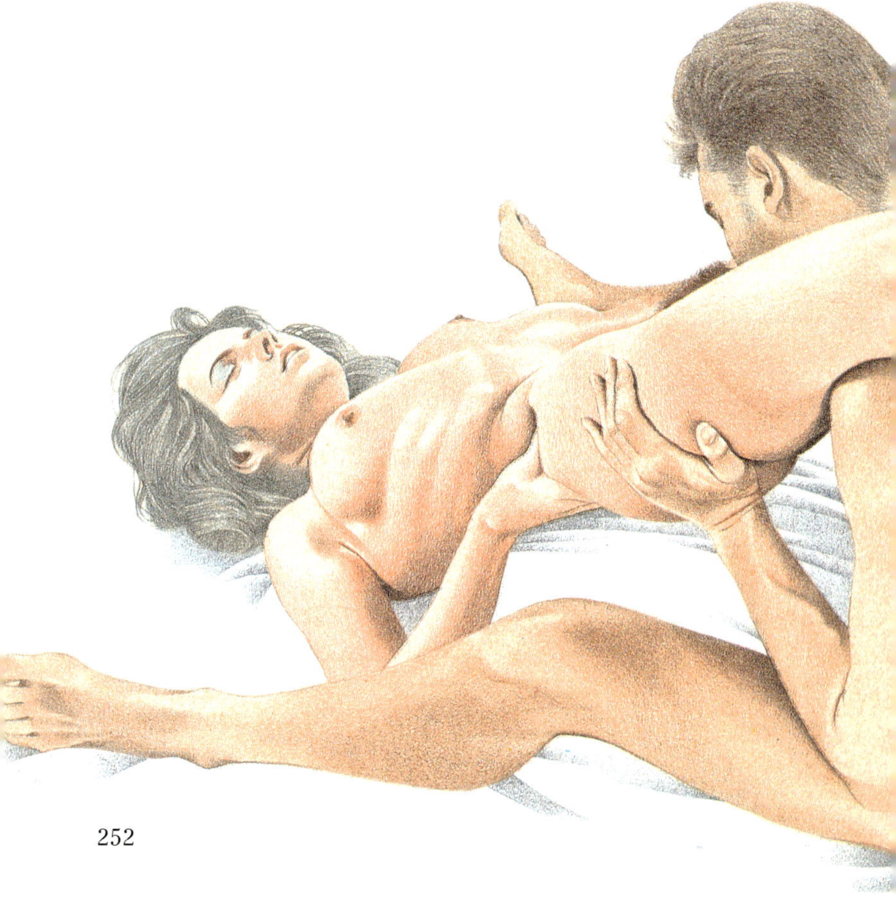

Daran liegt es auch, daß eine Frau, die den Höhepunkt schon vor dem Geschlechtsverkehr (durch direkte klitorale Stimulation) erreicht hat, üblicherweise noch einmal kommt, wenn das Paar Geschlechtsverkehr hat (bei dem die Reizung der Klitoris gewöhnlich indirekt erfolgt).

Sind Mehrfach-Orgasmen notwendig?

Wenn es um menschliche Sexualität geht, trifft die »Mehr-Ist-Besser«-Theorie zwar nicht unbedingt zu, aber viele Frauen behaupten, ihr zweiter oder dritter Orgasmus sei wesentlich intensiver und lustvoller als der erste.

Nach dem Küssen der Brüste kann der Mann dazu übergehen, mit der Zunge ihre Klitoris zu reizen, bis sie am Rande des Orgasmus ist

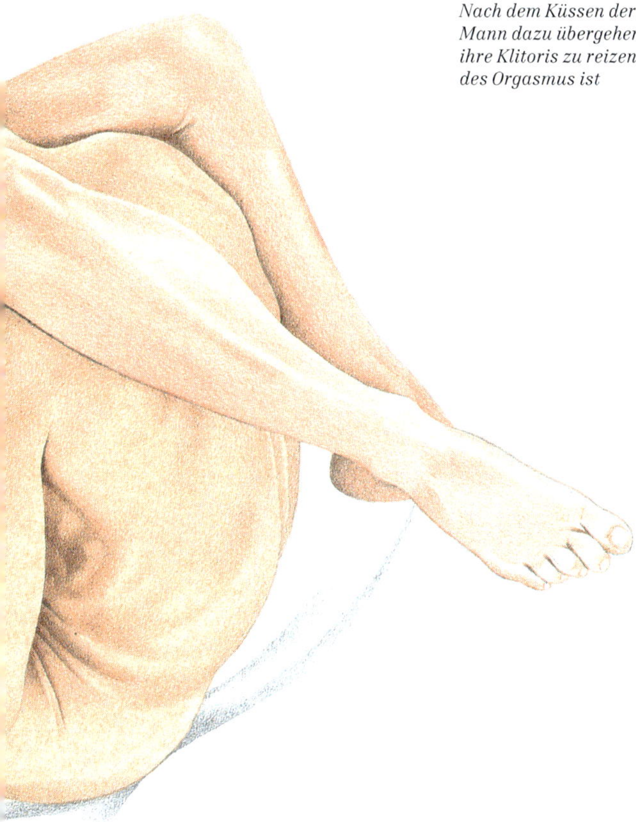

Für eine Frau ist der Mehrfach-Orgasmus ein rein egoistisches Vergnügen – aber warum auch nicht? Frauen sind im Gegensatz zu Männern mit der Fähigkeit ausgestattet, wieder und wieder den Höhepunkt zu erreichen, bis sie physisch erschöpft sind.

Viele Frauen jedoch, die nur einen einzigen Orgasmus erleben, blocken diese Möglichkeit unbewußt ab. Vielleicht halten sie sich insgeheim zurück, im Bett und außerhalb, und schöpfen die Möglichkeiten, die das Leben bietet, niemals voll aus – nicht nur beim Sex.

Von Zeit zu Zeit

Natürlich erleben nicht alle Frauen jedes Mal, wenn sie Sex haben oder masturbieren, mehrere Höhepunkte. Den meisten Frauen zufolge sind die besten Zeiten kurz vor, während oder nach ihrer Periode, in den mittleren drei Monaten der Schwangerschaft und bei extremer Reizung. Während ein paar Frauen jedes Mal beim Masturbieren oder beim Liebesakt Mehrfach-Orgasmen haben, müssen die meisten dazu in der richtigen Stimmung sein und brauchen ein langes Vorspiel und ausgedehnte Stimulierung bestimmter Körperteile.

Für die Frau, die das Gefühl hat, sie könnte zu mehrfachen Orgasmen fähig sein, sich aber bis jetzt mit einem einzigen zufriedengegeben hat, gibt es eine Reihe von Möglichkeiten. Selbst wenn diese Methoden nicht zum Erfolg führen, sind sie an und für sich schon lustvoll, lohnen also einen Versuch.

- Fangen Sie an, beim Masturbieren mit sich selbst zu experimentieren. Wenn Sie sich das nächste Mal besonders zum Sex aufgelegt fühlen, vielleicht um die Zeit Ihrer Periode herum, bringen Sie sich in Erregung und versuchen Sie nach dem ersten Orgasmus, sich mit anderen Mitteln soweit zu stimulieren, bis Sie einen zweiten haben. Wenn Sie Ihre Klitoris normalerweise mit den Fingern reizen, probieren Sie es jetzt mit einem Vibrator, bis Sie noch einmal kommen.

Wenn die Klitoris nach dem ersten Orgasmus zu empfindlich ist, so stimulieren Sie sie nicht weiter – finden Sie andere, indirekte Methoden. Versuchen Sie es mit einem Vibrator oder Dildo, den Sie in Ihre Vagina einführen. Das rhythmische Hinein- und Herausgleiten zieht an den Schamlippen und reizt die Klitoris.

Mehrfach-Orgasmen bei Männern

Bei Männern sind Mehrfach-Orgasmen sehr selten. Junge Männer bis Anfang 20 können vielleicht mehrere Male hintereinander ejakulieren, aber nur wenige ältere Männer sind dazu regelmäßig imstande.

Wenn ein Mann nach ein- oder zweitägiger Abstinenz ejakuliert, hat sein Sperma das größtmögliche Volumen, und der explosive Ausstoß in den Prostata-Bereich der Urethra verschafft ihm intensive Lustgefühle.

Wenn er innerhalb von wenigen Stunden noch einmal zum Orgasmus kommt, sind diese Gefühle weniger heftig, weil sich in der Zeit nicht genügend Flüssigkeit aufbauen konnte.

Die Verbindung zwischen Orgasmus und Ejakulation beim Mann ist sehr umstritten. Es trifft sicherlich zu, daß Männer einen Orgasmus haben können – ein Gefühl intensiver Erregung und Entladung –, ohne zu erigieren. Das kann durch eine Massage der Prostata geschehen und ruft fast immer eine Art Ejakulation hervor – wenn sie auch schwach erscheinen mag im Vergleich zu einer, die aufgrund direkter Penisstimulierung erfolgt.

Manche Männer behaupten, »trockene Orgasmen« zu haben – das heißt, Orgasmen ohne Ejakulation. Sie können wiederholt zum Höhepunkt kommen – einschließlich aller physischen und gefühlsmäßigen Symptome, dabei aber nicht ejakulieren. Am häufigsten passiert das bei Männern, die am gleichen Tag schon mehrmals zum Höhepunkt gekommen sind.

Der Kontrolle über die Ejakulation sind große Teile der erotischen Literatur des Orients gewidmet, wo Methoden erläutert werden, zu denen sowohl psychisches als auch physiologisches Training gehört. Der Druck auf einen Akupunktur-Punkt oberhalb der rechten Brust des Mannes erzeugt einen »Kurzschluß« und dient dem Verhalten des Samens. Tantrischen Texten zufolge kann dies noch unterstützt werden, indem man »die Ferse in die Stelle zwischen Skrotum und Anus preßt«.

Natürlich kann es auch sein, daß Sie wie viele Frauen feststellen, daß die simple Wiederholung dessen, was zu Ihrem ersten Orgasmus geführt hat, auch noch weitere hervorruft.

Vergessen Sie in diesem Stadium nicht, sich Ihrer Lieblings-Phantasien und -Erotika zu bedienen. Sobald Sie gelernt haben, wie Sie mehrfach zum Orgasmus kommen, können Sie Ihren Partner mit einbeziehen.

● Wenn Sie große Lust auf Sex haben, regen Sie ihn dazu an, daß er Ihre Klitoris stimuliert – möglichst mit der Zunge – und Sie zu einem wirklich lustvollen ersten Orgasmus bringt.

Wenden Sie dann das an, was Sie beim Masturbieren gelernt haben, und sagen Sie ihm, was Sie jetzt am liebsten möchten. Erwarten Sie nicht, daß er seine Erektion so lange halten kann, wie es für Sie notwendig ist. Ermuntern Sie ihn, einen Vibrator oder Dildo zu benutzen.

Wenn Sie fühlen, daß Sie fast soweit sind, lassen Sie ihn in Sie eindringen. Zunächst ist er vielleicht so erregt über Ihre neuentdeckten Orgasmen, daß er sehr schnell kommt. Je mehr er sich jedoch daran gewöhnt, desto besser wird er sein Tempo kontrollieren können.

Wenn Sie mehrere Orgasmen haben möchten, er Sie aber nicht so ausgiebig stimulieren will, so bitten Sie ihn, sich an Sie zu schmiegen oder an Ihren Brüsten zu saugen, während Sie masturbieren und wiederholt zum Höhepunkt kommen, bevor Sie ihn auffordern, für den abschließenden Orgasmus in Sie einzudringen.

- Übung macht den Meister, und Sie werden überrascht sein, wie schnell Sie mit immer weniger Stimulierung zu Mehrfach-Orgasmen gelangen. Wenn Sie dann an einem bestimmten Tag nur einen einzigen haben, seien Sie unbesorgt. Der vorherige Zustand wird sich bald wieder einstellen.
- Vergessen Sie auch den G-spot nicht. Frauen, die sich gern an der vorderen Wand ihrer Vagina bis zum Orgasmus stimulieren lassen, nennen dieses Gefühl ein völlig anderes als bei einem klitoralen Höhepunkt. Es ist wesentlich »tiefer« und bezieht auf viel wollüstigere Weise den ganzen Körper mit ein.

Tiefe Penetration

Nur wenige Paare nehmen bei jedem Liebesakt Stellungen ein, die eine tiefe Penetration erlauben. Gelegentlich jedoch wollen sie mit Positionen experimentieren, die ein besonders tiefes Eindringen ermöglichen und ihnen neue Lustgefühle verschaffen.

Die meisten Männer genießen es, den Körper der Frau so tief wie möglich zu penetrieren. Manche betrachten es als das totale Annehmen ihrer Person als Mann und Liebhaber – andere sehen es als Demonstration ihrer Macht über die Frau.

Das tiefe Eindringen wird auch von manchen Frauen als sehr lustvoll empfunden, aber den meisten gefällt es weniger als den Männern. Das liegt daran, daß sich die empfindsamsten Teile der weiblichen Vagina am Eingang und gleich dahinter befinden. Im allgemeinen gilt, je tiefer der Mann eindringt, desto weniger sensibel reagiert das Gewebe der Frau.

Der männliche Trieb

Männer verspüren den fast primitiven Drang, beim Ejakulieren tief hineinzustoßen, und für viele, wenn nicht die meisten Männer, ist dies der beste Teil des Geschlechtsverkehrs. Die meisten Frauen dagegen bevorzugen im allgemeinen ein weniger tiefes Eindringen.

Das ist ein weiteres Beispiel für das Geben und Nehmen in einer sexuellen Beziehung. Eine liebende Frau, die diese tiefen Stöße vielleicht nicht sehr genießt, kann sie ihrem Partner trotzdem ab und zu, wenn sie selbst besonders erregt ist, gewähren, auch wenn es ein paar Sekunden lang wehtut. Es kann für den Mann ungeheuer aufreizend sein, wenn er dieses vollständige Eindringen in seine Partnerin als Symbol seiner Machtstellung beim Liebesakt wahrnimmt. Dies ist ein Spiel, das manche Paare sowohl bewußt als auch unbewußt genießen.

Viele Frauen hören es gern, wenn der Mann ihnen sagt, daß er gleich tief in sie eindringen wird, und manche bitten sogar darum, besonders, wenn sie sehr erregt sind. Nur wenige Männer läßt dies kalt, insbesondere, wenn die Frau sonst eher zurückhaltend ist.

Warum die Mühe?

Wenn eine Frau sexuell erregt ist, wird das äußere Drittel ihrer Vagina stark durchblutet und bildet eine »Manschette« aus schwammigem Gewebe, die den Penis umschließt und die Vagina »enger« macht. Wegen dieser Schwellung ist es für den Mann nicht entscheidend, tief einzudringen, damit er den Geschlechtsverkehr genießen kann, und viele Frauen empfinden eine nur oberflächliche Penetration als besonders erregend. Gelegentlich jedoch möchte ein Paar auch mit Techniken experimentieren, die ein tiefes Eindringen zulassen. Dafür gibt es etliche Gründe.

Das tiefe Penetrieren kann sehr leidenschaftlich und aufregend sein, besonders, wenn die Frau ihre Oberschenkel bis zum Bauch

Haben Sie Probleme?

Tiefes Eindringen wirkt normalerweise äußerst erregend, und die meisten Paare finden großen Gefallen daran; allerdings nicht alle.

Ein Mann mit enger Vorhaut, die ihm bei oberflächlicher Penetration keine Schwierigkeiten macht, kann erhebliche Schmerzen verspüren, wenn er tief in eine Frau eindringt. Er sollte einen Arzt aufsuchen, um das Problem beheben zu lassen. Davon und von den Schwierigkeiten eines Mannes abgesehen, dessen Penis sehr stark stimuliert werden muß, damit er zum Höhepunkt kommt, haben Männer kaum je Probleme mit tiefer Penetration. Manche Männer stellen fest, daß ihre Penisspitze dabei weniger gereizt wird und sie deshalb nur schwer zum Orgasmus kommen. Die Lösung ist einfach – das Paar sollte eine Position einnehmen, in der der Penis vom unteren Drittel der Vagina umschlossen wird.

Bei Frauen gibt es mehr mögliche Schwierigkeiten beim tiefen Eindringen. Manche ganz normalen, gesunden Frauen finden es schmerzhaft, besonders wenn ihr Partner einen außergewöhnlich langen – nicht unbedingt dicken – Penis hat.

Jede Frau, die bei der tiefen Penetration echte Schmerzen und nicht nur Unbehagen verspürt, sollte ihren Arzt aufsuchen, um die Ursache feststellen zu lassen.

zurückziehen muß, um den Partner tief in sich eindringen zu lassen. Dieses »Öffnen« ihres ganzen Beckens gegenüber dem Mann gibt ihm das Gefühl, daß sie ihn besonders begehrt. Und ebenso sagen Frauen, sie wollten, daß der Partner sie »ganz ausfüllt« oder ähnliches.

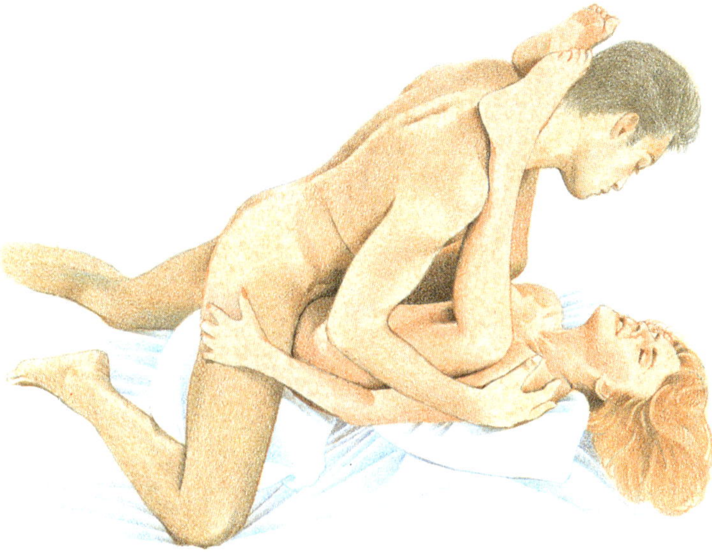

Eine Frau, die sich ihrem Liebhaber total öffnen will, kann ihn in sich aufnehmen, während ihre Beine über seinen Schultern liegen. Diese Position eignet sich gut, wenn der Mann zu schnell kommt, weil das Becken der Frau gestreckt und die direkte Stimulierung des Penis dadurch verringert ist

Für das Paar, das hiermit experimentiert, können ganz neue Lustgefühle entstehen. Die Vagina weitet sich im Erregungszustand am oberen Ende beträchtlich, und das bedeutet, daß durch das tiefe Eindringen die Spitze des Penis nicht mehr, sondern weniger stimuliert wird. Das gibt dem Gefühl für die Vagina beim Mann und bei der Frau eine ganz neue Dimension.

So manche Frau läßt sich auch dann gern tief penetrieren, wenn sie nicht voll erregt ist. Die intensive Dehnung, die der Penis tief in ihr verursacht, erzeugt neuartige Gefühle, manchmal sogar Schmerz. Für diejenigen, die etwas Schmerz beim Sex als lustvoll empfinden, steigert sich dadurch der Reiz des Ganzen.

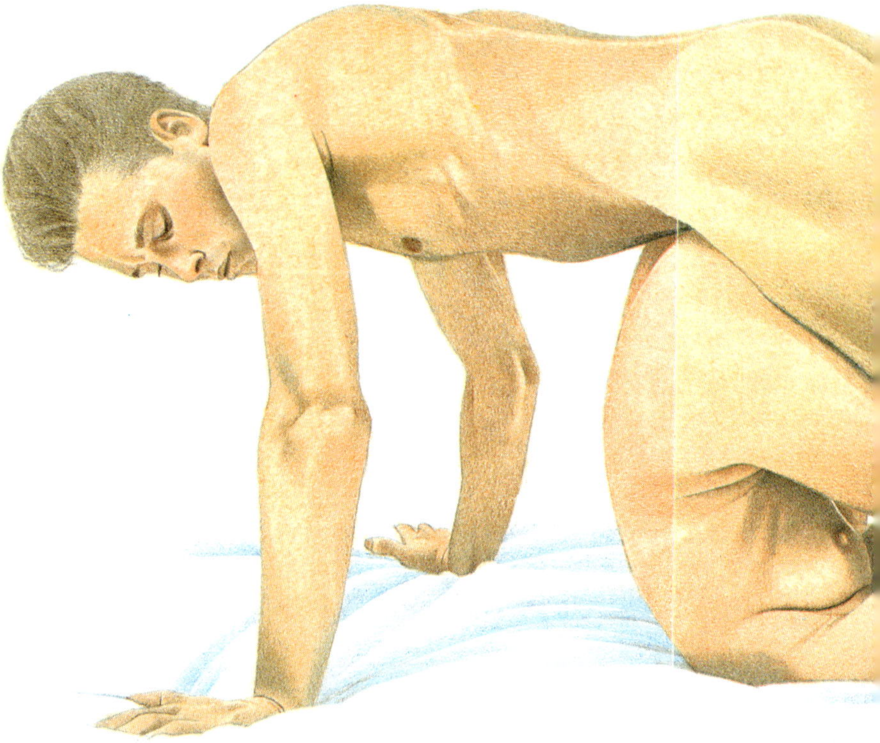

Die Vorzüge

Das tiefe Eindringen kann außerdem hilfreich sein für den Mann, der oft zu schnell kommt. Wenn seine Partnerin erregt ist, erweitert sich ihre Vagina am oberen Ende und bietet so einem allzu »schießlustigen« Penis weniger Stimulation. Tiefes Penetrieren kann ihn deswegen zu mehr Ausdauer in der Liebe befähigen.

Auch Paare, die mit der Empfängnis Schwierigkeiten haben, profitieren von dieser Technik. Selbst ein relativ unfruchtbares Paar – insbesondere, wenn der Mann zu wenig Spermien hat – kann ein Kind zeugen, wenn es um den Tag des Eisprungs herum (der vierzehnte Tag eines durchschnittlichen Zyklus) jeden Tag Geschlechtsverkehr hat und der Mann seine Partnerin sehr tief penetriert. Bei der

Zeugung kommt es nämlich darauf an, daß der männliche Samen so nahe wie möglich an den Gebärmutterhals gelangt – und auch dort verbleibt.

Viele Frauen stehen unmittelbar nach dem Sex auf, um sich zu waschen oder zur Toilette zu gehen. Das sollten Frauen, die schwanger werden möchten, vermeiden. Sie bleiben nach dem Geschlechtsverkehr etwa eine halbe Stunde lang liegen.

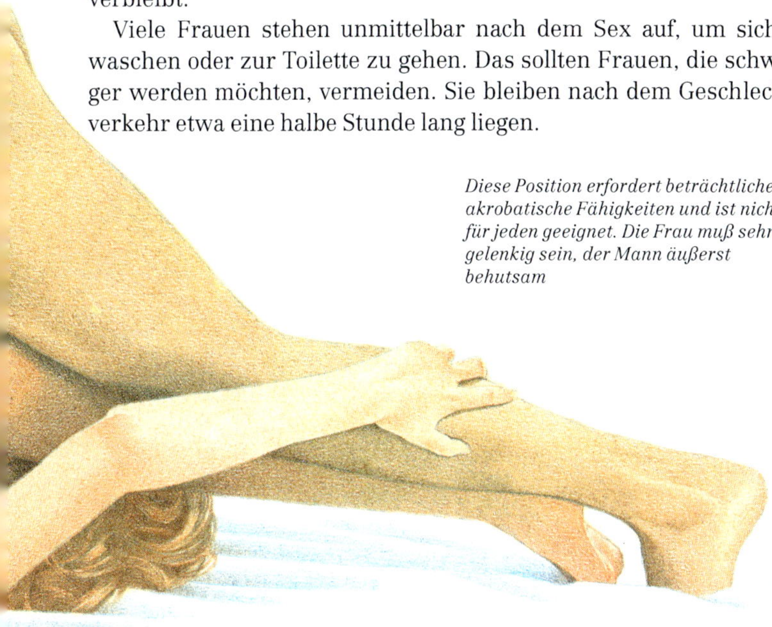

Diese Position erfordert beträchtliche akrobatische Fähigkeiten und ist nicht für jeden geeignet. Die Frau muß sehr gelenkig sein, der Mann äußerst behutsam

Wenn ihr Uterus rückwärtsverlagert ist (also in entgegengesetzter Richtung liegt als normal), wird der Arzt ihr das mitteilen. In diesem Fall ist bei einem Wunsch nach Empfängnis eine Stellung am besten, die das Eindringen von hinten ermöglicht – vorzugsweise die Frau auf allen vieren mit der Stirn auf dem Bett. Auch hier sollte sie diese Position nach dem Akt eine Zeitlang beibehalten, damit das Sperma in die Gebärmutter gelangen kann.

Ein wenig experimentieren

Bei manchen Frauen bringt eine sehr tiefe Penetration das Schambein des Partners in Kontakt mit ihrer Klitoris und wirkt durch die wiederholte Reibung stark erregend. Bei vielen Frauen jedoch ist der

Effekt gleich Null, der Druck des männlichen Beckens findet genau an der falschen Stelle statt und kann sogar unangenehm sein. Das herauszufinden, gibt es nur eine Möglichkeit – experimentieren.

Die Zervix ist der untere Teil der Gebärmutter, die in den oberen Teil der Vagina hineinreicht. Gewöhnlich kann eine Frau sie ertasten, wenn sie sich hinhockt und den Mittelfinger in die Vagina einführt. Fast alle Männer können beim Vorspiel die Zervix fühlen.

Frauen reagieren unterschiedlich auf diese Art der Stimulierung, aber manche erregt es sehr, wenn der Mann ihre Zervix mit Fingern oder Penis berührt. Ein tiefes Penetrieren ermöglicht dem Mann die Reizung der Zervix mit seinem Penis, was auch für ihn sehr lustvoll sein kann. Manche Männer empfinden dies sogar als besonders angenehm.

Andere Positionen

Bei einer Penetration von hinten ist tiefes Eindringen sehr lustvoll und erregend für diejenigen Frauen, die einen sensiblen G-spot haben, der bei einer Penetration von vorn nicht stimuliert wird.

Manche Frauen genießen es auch sehr, oben zu liegen und ihren Körper so zu bewegen, daß der Penis direkt auf die vordere Wand ihrer Vagina zielt. Viele Männer finden dies reizvoll, weil die Frau offen und rückhaltlos ihren Penis benutzt, um sich damit auf den Höhepunkt zu bringen.

Während der mittleren drei Schwangerschaftsmonate, wenn die Vagina sich in Durchmesser und Länge ausdehnt, stellen viele Paare fest, daß sich die normalen Stellungen beim Geschlechtsverkehr für den Penis »weichlich« und »schlaff« anfühlen. Tiefes Penetrieren kann jetzt sehr aufregend sein.

Im letzten Schwangerschaftsmonat empfehlen sich Positionen, die ein tiefes Eindringen ermöglichen, wahrscheinlich nicht, weil sie eventuell Wehen auslösen könnten. Das ist besonders bei einer Frau zu bedenken, die sowieso zu Frühgeburten neigt. Wenn Sie jedoch übertragen, kann die tiefe Penetration eine sehr angenehme Methode sein, die Wehen in Gang zu setzen. Die direkte Stimulation durch den Penis, der hohe Grad der Erregung und die im Sperma enthaltenen Prostaglandine können dazu beitragen, daß die Gebärmutter anfängt, sich zusammenzuziehen.

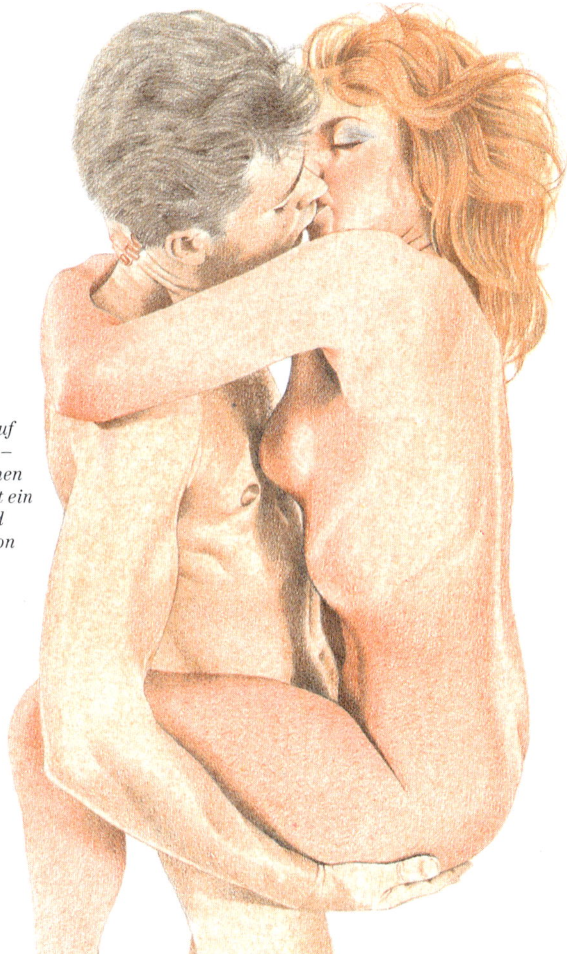

Im Stehen die Frau auf den Armen zu halten – ihr Körper gegen seinen gepreßt –, ermöglicht ein tiefes Eindringen und eine besondere Art von Intimität

Sämtliche Stellungen, die sich besonders gut für ein tiefes Eindringen eignen, lassen sich auf einen gemeinsamen Nenner bringen. Es sind Positionen, bei denen die Schenkel der Frau eng an ihren Bauch gezogen sind. Einige sind jedoch ganz besonders erfolgversprechend.

- Die Missionarsstellung, bei der die Frau die Oberschenkel weit zurückzieht und das Gesäß durch ein Kissen abgestützt ist.
- Die Missionarsstellung, bei der sie dem auf ihr liegenden Mann die Beine über die Schultern legt. Wenn sie sehr gelenkig ist, kann sie ihre Knie an die Brust ziehen. Ganz athletische Frauen können mit den Zehen das Bett zu beiden Seiten ihres Kopfes berühren. Eine weitere Variante ist die, bei der die Frau sich in letztere Position begibt und der Mann sie in entgegengesetzter Richtung penetriert.
- »Löffel«-Stellungen. Dabei kuschelt sich der Mann an den Rücken der Frau, die mit abgewandtem Gesicht neben ihm liegt. Sie zieht ihre Knie bis an die Brust hoch, und er dringt tief in sie ein. Dies ist eine sehr entspannte Position – von allen für tiefe Penetration geeigneten wahrscheinlich die entspannteste.
- Die Frau befindet sich auf allen vieren mit dem Rücken zum Mann. Hierbei ist tiefes Eindringen immer gut möglich, besonders aber dann, wenn die Frau dabei mit Stirn und Schultern flach auf dem Bett liegt. Ihr Gesäß ist dann direkt nach oben gestreckt, und der Mann kann sie tief penetrieren.
- Die Frau sitzt auf dem Mann. Diese Art Position ist nicht immer für tiefes Eindringen geeignet, aber wenn die Frau gelenkig genug ist und sich auf den Penis des Mannes hocken kann, wobei ihre Füße flach auf dem Bett oder Fußboden aufgestellt sind, kann sie den Penis so dirigieren, daß er ihre Zervix oder ihren G-spot stimuliert. Dazu gehört jedoch eine Menge Übung.
- Im Stehen. Für den starken, sportlichen Mann kann Sex im Stehen sehr tiefes Penetrieren ermöglichen. Die Frau hält sich mit den Armen um seinen Hals fest und umfaßt ihn mit den Beinen, die sie um den Rücken schlingt. Die Bewegungsfreiheit ist gering, aber die Penetration kann intensiv sein. Für den Mann ist es allerdings sehr anstrengend.

Bessere Orgasmen

Auch Sie können intensivere Orgasmen und maximales Vergnügen am Liebesakt erreichen.

Orgasmen sind mit jedem Tag, mit jedem Jahr und mit jedem Partner unterschiedlich. Bei einer Frau können der Zeitpunkt innerhalb ihres Zyklus, der Mann, mit dem sie zusammen ist, ihre bisherige sexuelle Erfahrung und ihre gegenwärtige emotionale Verfassung die Qualität des Orgasmus beeinflussen. Bei einem Mann vermögen auch äußere Faktoren seine Fähigkeit, einen lustvollen Orgasmus zu erleben, zu steigern oder zu vermindern.

Für diejenigen, die das Gefühl haben, ihr Orgasmus ließe sich intensivieren, gibt es ein paar Selbsthilfetechniken, die dazu beitragen können. Bei der Frau gehört dazu unter anderem, daß sie sich ihrer Sexualität mehr bewußt wird und mit ihren Genitalien besser vertraut wird.

Für jede Frau gibt es Zeiten im Monat, zu denen sie sich mehr oder weniger zum Sex aufgelegt fühlt. Die meisten Frauen sind kurz vor oder nach ihrer Periode am leichtesten erregbar, manche aber auch während ihrer Periode oder um die Mitte des Zyklus, wenn der Eisprung stattfindet.

Falls Sie mehrere Monate lang über Ihren Zyklus Buch führen und verzeichnen, wie lustvoll oder häufig Ihre Orgasmen sind, werden Sie bald feststellen können, mit welcher Wahrscheinlichkeit Sie sich zu bestimmten Zeiten zum Sex aufgelegt fühlen und welche Art von Orgasmus Sie dabei erreichen werden.

Wenn Sie zum Beispiel kurz vor der Menstruation sexuell nicht recht ansprechbar sind und lange brauchen, bis Sie erregt sind, so erklärt das auch, warum Sie in dieser Zeit nur schwer oder unbefriedigend zum Höhepunkt gelangen. Sobald Sie dies wissen, fällt der Druck von Ihnen (und Ihrem Partner) ab, und Sie können sich mit weniger oder weniger lustvollen Orgasmen zufriedengeben, da Sie den natürlichen Grund dafür kennen.

Das Vergnügen an sich selbst

Beginnen Sie als nächstes mit einem Programm, durch das Sie lernen, sich selbst mehr Freude zu bereiten. Lernziel ist, sich selbst zu verwöhnen. Lernen Sie, ein ausgiebiges Bad zu genießen. Massieren Sie sich mit Seife, und finden Sie heraus, welche Körperteile am sensibelsten reagieren.

Wenn Sie sich abgetrocknet haben, legen Sie sich aufs Bett, und wiederholen die Prozedur mit Körperöl oder Puder. Entdecken Sie nach und nach, was Sie am meisten erregt. Dieses Wissen können Sie dann ins Vorspiel oder Masturbieren je nach Stimmung mit einbeziehen, damit Ihre Erregung steigern und die Qualität Ihres Orgasmus wesentlich verbessern.

Die Genitalien kennenlernen

Eine Selbstuntersuchung kann sehr lehrreich sein. Die meisten Frauen wissen wenig über ihre eigenen Genitalien, und eine große Minderheit hat sie sich nie richtig angesehen. Das Resultat sind alle möglichen unbewußten Ängste und Sorgen, die wiederum die Fähigkeit zum Orgasmus beeinträchtigen können. Legen Sie sich nach einem Bad, wenn Sie ganz entspannt sind, einmal hin, nehmen Sie einen Handspiegel, und betrachten Sie bei guter Beleuchtung Ihren Schambereich bis in alle Einzelheiten.

Stecken Sie als nächstes einen Finger in die Vagina, und tasten Sie deren Wände ab. Wenn Sie den Finger tief einführen, reichen Sie bis zur Zervix – einem Teil der Gebärmutter, die sich wie eine Nasenspitze mit einem Loch darin anfühlt. Erkunden Sie sie, und stellen Sie fest, was Sie empfinden, wenn Sie sie berühren und stimulieren.

Hocken Sie sich jetzt hin, und versuchen Sie, die vordere Wand Ihrer Vagina abzutasten, um zu sehen, ob es dort einen Bereich gibt,

> *Die meisten Frauen wissen selbst am besten, wie sie am leichtesten zu erregen sind, also sollten sie ihre Schüchternheit überwinden und ihren Partner beim Masturbieren zusehen lassen. So sieht er, was sie am liebsten mögen, und bei zukünftigen Liebesakten kann er dann das Erlernte ins Vorspiel miteinbeziehen und die Lust für beide steigern.*

der besonders auf Stimulation reagiert. Oft befindet er sich in der hinteren Hälfte. Massieren Sie diesen Bereich (G-spot) kräftig, und achten Sie darauf, was Sie fühlen. Manche Frauen erleben weitaus bessere Orgasmen durch diese Art der Stimulierung als durch die Reizung der Klitoris.

Wenn Sie wollen, können Sie sich auch ein Scheidenspekulum kaufen (es gibt Wegwerfgeräte aus Plastik im Fachhandel und bei größeren Apotheken) und richtig in ihre Vagina hineinsehen. Das hilft vielen Frauen, zu erkennen, was bei ihnen »normal« ist, und entmystifiziert ihre Genitalien.

Erkunden Sie Ihren Körper, um die Bereiche zu entdecken, die am sensibelsten auf Berührung reagieren – vielleicht erleben Sie ein paar Überraschungen.

Für einen Mann ist es nicht schwer, mit seinen Geschlechtsteilen vertraut zu werden, aber man vergißt allzu leicht, daß vieles Wichtige bei einer Frau innerhalb ihres Körpers liegt, das man ohne besonderen Aufwand nicht sehen kann.

Erregung

Nützlich ist es, wenn man dieses Selbstuntersuchungsprogramm im Erregungszustand wiederholt. Manche Frauen, die der Meinung sind, sie seien überhaupt nicht erregbar, werden eines Besseren belehrt, wenn sie das zunehmende Feuchtwerden ihrer Vagina und das Anschwellen der äußeren und inneren Schamlippen sehen. Eine zurückhaltende Frau lernt dadurch erkennen, daß ihr Körper tatsächlich normal auf sexuelle Reizung reagiert.

Ganzkörpermassage

Praktizieren Sie jetzt mit Ihrem Partner Ganzkörpermassage. Zweck der Übung ist, daß die Frau genau sagt, was sie will, während sie massiert wird, und der Mann sich exakt daran hält.

Diese bedingungslose Form des Gebens und Nehmens ohne Wenn und Aber kann eine wundervolle Einleitung zum Sex sein oder einfach ein starkes Zusammengehörigkeitsgefühl herstellen. Bei der

Massage selbst sollten auf jeden Fall die Genitalien sowie Brust und Brustwarzen ausgespart bleiben.

Viele Frauen, die auch sonst häufige Orgasmen haben, werden sich nach einer Massage so entspannt und »aufgehoben« bei ihrem Partner fühlen, daß beide anschließend gewöhnlich mehr und/oder bessere Orgasmen erreichen.

Die Stärkung der Beckenmuskeln

Ein Training der Beckenmuskulatur steigert die Qualität Ihrer Orgasmen erheblich und kann sogar einer orgasmusunfähigen Frau zum Höhepunkt verhelfen.

Setzen Sie sich auf die Toilette und halten Sie beim Wasserlassen den Urinfluß mit Ihren Beckenmuskeln zurück. Wechseln Sie wiederholt zwischen Urinieren und Zurückhalten ab, bis es Ihnen ganz leichtfällt.

Stellen Sie sich jetzt vor, daß Ihre Vagina ein Aufzug ist, den sie langsam und kontrolliert von Etage zu Etage hochziehen und dann allmählich wieder herunterlassen. Wiederholen Sie diese Übung mehrmals täglich – im Auto, im Supermarkt, wo immer Sie wollen.

Aus dem schwierigsten Test zur Beckenmuskelkontrolle können Sie zugleich ersehen, was Sie geschafft haben, und zwar führen Sie einen Bleistift (stumpfes Ende nach innen) ein Stück in Ihre Vagina ein. Versuchen Sie jetzt durch sanftes Ziehen, ihn aus der Umschließung Ihrer Beckenmuskeln zu lösen. Wenn Sie ihn festhalten können, sind Ihre Muskeln so stark, wie sie nur sein können.

Dies wird nicht nur Ihre Lust am Orgasmus erheblich steigern, sondern wenn Sie diese Muskeln beim Geschlechtsverkehr einsetzen, wird es den Sex auch für Ihren Partner erregender machen.

Hilfsmittel

Bestimmte Hilfsmittel beim Sex, etwa ein Vibrator, können den wesentlichen Unterschied zwischen einem guten und einem optimalen Orgasmus ausmachen. Experimentieren Sie mit dem Vibrator an Vulva und Klitoris, bis Sie die beste Methode gefunden haben, sich selbst zu erregen. Der Punkt, den Sie stimulieren sollten, ändert sich vielleicht auch von Mal zu Mal.

Es kann sein, daß Sie außerdem etwas in Ihre Vagina einführen möchten, um Ihren Höhepunkt zu intensivieren. Am besten geht das mit einem oder zwei Fingern, aber manche Frauen spüren auch gern einen Vibrator oder Dildo in sich. Das ist ausschließlich Sache des persönlichen Geschmacks und Stils.

Bringen Sie Ihrem Partner bei, wie er Sie beim Liebesspiel besser stimulieren kann. Dies ist wahrscheinlich die beste Möglichkeit, beim Liebesakt intensivere Orgasmen zu erlangen.

Geschicktere Stimulierung

Fast alle Frauen erreichen ihre ersten Orgasmen beim Masturbieren und werden so zu Experten, was die eigene Erregbarkeit betrifft. Das wird jedoch von vielen Männern ignoriert, die statt dessen tun, was sie wollen, oder was ihre Partnerin ihrer Meinung nach will, und nicht das, was der Frau tatsächlich am besten gefällt. In den meisten Beziehungen bleibt das Experimentieren den Männern überlassen, besonders dann, wenn die Frau schüchtern ist und nicht sagen kann oder will, was sie am liebsten mag.

Eine Möglichkeit, anders vorzugehen, ist die, daß der Mann seine Partnerin beim Masturbieren beobachtet und es dann bei ihr genauso macht. Zur Steigerung kann er dann noch verschiedene Methoden der klitoralen oder vaginalen Stimulierung ausprobieren.

Gefühl und Orgasmus

Die Art der Beziehung, die eine Frau zu ihrem Partner hat, beeinflußt die Qualität ihres Orgasmus beträchtlich. Nur wenige Frauen, die sich abgelehnt oder unglücklich, ungeliebt oder schlecht behandelt fühlen, werden sich genügend entspannen können, um einen Orgasmus optimal zu genießen. Das könnte bedeuten, daß sich eventuell etwas in Ihrer Beziehung verändern muß, vielleicht mit Hilfe eines Beraters oder Therapeuten. Viele Frauen empfinden ihre bis dahin unzulänglichen Orgasmen intensiver, wenn sie ihr Liebes- und Gefühlsleben in Ordnung gebracht haben.

Sex leidet normalerweise quantitativ sowie qualitativ darunter, wenn eine Partnerbeziehung nicht gut läuft. Deshalb wird sich jede Verbesserung auszahlen, die Sie auf diesem Gebiet erreichen.

Das Spiel mit der Phantasie

Die Phantasie spielt beim Orgasmus der meisten Frauen eine enorme Rolle. Das eine Extrem sind Frauen, die überhaupt nicht phantasieren.

Am anderen Ende der Skala gibt es Frauen, die durch eine bloße Änderung ihrer Phantasievorstellung einen durchschnittlichen zu einem Super-Orgasmus machen können.

Übungen für besseren Orgasmus

Für einen Mann ist es einfach, seine Genitalien zu erkunden – zumindest verglichen mit der Frau –, so daß daran für ihn nichts Erregendes ist.

Doch auch die meisten Männer können etwas aus der Beobachtung ihres eigenen Erregungszyklus lernen – etwas, das sie dann ins Vorspiel oder in den Geschlechtsverkehr mit einbeziehen können, um einen intensiveren Orgasmus zu erlangen.

Übungen mit dem Penis sind dabei, wie das Training der Beckenmuskulatur bei der Frau, eine wertvolle Hilfe. Am besten beginnt man mit dem »Stop-Start«-Spiel. Dabei stimuliert sich der Mann bis zur Erektion und hält dann inne, indem er vielleicht noch die Eichel zwischen Daumen und zwei Fingern zusammendrückt, bis die Erektion nachläßt.

Dann stimuliert er sich aufs neue und wiederholt diese Prozedur mehrere Male, bis er das Gefühl hat, sich so gut unter Kontrolle zu haben, daß er erst dann zum Orgasmus kommt, wenn er wirklich will.

Bei der nächsten Übung hängt er ein kleines Handtuch oder ein ähnliches Objekt über seinen erigierten Penis. Mit Hilfe der Beckenmuskeln versucht er jetzt zu erreichen, daß der Penis hart und das Handtuch an seinem Platz bleibt.

> *Sobald Sie die Selbsthilfe-Technik gemeistert haben, kann der Genuß am Liebesspiel für beide Partner neue Dimensionen annehmen.*

Kapitel Acht

Stellungen

Der Mann liegt oben

Positionen, bei denen der Mann oben liegt, bedeuten nicht, daß die Frau passiv ist. Bei vielen dieser Stellungen gibt es die Möglichkeit, daß die Frau den Grad der Penetration und das Tempo des Geschlechtsverkehrs bestimmt.

Bei den meisten Paaren ist die sogenannte »Missionarsstellung« am beliebtesten, bei der die Frau mit gespreizten Beinen auf dem Rücken liegt, während der auf ihr liegende Mann sie penetriert. Das ist das Grundmodell sämtlicher »Mann-auf-Frau«-Positionen – alle anderen sind meistens nur Variationen dieses Themas.

Daß die Missionarsstellung so populär ist, hat viele Gründe:

- Für viele Frauen ist dies die romantischste Position. Das hat mit großer Sicherheit seine Ursache darin, daß beide sich das Gesicht zuwenden. Jedes Gefühl läßt sich vom Gesicht ablesen, das Paar kann sich küssen, und beide können sehen, wie sie geliebt werden – was bei manchen anderen Stellungen, wie etwa bei einer Penetration von hinten, nicht möglich ist.
- Da die Missionarsstellung der Frau ziemliche Passivität erlaubt, befreit sie sie von der Notwendigkeit, viel zum Geschehen beizutragen. Manche Frauen können sich besser entspannen und den Liebesakt mehr genießen, wenn sie keine aktive Rolle übernehmen müssen.
- Viele Frauen erleben es als sehr lustvoll, wenn sie beim Geschlechtsverkehr dominiert werden. Diese Frauen genießen es besonders, wenn der Mann die Kontrolle und die Verantwortung über-

Einer der großen Vorteile der Missionarsstellung liegt darin, daß das Paar sich dabei küssen und streicheln kann. Und was vielleicht noch wichtiger ist, es kann auch gut miteinander reden. Das spielt besonders bei dem Paar eine Rolle, das sich zum ersten Mal liebt und noch wenig über die beiderseitigen Vorlieben weiß

Hier kniet der Mann auf dem Bett und hebt das Gesäß seiner Partnerin an, während er sie penetriert. Sie kann dann die Fesseln hinter seinem Rücken kreuzen. Das reduziert die Tiefe der Penetration erheblich, bietet dem Mann aber bessere Möglichkeiten, die Scheidenöffnung der Frau zu stimulieren

nimmt. Dafür ist die Missionarsstellung ideal. Der obenliegende Mann kann die Stärke der Stöße bestimmen, die Frau auf dem Bett festhalten und sie stürmisch und seinem Tempo entsprechend nehmen.

● Dieses »Genommenwerden« ist für manche Frauen äußerst erregend. Eine Frau, die wegen ihrer sexuellen Bedürfnisse und ihres Verlangens ein schlechtes Gewissen hat, befreit diese Position von Schuldgefühlen, weil sie sich einbilden kann, sie werde von einem viel stärkeren Mann überwältigt.

● Einer Frau, die durch die Stimulation ihrer Brustwarzen erregt wird, kann der obenliegende Mann die Brustwarzen küssen.

● Indem sie die Stellung ihrer Oberschenkel verändert, kann die Frau den Grad der Penetration beeinflussen, auch wenn der Mann dabei in derselben Position verbleibt. Wenn sie die Knie höher an die Brust zieht, dringt der Penis tiefer ein. So kann die Frau den Penetrationswinkel festlegen, der für sie am lustvollsten ist – wobei vielleicht der Partner mit der Spitze seines Penis ihre Zervix stimuliert. Eine raffiniertere Variante ist die, bei der die Frau mit dem Becken vor- und zurückschaukelt. Wenn sie dabei gleichzeitig durch das Zusammenziehen und Loslassen ihrer Beckenmuskeln den Penis des Mannes »melkt«, kann dies für ihn extrem erregend sein.

● Positionen, bei denen der Mann oben liegt, eignen sich gut für Paare, die ein Kind zeugen wollen, da er sehr tief eindringen kann.

Wenn die Frau ihre Beine in den Kniebeugen festhält und ihre Schenkel ganz hochzieht, kann das Sperma weit in die Vagina hineingelangen – bis zum Gebärmutterhals. Damit sind die besten Chancen für eine Empfängnis gegeben.

● Da diese Stellung romantisch, aber nicht sonderlich ausgefallen ist, eignet sie sich speziell für Sex mit einem neuen Partner. Wenn man sich erst noch kennenlernen muß, ist es sinnvoll, eine Position zu wählen, die zärtlich und nicht allzu gewagt ist. Sie erlaubt dem Paar, sich zu küssen und zu streicheln. Die Frau hat ihre Hände frei, um den Mann zu liebkosen. Es könnte besonders wichtig sein, ihm zu zeigen, daß er in dieser neuen Beziehung geliebt und begehrt wird. Bei der Missionarsstellung ist keiner von beiden etwas Fremdem und Unbekanntem ausgesetzt, das ihn nervös machen müßte.

● Indem der Mann die Art und Häufigkeit der Stöße bestimmt, legt er auch den Zeitpunkt seines Orgasmus fest. Das kommt demjenigen zugute, der Angst hat, seine Ejakulation nicht unter Kontrolle zu haben. Ein »schießlustiger« Mann kann innehalten, wenn er das Herannahen des Höhepunkts spürt, und derjenige, der seine Erektion nur mit starken Stößen halten kann, profitiert ebenfalls davon.

- Für den Mann, dessen Erektion zurückgeht, wenn die Frau oben liegt – Erektionen sind für einen Mann in Rückenlage schwerer zu halten –, ist die Missionarsstellung ideal. Vielleicht ist es sogar die einzige Möglichkeit für ihn, eine Erektion aufrechtzuerhalten, besonders, wenn er schon in mittleren Jahren ist.

Die fernöstliche Methode

Im »Kama Sutra« und in den chinesischen Kopfkissenbüchern sind zahlreiche Varianten der Missionarsstellung aufgeführt. Der Unterschied liegt manchmal nur im Detail; doch insgesamt gibt es viele andere einfache Positionen, bei denen der Mann oben liegt und die man zur Abwechslung ausprobieren kann.

- Die Missionarsstellung, bei der die Frau eins ihrer Beine bis zur Brust hochzieht. Dies ist eine Spielart, bei der ihr Becken schräg liegt, so daß der Mann auf der einen Seite ihren Eileiter stimulieren kann. Da manche Frauen an dieser Stelle überempfindlich sind, sollte er jedoch vorsichtig sein.
- Der Mann kniet und hebt das Gesäß der Frau bis auf die Höhe seiner Oberschenkel an, während er sie penetriert. Sie kreuzt dabei ihre Knöchel hinter seinem Rücken. Das reduziert zwar die Tiefe des Eindringens erheblich, kann aber sehr erregend sein für eine Frau, die gern ihre Scheidenöffnung stimulieren läßt.
- Der Mann kniet zwischen ihren geöffneten Schenkeln, penetriert sie und hebt ihr Gesäß so weit an, daß es sich so nahe wie möglich an seinem Becken befindet. Das kann beiden Partnern höchste Lust verschaffen, doch ist es für die Frau anstrengend, ihren Rücken sehr lange auf diese Weise gekrümmt zu halten. Eine Möglichkeit ist, ihr ein paar Kissen unter das Gesäß zu legen – die können dann allerdings später im Weg sein.
- Die Frau liegt mit gespreizten Beinen über der Bettkante oder einem niedrigen Hocker. Der Mann dringt in sie ein und beugt sich über ihrem Körper nach vorn, wobei er den Großteil seines Gewichts auf seine Unterarme oder Hände verlagert. Das kann für ihn sehr

anstrengend sein, weil seine Bewegungsfreiheit eingeschränkt ist. Deshalb eignet sich diese Position nicht so gut für ein Paar, das beim Liebesakt tiefes Eindringen wünscht oder braucht.

● Die Frau liegt auf der Seite und hebt das obere Bein an. Der Mann schmiegt sich von vorn an sie und dringt in sie ein. Dann schlingt sie das obere Bein um seinen Körper. Auch hier können durch den veränderten Penetrationswinkel bisher unberührt gebliebene Teile der weiblichen Beckenregion stimuliert werden. Die meisten Paare empfinden dies als eine sehr zärtliche und entspannte Position – der Mann muß sein Körpergewicht nicht abstützen. Die Bewegungsfreiheit ist allerdings eingeschränkt, und die Frau muß eventuell ihre Beckenmuskeln zusammenziehen, um dem Mann größere Lust zu verschaffen.

Positionen, bei denen der Mann Gesäß und Oberschenkel anhebt, gestatten ihr wenig Bewegungsfreiheit, ermöglichen ihm aber ein tiefes Zustoßen, was ihr wiederum unvergeßliche Gefühle beschert

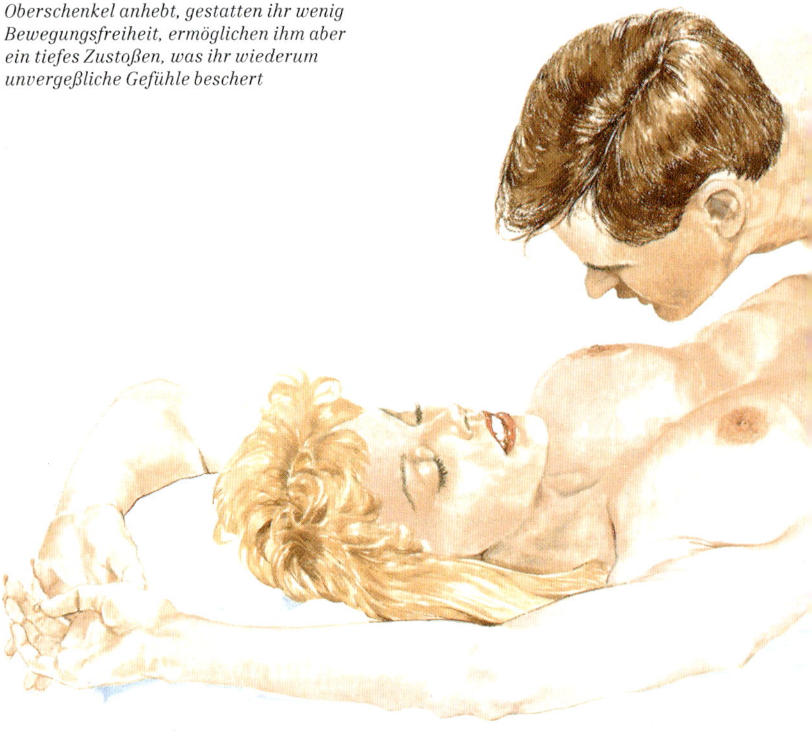

● Eine andere Variation ist, wenn die Frau das obere Bein anhebt, um ihr Becken zugänglicher zu machen, und den Mann dann aus der Umklammerung seiner Taille »befreit«. Das gibt ihm reichlich Bewegungsfreiheit, auch wenn beide auf der Seite liegen, und sie kann sich neue und andere Lustgefühle verschaffen, indem sie das obere Bein unterschiedlich anwinkelt.

Positionen für Fortgeschrittene

Manche der hier beschriebenen Stellungen verlangen von beiden Partnern eine erstklassige physische Kondition, die Sie sich vielleicht erst antrainieren müssen, bevor Sie die Positionen ausprobieren.

Der Mann kniet sich vor seine Partnerin und hebt ihre Hüften an, während er sie penetriert. Wenn er sie abstützt, kann er so in sie eindringen, daß er die vordere Wand ihrer Vagina stimuliert, wo sich ihr G-spot befindet

● Die Frau liegt auf dem Rücken und zieht ihre Knie bis zur Brust hoch. Der Mann dringt in sie ein, und sie legt ihm ihre Fesseln über beide Schultern. Für die Frau ist diese Position bequemer, wenn sie sich ein Kissen unters Kreuz legt.

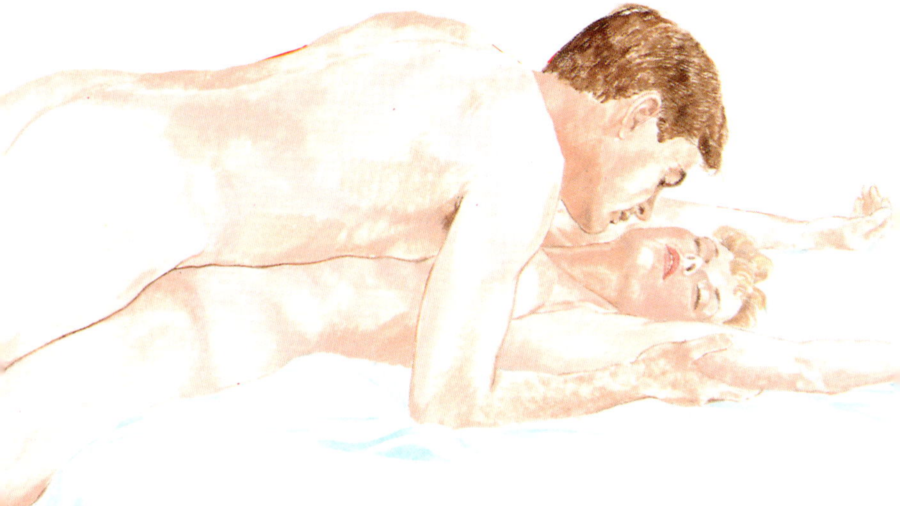

Für die Frau eine entspannte Position, für den Mann dagegen etwas ermüdend. Die Frau legt sich aufs Bett und läßt ihre Beine über die Bettkante hängen. Der Mann dringt in sie ein und beugt sich nach vorn über ihren Körper, wobei er das meiste Gewicht auf seinen Unterarmen abstützt. Diese Stellung bietet nicht viel Bewegungsfreiheit und eine begrenzte Möglichkeit zur Penetration

Wenn der Mann die Knie seiner Partnerin auf ihre Brust drückt und sie küßt, während ihre Füße noch über seinen Schultern liegen, ist er zu einer außergewöhnlich tiefen Penetration fähig.

Bei dieser Stellung muß die Frau sehr gelenkig sein. Das kann sie dadurch trainieren, daß sie sich auf den Rücken legt und allmählich versucht, ihre Füße immer weiter über den Körper nach hinten zu führen, bis sie hinter ihrem Kopf mit den Zehen aufkommt.

Wenn das Paar nach dem Akt eine Zeitlang in dieser Position verharrt, wobei der Mann sein Gewicht auf die Hände verlagert, hat die Frau beste Empfängnischancen, da das Sperma die Zervix überschwemmt und nichts aus der Vagina hinausläuft.

● Der Mann kniet vor der Frau, die ihm ihre Hüften weit entgegenstreckt. Er stützt ihr Gesäß mit beiden Händen ab und dringt in sie ein. Dabei ist der Penis horizontal und die Vagina fast vertikal ausgerichtet. Dadurch stimuliert der Penis die vordere Wand der Vagina und zieht die Scheidenöffnung auseinander. Für eine Frau, die die Reizung ihres G-spots als lustvoll empfindet, kann dies sehr erregend sein. Der Mann kann, indem er die Stellung seiner Partnerin korrigiert, die Spitze seines Penis exakt darauf ausrichten.

Wenn die Frau dicht an der Bettkante liegt und ihre Knie an die Brust zieht, kann der Mann sich über sie beugen, sein Gewicht mit den Händen abstützen und sie sehr tief penetrieren. Das ist die ideale Position für ein Paar, das sich ein Kind wünscht

- Der Liebesakt, bei dem die Frau sich in einen tiefen Sessel zurücklehnt, kann für sie sehr entspannend und für den Mann reizvoll sein. Sie liegt so da, daß ihre Hüften sich sehr nah an der Kante des Sessels befinden. Er kniet zwischen ihren geöffneten Beinen und kann sie breit auseinanderspreizen, während er sie penetriert. Sie kann leicht nach unten greifen und sich mit der einen Hand die Klitoris und mit der anderen Brüste oder Brustwarzen streicheln.

Dies ist eine sehr gute Position zum gegenseitigen Kennenlernen, weil sich die Frau dabei selbst stimulieren und optimale Lustgefühle verschaffen kann, während er in sie eindringt. Für den Mann ist es einigermaßen schwierig, aber nicht unmöglich, dabei ihre Klitoris zu streicheln.

Er kann sich in dieser Stellung gut bewegen und so tief stoßen, wie es die Abwinkelung ihrer Vagina erlaubt.

Der Penis dringt ziemlich tief ein – aber nicht so tief, daß man diese Position während der Schwangerschaft nicht anwenden könnte. Der Mann kann seinen Penis direkt auf den G-spot ausrichten, und er hat die Hände frei, um damit ihren ganzen Körper zu liebkosen.

- Die Frau liegt mit dem Gesäß dicht an der Bettkante. Der Mann liegt auf ihr – aber in entgegengesetzter Richtung, wobei seine Knie zu beiden Seiten ihrer Brust ruhen. Sein Gewicht stützt er mit den Händen auf dem Fußboden ab, während sein Oberkörper über die Bettkante hinausragt. Sie legt ihre Füße auf seine Schultern, und er penetriert sie in umgekehrter Richtung wie sonst.

Diese Position bietet eine gewisse Abwechslung und ist ideal für den Mann, der es gern hat, wenn man beim Geschlechtsverkehr mit seinem Anus spielt oder seinen G-spot stimuliert. Es gibt nur wenige Stellungen, bei denen dies möglich ist.

- Bei ganz Wagemutigen und Gelenkigen kann die Frau mit ihrem Körper eine Brücke bilden, wobei sie die Beine auf dem Bett und Kopf und Schultern auf einem Stuhl vor dem Bett plaziert. Sie spreizt ihre Beine, und der Mann setzt sich auf ihre Hüften und penetriert sie, seinen Rücken ihrem Gesicht zugewandt.

Diese Position ist für beide Beteiligten reichlich unbequem, aber wenn die Frau ihren Rücken wölbt und beide Partner das Becken bewegen, kann sie sehr stimulierend sein.

- Eine realistischere Version ist die, bei der die Frau mit gespreizten Beinen rücklings auf dem Bett liegt. Der Mann wendet ihr den Rücken zu und kniet sich mit beiden Beinen neben ihrer Brust über sie. Sie zieht die Beine an, er penetriert sie und liegt mit dem Gesicht nach unten, wobei er sich möglichst mit den Ellbogen abstützt. Sie legt ihm die Füße auf den Rücken.

Wie bei allen Positionen, bei denen beide in entgegengesetzter Richtung liegen, bringt auch diese den Penis in Kontakt mit unbekannten Teilen der weiblichen Anatomie, speziell mit der hinteren Wand ihrer Vagina.

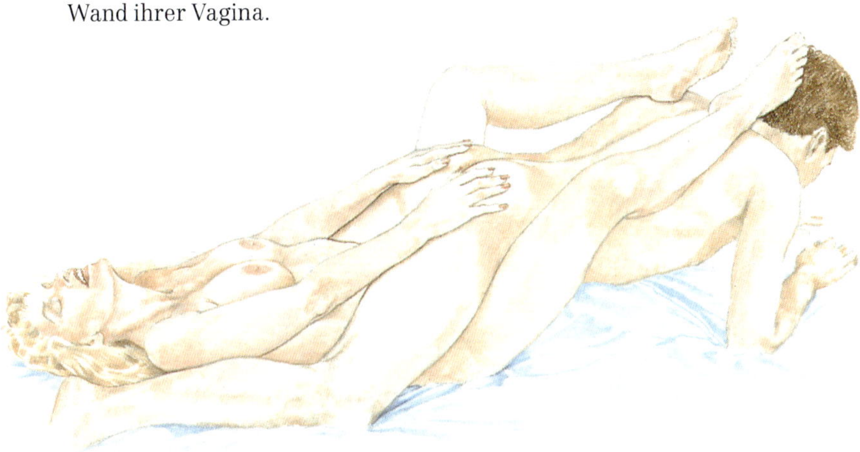

Die Frau liegt auf dem Bett, hebt die Beine hoch, und der Mann penetriert sie in umgekehrter Richtung. In dieser Position hat die Frau nur begrenzte Bewegungsfreiheit, aber wenn der Partner in sie hineinstößt, kann sie das Ihre tun, indem sie ihm Schenkel und Gesäß streichelt und seinen Anus stimuliert. Sie kann auch gut ihre Klitoris reizen, um sich selbst zum Orgasmus zu bringen

Die Wurzel des Penis stimuliert den Bereich der Klitoris; die Position ist somit gut für Frauen geeignet, die beim Geschlechtsverkehr eine Reizung der Klitoris bevorzugen. Wenn der Mann sich etwas nach vorn beugt, dringt sein Penis mehr senkrecht in die Vagina ein, so daß sie genügend Spielraum hat, ihre Klitoris zu streicheln.

In dieser Stellung liegt die Frau sehr entspannt; sie empfiehlt sich für die erste Zeit der Schwangerschaft sowie für diejenigen Frauen, bei denen die hintere Wand der Vagina außergewöhnlich sensibel ist. (Bei den meisten Frauen ist die vordere Wand ihrer Vagina leichter erregbar, besonders im Bereich des G-spots.)

- Die Frau liegt flach auf dem Rücken und hat ein Kissen unter dem Kopf. Sie hebt ihre Beine hoch und spreizt sie ein wenig. Der Mann kniet sich zu beiden Seiten ihrer Taille über sie und dringt, das Gesicht von ihr abgewandt, in sie ein. Auch hierbei wird er sich vielleicht auf seinen Unterarmen oder Händen abstützen müssen. Die Frau kann gut ihre Klitoris und seinen Anus oder G-spot stimulieren.
- Die Frau liegt mit weit gespreizten Beinen, die Füße flach auf dem Boden, auf einem niedrigen Tisch, und der Mann dringt in sie ein. Die Penetration ist nur oberflächlich, läßt sich aber vertiefen, indem sie die Beine hebt und ihm die Füße über die Schultern legt. Er kann ihre Beine so auseinanderhalten, daß ihre Fußsohlen zur Decke zeigen, und sie mit tiefen, weit ausholenden Stößen penetrieren.

Die Frau liegt oben

Für die Frau, die gern die sexuelle Initiative ergreift, und den Mann, der es genießt, seine Partnerin beim Liebesakt zu beobachten, sind Positionen, bei denen die Frau oben liegt, nicht zu überbieten.

Da es inzwischen üblich geworden ist, daß Frauen ihre sexuellen Wünsche frei äußern, sind die Stellungen beim Liebesakt, bei denen die Frau oben ist, heute beliebter denn je. Bis vor kurzem war man der Meinung, nur eine sehr »hemmungslose« Frau oder eine Hure würde in dieser Hinsicht die Führung übernehmen. Heutzutage ist diese Stellung, ähnlich wie oraler Sex, eine beliebte und häufig praktizierte Alternative. »Frau-auf-Mann«-Positionen haben mit Sicherheit etliche Vorzüge:

- Der größte Vorteil dieser Stellungen liegt vielleicht darin, daß die Frau faktisch das Geschehen kontrolliert. Davon können beide Partner profitieren. Fast alle Männer sagen, daß sie zumindest gelegentlich die Initiative gern der Partnerin überlassen, und wie sich manche Frauen angesprochen und geschmeichelt fühlen, wenn sie aufs Bett geworfen und mit großer Heftigkeit genommen werden, reagieren auch viele Männer mit besonderer Erregung darauf, daß eine Frau sie von oben »nimmt«.

Männer, deren Selbstvertrauen und Geschlechtstrieb nicht ausgeprägt genug sind, kommt es gewiß entgegen, daß sie die Dinge von sich aus in die Hand nimmt. Für diese Art Beziehung kann es lebensrettend sein, wenn die Frau die Initiative ergreift. Ein echtes Problem entsteht dann, wenn beide so gehemmt sind, daß fast nichts zwischen ihnen läuft.

- Wenn die Frau oben liegt, hat sie die Möglichkeit, den Penis ihres Partners so zu dirigieren, wie es für sie am lustvollsten ist. Sie hat so mehr Kontrolle darüber, als wenn sie in der konventionellen Missionarsstellung penetriert wird.
- Wenn eine Frau eine ganz bestimmte Stimulation braucht, die dem Mann zu unbequem oder gar unmöglich ist, kann diese Position den

entscheidenden Unterschied ausmachen, ob sie den Geschlechtsverkehr wirklich genießt (mit oder ohne Orgasmus) oder nicht.

● Der weibliche G-spot läßt sich in dieser Stellung leichter stimulieren. Die Frau kann ihren Körper so halten, daß der Penis die sensibelste Stelle in der Wand ihrer Vagina erreicht.

Eine Frau, die beim Liebesakt gern die Führung übernimmt, gewinnt zusätzliche Kontrolle über ihn, wenn sie von oben seine Arme festhält

● Die Frau kann bestimmen, wie tief der Penis eindringt. Wenn sie über dem Mann kniet und ihn in sich aufnimmt, kann sie nicht nur die Anzahl, sondern auch die Schnelligkeit der Stöße festlegen. Gleichzeitig ist sie in der Lage, ihre Klitoris zu streicheln. Dies verschafft ihr noch mehr Lust und trägt möglicherweise zu häufigeren und besseren Orgasmen bei als bei anderen Positionen.

● Ideal sind diese Stellungen auch für eine schwangere Frau. Auf ihren Bauch wird kein Druck ausgeübt, und sie kann die Tiefe, den Winkel und die Geschwindigkeit der Penetration so kontrollieren, daß es für sie körperlich unbeschwerlich ist. Der Mann kann ihren Bauch sehen, ihn und ihre größer gewordenen Brüste streicheln, und das Ganze kann für beide äußerst erregend sein. Wenn die Frau oben ist, kann sie auch während der Schwangerschaft bis ziemlich zum Schluß Geschlechtsverkehr haben.

● Manche Männer ejakulieren zu früh und müssen deshalb größere Selbstkontrolle gewinnen. Die Erektions- und Ejakulationsreflexe des

Mannes werden verlangsamt, wenn er auf dem Rücken liegt – insofern ist diese Art Stellung für ihn sehr hilfreich. Hat der Mann das Gefühl, daß er zu schnell zum Höhepunkt kommt, so kann er das seiner Partnerin signalisieren, die dann eventuell seinen Penis herausnimmt und zusammendrückt, bis der Drang zur Ejakulation bei ihm nachläßt. Durch Streicheln, Küssen und Liebkosen bringt sie ihn dann wieder zur Erektion, und der Geschlechtsverkehr kann fortgesetzt werden.

- »Frau-auf-Mann«-Positionen empfehlen sich auch, wenn der Mann sehr müde oder unpäßlich ist und sexuell nicht die Führung übernehmen kann. Das gilt besonders dann, wenn er gerade eine schwere Krankheit oder Operation hinter sich hat. Die Frau kommt so eher wieder in den Genuß von Sex, als wenn der Mann die aktive Rolle spielen müßte.
- Wenn sich die Frau auf die Hüften des Mannes hockt oder kniet, kann die Penetration sehr tief sein. Indem sie den Körper vor oder zurück lehnt, kann sie die Lustgefühle bei beiden erheblich steigern.
- Besonders gut eignen sich diese Stellungen für eine vorsichtige oder ängstliche Frau, die wegen Vaginismus (schmerzhaftem Scheidenkrampf) in Behandlung ist, eine Operation an der Vagina oder sogar eine Geburt hinter sich hat.

Bei vielen Positionen ist die Bewegungsfreiheit der Frau im Liebesakt eingeschränkt. Für die passive, gehemmte Frau, die Geschlechtsverkehr als etwas sieht, das »mit ihr gemacht« wird, mag das gut und schön sein. Die meisten Positionen jedoch, bei denen die Frau oben liegt, bieten mehr Bewegungsmöglichkeiten. Sie kann nicht nur am Penis auf- und abgleiten, sondern auch um ihn herum, auf ihm vor- und zurückschaukeln und ihn sogar in sich behalten und sich dabei ganz umdrehen.

Viele dieser Stellungen lassen sich demzufolge auch so einnehmen, daß die Frau in entgegengesetzter Richtung liegt wie der Mann.

Sie kann jetzt um so besser ihrer Phantasie freien Lauf lassen und leichter ihre Klitoris anfassen, um sie zu streicheln, weil ihr Körper von seinem abgewandt ist und sie sich nicht so gehemmt fühlt.

Für die Frau, die engen Körperkontakt liebt, ist diese Position ideal. Ihr Partner kann ihre Brüste küssen und sie streicheln, während sie die Tiefe der Penetration unter Kontrolle hat. Längere Zeit in dieser Stellung zu hocken, kann jedoch ermüdend sein und erfordert kräftige Beine

Dadurch hat sie allerdings keine Möglichkeit mehr, ihn zu küssen, er kann ihre Brüste nicht küssen und streicheln, und beide können die lustvollen Reaktionen des anderen nicht sehen. Das muß aber kein Nachteil sein. Es ist einfach so, daß man zu verschiedenen Zeiten unterschiedlichen Körpergefühlen den Vorzug gibt.

Wenn die Frau sich über die Hüften ihres Partners kniet und seinen Penis in sich aufnimmt, kann sie sich zum Beispiel nach vorn beugen und ihm ihre Schenkel und ihr Gesäß in aufreizender Weise präsentieren. Dies wirkt auf den gesäßorientierten Mann höchst erregend, und er kann ihren Anus stimulieren und ihr Gesäß liebkosen, wenn sie das mag.

Positionen im Knien sind unkompliziert, jede Form des Hockens dagegen kann sehr anstrengend sein und erfordert kräftige Beine.

Die einfachste Grundstellung ist vielleicht die, bei der der Mann flach auf dem Rücken liegt.

● Hierbei kniet sich die Frau mit dem Gesicht nach vorn über seinen Körper und führt seinen Penis ein. Indem sie ihren Körper auf und ab bewegt, kontrolliert sie Geschwindigkeit und Tiefe der Penetration. Sie kann es so einrichten, daß er sehr tief eindringt. Er kann sie

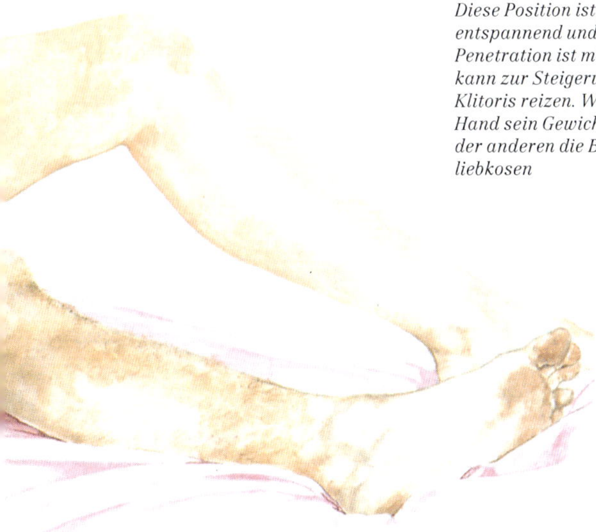

Diese Position ist für beide ziemlich entspannend und bequem. Tiefe Penetration ist möglich, und die Frau kann zur Steigerung ihrer Lust ihre Klitoris reizen. Wenn der Mann mit einer Hand sein Gewicht abstützt, kann er mit der anderen die Brüste seiner Partnerin liebkosen

streicheln, insbesondere ihre Brüste, die verführerisch nahe vor ihm hin und her schwingen, wenn sie sich bewegt. Das kann für den Mann sehr aufregend sein. Außerdem sieht er, wie sein Penis in ihre Vagina gleitet, was ebenfalls stimulierend wirkt. Da ihr Gewicht auf ihren Beinen ruht, hat sie die Hände frei und kann ihn streicheln.

● Eine Variante dieser Position ist die, bei der die Frau sich nach vorn beugt, so daß ihre Brüste seine Brust berühren. Dadurch wird die Bewegungsfreiheit stark eingeschränkt, aber sie kann immer noch ihre Hüften heben und senken. Abhängig von der anatomischen Lage der weiblichen Vagina besteht hier die Gefahr, daß der Penis leicht herausrutscht.

● Wenn es um die Stellungen beim Geschlechtsverkehr geht, ist es wichtig, daran zu denken, daß die Vulva sehr unterschiedlich beschaffen ist. Bei manchen Frauen liegen die Genitalien wesentlich weiter vorn als bei anderen. Das bringt den Penis in unterschiedlichen Kontakt mit der Klitoris und bedeutet, daß bei gleicher Stellung die Penetration bei einem Paar tief, bei einem anderen dagegen oberflächlich sein kann. Experimentieren ist die einzige Lösung. Außerdem macht es Spaß, zu entdecken, was beiden Partnern am besten gefällt.

● Schließlich kann sich die Frau auch mit abgewandtem Gesicht über den Penis den Mannes knien. Dies erlaubt ein tiefes Eindringen, und er kann Anus und Gesäß seiner Partnerin stimulieren. Er kann beobachten, wie sein Penis in sie hinein- und wieder herausgleitet, besonders, wenn sie sich nach vorn beugt. Falls sie die Kraft hat, sich mit nur einem Arm abzustützen, kann sie mit der anderen Hand ihre Klitoris reizen.

Positionen für Fortgeschrittene

Der größte Vorteil von Stellungen, bei denen die Frau oben ist, liegt wahrscheinlich darin, daß sie das Geschehen kontrollieren kann. Bei einer ganzen Anzahl der »fortgeschrittenen« Positionen ist dies jedoch nicht der Fall. Tatsächlich lassen viele nur wenig Spielraum für Bewegung und Penetration. Trotzdem gibt es mehrere Punkte, die dafür sprechen.

● Sie zeigen dem Mann, daß seine Partnerin gewillt ist, beim Liebesakt erfinderisch zu sein.

- Für die Frau führen manche dieser Stellungen zu neuartigen Lustgefühlen im Becken, die sie sonst nicht erfährt. Wie weit sich solche relativ unbequemen Positionen für die einzelne Frau lohnen, liegt natürlich ganz bei ihr. Vielleicht genügt es, einen bestimmten Teil ihres Beckens nur ein paar Minuten lang auf diese Art zu stimulieren, um sie so zu erregen, wie es auf andere Weise nicht möglich ist.
- Die meisten dieser Stellungen sind für den Mann sehr bequem und bieten sich deshalb an, wenn er unpäßlich oder sehr müde ist oder sich gerade von einer Krankheit oder Operation erholt.
- Sie sind außerdem gut geeignet für Frauen, die mit ihren Beckenmuskeln den Mann stimulieren wollen, während er in ihnen ist. Das kann mit reibenden oder auch kreisenden Beckenbewegungen kombiniert werden. All das wirkt äußerst reizvoll auf einen Mann, der es gern hat, wenn seine Partnerin seinen Penis für ihr ganz persönliches und privates Vergnügen »benutzt«.
- Manche Frauen genießen es, wenn sie in dieser Position vaginal penetriert werden und gleichzeitig einen Finger, Vibrator oder Dildo im Anus spüren. Sogar wenn das in der Praxis nicht der Fall ist, kann die entsprechende Phantasie ihre Lust am Liebesakt steigern.

Vorsicht

Wenn der Mann den Anus der Frau stimuliert, darf er anschließend nie denselben Finger in ihre Vagina einführen. Dadurch können Bakterien übertragen werden.

Neues ausprobieren

Bei allen Stellungen sollten Sie ein wenig experimentieren, um herauszufinden, was Sie für geeignet halten; und wenn es für einen von Ihnen angenehm ist, teilen Sie sich Ihre Empfindungen und Lustgefühle mit. Bei besonders akrobatischen Übungen halten sich die Vorzüge und die damit verbundene Mühe und Anstrengung nicht immer die Waage. Geben Sie auf, wenn eine Position für Ihren Partner schmerzhaft oder lästig ist. Kehren Sie zu Ihren altbewährten Stellungen zurück und probieren Sie die ungewöhnlicheren vielleicht ein anderes Mal aus, wenn es dem Zyklus der Frau besser entspricht,

Die Frau dreht dem Mann den Rücken zu, kniet sich rittlings über ihn und läßt sich auf seinem Penis nieder. Wenn sie sich dann zurücklegt, kann er ihre Brüste streicheln

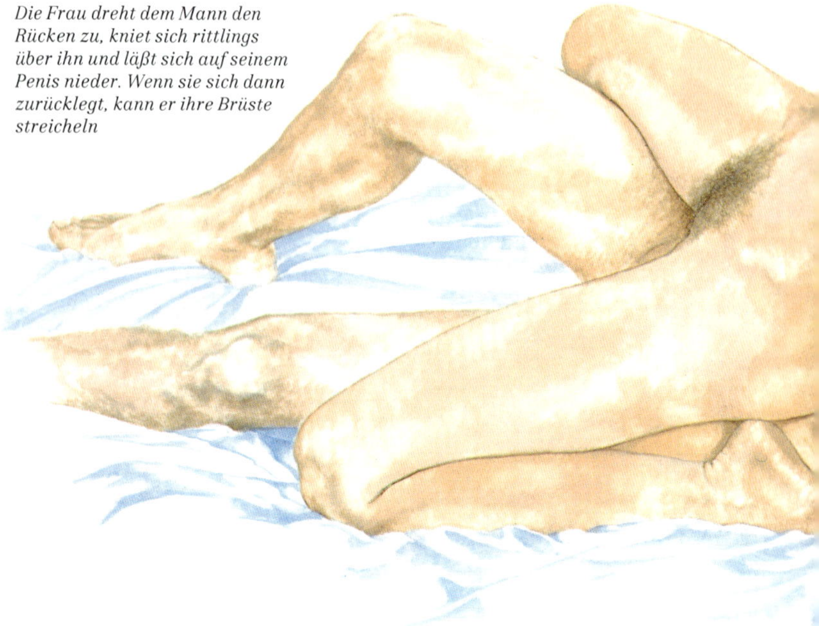

sie leichter erregbar ist oder Sie beide einfach nur ein bißchen Spaß haben wollen, bevor Sie zum eigentlichen Liebesakt in einer von Ihnen bevorzugten Position übergehen.

Wenn eine bestimmte Stellung einem oder beiden das eine Mal nicht gefällt, so heißt das noch lange nicht, daß es dabei bleiben muß. Versuchen Sie es erneut, und finden Sie heraus, was daran erregend oder einfach nur angenehm sein kann.

Die Frau, die nur zögernd oder mit Hemmungen die Führung beim Liebesakt übernimmt, sollte zunächst mit denjenigen »Frau-auf-Mann«-Positionen experimentieren, bei denen der Partner sie halten kann. Wenn sie zum Beispiel mit dem Gesicht nach vorn auf ihm sitzt, kann sie sich vorbeugen, und er kann sie die ganze Zeit über umarmen, küssen und streicheln.

Wenn sie sich erst an diese Art Stellung gewöhnt hat, kann sie auch ausgefallenere und kompliziertere Positionen einnehmen. Bei vielen

ist es schwierig, sie über längere Zeit beizubehalten, aber sie können neuartige und ungewohnte Lustgefühle hervorrufen.

● Der Mann liegt mit dem Rücken flach auf dem Bett, das Gesäß an der Kante, und stützt seine Beine auf einem Stuhl ab. Die Frau steht rittlings über seinen geschlossenen Beinen und führt seinen Penis in ihre Vagina ein. Dann beugt sie sich mit abgewandtem Gesicht nach vorn und legt sich auf seine Beine, wobei ihr Gewicht hauptsächlich auf ihren Füßen und Unterarmen ruht.

Dies ist ausgesprochen reizvoll für einen Mann, den es erregt, das Gesäß seiner Partnerin beim Liebesspiel zu betrachten. Wenn beide es mögen, kann er sehr gut ihren Anus oder ihr Gesäß stimulieren und zusehen, wie sein Penis in sie eindringt.

Bewegungen sind nicht allzu empfehlenswert, außer daß er ihr Gesäß mit den Händen auf und nieder drückt. Alles andere ist für sie sehr anstrengend, wenn sie keine besonders kräftigen Beine hat. Sie kann seine Füße küssen und mit den Brüsten über seine Waden streichen, um die Lust zu steigern. Der Mann ist allerdings praktisch festgenagelt und kann selbst fast nichts tun. Für die Frau ist diese Position sehr angenehm, wenn sie gern ihr Gesäß stimulieren läßt und es mag, wenn ihr Anus gestreichelt oder mit dem Finger penetriert wird.

● Der Mann sitzt mit weit gespreizten Beinen auf einem Stuhl. Die Frau kniet sich mit dem Rücken zu ihm, hat die Beine zu beiden Seiten seines Beckens auf dem Sitz und läßt sich auf seinen Penis nieder. Dann lehnt sie sich nach vorn, um sich mit den Händen auf seine Knie zu stützen. Er faßt sie um die Taille und kann sie damit nicht nur in ihrer ziemlich unsicheren Position stabilisieren, sondern bis zu einem gewissen Grad auch die Penetration kontrollieren, indem er sie fester auf seinen Penis drückt oder sie weiter hochhebt.

Die Bewegungsfreiheit ist nicht sehr groß und das Eindringen oberflächlich, aber kurze Stöße sind möglich und werden von manchen Frauen als sehr lustvoll empfunden. Auch hier ist das Gesäß der Frau für den Mann gut zu sehen, und er kann genau beobachten, wie sein Penis in sie eindringt.

In dieser Position ermüden die Arme der Frau allerdings ziemlich leicht. Sie kann sich so weit nach vorn beugen, daß sie sich mit den Händen auf dem Boden zwischen seinen Beinen abstützt. Sie kann auch mit der Stirn auf einem auf dem Fußboden liegenden Kissen ruhen. Der Penis dringt jetzt in einem ganz anderen Winkel in sie ein, und dieser Wechsel kann erregend sein für eine Frau, die es gern hat, wenn der Penis die hintere Wand ihrer Vagina trifft.

Es ist klar, daß hier weder die Frau noch der Mann die Klitoris reizen können, so daß sie in dieser Stellung höchstwahrscheinlich keinen klitoralen Orgasmus bekommt. Dennoch kann es hin und wieder für ein gelenkiges Paar eine nette Abwechslung sein.

● Der Mann liegt auf dem Rücken und zieht seine Beine bis zur Brust hoch. Die Frau zieht seinen Penis nach unten und setzt sich, seine Beine im Rücken, darauf. Er kann seine Beine gegen ihren Rücken stemmen, und sie kann sich mit den Händen auf seinen Schenkeln abstützen.

Es gibt wenig Bewegungsmöglichkeiten, aber wie bei allen derartigen Positionen kann sie ihre Beckenmuskeln zusammenziehen und das Gesäß hin und her bewegen, um beide zusätzlich zu stimulieren.

Nicht vielen Paaren wird es gelingen, diese Stellung lange beizubehalten, weil sie für den Mann anstrengend ist und es viele außerdem unangenehm oder sogar schmerzhaft finden, wenn ihr erigierter Penis so weit nach unten gestreckt wird.

● Eine weitere Position, bei der die Frau oben ist, eignet sich besonders gut für Schwangere. Der Mann liegt flach auf dem Rücken im Bett, die Frau kniet über seinem Becken und wendet ihm den Rücken zu. Sie führt seinen Penis ein und setzt sich darauf. Jetzt lehnt sie sich zurück und legt sich auf seine Brust. Er kann ihren ganzen Körper streicheln, insbesondere ihre Brüste, und hinunterlangen und ihre Klitoris stimulieren.

Das einzige Anstrengende an dieser Stellung ist für die Frau, daß ihre Beine und Knie leicht ermüden, aber dem kann, zumindest bis zu einem gewissen Grad, abgeholfen werden, indem sie die Knie ein wenig anhebt.

Die Penetration ist nicht tief, aber der Penis ist direkt auf die vordere Wand der Vagina gerichtet, und das ist angenehm für Frauen, die beim Geschlechtsverkehr gern ihren G-spot stimulieren lassen. Das Paar kann sich küssen, und ihr Körper ist für Liebkosungen sehr gut zugänglich; doch sie selbst kann wenig tun, um ihren Partner zu erregen.

● Diese Position ist etwas ermüdend, macht aber zur Abwechslung oder als vorübergehender Teil eines Liebesaktes durchaus Spaß. Der Mann liegt mit dem Rücken auf der Bettkante, Füße und Waden auf einem Stuhl. Die Frau sitzt mit ihm zugewandtem Gesicht auf seinem Penis, die Beine zu beiden Seiten seiner Brust. Sie lehnt sich nach hinten und stützt sich mit den Händen auf den Stuhllehnen ab.

Die Bewegungsfreiheit ist gering und die Penetration nicht besonders stark. Der Mann kann zusehen, wie sein Penis in sie eindringt und sich leicht anheben, um die Penetration zu intensivieren; daß ihr Gewicht überwiegend auf ihren Armen ruht, ist allerdings ziemlich anstrengend. Der Mann kann ihr zwischen die Beine greifen und ihre Klitoris streicheln, aber die meisten Frauen müssen schon vorher äußerst erregt sein, um in dieser Stellung zum Orgasmus zu kommen, weil sie ihr Gewicht nicht über lange Zeit mit den Armen halten können.

Bei den Positionen für Fortgeschrittene – ob nun die Frau oder der Mann oben ist, die Penetration von hinten erfolgt oder wie auch immer – sollte man immer daran denken, daß es sich nur um generelle Ratschläge handelt. Die meisten lassen sich so abwandeln, daß sie für beide Partner gleich bequem sind.

Für ein Paar, das die Abwechslung liebt, aber das Gefühl hat, daß eine bestimmte Stellung schwierig sein könnte, lohnt es sich, auszuprobieren, ob sie sich an seine spezifischen Bedürfnisse anpassen läßt. Wer erfinderisch ist, wird für die meisten Probleme eine Lösung entdecken.

Penetration von hinten

Von allen diesen Stellungen ist die »Hündchen«-Position die bekannteste. Ein Liebespaar kann jedoch für sich auch andere finden, die noch reizvoller sind.

Der Geschlechtsverkehr von Angesicht zu Angesicht ist die bei weitem beliebteste Form des Liebesaktes, und das aus einer Vielzahl von Gründen. Zunächst mögen es die meisten Frauen, wenn sie bei der Liebe umarmt werden und engen Körperkontakt haben.

Zweitens befinden sich Brüste und Lippen einer Frau – zwei Hauptquellen erotischer Erregung – an der Vorderseite ihres Körpers, wo ihr Partner sie sehen und beim Sex stimulieren kann.

Und drittens assoziieren viele Frauen eine Penetration von hinten mit animalischem Verhalten und finden sie deshalb eher abstoßend.

Die Frau liegt mit gespreizten Beinen auf dem Bauch, und der Mann dringt von hinten in sie ein, wobei er sich mit den Händen abstützt. Noch tiefere Penetration ist möglich, wenn die Frau ihr Gesäß ein Stück anhebt

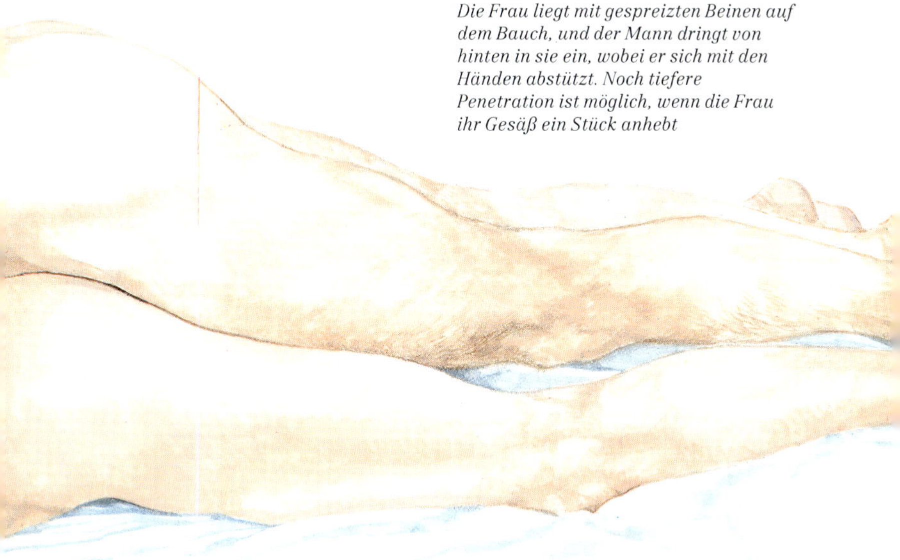

Bei einem Paar jedoch, das mehrmals in der Woche Geschlechtsverkehr hat, können sich Positionen, bei denen der Mann auch mal von hinten in die Frau eindringt, belebend und bereichernd auf das Sexualleben auswirken.

Im Zuge des seit einiger Zeit aufgekommenen Interesses am G-spot haben Sexualforscher darauf hingewiesen, daß eine Penetration von hinten vom weiblichen Standpunkt aus sogar angenehmer sein kann.

Der Mann stimuliert dabei mit seinem Penis die vordere Wand der Vagina, und das ist für eine Frau mit sensiblem G-spot äußerst erregend.

Praktische Vorteile

Was auch immer die physischen und emotionalen Vor- und Nachteile einer Penetration von hinten sein mögen, so bietet sie dem Paar, das den Liebesakt auf diese Weise genießt, doch viele Vorzüge.

- Bei einer Penetration von hinten fühlt sich die Frau ihrem Partner besonders ausgeliefert. Manche Frauen finden diese Vorstellung höchst aufregend. Der Gedanke, »wie ein Tier« genommen zu werden, ist für sie reizvoll. Andere Frauen bevorzugen Positionen, die ihnen »romantisch« erscheinen. Und ein Eindringen von hinten, so angenehm und stimulierend es auch sein mag, ist eben nicht sehr romantisch. Für viele Paare jedoch ist dies kein Hinderungsgrund. Wenn die Frau bei manchen Gelegenheiten heftig genommen werden will, so spricht nichts dagegen, daß sie sich zu anderen Zeiten einen zärtlichen, liebevollen und romantischen Liebesakt wünscht. Wir verfügen schließlich über eine breite Palette an Emotionen.
- Heutzutage ist es Mode, daß Frauen von behutsamen Liebhabern schwärmen, die sich viel Zeit für ein detailliertes und langes Vorspiel nehmen; doch so angenehm das auch sein mag, es sollte nicht zur langweiligen Routine werden. In therapeutischer Behandlung sagen viele Frauen, daß sie es sehr genießen, ungestüm genommen zu werden. Es zeigt ihnen, daß sie begehrenswert sind und daß der Mann ihnen nicht widerstehen kann, was an sich schon schmeichelhaft ist. Außerdem entbindet es sie von allzuviel Vorspiel, das sie eventuell als langweilig empfinden.
- Alles zu seiner Zeit, ist beim Sex die Devise, und dazu gehört zur Abwechslung auch die ungestüme Penetration von hinten. Für den

Dies ist eine ideale Variante der traditionellen »Hündchen«-Position. Die Frau kniet auf dem Boden, und der ebenfalls kniende Mann dringt von hinten in sie ein, während sie sich auf das Bett stützt

Mann, der dabei gern Gesäß und Anus seiner Partnerin ansieht, sind diese Positionen (oder jedenfalls manche von ihnen) sehr aufregend. Wenn es beiden gefällt, kann er ihr Gesäß streicheln, ihren Anus stimulieren und so weiter. Da bei vielen dieser »Von-hinten«-Stellungen die Oberschenkel der Frau angewinkelt sind (dies trifft besonders auf die klassische »Hündchen«-Position zu), kann die Penetration sehr tief sein.

- Für eine Frau mit sensiblem G-spot ist das Eindringen von hinten besonders lustvoll. Der Penis des Mannes kann so ausgerichtet werden, daß er genau an die richtige Stelle stößt oder sie sanft massiert. Selbst wenn ihr G-spot nicht reagiert, erlebt sie ganz andere Gefühle als sonst, und viele werden sehr erregend sein, und sei es auch nur wegen ihrer Neuartigkeit.
- Eine Frau, die schüchtern ist, die in ihrer Phantasie an einen anderen Mann denken will, oder die nur sexuell befriedigt werden möchte, ohne dabei allzu deutlich an ihren Partner erinnert zu werden, empfindet eine Penetration von hinten vielleicht als gute Lösung ihrer Probleme. Indem sie das Gesicht von ihm abwendet, kann sie den Penis und die Zärtlichkeiten des Mannes auf einigermaßen anonyme Weise genießen.
- Wenn er von hinten eindringt, hat der Mann seine Hände frei, um damit Körper, Brüste und Klitoris seiner Partnerin zu streicheln und zu stimulieren.
- Bei manchen dieser Stellungen, besonders bei der »Hündchen«-Position, hat der Mann erhebliche Bewegungsfreiheit beim Stoßen, dessen Stärke, Richtung und Schnelligkeit er hier besser als in fast jeder anderen Stellung beeinflussen kann.

Positionen für Gelenkige

Stellungen »von hinten« wandeln die simple »Hündchen«-Position bis zu äußerst gewagten Übungen ab, die dem eher athletisch veranlagten Liebespaar zusagen werden.

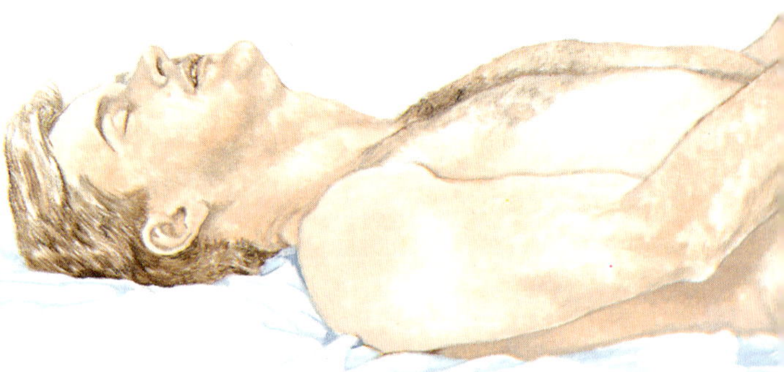

Der Mann liegt mit geschlossenen Beinen flach auf dem Rücken, und die Frau sitzt mit abgewandtem Gesicht rittlings auf ihm. In dieser Position ist sehr tiefes Eindringen möglich, und die Frau kontrolliert die Bewegungen

Der Mann liegt auf dem Rücken und hat die Knie an die Brust gezogen. Dann läßt sich die Frau auf seinem Penis nieder, wobei er sie mit Beinen und Händen abstützt

Welche Variante Sie auch wählen, sie sollte beiden Partnern gefallen. Wenn der eine eine bestimmte Position unangenehm, schmerzhaft oder anstrengend findet, so kann das seine oder ihre Lust am Liebesakt beträchtlich vermindern.

● Die wahrscheinlich bekannteste und meistverbreitete Version ist die »Hündchen«-Position. Dabei kniet die Frau auf dem Bett oder auf dem Fußboden, und ihr Partner kniet sich hinter sie und dringt in sie ein. Sie kann ihr Becken unterschiedlich abwinkeln, je nachdem, wie weit sie sich nach vorn beugt und wie sie sich abstützt.

Die Frau hockt sich auf einen Stuhlsitz, wobei sie die Rückenlehne als Stütze benutzt. Der Mann dringt im Stehen in sie ein

Jede Stellung ist mit neuen Körpergefühlen verbunden. Die Frau kann ihren Körper zum Beispiel waagerecht halten, indem sie auf Händen und Knien ruht. Sie kann sich auf ihre Ellbogen stützen, die Arme flach nach hinten ausstrecken oder sie unter Stirn oder Brust legen, um damit ihren Oberkörper abzustützen.

Die Penetration ist extrem tief, besonders wenn die Frau mit der Brust auf dem Bett liegt. Der Mann hat viele Bewegungsmöglichkeiten und kann die Frau sehr heftig nehmen, was vielen gefällt.

Manche Frauen stellen fest, daß in dieser Position Luft in ihre Vagina gedrückt wird. Das muß nicht unbedingt ein Problem sein, aber wenn mit dem Penis Luft in das obere Ende der Vagina gelangt, kann das Schmerzen verursachen.

Dreht die Frau sich dann um, entweicht die Luft mit einem beträchtlichen Geräusch, das die meisten Paare jedoch ignorieren oder scherzhaft kommentieren.

● In einer modifizierten »Hündchen«-Position kniet die Frau auf einem niedrigen Hocker oder Tisch (der mit etwas Weichem für ihre Knie bedeckt sein sollte). Der Mann stellt sich hinter ihre gespreizten Beine und dringt in sie ein.

● Für die Sportlichen gibt es eine weitere Stellung, bei der die Frau sich mit weit gespreizten Beinen nach vorn beugt und die Hände vor sich auf den Fußboden stützt. Gesäß und Vulva sind jetzt so exponiert, daß der Mann mit leicht gebeugten Knien von hinten in sie eindringen kann.

Bewegungen und Penetration sind intensiv (zumindest für den Mann), doch die Frau ist total festgelegt, außer daß sie ihre Hüften seitwärts bewegen kann, um ihr Vergnügen zu steigern. Sie kann natürlich, wie bei allen derartigen Positionen, ihre Beckenmuskeln zusammenziehen, so daß beide stärker stimuliert werden.

● Sehr bequem und lustvoll ist das Eindringen von hinten in der »Löffel«-Position, die sich auch zu einer Variante der Seitwärts-Stellungen (siehe folgende Seiten) ausbauen läßt. Die Frau liegt mit abgewandtem Gesicht und hochgezogenen Knien neben ihrem Partner. Der Mann schmiegt sich von hinten an ihren Körper und dringt in sie ein. Mit dem Penis in ihrer Vagina können sie dann stilliegen, oder er kann sich bewegen. Die Penetration ist tief, wenn sie ihren Körper etwas abwinkelt. Er kann um sie herumgreifen und die Vorderseite ihres Körpers streicheln.

- Der Mann liegt mit geschlossenen Beinen auf dem Bett, und die Frau kniet sich mit abgewandtem Gesicht über seine Hüften. Sie verlagert ihr Gewicht auf die Hände, die sie zu beiden Seiten seiner Beine aufstützt. Bei dieser Penetration von hinten, bei der die Frau oben ist, kann sie die Anzahl der Stöße kontrollieren, und er kann Gesäß und Anus seiner Partnerin ansehen und streicheln.
- Diese Position eignet sich nur für eine Frau mit starken Armen. Sie stützt sich dabei auf das Bett, wobei sie ihr ganzes Gewicht auf die Arme verlagert, und der Mann hebt ihre gespreizten Beine hoch und stellt sich zwischen sie, während er von hinten in sie eindringt. Die Bewegungsfreiheit ist eingeschränkt, aber die Penetration kann ziemlich tief sein.

Seite an Seite

Paare, die Intimität und engen Körperkontakt beim Liebesspiel schätzen, haben bei Seitwärts-Positionen optimale Möglichkeiten zum Schmusen, Streicheln und Küssen.

Die meisten Paare bringen dadurch Abwechslung in ihr Sexualleben, daß sie Positionen wählen, die ihrer jeweiligen Stimmung entsprechen. Für ein Paar, das mehrmals in der Woche miteinander schläft, kann der Liebesakt von innig und warm bis zu äußerst gewagt variieren.

Akrobatische Stellungen, für die beide fit und gelenkig sein müssen, können von Zeit zu Zeit Spaß machen, aber sie haben ihre Nachteile.

Viele der ausgefalleneren Positionen bieten zwar neue, ungewohnte Möglichkeiten der Stimulation, aber sie sind häufig ermüdend und kaum romantisch zu nennen.

Die »Löffel«-Position ist eine der bequemsten und zärtlichsten Stellungen beim Liebesakt, weil sie maximalen Hautkontakt gestattet und der Mann seine Partnerin gut küssen, streicheln und liebevoll mit ihr reden kann

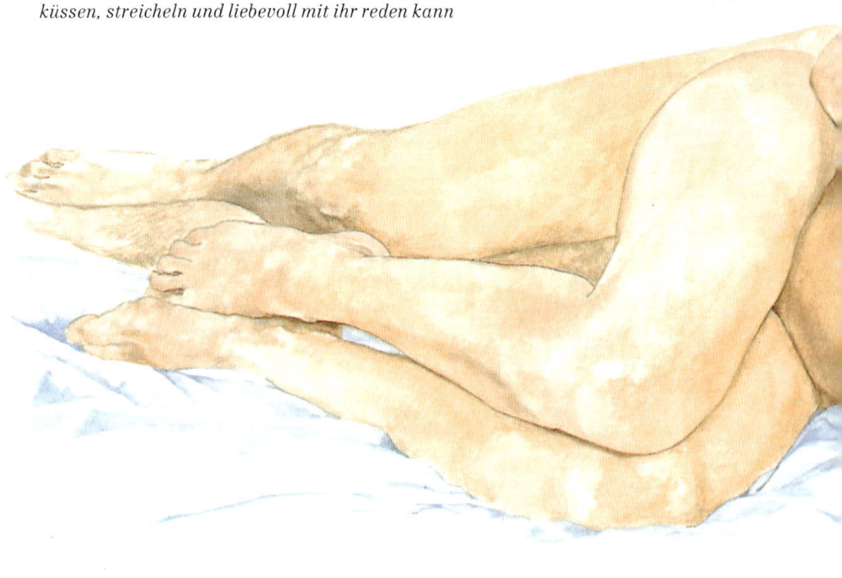

Stellungen für das intime Vergnügen

Positionen, bei denen beide nebeneinander liegen, erlauben maximalen Körperkontakt, sind bequem und ideal, wenn Intimität die Devise ist.

Sie erweisen sich als besonders angebracht, wenn einer oder beide müde sind oder die Frau schwanger ist.

Bei vielen dieser Positionen kann der Mann sich an seine Partnerin kuscheln und hat die Hände frei, so daß er sie streicheln kann, und für ein Paar, das sein Liebesspiel gern mit Worten begleitet, eignet sich diese Stellung besonders gut.

Die bekannteste ist zweifellos die »Löffel«-Position. Sie bietet sich speziell während einer Schwangerschaft an, weil der Bauch der Frau dabei flach auf dem Bett liegen kann und es für sie in den letzten Monaten so sehr bequem ist.

- Beide liegen auf der Seite, wobei sich der Mann an den Rücken der Frau schmiegt und sie die Knie bis zum Bauch anzieht. Dann dringt er in sie ein.

Wenn sie ein Bein über das obere Bein des Mannes legt, entblößt sie damit den ganzen Schambereich, und ihr Partner kann sie sehr tief penetrieren. Die Bewegungsfreiheit ist eingeschränkt, aber das Paar kann miteinander schmusen und hat die Hände frei, um sich gegenseitig zu streicheln

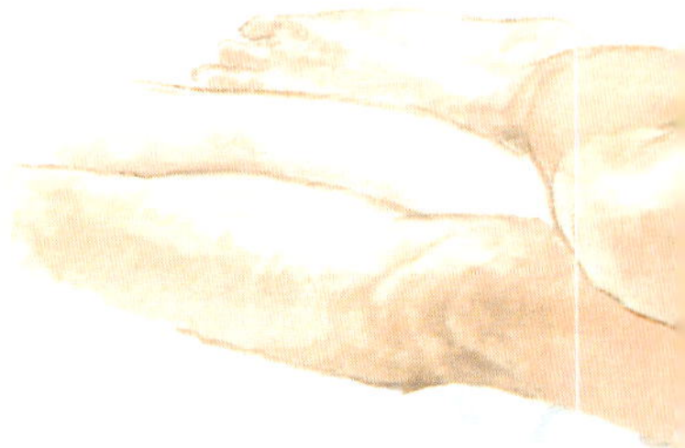

Die Penetration kann sehr intensiv sein, wenn die Frau ihren Körper abwinkelt und der Mann, allerdings in begrenztem Maße, stoßende Bewegungen ausführen kann. Er kann um sie herumgreifen und ihre Klitoris stimulieren, oder sie öffnet die Beine und berührt sich selbst. Ebenso kann er Brüste und Bauch streicheln und sie gleichzeitig auf Hals und Rücken küssen. Der Körperkontakt ist sehr umfassend und macht den Liebesakt zu einem romantischen, sinnlichen Erlebnis.

Für ein Paar, das gleich nach dem Akt einschlafen will, ist dies eine höchst angenehme Position – es ist gut möglich, daß der Penis auch noch im Schlaf in der Vagina bleibt.

● Variieren Sie diese Stellung so, daß sich die Frau nach dem Eindringen des Penis etwas über den Rücken dreht und dabei ein Bein über das obere Bein des Mannes legt. Dadurch werden Vulva und Klitoris leichter für die Zärtlichkeiten des Partners zugänglich. Auch sie selbst hat jetzt beide Hände frei, mit denen sie sich oder den Mann streicheln kann.

Ihr Bauch liegt dabei völlig frei, was diese Stellung wiederum sehr geeignet für eine Hochschwangere macht. Die Penetration ist zwar intensiv, aber nicht sonderlich tief, und Stoßbewegungen sind nur eingeschränkt möglich.

Für die Frau ist dies eine bequeme Position, in der sie sich selbst und das Skrotum des Partners stimulieren kann. Manchen Frauen verschafft der Penis des Mannes zusätzliche Lust, indem er ihren G-spot reizt.

● Beide liegen auf der Seite, die Gesichter einander zugewandt. Die Frau zieht ihre Beine bis zur Brust hoch und spreizt sie dann weit auseinander. Der Mann dringt in sie ein, und sie schlingt die Beine um seinen Rücken. Mit den Armen umfaßt sie seine Schultern.

Die Penetration kann sehr intensiv sein, aber die Bewegungsfreiheit ist etwas eingeschränkt. Das Paar kann sich leidenschaftlich küssen. Der Körperkontakt ist umfassend, und man ist wirklich »eins«.

Für sehr dicke Menschen oder schwangere Frauen eignet sich diese Position nicht.

● Eine der besten Stellungen beim Liebesakt überhaupt ist die, bei der der Mann seitlich eindringt. Die Frau liegt auf dem Rücken, der Mann auf der Seite, und zwar im rechten Winkel zu ihr. Sie zieht ihre Oberschenkel an den Bauch, und der Mann legt sich unter sie und dringt in sie ein.

Die Penetration ist tief, und die Bewegungsmöglichkeiten sind gut, wenn auch nicht optimal. Für die schwangere oder korpulente Frau

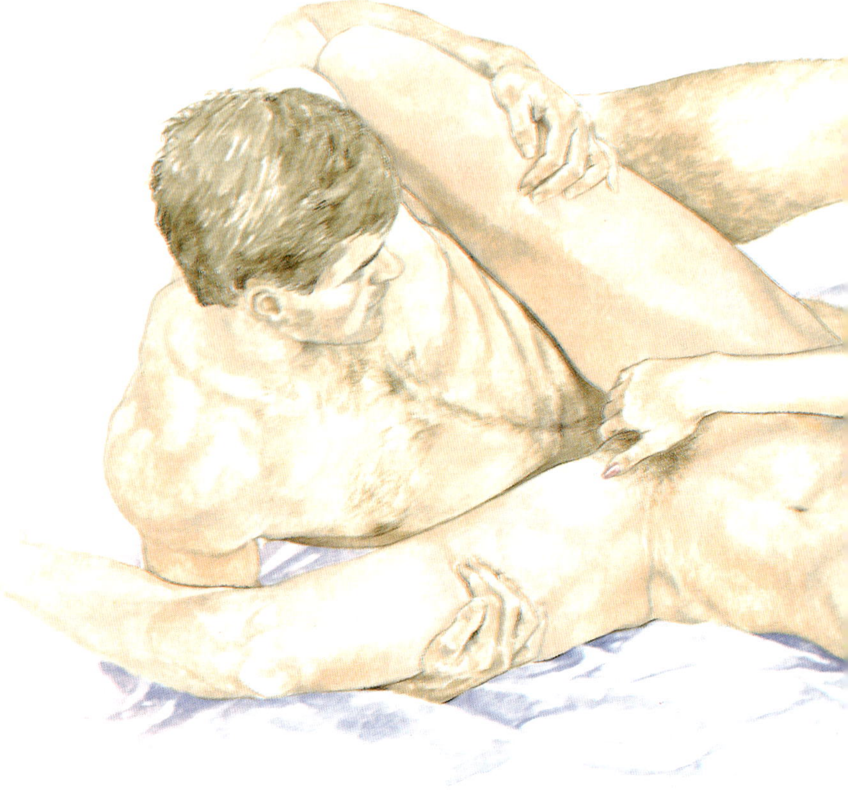

Für einen Mann, der beim Liebesakt gern die Vulva seiner Partnerin betrachtet, kann dies eine besonders aufregende Position sein. Beide können die Klitoris der Frau erreichen, um sie zu stimulieren

ist auch dies eine bequeme Position. Beide Partner sind in der Lage, die Klitoris der Frau zu stimulieren, und der Mann kann den größten Teil ihres Körpers streicheln.

Auch für einen »Quickie« eignet sich diese Stellung gut, da man dafür nur wenig auszuziehen braucht. Außerdem bietet sie sich für eine gewünschte Empfängnis an, besonders wenn die Frau nach dem Geschlechtsverkehr ein paar Minuten mit hochgezogenen Beinen liegenbleibt.

Der Anus beider Partner ist zugänglich für entsprechende Stimulation, und auch für unerfahrene Frauen, die Schwierigkeiten haben, beim Beischlaf zum Orgasmus zu kommen, ist es eine gute Position.

● Die Frau liegt auf der Seite, dreht sich etwas nach vorn und stützt den halben Oberkörper mit ihren Unterarmen auf dem Bett ab. Der Mann schmiegt sich an ihren Rücken, legt das obere Bein über ihre Hüften und dringt in sie ein.

Für den Mann ist diese Position angenehm, da er mit einer Hand ihren Rücken streicheln kann, aber die Frau kann nur wenig tun. Die Penetration ist nicht sonderlich intensiv, da ihre Beine ziemlich gestreckt sind, aber er kann sich recht gut bewegen.

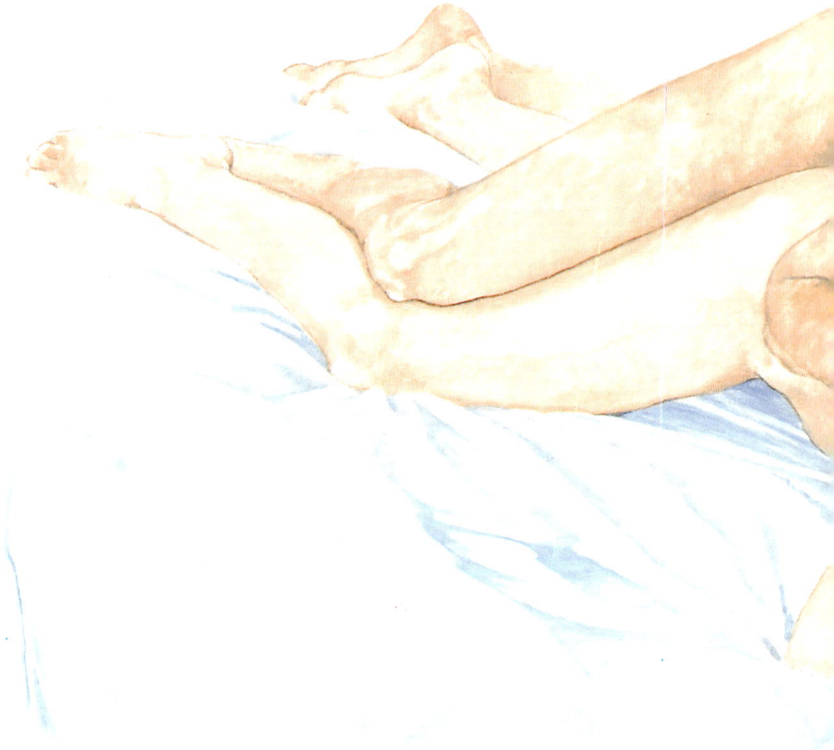

Sie liegt mit leicht angehobenem Gesäß auf dem Bauch, und der Mann liegt über ihr und penetriert sie von hinten. Die Bewegungsmöglichkeiten der Frau sind begrenzt, weil sie durch ihren Partner auf dem Bett festgehalten wird, aber er kann ohne Einschränkung zustoßen und ihren Körper liebkosen

Kapitel Neun

Probleme überwinden

Wenn der Mann nicht kommt

Viele Männer machen Zeiten der Impotenz durch, aber ein liebendes Paar sollte in der Lage sein, damit fertigzuwerden.

Viele Männer, vielleicht sogar die meisten, erleben ab und zu Situationen, in denen sie ihre Erektion nicht lange genug halten können, um Sex zu haben, oder es nicht einmal schaffen, eine Erektion zu erreichen. Grund dafür kann zuviel Alkohol sein, Müdigkeit oder die simple Tatsache, daß die Frau ihn nicht genügend anzieht.

Diese »Ausfälle« sind Bestandteile des männlichen Sexuallebens, und wenn sie nur selten vorkommen, liegt kein Grund zur Sorge vor. Werden sie allerdings zur Regel, so handelt es sich um ein ernsthaftes Problem, das sich für ein Liebespaar verheerend auswirken kann.

Leistungsdruck

Wenn eine Frau nicht kommen kann, ist immer noch Sex möglich, solange der Mann normal funktioniert. Gelingt es dem Mann jedoch nicht, eine Erektion zu erreichen oder zu halten, ist Geschlechtsverkehr praktisch unmöglich. Außerdem können Frauen einen Orgasmus vortäuschen, was manche auch häufig tun – ein Mann kann das nicht, und das setzt ihn unter beträchtlichen Leistungsdruck und macht ihn nervös.

Impotenz ist ein Begriff, der sich aufs Masturbieren ebenso anwenden läßt wie auf den Geschlechtsverkehr. Manche Männer, die beim Geschlechtsverkehr und bei der gegenseitigen Masturbation impotent sind, können lustvoll und ohne Schwierigkeiten kommen, wenn sie allein masturbieren. Es gibt Männer in therapeutischer Behandlung, die mit Erfolg masturbieren und ihre Erektion verlieren, wenn sie aufgefordert werden, sich Geschlechtsverkehr mit einer Frau vorzustellen, was darauf hindeutet, daß sie den Koitus offensichtlich unbewußt meiden.

Was sind die Ursachen?

Für Impotenz gibt es keinen eindeutigen Grund. Die Ursachen sind zahlreich und unterschiedlich. Manche hängen mit medizinischen Problemen zusammen, andere mit psychischen. Manchmal kann es auch der allgemeine Lebensstil des Mannes sein oder die Art seiner gegenwärtigen Beziehung, die diesen Zustand hervorruft.

Am weitesten verbreitet sind Gründe, die mit der Gemütslage des Mannes zu tun haben. Manche Probleme kann das Paar selbst lösen, andere erfordern vielleicht therapeutische Hilfe.

● Die Größe ihres Penis kann vielen Männern echte Sorge bereiten. Fast alle Männer machen sich Gedanken über die Zulänglichkeit ihres Gliedes, und viele sind überzeugt, daß es zu klein ist. Männer, die sich dessen schämen, sind in Gegenwart einer Frau vielleicht nicht zu einer Erektion in der Lage, weil sie befürchten, sie könnten ihren Erwartungen nicht entsprechen. Diese Angst ist unbegründet, weil die meisten Frauen die Größe eines Penis überhaupt nicht kümmert. Merkwürdigerweise läßt sich ein hoher Prozentsatz der Männer davon aber nicht überzeugen.

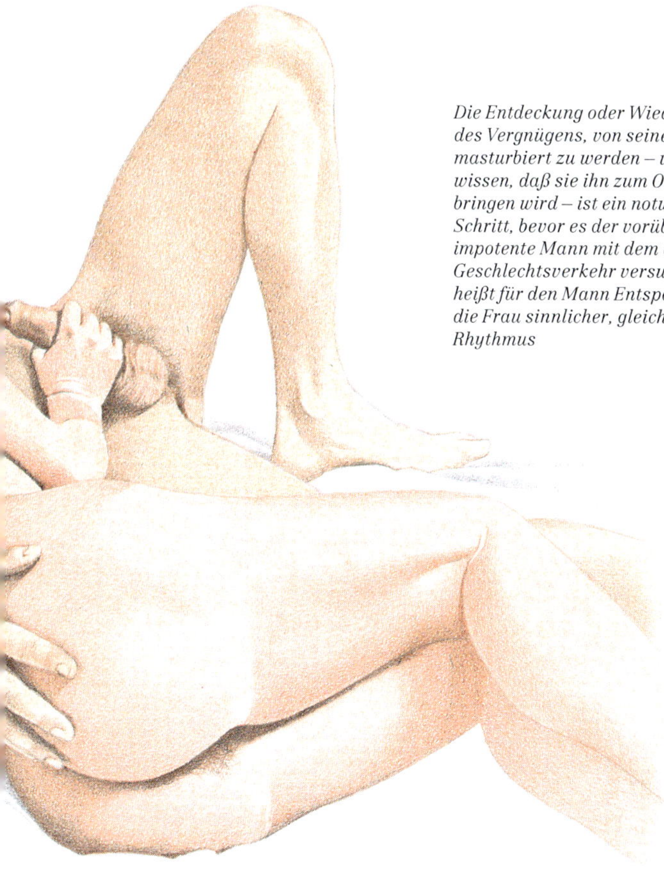

Die Entdeckung oder Wiederentdeckung des Vergnügens, von seiner Partnerin masturbiert zu werden – wobei beide wissen, daß sie ihn zum Orgasmus bringen wird – ist ein notwendiger Schritt, bevor es der vorübergehend impotente Mann mit dem eigentlichen Geschlechtsverkehr versucht. Die Parole heißt für den Mann Entspanntheit und für die Frau sinnlicher, gleichmäßiger Rhythmus

- Belastungen, wie etwa Umzug, Trauerfall, Kündigung (selbst wenn sie nur droht), geschäftliche oder finanzielle Probleme und Schwierigkeiten mit den Kindern können die Erregbarkeit eines Mannes beeinträchtigen. Sie führen zwar nur kurzfristig zu sexuellen Störungen, aber bei der Komplexität des heutigen Lebens kann ein Mann über lange Zeit zur Abstinenz genötigt sein, wenn sich seine Sorgen häufen. Viele Männer befinden sich fast ständig in einer Streßsituation, so daß sie nur selten entspannt sind und deshalb kaum jemals kommen, auch wenn sie es dringend wollen. Das ist ein Grund dafür, daß manche Männer sich außerhalb ihrer Zweierbeziehung umtun – nur bei besonders großer Stimulation (in einer »verbotenen« Affäre) können sie Geschlechtsverkehr ausüben.
- Die Angst vor allzu aggressiven Frauen ist zunehmend Grund für Impotenz. Die Frau von heute verhält sich im Bett – und auch außerhalb – selbstbewußter, und viele Männer mit schwachem Selbstvertrauen fühlen sich dem nicht gewachsen. Fast alle jungen Männer, die Angst vor Geschlechtsverkehr haben, klagen über gelegentliche Anfälle von Impotenz. Besonders wenn die Frau sexuell erfahren ist und er nicht, fürchtet er ihre Kritik vielleicht so sehr, daß es nicht zur Erektion kommt.
- Auch die Angst vor Schwangerschaft oder Geschlechtskrankheiten ist ein verbreiteter Grund für Impotenz. Zahlreiche außereheliche Beziehungen werden bis zu einem gewissen Grad durch diese Ängste im Keim erstickt und verursachen Impotenz bei Männern, die normalerweise keine Probleme haben. Wie bei fast allen Dingen, die Sex betreffen, spielt sich auch hier das meiste im Unterbewußtsein ab. Auf der bewußten Ebene denkt der Mann, ein Seitensprung müßte amüsant sein, und da der Reiz des Unerlaubten beim Sex so groß ist, kann er sich nicht erklären, wieso er in solchen Situationen immer wieder versagt. Unbewußt jedoch machen ihm seine Schuldgefühle, seine Angst vor etwaigen langfristigen Auswirkungen der Affäre und seine Furcht vor Geschlechtskrankheiten oder davor, die Frau zu schwängern, einen Strich durch die Rechnung.
- Vor vielen impotenten Männern türmt sich drohend ihr Versagen in der Vergangenheit auf. Vereinzelte Mißerfolge (aus völlig verständlichen Gründen) werden so verallgemeinert, daß sie Angst vor der nächsten sexuellen Begegnung haben. Wenn man beim Sex versagt, so ist das, wie wenn man vom Pferd fällt – man muß sofort wieder

aufsteigen und weiterreiten. Interessanterweise sehen viele Männer selbst seltene Impotenz als drohendes Anzeichen für nahendes Alter und sexuellen Verfall an. Das trifft besonders auf Männer in mittleren Jahren zu. Das Problem ist, daß Männer aus Angst vor dem Versagen oft tatsächlich unfähig sind zum Geschlechtsverkehr, wenn sie nicht eine sehr aktive und leidenschaftliche Partnerin haben, die ihren Mangel an Selbstvertrauen behebt. Leider ziehen viele Frauen den Mann wegen seines gelegentlichen Versagens noch auf oder kritisieren ihn sogar, im Bett und außerhalb. Das macht den Mann für die Zukunft noch unsicherer.

Eins der wirksamsten Mittel der Frau, die Impotenz ihres Partners zu bekämpfen, ist ihr eigener Körper. Wenn der Mann entspannt ist, kann sie, ohne ihre Hände zu benutzen, mit Zunge oder Brüsten von Kopf bis Fuß seine Körperkonturen nachzeichnen

- Auch Krankheit kann die Orgasmusfähigkeit eines Mannes beeinträchtigen, und ein Mann mit einer akuten Infektion wird mit Sicherheit Schwierigkeiten haben. Oft machen sich Männer, die beispielsweise einen Herzanfall hatten, sich über die etwaigen negativen Folgen eines Orgasmus solche Sorgen, daß sie erst gar keinen haben.
- Die Angst, die Frau zu verletzen, ist ein weiterer Grund für Impotenz. Viele Männer sagen, sie wollten nicht das Risiko eingehen, ihrer Partnerin weh zu tun, wenn sie gerade eine Geburt, eine Unterleibs-

operation, eine Abtreibung oder eine Operation oder Krankheit hinter sich hat.

- Latente Homosexualität spielt bei manchen impotenten Männern zweifellos eine Rolle. Oft wünschen sie sich unbewußt, daß sie keinen Geschlechtsverkehr mit einer Frau hätten. Einige Männer leben jahrelang völlig normal, solange sie beim Liebesakt mit ihrer Frau in ihrer Phantasie Geschlechtsverkehr mit einem Mann haben.

Die Lösung des Problems

Der erste Schritt besteht darin, sich hinzusetzen, miteinander zu reden und zu versuchen, an die Wurzel des Problems vorzudringen. Wenn ein Paar offen miteinander sprechen kann, so ist schon viel erreicht. In diesem Stadium ist es wichtig, daß die Frau das Problem auch als das ihre erkennt. Wenn sie die Situation akzeptiert, sind die Aussichten für eine Lösung gut.

Entspannen – und nichts tun

Der nächste Schritt ist, jeden Versuch aufzugeben, überhaupt Geschlechtsverkehr zu haben. Es ist erstaunlich, wie sehr die Verminderung des Leistungsdrucks dazu beitragen kann, daß der Mann sein Selbstvertrauen zurückgewinnt. Während das Paar abstinent ist, hilft es sehr, wenn die Frau ihrem Partner wiederholt versichert, daß sie gut auf den Geschlechtsverkehr verzichten kann.

In dieser Phase empfiehlt sich eine Rückkehr zum gegenseitigen Umwerben. Beide Partner sollten jede Gelegenheit wahrnehmen, um einander ihre Liebe zu zeigen. Küssen Sie sich häufig, und versuchen Sie, körperliche Nähe herzustellen, indem Sie sich umarmen.

Nähe, Zärtlichkeit und Massage sollten eine besondere Rolle spielen. Berühren Sie sich so oft wie möglich. Streicheln Sie beim Zubettgehen Rücken, Schultern, Glieder, Gesicht und Gesäß Ihres Partners – aber halten Sie sich von seinen Genitalien fern. Massieren Sie einander abwechseln. Lernen Sie, sich gemeinsam zu entspannen und jeden Gedanken daran zu verbannen, daß diese Tätigkeiten einen Zweck haben könnten, der über das reine Vergnügen an der körperlichen Berührung hinausgeht.

Zusätzliche Stimulantien

Ein weiterer nützlicher Trick ist, die Erotik in Ihrer Beziehung zu steigern. Sich gegenseitig erotische Literatur vorzulesen, Pin-Up-Magazine durchzublättern und gemeinsam Sex-Filme oder -Videos zu betrachten, sind die richtigen Mittel zu diesem Zweck.

Der Mann ist in diesem Stadium sehr verletzlich, deshalb ist es wichtig, daß die Frau darauf achtet, jede Art von dominierendem Verhalten zu vermeiden. Sich plötzlich in eine »Sexbombe« zu verwandeln, um ihn in Stimmung zu bringen, indem sie sexy Unterwäsche trägt und ähnliches, wirkt wahrscheinlich eher einschüchternd als hilfreich, also gehen Sie die Dinge langsam und vorsichtig an.

Gleichzeitig sollte der Mann jetzt beginnen, sich selbst zu befriedigen. Dabei kann er sich in seiner Phantasie lustvollen, erfüllten Sex vorstellen.

Oraler Sex

Kommt es bei dem Mann wieder zur Erektion, so ist er vielleicht trotzdem noch nicht zum Geschlechtsverkehr bereit. In dieser Situation könnte oraler Sex die nächste Phase einleiten.

Die Frau sollte den Penis des Mannes in den Mund nehmen und mit Lippen und Zunge daran herumspielen. Sie sollte ihn soweit in den Mund nehmen, wie es ihr angenehm ist und regelmäßig und rhythmisch daran saugen. Mit ihrem Körper kann sie seine Erregung zusätzlich anheizen. Vorausgesetzt, es macht ihr nichts aus, kann sie den Partner in ihren Mund ejakulieren lassen, wenn er das will. Vielleicht ist das Paar aber auch schon bereit zum Geschlechtsverkehr.

Sobald der Mann eine Erektion erreicht hat und beim eigenen oder gegenseitigen Masturbieren, möglicherweise auch beim oralen Sex, wieder ejakuliert, kehrt sein sexuelles Selbstvertrauen gewöhnlich zurück und damit auch die Fähigkeit zum lustvollen Geschlechtsverkehr mit der Partnerin.

Geschlechtsverkehr ohne Orgasmus

So wie es Männer gibt, die nicht zum Höhepunkt kommen können, findet man auch solche, die einfach nicht wollen. Die Technik des »Koitus ohne Orgasmus« hat im Orient eine lange Tradition, da dort der Mann mehrere Frauen sexuell befriedigen mußte. Sie ermöglichte ihm, mehrmals täglich Sex zu haben, wobei alle seine Partnerinnen womöglich mehrere Orgasmen hatten, er aber nur beim letzten Geschlechtsverkehr am Ende des Tages ein einziges Mal zum Höhepunkt kam.

»Koitus ohne Orgasmus« bedeutet bis zu einem gewissen Grad die Herrschaft des Geistes über den Körper. Dazu gehört die Fähigkeit, den Grad der Erregung beim Geschlechtsverkehr so zu steuern, daß die Ejakulation beliebig lange aufgeschoben werden kann. Als ersten Schritt in diese Richtung kann der Mann einfach versuchen, sich auf etwas Äußerliches zu konzentrieren – auf die Analyse des Tapetenmusters oder das Zählen der Gardinenringe. Dadurch kann er seinen Orgasmus jedes Mal ein bißchen mehr hinausschieben, bis er schließlich in der Lage ist, sich auf das Geschehen selbst zu konzentrieren und trotzdem seine Erregungskurve zu kontrollieren.

Hat er sie erst einmal erlernt, ist diese Technik hervorragend, vor allem, wenn seine Partnerin längere Zeit zum Orgasmus braucht als er.

Wenn die Frau nicht kommt

Obgleich es eine Vielzahl von Gründen geben mag, warum eine Frau nicht zum Orgasmus kommen kann, ist die Lösung des Problems oft erstaunlich einfach.

Orgasmusprobleme sind weiter verbreitet als allgemein angenommen wird. Einer umfangreichen, 1984 durchgeführten Studie zufolge hatte eine von drei verheirateten Frauen zumindest bei jedem zweiten Liebesakt Schwierigkeiten mit dem Orgasmus, und nur jede fünfte hatte überhaupt keine Probleme.

Obgleich die Schwierigkeiten überwiegend beim Geschlechtsverkehr auftauchen, hatten die meisten der acht von zehn Frauen, die zu masturbieren behaupteten, dabei einen Orgasmus.

Die Zeit, die eine Frau verbringt, um einen Orgasmus zu erlernen oder neu zu erlernen ist gut genutzt; sie entspannt sich und erkundet dabei ihren Körper

Der verpaßte Orgasmus

Am meisten verbreitet ist das Problem, daß die Frau zum Sex aufgelegt und erregt ist, aber keinen eigentlichen Orgasmus erfährt. Manche Frauen können in einer bestimmten Position zum Höhepunkt kommen, in einer anderen dagegen nicht. Andere Frauen haben zu Beginn einer Beziehung Schwierigkeiten mit dem Orgasmus, stellen dann aber eine positive Veränderung fest, wenn sie sich allmählich entspannter fühlen und der Partner sie besser stimuliert.

Im Gegensatz dazu gibt es Frauen, die am Anfang einer Beziehung Orgasmen haben, wenn der Sex noch »unanständig« oder »verboten« ist, nach der Hochzeit, sobald der Geschlechtsverkehr »erlaubt« ist, aber nicht mehr. Die meisten sind gehemmt und kommen nur dann zum Höhepunkt, wenn sie extrem erregt sind, etwa wenn die Beziehung noch ganz neu ist.

Sobald die Erregung auch nur ein bißchen abnimmt, sind sie zu einem Orgasmus nicht mehr in der Lage, weil jetzt ihre Ängste und Hemmungen das Übergewicht bekommen.

Manche Frauen masturbieren und sagen, daß sie sich hinterher entspannt und befriedigt fühlen, obwohl sie nicht oder nicht genau wissen, ob sie einen Orgasmus hatten. Ihr Problem liegt darin, zu erkennen, daß sie einen haben und ihn auch lustvoll zu genießen. Ihr Unterbewußtsein sperrt sich gegen die Realität des Orgasmus und bewirkt sogar, daß sie bestreiten, überhaupt masturbiert zu haben.

Dies ist vor allem bei Mädchen üblich, die streng religiös erzogen wurden. Es führt dazu, daß sie ganz ernsthaft behaupten, sie würden nicht masturbieren. Indem sie das Vergnügen bestreiten, bestreiten sie auch den Vorgang.

Manche Frauen erleben mehrfache und lustvolle Höhepunkte beim Geschlechtsverkehr nur, wenn alles seine richtige Ordnung hat, also dann, wenn sie in den betreffenden Mann verliebt oder mit ihm verheiratet sind. Diese Frauen können ihren Orgasmus wenigstens genießen und ihn als das sehen, was er ist.

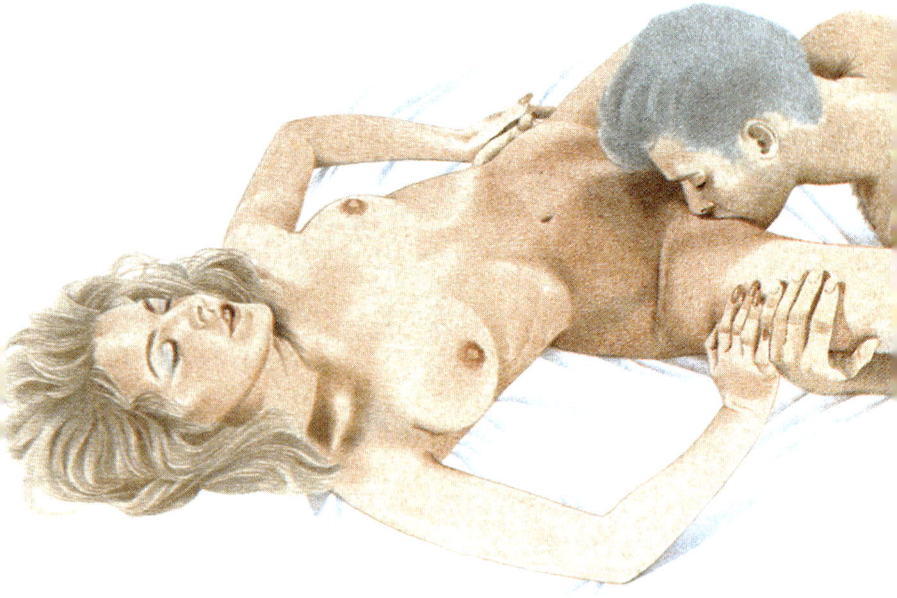

Wenn der Mann die Frau längere Zeit über und über küßt und darauf achtet, daß er keinen Körperteil ausläßt, trägt er dazu bei, daß sie in Stimmung bleibt

Körperliche Probleme

Fast jede Krankheit – besonders eine akute, ob physischer oder psychischer Natur – kann es der Frau erschweren, zum Orgasmus zu kommen. Schwere Krankheiten wie etwa fortgeschrittene Diabetes oder bestimmte Störungen des Nervensystems können den Höhepunkt auch bei Frauen verhindern, die ihn vorher mühelos erreicht haben. Und *anorexia nervosa* führt häufig zur Orgasmusunfähigkeit.

Viele Frauen fühlen sich nach Unterleibsoperationen verstümmelt, und es ist nicht ungewöhnlich, daß eine Frau nach einer Hysterektomie oder nachdem ihr eine Brust wegen Krebs entfernt wurde, ganz auf Sex verzichtet. Die meisten gewinnen ihren Geschlechtstrieb wieder zurück, aber es kann Monate dauern.

Bestimmte Arzneimmittel dämpfen die weibliche Orgasmusfähigkeit, besonders Anti-Depressiva und blutdrucksenkende Präparate. Bei manchen Frauen kann auch ein Mangel an Hormonen schuld sein.

Emotionale Hintergründe

Schüchternheit ist bei Frauen ein weitverbreiteter Grund, nicht zum Höhepunkt zu kommen, besonders in einer neuen Beziehung.

Eine Frau, die sich ihres Partners nicht sicher ist, kann sich vielleicht einfach nicht gehenlassen und braucht eventuell Wochen oder Monate, bis sie ungezwungen genug ist, um in seiner Gegenwart zum Orgasmus zu kommen.

Depressionen führen häufig zum Ausbleiben des Orgasmus. Ein anderer weit verbreiteter Grund ist die Unfähigkeit, sich zu entspannen. Manche Frauen, vor allem junge, stark beanspruchte Mütter – besonders, wenn sie noch einen Beruf ausüben –, sind einfach zu erschöpft.

Die Angst vor Schmerzen ist als Grund weniger häufig, aber auch nicht ganz selten. Wenn Sie beim Geschlechtsverkehr Schmerzen haben, suchen Sie Ihren Arzt auf.

Ein kürzlicher Trauerfall kann der Frau die Lust auf Sex oder Orgasmen nehmen. Dazu gehört auch eine Fehlgeburt. Schwangerschaft ist häufig die Ursache für mangelnde Orgasmusfähigkeit. Manche Frauen können nicht kommen, wenn sie vor Empfängnis geschützt sind.

Andere Frauen haben keinen Orgasmus, wenn sie nicht gegen Empfängnis geschützt sind, weil die Möglichkeit einer ungewollten Schwangerschaft sie nervös macht.

Viele Frauen sehen ihren Partner in gewissen Situationen als Vaterfigur. Manche hängen jedoch immer noch sehr an ihrem Vater und behandeln ihren Partner unbewußt so, als wäre er ihr Vater. Da Sex zwischen Vater und Tochter unrecht ist, kann die Frau nicht zum Orgasmus kommen. Dies Gefühl mag auf einen bestimmten Mann beschränkt sein, der die Frau besonders an ihren Vater erinnert. In anderen Beziehungen ist sie vielleicht orgasmusfähig.

Frauen identifizieren sich oft stark mit ihrer Mutter – die sie als geschlechtsloses Wesen betrachten. Bei einer Frau, die selbst Mutter geworden ist, bleibt dann eventuell der Orgasmus aus, weil sie jetzt Mutter ist und nicht mehr Geliebte.

Manche Frauen haben in ihrer Kindheit psychische Schäden davongetragen, die sie wünschen lassen, sie wären ein Junge. Sie werden nur dann den Geschlechtsverkehr richtig genießen können, wenn sie beim Sex oben sind und sich einbilden, ihnen gehöre der Penis, auf dem sie sitzen.

Schlimme sexuelle Erfahrungen in der Kindheit, wie Inzest und Vergewaltigung, können sehr ernste Folgen haben. Da Kindesmißhandlung so weit verbreitet ist – und wahrscheinlich immer schon war –, kann sie oft die wahre Ursache für Orgasmusunfähigkeit sein. Dies ist wiederum ein Problem, an dem mit Hilfe eines Psychiaters gearbeitet werden muß.

Während die Frau mit Hilfe eines Vibrators zum Orgasmus kommt – oder jedenfalls beinahe –, kann sie ihrem Partner zeigen, wie sie's am liebsten mag

Eine erstaunlich geringe Anzahl von Frauen hat unbewußt, manchmal aber auch bewußt, lesbische Neigungen und Phantasien, die sie daran hindern, mit einem Mann zum Orgasmus zu gelangen.

Peinliche Situationen

Manche Frauen sind sehr laut, wenn sie ihren Höhepunkt erreichen; andere haben Angst, daß die Nachbarn, Verwandte oder die Kinder sie hören könnten, deshalb unterdrücken sie ihre Orgasmen, bis sie schließlich von selbst ausbleiben. Andere können mit dem Mann, den sie lieben und respektieren, nicht zum Höhepunkt gelangen, weil er sie vielleicht wegen ihrer Hemmungslosigkeit für unanständig halten könnte, haben aber bei außerehelichem, »verbotenem« Sex damit keine Probleme.

Manche Frauen kommen nicht, weil ihr Partner nicht das tut, was für sie am lustvollsten ist.

Spätentwickler

Eine Spätentwicklerin muß erkennen, daß sie in psychosexueller Hinsicht einfach zurückgeblieben ist, sich aber relativ schnell weiterentwickeln kann, auch wenn es dafür schon reichlich spät scheint. Unter anderem kann sie folgendes tun:

- Lernen, sich vor einem Spiegel auszukleiden und dann nach Musik einen Striptease zu machen.
- Sich mit dem Anblick ihrer Vulva vor und während ihrer sexuellen Erregung vertraut zu machen. Manche Frauen, die sich für nicht erregbar halten, sind überrascht, wie heftig ihre Vulva reagiert, wenn sie stimuliert wird.
- Wenn Sie Ihre Vulva normalerweise nicht mit der Hand reizen, sollten Sie jetzt damit anfangen und versuchen, sich – durch klitorale Stimulierung – auf den Höhepunkt zu bringen.
- Lernen Sie, Ihre Phantasie schweifen zu lassen. Viele Frauen, die keinen Orgasmus haben, finden es schwierig, sich so etwas vorzustellen. Manche haben zwar ihre Phantasien, aber immer als Zuschauerinnen, nie als Beteiligte. Hier helfen erotische Bücher und Videos ebenso, wie über die Phantasien anderer Frauen zu lesen.

Den Partner miteinbeziehen

Sind die Dinge erst einmal in Bewegung gekommen, so ist es sinnvoll, auch die Hilfe des Partners in Anspruch zu nehmen. Jeder liebevolle Mann wird nur allzu freudig darauf eingehen. Die Frau kann ihn allmählich lehren, sie ebenso gut zu masturbieren, wie sie selbst es gelernt hat – vielleicht sogar besser –, indem er beim Liebesspiel eventuell einen Vibrator benutzt oder eine andere Variante einführt, die ihr gefällt.

Der Mann kommt zu früh

Vorzeitige Ejakulation kann in jeder Partnerschaft zum quälenden Problem werden, aber mit Beharrlichkeit wird es ein Paar schaffen, schon bald wieder zu einem befriedigenden Sexualleben zu finden.

Es gibt wenige Männer, die nicht irgendwann einmal gewünscht hätten, beim Liebesakt etwas mehr Ausdauer zu haben – sei es um ihrer selbst oder um der Partnerin willen. Die Tatsache, daß ein Mann schneller zum Höhepunkt kommt, als es ihm oder seiner Partnerin recht ist, heißt allerdings noch nicht, daß er vorzeitig ejakuliert. Vorzeitige Ejakulation ist ein relativer Begriff, und »zu früh kommen« kann in der einen Beziehung ein Problem sein, in der anderen aber nicht, sogar bei demselben Mann.

Die »Experten« haben nach wie vor Schwierigkeiten, vorzeitige Ejakulation genau zu definieren. Es gibt buchstäblich Hunderte verschiedener Begriffsbestimmungen, darunter die, daß jeder daran leidet, der ejakuliert, bevor seine Partnerin einen Orgasmus gehabt hat. Diese Definition würde die meisten Männer zu bestimmten Zeiten in ihrem Leben einschließen und ist deshalb schlicht Unsinn.

Wie immer auch die vorzeitige Ejakulation sonst erklärt werden mag, man betrachtet sie allgemein als unbewußten Versuch des Mannes, Sex zu vermeiden.

Sie kann ebenso bei der Masturbation oder Fellatio wie beim Geschlechtsverkehr auftreten. Aus irgendeinem Grunde will der Mann den Sex schnell hinter sich bringen oder ihm ganz aus dem Weg gehen. Unglücklicherweise kann und wird er diesen Wunsch, da er total unbewußt ist, sich selbst nicht eingestehen.

Selbsthilfe

Vorzeitige Ejakulation ist eines der Probleme, die man am leichtesten selbst lösen kann. Ein Liebespaar, das es wirklich schaffen will und sich gegenseitig nichts »beweisen« muß, kann diese Dinge normalerweise selbst in Ordnung bringen. Bei vielen Paaren funktioniert das folgende Selbsthilfeprogramm.

Kommen Sie öfter zum Orgasmus Das ist besonders wichtig für junge, »schießlustige« Männer. Ihnen hilft es sehr, wenn sie ein paar Stunden vor dem Sex masturbieren. Wenn Sie eine Zeitlang voneinander getrennt sind, ist es sinnvoll, daß sich der Mann kurz vor der Rückkehr selbst befriedigt, damit der erste gemeinsame Liebesakt nicht vorzeitig endet.

Sprechen Sie sich aus Wie bei den meisten sexuellen Problemen ist es auch hier gut, wenn man miteinander redet. Vielleicht ist die Lösung ganz einfach. Manche Frauen sind zum Beispiel nach dem Vorspiel so erregt, daß sie ihren Partner mit Küssen und Streicheln überstimulieren. Er hält das verständlicherweise nicht lange aus und kommt sehr schnell zum Höhepunkt. Eventuell muß sie sich mit etwas weniger Vorspiel begnügen, damit sie nicht so erregt ist, oder ihn nicht so heftig stimulieren, wenn sie will, daß er lange durchhält.

Als Alternative kann sie sich auch vorher ein oder zwei Orgasmen verschaffen, um sich zu »entschärfen«. Dann könnte ihr Partner sich Zeit lassen. Eine gute Methode ist die, wenn der Mann sie zunächst mit oralem Sex oder einem Dildo oder Vibrator zum Höhepunkt bringt.

Masturbationstraining Als nächstes sollte der Mann lernen, so zu masturbieren, daß er die mit einer kurz bevorstehenden Ejakulation zusammenhängenden Körpergefühle klar erkennen kann. Anfangs sollte er erotische Literatur lesen, sich Sex-Filme oder -Videos ansehen, oder was immer ihn als Realität oder Phantasie erregt, um sich eine zufriedenstellende Erektion zu verschaffen. Dann konzentriert er sich auf die Empfindungen in seinen Genitalien und masturbiert weiter, indem er sich die physischen und sinnlich spürbaren Veränderungen von Penis, Hoden, Skrotum, Atmung, Pulsschlag und inneren Geschlechtsorganen ganz bewußt macht. Das mag sehr aufgesetzt klingen, aber es ist der Ausgangspunkt für ein besseres Verständnis dessen, was in ihm vorgeht.

Die entscheidenden Körpergefühle, auf die der Mann achten muß, sind diejenigen unmittelbar vor der Ejakulation. Wenn der Mann tief im Becken das Gefühl hat, sich einem Mini-Orgasmus zu nähern, sollte er mit der Stimulierung seines Penis innehalten und seine Erektion zurückgehen lassen.

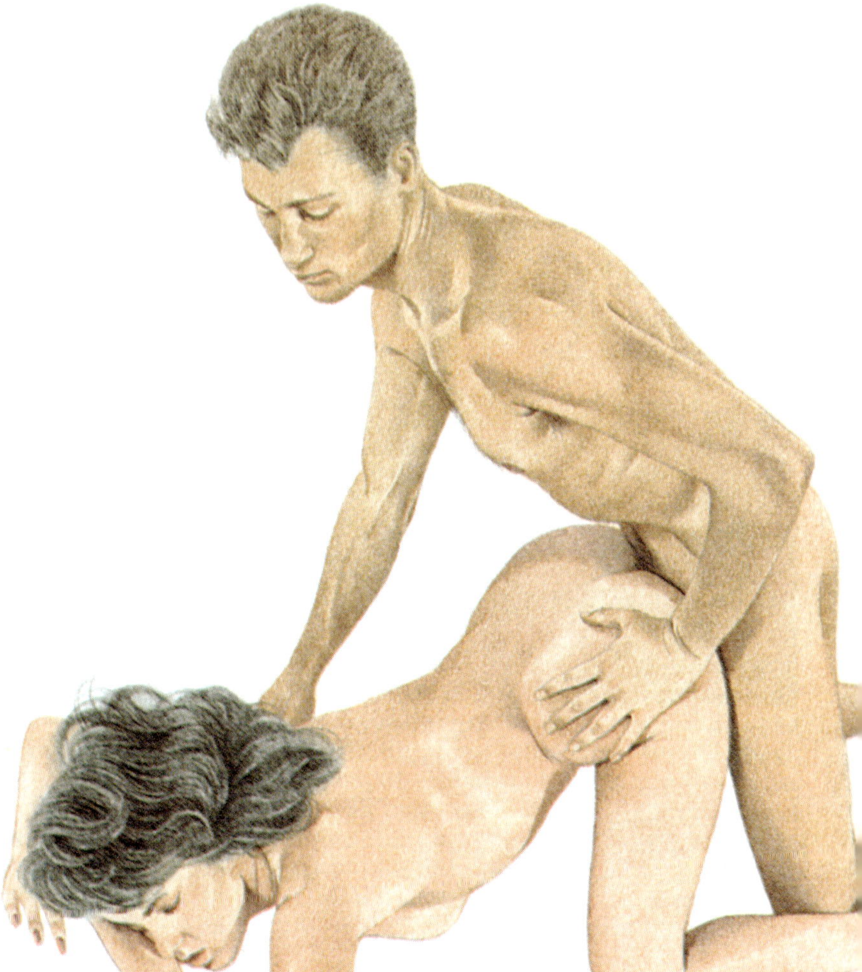

In dieser Position ist der Mann zu tiefer Penetration in der Lage und kann gleichzeitig den Rhythmus des Liebesakts kontrollieren – in dem Augenblick, da er das Herannahen eines Orgasmus spürt, kann er mit dem Stoßen aufhören

Sitzt die Frau über ihrem Partner, kann sie jede stoßende Bewegung abbremsen, wenn er fühlt, daß er kurz vorm Ejakulieren ist

Diese Stop-Start-Übung kann er wiederholen, bis er gelernt hat, das Herannahen eines Orgasmus genau zu erkennen. Es wird sein Selbstvertrauen stärken, wenn er weiß, wie er verhindern kann, daß diese Symptome auch tatsächlich zur Ejakulation führen. Dieses Gefühl, bisher unkontrollierte Vorgänge jetzt im Griff zu haben, ist der erste Schritt auf dem Weg zum Erfolg.

Weitere Hilfsmittel

Mittlerweile mag der Mann bereit sein, den Geschlechtsverkehr wieder aufzunehmen, falls er während dieser Trainingsphase damit aufgehört hat. Das ist jedoch nicht notwendig. Die Masturbation kann Hand in Hand gehen mit fortgesetztem Geschlechtsverkehr.

Bei manchen Männern wirkt es Wunder, wenn sie ein Kondom benutzen. Das Gummi reduziert die Empfindsamkeit des Penis gerade auf das richtige Maß, und wenn der Mann seine Partnerin noch nicht lange kennt, empfiehlt sich die Verwendung eines Präservativs sowieso.

Manchen Männern verhilft auch eine schwach anästhetisierende Creme zum Erfolg. Sie ist in den meisten Sex-Shops erhältlich.

Den Anus nach jedem Stoß eng zusammenzuziehen, kann ebenfalls förderlich sein. Für manche Männer sind sehr tiefes Eindringen und schwache Penisbewegungen die Lösung. Bei einer sehr erregten Frau bläht sich das obere Ende der Vagina auf, so daß die Spitze des Penis weniger stimuliert wird.

Stop-Start-Geschlechtsverkehr

Auch der Stop-Start-Geschlechtsverkehr kann sehr gut funktionieren. Dabei führt der Mann seine Penisspitze ein und hält sie dann still. Über mehrere Stadien hinweg führt er sie langsam immer tiefer ein, beginnt dann mit vorsichtigen Stoßbewegungen und hält inne, sowie er irgendwelche Anzeichen für den nahenden Höhepunkt spürt. Dieses »neckische« Vorgehen kann die Frau sehr erregen, aber es ist zunächst besser, wenn sie versucht, das nicht zu zeigen. Es könnte ihren Partner so sehr stimulieren, daß er doch wieder zu schnell kommt.

Nicht an Sex denken

In den klassischen Sex-Büchern ist immer die Rede von psychologischen Ablenkungsmanövern, wie etwa in Fünferschritten von hundert rückwärtszählen, die Zahl der Gardinenringe ausrechnen oder über ein schwieriges Problem bei der Arbeit nachdenken.

Manche Männer stellen fest, daß sie sich im fortgeschrittenen Trainingsstadium besser darauf konzentrieren können, ihrer Partnerin Lust zu bereiten und sie zu befriedigen. Das lenkt sie von sich selbst ab und kann Wunder bewirken. Sie genießt die zusätzliche Stimulation, besonders nach der Enttäuschung über seine vorzeitige Ejakulation, und er kann an etwas Interessanteres und Schöneres denken als an seine Schwierigkeiten bei der Arbeit.

Das Drück-Spiel

Ist der Mann erst einmal so weit gekommen, sollte er schon fast von seinem Problem geheilt sein – tatsächlich werden viele Männer zu diesem Zeitpunkt schon lange wieder normalen Geschlechtsverkehr ausüben. Wenn nicht, gibt es noch eine weitere bewährte Methode, die es sich zu lernen lohnt. Man nennt sie das Drück-Spiel.

Das Paar läßt sich in einer bequemen Stellung auf dem Bett nieder, wobei die Frau zwischen den gespreizten Beinen des Mannes sitzt und ihren Rücken anlehnt. Sie stimuliert seinen Penis, während er sich zurücklegt und genießt. Sie erregt ihn oral oder manuell, und zwar so lange, bis er ihr mitteilt, daß er das Herannahen der Ejakulation spürt. Nach den ersten paar Malen sind dazu keine Worte mehr nötig; er kann einfach die Hand heben oder ihr ein anderes vorher vereinbartes Signal geben.

Die Frau hört jetzt auf, ihn zu stimulieren, legt den Daumen auf den kleinen Wulst an der Unterseite des Penis und zwei Finger auf die Oberseite und drückt ihn an der Spitze fest zusammen. Diesen Druck behält sie zunächst etwa fünfzehn Sekunden bei, und die Erektion des Mannes wird fast sofort nachlassen. Anschließend stimuliert sie ihn heftig und erotisch aufs neue. Als realistischere Variante kann sie im Verlauf der nächsten Tage dabei dann Gleitcreme oder Babyöl auf den Penis auftragen.

Lassen Sie sich Zeit

Nach ein paar Wochen sollte der Mann total sicher sein, daß er seine Ejakulation unter Kontrolle hat und nie überraschend von einem Orgasmus überwältigt wird. Das Paar kann jetzt eine bestimmte Zeitspanne festlegen, während der der Penis fast ständig erigiert ist, bevor dem Mann das Ejakulieren erlaubt wird. Empfindet die Frau das als zu langweilig oder frustrierend, so ist es sinnvoll, sie vor Beginn des Drück-Spiels zu befriedigen.

Wenn alles gut klappt, kann die Frau den Penis eines Tages ohne vorherige Übereinkunft einfach in sich einführen und der Mann sich daran gewöhnen, in ihrer Vagina zu sein, aber nicht gleich zu ejakulieren. Hat er das Gefühl, daß er kurz vor einem Orgasmus ist, so zieht sie ihn heraus und drückt ihn, bis er die Kontrolle über sich wiedererlangt hat.

Wenn beide denken, er sei dazu bereit, können sie zu stoßenden Bewegungen des Penis übergehen, vielleicht zunächst so, daß die Frau oben sitzt und das Tempo steuert. Kurz bevor das Stoßen einen Orgasmus herbeiführen kann, hält der Mann inne. In diesem Stadium werden sie wahrscheinlich nicht mehr zum Drück-Spiel Zuflucht nehmen müssen. Allmählich können dann auch die Stoßbewegungen stärker und heftiger werden, bis der Mann schließlich zur Ejakulation kommt, wann immer er selbst oder seine Partnerin es wünscht.

Ein derartiges Programm zur Behebung der vorzeitigen Ejakulation kann bis zu zwei Monate in Anspruch nehmen, aber ist es sehr effektiv und lohnt den Aufwand an Zeit und Liebesmühe.

Geschlechtskrankheiten

Geschlechtskrankheiten nehmen überall auf der Welt zu, und besonders junge Leute machen einen hohen Prozentsatz unter den Betroffenen aus. Werden diese Infektionen rechtzeitig erkannt, können viele geheilt werden.

Jede Krankheit, die durch sexuellen Kontakt von einer Person auf eine andere übertragbar ist, bezeichnet man als Geschlechtskrankheit. Früher gab es den Begriff »venerische Krankheit«, der sich gewöhnlich auf Gonorrhöe und Syphilis bezog, also die gefährlichste dieser Krankheiten, abgesehen von dem mörderischen AIDS, das auf den folgenden Seiten ausführlich behandelt wird.

Für viele Menschen war Geschlechtskrankheit nicht einfach eine Infektion, die durch Geschlechtsverkehr übertragen wurde – sie war etwas, das nur Menschen mit einem unmoralischen Lebenswandel bekamen. Diese Einstellung hat sich in den letzten Jahren weitgehend geändert, so daß man heute normalerweise mit weniger Verlegenheit über Geschlechtskrankheiten und die Bereiche der Genitalmedizin, die sich damit beschäftigen, spricht als in der Vergangenheit.

Wer leidet daran?

Jeder kann sich durch oralen oder analen Sex ebenso mit einer Geschlechtskrankheit anstecken wie beim vaginalen Verkehr. In den meisten Fällen ist die Behandlung weder schmerzhaft noch schwierig, aber wie bei den meisten Krankheiten erfolgt auch hier die Heilung um so schneller, je eher sie diagnostiziert wird.

Im allgemeinen haben Frauen und ihre Säuglinge die schlimmsten Folgen zu befürchten, wenn eine Geschlechtskrankheit übersehen wird. Bei Frauen treten die erkennbaren Symptome, die eine Frühdiagnose leicht machen, wesentlich seltener auf. Deshalb ist es auch so wichtig, die sexuellen Kontakte im Falle einer Geschlechtskrankheit weiterzuverfolgen.

Es überrascht nicht, daß weltweit etwa 60 Prozent der Infizierten unter 24 sind. Die Auswirkungen auf junge Frauen können besonders katastrophal sein, da die unbehandelte Krankheit zur Unfruchtbarkeit führen kann. Wenn Sie also glauben, Sie könnten sich angesteckt haben, so lassen Sie sich auf jeden Fall untersuchen, auch wenn Sie keine Symptome haben.

Syphilis

Syphilis, eine der schwersten Geschlechtskrankheiten, wird in der westlichen Welt immer seltener, während sie in den Entwicklungsländern zunimmt. Weltweit gibt es jährlich etwa 20 bis 50 Millionen Fälle.

Was ist Syphilis?

Syphilis wird durch einen korkenzieherförmigen Organismus verursacht, der den Menschen über sein Blut oder andere Körperflüssigkeiten infiziert. Er braucht die warme Umgebung, die der Körper ihm bietet, außerhalb stirbt er in ein paar Stunden ab. Die Wahrscheinlichkeit, daß Sie sich beim Sex mit einer infizierten Person mit Syphilis anstecken, wird auf etwa 1 zu 1 geschätzt – besonders wenn es im Frühstadium geschieht.

Wenn die Krankheit (durch Kontakt mit einer Wunde oder einem Geschwür) übertragen wird, dringen Hunderte oder mehr dieser winzigen, Spirochäten genannten Organismen in die Haut ein. Nach nur einer halben Stunde haben sie die Lymphknoten in der Leistengegend erreicht und gehen von hier aus in den Blutkreislauf über, der sie im ganzen Körper verteilt. Es dauert etwa drei Wochen, bis der Schutzmechanismus des Körpers beginnt, sich dagegen zu wehren.

Die ersten Symptome

Das erste Symptom für Syphilis ist ein erhabenes Knötchen an der Vagina oder am Penis (oder manchmal, nach oralem oder analem Sex, auch an Mund oder Anus).

Als nächstes bildet sich hartes Gewebe um dieses Knötchen. Es wandelt sich in ein schmerzloses Geschwür oder eine Wunde, die

Feuchtigkeit absondert, und heilt schließlich innerhalb von etwa drei Wochen ab.

Die meisten Menschen begeben sich in Behandlung, wenn sie die wunde Stelle entdecken, und der Arzt nimmt eine Probe von der abgesonderten Flüssigkeit, die er unter dem Mikroskop analysiert; außerdem sieht er nach, ob die Lymphknoten in der Leistengegend angeschwollen sind. Zudem wird er eine Blutuntersuchung machen, um festzustellen, ob sich schon Antikörper gebildet haben.

Auswirkungen auf den Fötus

Die Übertragung von Syphilis auf das ungeborene Kind geschieht über die Plazenta. Eine Blutuntersuchung, die in den ersten zehn Wochen der Schwangerschaft vorgenommen wird, kann die Krankheit bei der Mutter diagnostizieren, bevor sie das Baby ansteckt – das passiert erst nach der zwanzigsten Woche. Sie kann dann mit Penicillin geheilt werden und ein völlig gesundes Kind zur Welt bringen.

Behandlung

Die Heilungschancen mit Penicillin oder anderen Antibiotika sind im Frühstadium der Syphilis hervorragend, und auch eine weiter fortgeschrittene Krankheit läßt sich zum Stillstand bringen. Etwa zehn Tage lang wird täglich Penicillin gespritzt (zusammen mit einem Präparat, das dafür sorgt, daß das Antibiotikum überwiegend in den Blutgefäßen verbleibt); es kann auch in einer einzigen Dosis intramuskulär injiziert werden. Menschen, die gegen Penicillin allergisch sind, erhalten Alternativpräparate.

Gonorrhöe

Gonorrhöe ist wesentlich verbreiteter als Syphilis. Nach unspezifischen Genitalinfektionen und Pilzerkrankungen ist es die dritthäufigste Geschlechtskrankheit, aber weitaus häufiger als Herpes.

Mehr als die Hälfte aller Gonorrhöe-Fälle sind junge Leute unter 24, wobei drei- bis fünfmal so viele junge Männer wie junge Frauen davon befallen sind. Heutzutage treten weltweit wahrscheinlich jährlich zwischen 200 und 500 Millionen neuer Fälle auf.

Was ist Gonorrhöe?

Der Gonorrhöe-Organismus ist klein und bohnenförmig und wird durch Geschlechtsverkehr übertragen – sowohl oralen oder analen als auch vaginalen. Er kann daher von der Harnröhre des Mannes auf Zervix, Harnröhre, Rachen oder Rektum des Partners übergehen, der ebensogut ein Mann wie eine Frau sein kann. Eine Frau kann ihren männlichen Partner beim Geschlechtsverkehr über die Harnröhre anstecken.

Da diese Organismen (Gonokokken) außerhalb des menschlichen Körpers sehr schnell absterben, ist eine Übertragung ohne Geschlechtsverkehr praktisch unmöglich. Sie brauchen also nicht zu befürchten, daß Sie sich über einen Toilettensitz oder ein Handtuch damit anstecken. Wenn Sie jedoch mit jemandem, der Gonorrhöe hat, Geschlechtsverkehr haben, sind Ihre Chancen mehr als hoch, sich ebenfalls damit zu infizieren.

Die Symptome

Die Symptome sind bei Männern und Frauen unterschiedlich. Während nur jeder zehnte Mann keinerlei Symptome hat, zeigen sich bei der Hälfte aller infizierten Frauen nicht die mindesten Beschwerden.

Bei einem Mann treten die ersten Anzeichen drei bis fünf Tage nach dem sexuellen Kontakt auf. Sie beginnen mit einem Jucken der Harnröhre, gefolgt von schleimigen, gelblichen Absonderungen, die sich tropfenweise am Penis zeigen. Gleichzeitig tritt beim Wasserlassen ein brennender Schmerz auf.

Obwohl sich der Mann sonst zunächst wohlfühlt, kann es innerhalb von zehn bis vierzehn Tagen zu Fieber und Kopfschmerzen kommen, wenn die Krankheit nicht behandelt wird und sich ausbreitet. Die Infektion kann dann auf Prostata, Blase, Hoden oder Nebenhoden übergreifen. Eine Vernarbung der Nebenhoden – die zwei langen, engen Stränge, in denen das Sperma vor der Ejakulation normalerweise heranreift – kann zu bleibender Unfruchtbarkeit führen, wenn beide betroffen sind.

Zu den Gonorrhöe-Symptomen bei der Frau kann vaginaler Ausfluß und oder ein brennendes Gefühl beim Wasserlassen gehören.

Schmerzhafte Komplikationen treten auf, wenn die Drüsen, die das Sekret zum Feuchthalten der Vagina produzieren – sie heißen Bartholinsche Drüsen – geschwollen und empfindlich sind.

Wird die Infektion nicht behandelt, so kann sie sich ausbreiten, häufig während der Menstruation, und auf die Eileiter übergehen. Das passiert jeder zehnten Frau, die sich mit Gonorrhöe angesteckt hat, und ist begleitet von Fieber, Kopfschmerzen und heftigen Schmerzen im Becken. Eine Eileiterentzündung, auch unter dem Namen Salpingitis bekannt, kann so gefährlich sein, daß sie einen sofortigen Krankenhausaufenthalt erforderlich macht, und die daraus resultierenden Vernarbungen und Blockierungen der Eileiter können zu andauernder Sterilität führen.

Behandlung

Auf eine positive Diagnose, festgestellt durch mikroskopische Untersuchung der Penisabsonderung oder eines Abstrichs der weiblichen Harnröhre, Vagina oder Zervix, folgt eine Behandlung mit Penicillin. Hat oraler Sex stattgefunden, so wird ein Abstrich aus dem Rachen entnommen, bei analem Geschlechtsverkehr aus dem Rektum.

Heutzutage besteht die Behandlung gewöhnlich in einer großen Dosis Penicillin in Tablettenform, wobei ein Präparat zugesetzt wird, das einen hohen Anteil des Antibiotikums in der Blutbahn beläßt. Während einer Penicillin-Kur müssen Alkohol und sexuelle Kontakte vermieden werden.

In der darauffolgenden Woche werden weitere Abstriche gemacht und auf Gonokokken untersucht. Sind keine mehr vorhanden, so kann sich der Mann als geheilt betrachten, die Frau dagegen muß nach ihrer nächsten Periode noch einmal untersucht werden. Bestimmte Abarten penicillin-resistenter Gonorrhöe, die am häufigsten in Südostasien anzutreffen sind, müssen mit einem anderen Antibiotikum behandelt werden.

Präventivmaßnahmen

Das Kondom bietet gegenüber Syphilis und Gonorrhöe eine gewisse Sicherheit, und Diaphragma und Portiokappe können die Zervix vor Infektionen schützen. Nach dem Sex zu urinieren, kann bei einer

Frau auch dazu beitragen, daß sie sich nicht mit Gonorrhöe infiziert, aber keine dieser Maßnahmen garantiert absolute Sicherheit.

Weicher Schanker

Der weiche Schanker kommt am häufigsten im tropischen Klima vor, aber da zunehmend zwischen tropischen Ländern und dem Rest der Welt hin- und hergereist wird, kann sie sich auch weiterverbreiten. Die Krankheit wird beim Geschlechtsverkehr übertragen. Die Symptome zeigen sich drei bis sieben Tage später als schmerzhafte Knötchen auf dem Penis des Mannes oder an den Schamlippen der Frau. Wenn diese Knötchen zu Geschwüren aufbrechen, sind sie immer noch schmerzhaft (im Gegensatz zu Syphilis-Geschwüren) und bluten leicht. Die Lymphknoten in der Leistengegend sind geschwollen und empfindlich.

Die Krankheit wird mit Sulfonamiden geheilt. Das sind keine Antibiotika, und sie richten deshalb bei einer eventuell gleichzeitig auftretenden Syphilis nichts aus.

AIDS

Wird AIDS innerhalb der nächsten zehn Jahre Millionen Menschen in aller Welt umbringen? Dies ist eine Frage, die die Leute zunehmend bewegt, während die Wissenschaft fieberhaft nach Heilmethoden sucht.

Ein Großteil der AIDS-Hysterie ist aus der gesellschaftlichen Einstellung gegenüber denjenigen Gruppen entstanden, die am wahrscheinlichsten davon betroffen sind – Homosexuelle, Bisexuelle und Menschen, die intravenös Drogen spritzen.

Dies hat zu einer Hysterie geführt, die auf ihre Weise ebenso katastrophal ist wie die Krankheit selbst. Kinder wurden aus ihren Klassenzimmern ausgesperrt, Zahnärzte weigerten sich, schwule Patienten zu behandeln, und Kameramänner boykottierten Interviews mit AIDS-Opfern.

Die Krankheit selbst hat sowohl Ärzte wie auch Wissenschaftler in Verwirrung gestürzt, seit sie im Juli 1981 in San Francisco offiziell entdeckt wurde.

Warum AIDS tödlich ist

Die Abkürzung AIDS steht für Acquired Immune Deficiency Syndrome (Erworbenes Immunschwäche-Syndrom), was genau so viel und so wenig über die Krankheit aussagt, wie wir darüber wissen. Sie wird *erworben*, nicht vererbt, sie attackiert das *Immun*system, den natürlichen Schutzmechanismus des Körpers gegen feindliche Eindringlinge, sie führt zu einer *Schwächung* seiner Fähigkeit, Infektionen zu bekämpfen, und sie ist ein *Syndrom*, das heißt, eine Anhäufung von Symptomen, die gleichzeitig aufzutreten scheinen und vermutlich dieselbe Ursache haben.

Die Betroffenen sterben nicht an AIDS selbst, sondern an einer der unzähligen Krankheiten, der der menschliche Körper, seines Immunsystems beraubt, zum Opfer fallen kann.

Die wichtigste Rolle spielen dabei das Kaposi-Sarkom, eine seltene, entstellende Art von Hautkrebs, und eine Form von Lungenentzündung *(Pneumocystis carinii pneumonia)*, die man außer bei AIDS-Fällen kaum findet. Zusammen oder jede für sich haben diese beiden Krankheiten bei der Mehrzahl der AIDS-Opfer zum Tod geführt.

Unbekannte Herkunft

Die Herkunft von AIDS ist bis heute ungewiß. Viele Forscher glauben, das Virus sei möglicherweise durch den täglichen Umgang mit Tieren auf den Menschen übertragen worden.

Affen in Afrika, Schweine in Haiti, sogar Schafe in Island wurden als mögliche ehemalige Wirtstiere des Virus in Betracht gezogen, aber keiner weiß genau, wie und wann es sich den Menschen als Opfer aussuchte.

Es gibt Hinweise darauf, daß AIDS tatsächlich Tradition in Afrika hat, wo das Kaposi-Sarkom angeblich schon lange vor seinem jetzigen Ausbruch bekannt war.

AIDS in den USA

Wo immer sie auch herkommt, die Krankheit hat sich in kurzer Zeit über große Entfernungen rapide ausgebreitet. Das Problem besteht darin, daß AIDS exponentiell zunimmt (2, 4, 8, 16, 32), während der Zuwachs bei den meisten anderen Krankheiten ein arithmetischer ist (2, 4, 6, 8 usw.), was zu dem steilen Anstieg der entsprechenden Zahlen führte. In Amerika kündigte sich die Krankheit im Sommer 1981 mit fünf Fällen von *Pneumocystis carinii pneumonia* in Los Angeles und 26 Fällen von Kaposi-Sarkom in New York an.

Zwei Jahre später, im Herbst 1983, wurden etwa 2300 Fälle registriert, davon über 900 mit tödlichem Ausgang. Bis Ende 1984 hatte AIDS 7700 Bürger erfaßt, 3700 waren gestorben, und weitere neun Monate danach war die Zahl auf 13 000 Erkrankte und 6800 Tote angewachsen. Man nimmt an, daß diese Zuwachsrate so hoch war, weil manche Schwulen erheblich promiskuitiver waren als heterosexuelle Männer oder Frauen. Da jedoch die neuesten Zahlen über Gonorrhöe-Fälle zeigen, daß sie bei den Schwulen im Abnehmen begriffen sind – während sie bei den Heterosexuellen immer noch ansteigen –, kann man davon ausgehen, daß die homosexuelle Promiskuität sich reduziert hat. Dies sowie das wachsende Bewußtsein für Safer-Sex-Praktiken läßt die Ärzte hoffen, daß die Zahl der AIDS-Fälle bei Schwulen in Zukunft weniger zunimmt.

AIDS weltweit

Bis Anfang 1988 hatte AIDS weltweit 81 000 Menschen befallen, und viele sind inzwischen von dem Virus bedroht. Immer noch ist in den USA die große Mehrheit aller Fälle zu verzeichnen, aber es gibt nur wenige Länder, die der Krankheit entronnen sind. In der Bundesrepublik gab es Anfang 1988 etwa 1750 Erkrankte; die Dunkelziffer dürfte viel höher sein.

Auch die Sowjetunion hat schließlich zugeben müssen, daß man dort anfängt, ein AIDS-Problem zu haben, aber die Regierungen anderer Länder, speziell derer, die vom Tourismus abhängig sind, lassen über die tatsächliche Häufigkeit der Krankheit nichts verlauten. Natürlich macht AIDS nicht vor irgendwelchen Grenzen halt – die Krankheit tritt in Entwicklungsländern wie auch im Westen, in kleinen Orten, auf dem Lande und in großen Städten auf.

Keine Homosexuellen-Krankheit

Obwohl AIDS von manchen als Schwulen-Pest bezeichnet und sogar als Ausdruck von Gotteszorn angesehen wurde, beschränkt sich die Krankheit keinesfalls auf den schwulen Teil der Bevölkerung, nicht einmal ausschließlich auf Männer.

In Europa und den USA stellen männliche Homosexuelle zwar die Mehrheit (71 Prozent in den USA und 86 Prozent in Großbritannien), aber weitere Risikogruppen sind Fixer, Bluter, welche Blutkonserven benutzen, Bisexuelle und Prostituierte. Auch heterosexuelle Männer und Frauen leiden an der Krankheit, ein Beweis dafür, daß jeder, der heutzutage Sex hat, ein Risiko eingeht.

Außerhalb der westlichen Hemisphäre ist die Konzentration von AIDS auf die schwule Bevölkerung viel weniger ausgeprägt. In Zentralafrika zum Beispiel, wo in manchen Gegenden bereits jeder zwanzigste von der Krankheit befallen ist, breitet sich AIDS rapide durch heterosexuelle Kontakte aus, und Frauen bekommen sie mit ebenso großer Wahrscheinlichkeit wie Männer, besonders Prostituierte. Das mag an den unzulänglichen hygienischen Einrichtungen von Hospitälern und Kliniken liegen. Es kann aber auch Ergebnis der weitverbreiteten Praxis des Analverkehrs sein, der in Teilen Afrikas als Form der Empfängnisverhütung angewandt wird.

Das isolierte Virus

Als die ersten Menschen AIDS zum Opfer fielen, standen die Ärzte vor einem Rätsel, und die eigentliche Ursache dieser tödlichen Krankheit wurde erst 1985 festgestellt. Als Auslöser wird ein Virus angesehen, das eben die Zellen angreift, die uns vor Infektionen schützen. Dieses stabförmige kleine Ungeheuer wurde von den Amerikanern HTVL III, von den Franzosen LAV genannt. Das Virus ist jetzt unter dem Namen HIV (Human Immune Deficiency)-Virus bekannt.

Wie dieses Virus sich von einer Person auf eine andere überträgt, ist immer noch nicht völlig klar. Die Wissenschaftler haben es in den meisten Körperflüssigkeiten von AIDS-Opfern festgestellt – in Blut, Sperma und Speichel. Die Tatsache, daß das Virus unter Laborbedingungen isoliert werden kann, heißt allerdings nicht, daß es durch Kontakt mit diesen Flüssigkeiten auch unbedingt übertragen wird. Dies geschieht bei AIDS in erster Linie über das Blut, obgleich auch Sperma als Trägersubstanz in Frage kommt.

Fest steht bis jetzt, daß diejenigen, die normalen, alltäglichen Umgang mit AIDS-Opfern haben, nicht notwendigerweise gefährdet sind.

Die wahrscheinlichste Übertragungsmethode ist immer noch der Analverkehr. Das liegt daran, daß die Wände des Rektums wesentlich dünner sind als die der Vagina und deshalb auch viel leichter einreißen, bluten und es so zur Übertragung kommt.

Im Gegensatz zur Vagina können durch die Wände des Rektums Flüssigkeiten direkt in den Blutkreislauf eindringen, so daß auf diese Weise mit Viren infiziertes Sperma in den Körper einer anderen Person gelangt.

Es gibt zwei weitere Möglichkeiten, wie sich das Virus über Blut-zu-Blut-Kontakt ausbreiten kann. Die erste ist der Austausch und Gebrauch infizierter Spritzen, eine übliche Praxis unter Fixern, die zweite ist die Transfusion von verseuchtem Blut oder Blutplasma.

Weitere Gefahren

Bluter stellen ebenfalls eine Risikogruppe dar, weil sie mit dem Blutgerinnungsmittel Faktor VIII behandelt werden.

Die beiden Übertragungswege – Bluttransfusionen und infizierter Faktor VIII – sollten mittlerweile jedoch durch die Einführung von Tests bei allen Blutspendern ausgeschaltet sein. Außerdem wird das Blut einer Hitzebehandlung unterzogen, die alle vorhandenen AIDS-Viren abtötet.

Viele Symptome

Wenn sich die Symptome von AIDS entwickeln, so zeigen sie sich als Anhäufung von Krankheiten, die das Immunschwäche-Opfer befallen, wodurch es schwierig wird, zu bestimmen, ob jemand tatsächlich AIDS hat. Dazu gehören geschwollene Drüsen in der Hals-, Achsel- und Leistengegend, Gewichtsverlust, hohes Fieber und nächtliche Schweißausbrüche, Durchfall und hartnäckiger Husten oder Kurzatmigkeit.

Es kann auch zu Veränderungen der Haut kommen, die als rosa bis lila flache Pusteln oder Beulen auf oder unter der Haut, in Mund, Nase, Lidern oder Rektum oder als Flecken im Mund auftreten können.

Wenn eins dieser Symptome allein oder auch zu zweit oder zu dritt auftaucht, ist es äußerst unwahrscheinlich, daß AIDS die Ursache ist; da aber die Angst vor AIDS fast ebenso verheerend sein kann wie die Krankheit selbst, ist es für den Betroffenen von großer Wichtigkeit, sofort einen Arzt aufzusuchen.

Völlige Heilung noch nicht in Sicht

Bis jetzt sind die Aussichten für eine präventive Behandlung und Heilung der mörderischen Immunschwäche leider nicht allzu gut.

Es ist immer noch kein Mittel gegen die Krankheit gefunden worden, und das Beste, das man in medizinischer Hinsicht für den Betroffenen tun kann, ist, die auftretenden Beschwerden zu lindern. Es gibt gegenwärtig auch keinen wirksamen Impfschutz.

Das Virus hat wahrscheinlich verschiedene Formen, die alle mutationsfähig sind, was die Entwicklung eines Impfstoffes erschwert. Viele der Präparate, die zur Zeit als mögliche Mittel gegen AIDS getestet werden, zielen darauf ab, die Reproduktion des Virus zum Stillstand zu bringen, nachdem es in den Körper eingedrungen ist, aber die Fortschritte sind gering.

Einem Bericht des angesehenen New England Journal of Medicine zufolge haben Ärzte das Virus in der Gehirn- und Rückenmarksflüssigkeit von AIDS-Opfern isolieren können. Sie folgern daraus, daß sich das Virus im Gehirn sozusagen »versteckt«.

Trotz der Angst von Krankenhausangestellten und denjenigen, die mit AIDS-Betroffenen Umgang haben, scheinen die Chancen, daß sie sich anstecken, gering zu sein.

Außer einer britischen Krankenschwester, die sich die Krankheit zuzog, weil sie sich zufällig mit dem Blut eines AIDS-Patienten infizierte, sind unter behandelnden Ärzten und Schwestern bis jetzt keine Krankheitsfälle bekannt geworden.

Man weiß allerdings inzwischen, daß eine infizierte Mutter AIDS auf ihr ungeborenes Kind übertragen kann, möglicherweise über die Plazenta oder bei der Geburt, wenn die Frau Blut verliert.

Virus nicht unbedingt tödlich

Bis jetzt gibt es keinen Test, der hundertprozentig nachweist, ob eine Person AIDS hat. Jeder, der mit dem Virus in Kontakt kommt, entwickelt Antikörper dagegen und gilt damit als »antikörper-positiv«. In den gebräuchlichen Tests werden diese Antikörper, nicht aber das Virus selbst festgestellt.

Safer Sex

1. *Nur Sex im Alleingang ist garantiert sicher.*
2. *Meiden Sie jeden Kontakt mit Samen, Körperflüssigkeiten oder Blut Ihres Partners.*
3. *Haben Sie Ihren Orgasmus nicht im Körper Ihres Partners, oder benutzen Sie, wenn das für Sie unumgänglich ist, dabei ein Kondom.*

Zur Verfügung gestellt von Terence Higgins Trust.

Wie die meisten lebenden Organismen muß auch das AIDS-Virus töten, um sich zu reproduzieren und zu überleben. Unglücklicherweise ist sein natürliches Opfer – die T4-Zelle – ein Teil des Immunsystems. Und während das Virus außerhalb des menschlichen Körpers so hinfällig ist wie eine Seifenblase, wird es, wenn es erst einmal den Blutkreislauf erreicht hat, zu einer bis jetzt unzerstörbaren Kraft.

Sexuelle Übertragung

Nachdem es normalerweise durch die leicht verletzlichen Innenwände von Rektum oder Harnröhre in den Blutkreislauf eingedrungen ist – obwohl auch andere Übertragungsarten möglich sind –, macht sich das AIDS-Virus auf die Jagd nach T4-Lymphozyten (weißen Blutkörperchen).

Tödliche Anziehung

Die Rezeptoren der T4-Zelle, die zum Erkennen feindlicher Eindringlinge bestimmt sind, setzen sich auf spezielle chemische Markierungen an der Oberfläche des Virus. Die T4-Zelle beginnt jetzt, Antikörper freizusetzen.

Invasion

Während die Antikörper ihre Attacke beginnen, entledigt sich das Virus seiner äußeren Hülle. Jetzt kann sein Zellkern in die T4-Zelle eindringen. Da er RNS und keine DNS enthält, ist sich die Zelle keiner Gefahr bewußt.

Assimilierung

Ist es erst sicher an Ort und Stelle, so führt das Virus seinen arglosen Gastgeber weiter in die Irre, indem es mit Hilfe eines Enzyms seine RNS in DNS umwandelt. Dies genetische Material wird von der T4-Zelle so behandelt, als ob es ihr eigenes wäre.

Der Tod der Zelle

Die AIDS-DNS kann bis zu fünf Jahren zwischen den T4-Chromosomen verborgen bleiben. Wie und warum sie aktiviert wird, ist nach wie vor ein Rätsel – ist das aber der Fall, so beginnt die Zelle, sich nach dem Vorbild des Virus zu teilen, und stirbt.

DNS – *ist ausschließlich im Zellkern vorhanden, speichert den genetischen Code und kann sich (einzigartigerweise) selbst duplizieren.*
RNS – *ist überall in der Zelle vorhanden und kann die DNS zur Produktion der Eiweißketten veranlassen, die Teil des menschlichen Körpers sind.*

Die Entwicklung von Antikörpern bedeutet nicht unbedingt, daß der Betroffene AIDS-Symptome entwickelt.

Manche bekommen leichtere, weniger lebensbedrohende Infektionen, und eine beträchtliche Anzahl weist eventuell gar keine offensichtlichen Symptome auf.

AIDS-Überträger

Was genau dazu führt, daß sich die Krankheit beim einen entwickelt und beim anderen nicht, ist nicht bekannt, aber die Träger – diejenigen, die Antikörper, aber keine Symptome haben – können trotzdem andere mit dem Virus anstecken, die dann wiederum ebenso damit rechnen müssen, AIDS zu bekommen.

Ein weiterer beunruhigender Faktor bei AIDS ist die Tatsache, daß es zwei bis möglicherweise sieben Jahre dauern kann, bis die Symptome auftreten. Das bedeutet, daß manche Betroffenen unwissentlich eine große Anzahl von Menschen infizieren, bevor sie die Krankheit bei sich selbst feststellen.

Kapitel Zehn

Alternative Lebensweisen

Homosexualität

Obwohl die Vorurteile gegen Homosexualität seit den 60er Jahren abgenommen haben, kann es immer noch eine schwierige Entscheidung sein, sich dazu zu bekennen.

Die Einstellung der Gesellschaft zur Homosexualität hat sich in den letzten 20 Jahren erheblich gewandelt. Seit dem Auftauchen des AIDS-Virus haben sich jedoch Ängste und Mißtrauen der Hetereosexuellen wieder einmal auf die Homosexuellen konzentriert. Wie viele solcher Befürchtungen basiert diese Haltung häufig auf einem Mißverständnis dessen, was es überhaupt heißt, homosexuell – schwul – zu sein. Es gibt sehr viele und sehr unterschiedliche Schwule, die beileibe nicht immer den gesellschaftlichen Stereotypen entsprechen.

Die meisten Forscher neigen zu der Ansicht, daß etwa jeder zwanzigste Mann und eine etwas geringere Anzahl Frauen ein Leben lang als Erwachsener schwul sind. Die Anzahl von Menschen aber, die irgendwann in ihrem Leben einmal erotische Beziehungen zum eigenen Geschlecht haben, ist wesentlich höher.

Ein sexuelles Kontinuum

In den 40er Jahren befragte der Sex-Forscher Alfred Kinsey Tausende amerikanischer Männer und Frauen, und die Wissenschaft ist sich einig, daß seine Ergebnisse über die Häufigkeit homosexueller Kontakte immer noch am zuverlässigsten sind. Kinsey kam zu dem

Schluß, daß Sexualität nicht als ausschließliche Heterosexualität oder ausschließliche Homosexualität gesehen werden kann, sondern daß es Abstufungen gibt. Er betonte, daß sich das sexuelle Interesse bei vielen Menschen im Laufe der Jahre oft beträchtlich verlagert. Menschen sind neugierig und experimentieren, kommen eine Zeitlang zur Ruhe und probieren dann wieder etwas Neues aus.

Seinen Ergebnissen zufolge hatten 37 Prozent aller Männer und 13 Prozent aller Frauen in einer bestimmten Phase ihres Lebens zwischen Jugend und hohem Alter Sex einschließlich Orgasmus mit Angehörigen ihres eigenen Geschlechts.

Zieht man die seit den 40er Jahren stetig zunehmende Offenheit gegenüber der Homosexualität in Betracht, so könnten die Zahlen heute um einiges höher sein, da Kinsey seine Daten zu einer Zeit erhob, als Homosexualität stark tabuisiert und daher sehr verschwiegen behandelt wurde. Je freier man darüber sprechen kann, desto mehr Menschen sind vielleicht zu Experimenten bereit.

In manchen Kulturkreisen wird Homosexualität ohne weiteres akzeptiert; im alten Griechenland war sie gesellschaftsfähig und weit verbreitet, und bei den Sambia in Neuguinea wird sie heute noch allgemein praktiziert, und man erwartet von den jungen Männern geradezu, daß sie gegenseitig Fellatio ausüben.

In den westlichen Kulturen dagegen war Homosexualität seit dem Mittelalter bis vor relativ kurzer Zeit geächtet. Religiöse Verbote, gefolgt von juristischen und medizinischen Drohungen, erklärten sie zur Sünde, zur Krankheit und zum Verbrechen.

Seit den 60er Jahren allerdings hat ein merklicher Wandel in der gesellschaftlichen Einstellung zur Homosexualität stattgefunden.

In vielen Ländern wurden die entsprechenden Gesetze geändert, so daß Homosexualität zwischen einverständigen Erwachsenen nicht mehr illegal ist. Und 1973 einigten sich Psychiater darauf, daß Homosexualität keine »Krankheit« sei, sondern eine »normale sexuelle Ausdrucksform«. Meinungsumfragen zeigen, daß eine breite Öffentlichkeit Homosexualität mehr und mehr akzeptiert – etwa ein Fünftel der Bevölkerung gibt heute an, schwule Freunde zu haben, und die jüngere Generation scheint mit diesem Thema noch weniger Schwierigkeiten zu haben.

Schwul sein

Warum sind manche Menschen schwul? Es gibt viele Theorien, und die Experten sind sich über die Ursachen immer noch nicht einig.

Eine deutsche Forschungsgruppe hat zum Beispiel darauf hingewiesen, daß ein Zuviel oder Zuwenig an bestimmten Hormonen beim Embryo im Mutterleib zu einer späteren homosexuellen Ausrichtung führen kann. Danach könnte zu viel Testosteron vor der Geburt zur männlichen und zu wenig Testosteron zur weiblichen Homosexualität prädisponieren.

Homophobie

Männer scheinen Schwulen feindseliger gegenüberzustehen als Frauen, viele Frauen dagegen habe eine größere Abneigung gegen Lesbierinnen als Männer. Seit Anfang der 70er Jahre haben Psychologen diese Angst vor Homosexualität – oder Homophobie, wie sie auch genannt wird – studiert. Sie fanden heraus, daß Menschen mit einer eher negativen als positiven Einstellung zu Homosexuellen

- *mehr Freunde mit negativer Einstellung haben*
- *eher älter und weniger gebildet sind*
- *eher dazu tendieren, religiös, konservativ und autoritär zu sein*
- *eher traditionelle Vorstellungen über männliches und weibliches Verhalten haben.*

Diese Erklärung ist äußerst strittig, und es gibt auch zahlreiche Theorien, die Homosexualität mit frühen Kindheitserlebnissen in Verbindung bringen. Jungen, die sich zu sehr mit der Mutter identifizieren – oder sich vielleicht nur mit dem Vater nicht identifizieren können –, finden sich später sexuell möglicherweise in der weiblichen Rolle.

Manche Forscher haben Hunderte von Thesen zusammengetragen – von genetischen Theorien bis zur Masturbationskonditionierung, von der Etikettierung durch andere, die dann aufgenommen wird, bis zur Rivalität unter Geschwistern. Die Wahrheit ist, daß sich niemand wirklich sicher ist, und wahrscheinlich gibt es ganz unterschiedliche Erklärungen für jeden einzelnen Menschen.

Aus welchem Grunde auch immer, sagen jedenfalls viele Männer und Frauen, sie hätten sich, solange sie denken können, zum eigenen

Geschlecht hingezogen gefühlt. Einer Studie aus den Vereinigten Staaten zufolge wußten 70 Prozent der befragten Homosexuellen schon von ihrer Homosexualität, bevor sie 15 Jahre alt waren.

Froh, schwul zu sein?

Manche verleugnen ihre Neigung einfach. Sie unterdrücken ihre Gefühle und suchen sich vielleicht einen andersgeschlechtlichen Partner, um zu beweisen, daß sie in Wirklichkeit gar nicht schwul sind. Und manche entwickeln sogar eine »Homophobie« – einen Haß auf Schwule, weil diese sie an ihre eigene Vorliebe erinnern.

Manche experimentieren eventuell mit der Homosexualität, betrachten sich selbst aber nicht als schwul. Viele suchen bei anderen Männern sexuelle Befriedigung – oft in Parks und Bedürfnisanstalten – und gehen dann als »glückliche Heterosexuelle« zu ihrer Frau nach Hause. Eine amerikanische Untersuchung befaßte sich etwas genauer mit den Männern, die an öffentlichen Orten Sex hatten, und stellte fest, daß etwa die Hälfte von ihnen verheiratet war, sich ihrer Umgebung als heterosexuell präsentierte und keinen sonstigen Kontakt mit der Schwulen-Szene hatte.

Einige wollen sich vielleicht ändern.

Andere beschließen, ihre Sexualität zu akzeptieren. Dieser Vorgang wird oft mit »coming out« bezeichnet.

Coming out

Der wichtigste Moment im Leben eines Schwulen ist die Entscheidung für ein »coming out« – sich als schwul zu erkennen zu geben, andere Schwule kennenzulernen und vielleicht auch einen schwulen Lebensstil anzunehmen.

> *In der schwulen Subkultur hat sich ein Code-System entwickelt, das es den Männern gestattet, auf ihre sexuellen Neigungen hinzuweisen. Dabei gibt es regionale Unterschiede, aber in der linken Tasche getragene Gegenstände bedeuten gewöhnlich, daß der Mann eine passive Rolle einnimmt.*

Ein paar wichtige Unterscheidungen

Homosexueller *Jemand, der erotisch und emotional in erster Linie am eigenen Geschlecht interessiert ist*

Heterosexueller *Jemand, der erotisch in erster Linie am anderen Geschlecht interessiert ist*

Bisexueller *Jemand, der erotisch an beiden Geschlechtern interessiert ist*

Transvestit *Jemand, der Vergnügen daran findet, die Kleidung des anderen Geschlechts zu tragen. Transvestiten sind gewöhnlich heterosexuell, können aber auch schwul sein*

Effeminierter Mann *Ein Mann, der gewisse weibliche Merkmale annimmt. Das ist jedoch kein Anhaltspunkt für seine sexuelle Ausrichtung. Maskulin aussehende Männer können schwul sein, und effeminiert wirkende sind manchmal heterosexuell.*

Transsexueller *Jemand, der das Gefühl hat, das falsche Geschlecht zu haben und deshalb als Angehöriger des anderen Geschlechts lebt – oft mit Hilfe chirurgischer Eingriffe.*

Pädophiler *Jemand, der erotisches Interesse an Kindern hat. Dabei handelt es sich meist um heterosexuelle Männer.*

Das kann jederzeit geschehen, findet aber heutzutage meistens etwa im Alter von zwanzig statt. Dem ist möglicherweise eine qualvolle und einsame Jugend vorausgegangen, in der der Junge oder das Mädchen sich seiner Zuneigung zum eigenen Geschlecht bewußt geworden ist, aber einfach nicht wußte, wie er oder sie damit umgehen sollte, und aus Furcht vor Ablehnung zu ängstlich war, Eltern und Freunden davon zu erzählen.

Für schwule Männer und lesbische Frauen ist es schwieriger, langfristig mit einem Partner zusammenzuleben, teilweise auch deswegen, weil es für sie keine soziale Institution wie die Ehe gibt.

So können die Teenager-Jahre eine traurige Zeit des Alleinseins werden, wenn die Sexualität geheimgehalten wird. Und scheinbar müssen die Betroffenen vor ihrem »coming out« erst andere Schwule oder Lesbierinnen finden, mit denen sie sich identifizieren können.

In den Vereinigten Staaten stellten Forscher viele verschiedene Wege zu einem »coming out« fest:

- Über Bücher, Schwulen-Magazine und »Kontakt«-Anzeigen.

- Über Telefonseelsorge, Schwulenberatungsstellen, Frauengruppen.
- Über Schwulen-Bars, schwule Stadtteilgruppen und Schwulen-Discos.

In der Vergangenheit war ein »coming out« relativ schwierig, aber es wird allmählich einfacher – besonders in größeren Städten, wo es eine einigermaßen große und erkennbare Schwulen-Szene gibt.

Die schwule Öffentlichkeit

Jede Großstadt hat ihre Schwulen-Gemeinde, aber mancherorts sind sie besser organisiert als anderswo. San Francisco zum Beispiel ist die »schwule Hauptstadt« der Welt – Forschungen zufolge sind angeblich über 20 Prozent der dortigen Bevölkerung schwul und haben einen schwulen Lebensstil. In einer derartigen Gemeinschaft ist das »coming out« sehr leicht. Tatsächlich ziehen viele Menschen deswegen in diese Stadt.

Nach ihrem »coming out« verbringen viele Homosexuelle beträchtliche Zeit in der »Schwulen-Szene«. Die »Szene« ist jedoch ziemlich jugendlich – für ältere Schwule ist es eher üblich, mehrere enge Freunde zu haben.

Viele Schwule richten sich natürlich schließlich mit einem Liebhaber oder Partner ein, obgleich Frauen eher als Männer zu einer wirklich langen Beziehung mit einer einzigen Person zu neigen scheinen. Für Männer ist die Beziehung oft flexibler als eine konventionelle Ehe – sie entscheiden sich oft, nicht zusammenzuleben und auch anderweitige emotionale und sexuelle Kontakte zu pflegen.

Ein Paar zu sein, ist für Schwule und Lesbierinnen in mancher Hinsicht schwieriger – es gibt kein Gesetz, das sie aneinanderbindet.

Die Schwulenbewegung

In den letzten 20 Jahren hat sich die Homosexualität aus ihrem Versteck herausgetraut. Es wird mehr über sie gesprochen, sie ist sichtbarer und wird eher akzeptiert.

In den Vereinigten Staaten ist die Schwulenbewegung besonders stark. Dort gibt es sogar eine Schwulen-Lobby, die bei den Wahlen die Kandidaten unter die Lupe nimmt.

Homosexualität und Gesetz

Homosexuelle Handlungen zwischen Männern sind in Deutschland keine Straftaten mehr.

In manchen Teilen der Welt ist dies jedoch immer noch ein schweres Verbrechen. In islamischen Ländern kann es mit Hinrichtung bestraft werden, in Neuseeland ist es nach wie vor ein Vergehen, und selbst in etwa der Hälfte aller Bundesstaaten der USA gilt es theoretisch als kriminell.

Homosexuelle Straftatbestände sind Sodomie, unzüchtige Übergriffe und anstößiges Verhalten zwischen Männern.

Das schwerste Vergehen ist Sodomie – oder analer Geschlechtsverkehr – und trifft auf die wenigsten Fälle zu.

Die beiden anderen Vergehen sind zahlreicher, juristisch aber nicht so schwerwiegend. Zu unzüchtigen Übergriffen können homosexuelle Handlungen mit einem einverständigen männlichen Partner unter 16 – dem Mündigkeitsalter – gehören. Nur jeder fünfte Straftäter wird zu Gefängnis verurteilt.

Grob anstößiges Verhalten kommt am häufigsten in der Öffentlichkeit vor – in Toiletten oder auf Parkplätzen.

Für viele lesbische Frauen stellt sich ihre Homosexualität geradezu als politische Entscheidung dar – ein öffentliches Bekenntnis, daß sie die größere Sanftheit von Frauen der männlichen Aggressivität vorziehen.

Trotzdem sind die politisch in Erscheinung tretenden Schwulen nur die Spitze des Eisbergs. Die Mehrheit der schwulen Männer und lesbischen Frauen führt ein ganz ruhiges und normales Leben.

Lesbische Liebe

Aus lesbischer Liebe wird heute kaum noch ein Hehl gemacht. Warum stellen dann viele Frauen mit gleichgeschlechtlichen Partnern immer noch fest, daß ihr Leben durch gesellschaftliche Vorurteile eingeschränkt ist?

Was stellen Sie sich vor, wenn Sie an eine Lesbierin denken? Ist es das Stereotyp des männlich gekleideten »Kerls« oder das der unglücklichen Frau, die »keinen Mann abkriegt«? Oder sehen Sie lesbische Frauen als aggressive, männerhassende Feministinnen?

Mit wenigen Ausnahmen ist das Bild, das von lesbischen Frauen in den Medien, in der Literatur und in theoretischen Erörterungen vermittelt wird, sehr negativ. In Romanen zum Beispiel werden Lesbierinnen oft als kranke, unglückliche Individuen dargestellt, in Beziehungen verstrickt, die zum Scheitern verurteilt sind. Erst seit kurzem wird die lesbische Liebe als echte Alternative für Frauen gesehen, die positiv und erfüllend sein kann.

Die Vorstellung, daß alle Lesbierinnen gleich sind, wird erst in jüngster Zeit in Zweifel gezogen. Je mehr Frauen ihr »coming out« hatten, desto offensichtlicher wurde es, daß sie eine sehr heterogene Gruppe darstellen.

Es gibt ebenso wenig die »typische« Lesbierin wie die »typische« heterosexuelle Frau.

In Beruf, Interessen und Lebensstil unterscheiden sich lesbische Frauen genauso sehr voneinander wie alle anderen auch. Statt des Stereotyps finden wir im wirklichen Leben die Lesbierin eher als junge Frau von nebenan, geplagte Mutter im Supermarkt oder Verkäuferin im Kaufhaus.

Lesbische Beziehungen sind keineswegs zum Scheitern verurteilt, sondern können so liebevoll, »normal« und dauerhaft sein wie ihr heterosexuelles Äquivalent.

Fakten über die lesbische Liebe

- *Eine große Anzahl von Lesbierinnen sind oder waren verheiratet. In »Homosexualities« (1978) zitieren die Forscher Bell und Weinberg eine Reihe von Studien, aus denen sich ergab, daß mehr als 20 Prozent aller lesbischen Frauen mindestens einmal verheiratet waren. Ihrer eigenen Untersuchung mit annähernd 300 Lesbierinnen aus den Vereinigten Staaten zufolge haben mehr als ein Drittel Erfahrungen mit der Ehe.*
- *Von den verheirateten Frauen, die Bell und Weinberg befragten, hatte die Hälfte ein oder mehrere Kinder (bei schwarzen Frauen war der Anteil noch höher). Von der Gesamtgruppe (Verheiratete und Unverheiratete) war mindestens jede fünfte Mutter.*
- *Aus derselben Stichprobe ergab sich für die erste feste Beziehung mit einer Frau ein Durchschnittsalter von 22, obgleich das Alter bei der ersten lesbischen Begegnung oft niedriger war (etwa 17).*
- *In einer anderen Studie bezeichneten sich 50 Prozent der Frauen als lesbisch, bevor sie noch eine sexuelle Beziehung zu einer anderen Frau aufgenommen hatten, und 50 Prozent erst hinterher.*
- *Ein interessanter Aspekt neuerer Untersuchungen ist, daß – trotz des offenkundigen gesellschaftlichen Drucks – lesbische Frauen angeben, mit ihrem Leben zufrieden zu sein. Bei einer großangelegten Umfrage in den Vereinigten Staaten, die in »The Gay Report« (1979) veröffentlicht wurde, beantworteten 95 Prozent aller lesbischen Frauen die Frage »Würden Sie eine Pille nehmen, wenn sie dadurch heterosexuell werden könnten?« mit »Nein«.*

Wie viele?

Es läßt sich unmöglich sagen, wie viele lesbische Frauen es gibt. Die meisten Forscher haben sich auf jede zehnte bis jede zwanzigste geeinigt. Der Kinsey-Report – der auf Interviews mit Tausenden von Frauen in den Vereinigten Staaten beruht – ergab, daß 13 Prozent als Erwachsene irgendwann einmal Sex einschließlich Orgasmus mit einer anderen Frau gehabt hatten. 1953 zum ersten Mal veröffentlicht, zeigten Kinseys Ergebnisse, daß lesbische Liebe weitaus verbreiteter ist, als man vorher angenommen hatte.

Berücksichtigt man die Liberalisierung der gesellschaftlichen Einstellung gegenüber lesbischen und schwulen Beziehungen seit den 50er Jahren, so sind die Zahlen heute mit Sicherheit höher. Da es leichter geworden ist, sich offen zu seiner Sexualität zu bekennen, werden wahrscheinlich mehr Menschen experimentieren und auch zu ihren Erfahrungen stehen.

Es gibt keinen festen lesbischen Bevölkerungsanteil. Die Zahlen variieren je nachdem, wie die Gesellschaft eine lesbische Beziehung ansieht, und welche Möglichkeiten die Frauen zu ihrer Etablierung haben. In den letzten zwanzig Jahren zum Beispiel hat die Frauenbewegung zur Entwicklung eines lesbischen Lebensstils beigetragen, indem sie lesbische Beziehungen als »normal« anerkannte und zur finanziellen Unabhängigkeit von den Männern ermutigte.

Lesbisch werden

Viele verschiedene Thesen versuchen zu erklären, warum ein Mensch lesbisch oder schwul wird. Es gibt Vererbungstheorien, nach denen man »so geboren wird«, aber auch Begründungen, die auf hormonelle Ursachen oder auf frühe Kindheitserlebnisse hinweisen.

Keine dieser Theorien kann jedoch die unterschiedlichen weiblichen Erfahrungen erklären, die Frauen zur lesbischen Liebe führten. Die Forschung kann weder beweisen, daß Lesbierinnen sich biologisch von anderen Frauen unterscheiden, noch, daß sie durch eine unterschiedliche Erziehung dahingehend beeinflußt wurden. Für lesbische Liebe scheint es kein »Rezept« zu geben.

Die verheiratete Frau, deren erwachsene Kinder wegziehen, und die sich mit 48 zum ersten Mal in eine Frau verliebt, hat offensichtlich wenig gemeinsam mit einem 15jährigen Mädchen, das sich zu anderen Mädchen hingezogen fühlt, oder mit einer 27jährigen, die ihre Sexualität lesbisch-feministisch definiert.

Die Entscheidung

Für manche Frauen ist es eine persönliche und eine politische Entscheidung, lesbisch zu sein. Sie wählen ihre lesbische Identität und den entsprechenden Lebensstil bewußt.

Cherryl war verheiratet, Anfang 30 und hatte zwei Kinder, als sie anfing, sich als Lesbierin zu begreifen. »Wenn ich sage, ich hätte beschlossen, lesbisch zu sein«, erklärt sie, »so meine ich nicht, daß

Immer mehr Frauen stellen fest, daß sie nicht zwischen lesbischer Liebe und Mutterschaft wählen müssen – sie können beides genießen.

Ein Blick auf die Geschichte

Die Forschung deutet darauf hin, daß Homosexualität zwar wahrscheinlich schon immer existiert hat, die Vorstellung aber, daß es lesbische Frauen gibt, relativ neu ist. Bis zur zweiten Hälfte des 19. Jahrhunderts begriff man sich nicht als entweder homo- oder heterosexuell.

Erst um die Jahrhundertwende begannen Sexualwissenschaftler wie Havelock Ellis, Homosexualität und lesbische Liebe als etwas zu beschreiben, was einer Person eigen ist, nicht als etwas, was sie tut. Liebe zwischen Frauen wurde nicht mehr in romantischem Licht gesehen. Im Gegenteil, Lesbierinnen galten als biologisch anormal und psychisch krank. Sie wurden als »invertiert« bezeichnet – als Frauen, die in ihren Interessen und Bedürfnissen Männern glichen.

Stephen, die Hauptfigur in Radclyffe Halls klassischem Lesben-Roman von 1928, »Quell der Einsamkeit«, sah sich als Mann, der in einem weiblichen Körper gefangen war. Der Roman war ein leidenschaftliches Plädoyer – das erste seiner Art – dafür, daß diese Frauen von der Gesellschaft akzeptiert werden sollten.

In jüngerer Zeit führt die Frauen- und die Schwulen-Bewegung einen Aufklärungsfeldzug gegen die Vorstellung, daß Homosexualität eine Krankheit ist. Insbesondere lesbische Feministinnen begreifen ihr Lesbisch-Sein als Lebensweise und als politischen Standpunkt, und nicht nur als sexuelle Vorliebe.

ich eines Morgens aufwachte und dachte: ›Ab heute bin ich lesbisch.‹ Es war wesentlich komplizierter. Tatsächlich habe ich eine Beziehung mit einer Frau erst vor drei Jahren in Betracht gezogen.

Was passierte, war, glaube ich, daß ich allmählich immer unzufriedener mit der Rolle wurde, die in heterosexuellen Beziehungen den Frauen zugeteilt wird. Außerdem lernte ich lesbische Frauen kennen. Ihre Beziehungen schienen mir befriedigender zu sein. Sie waren sehr glücklich mit ihrem Lesbisch-Sein. In diesem Zusammenhang konnte ich mir auch für mich ein Leben als Lesbe vorstellen.«

Lesbische Feministinnen wie Cherryl identifizieren sich häufig sehr stark mit ihrer lesbischen Sexualität, und zwar nicht, weil sie »in ihrer Natur« liegt, sondern weil sie ein fundamentaler Bestandteil ihrer politischen Überzeugung ist. Für andere Frauen, feministisch oder nicht, ist ihre lesbische Identität vielleicht ebenso verbindlich, aber aus anderen Gründen. Sie haben oft das Gefühl, daß sie schon lesbisch zur Welt gekommen sind und daß das Sosein ein fester, unveränderlicher Bestandteil ihrer Persönlichkeit ist.

Nach fünf Jahren relativ glücklicher Ehe verließ Connie ihren Ehemann, um mit einer anderen Frau zusammenzuleben. »Ich glaube, für mich gilt«, sagte sie, »daß ich schon immer lesbisch war, obwohl mir das erst vor kurzem aufgegangen ist. Fragen Sie mich nicht, wieso – vielleicht hat es was mit meiner Kindheit zu tun. Auf jeden Fall habe ich es mir nicht ausgesucht, sondern es hat mich ausgesucht.«

Coming out

Das »coming out« ist ein langwieriger Prozeß. Zunächst muß man sich selbst als schwul oder lesbisch erkennen und diese Erkenntnis dann anderen mitteilen. Das ist wesentlich einfacher für eine Frau, wenn es in ihrem Umkreis eine Schwulen-Szene gibt. In der Vergangenheit waren Schwulen-Lokale, -Clubs und -Veranstaltungen eher männlich dominiert, aber in jüngerer Zeit sind in größeren Städten und Orten zahlreiche Einrichtungen speziell für Frauen geschaffen worden.

Für ganz junge oder ältere Lesbierinnen mag es aber immer noch gewisse Probleme geben. Die Jungen stehen vor der Schwierigkeit, ihren Eltern zu erklären, wohin sie gehen und mit wem. Ältere Frauen fühlen sich in der auf Jugendlichkeit ausgerichteten Atmosphäre von Schwulen-Discos und -Clubs vielleicht fehl am Platze.

Für die Mehrheit der lesbischen Frauen ist ein »coming out« außerhalb der Schwulen-Szene nicht möglich. Deshalb sind sie gezwungen, ein Doppelleben zu führen und die meiste Zeit als »normal« angesehen zu werden.

Aus der Entscheidung, sich zu »verstecken«, können mancherlei Probleme erwachsen; daß man andersgeschlechtliche Liebhaber als Deckmantel für lesbische Beziehungen erfindet – »Ich habe einen Freund in London, aber er kann nicht oft herkommen« –, ist eine besonders beliebte Ausrede.

Es gibt sogar Lesbierinnen, die sich nicht einmal innerhalb der Schwulen-Szene als solche zu erkennen geben. Normalerweise gelten sie bei Familie und Freunden als heterosexuell, obwohl sie sich selbst als lesbisch begreifen. Diese Frauen riskieren ihre emotionale Stabilität, wenn sie sozial isoliert sind und eventuell das Gefühl haben, eine »Lüge zu leben«.

Verständlicherweise ist ein Grund, warum sich so wenige Lesben der Öffentlichkeit gegenüber zu ihrer Sexualität bekennen, die Furcht vor Ablehnung. Auch die Sorge, daß die Eltern sich wegen der lesbischen Neigungen ihrer Tochter schuldig fühlen könnten, kann eine Rolle spielen, sowie die ganz reale Angst vor Kündigung. In manchen Berufen ist ein »coming out« praktisch unmöglich. Es sind Fälle bekannt, in denen Frauen ihre Stelle als Erzieherinnen verloren, als herauskam, daß sie lesbisch waren.

Lesbische Mütter

In der Vergangenheit hat die Gesellschaft lesbischen Müttern ihre Daseinsberechtigung abgesprochen. Die Medien stellten lesbische Mutterschaft immer wieder als etwas Sensationelles dar. Viele Ärzte und Sozialarbeiter sind nicht bereit, lesbischen Frauen, die schwanger werden oder ein Kind adoptieren oder betreuen wollen, Informationen und Dienstleistungen zukommen zu lassen, und die Gerichte gestehen lesbischen Müttern nur sehr zögernd Sorge- oder Besuchsrecht für ihre Kinder zu.

Dahinter steht die Vermutung, daß Lesbierinnen keine guten Mütter sind. Sie beruht auf der Befürchtung, daß die Kinder einer lesbischen Mutter später auch schwul werden. Es gibt jedoch keinerlei Hinweise darauf, daß von lesbischen Frauen erzogene Kinder mit größerer Wahrscheinlichkeit homosexuell werden als andere.

Künstliche Befruchtung

Immer mehr Lesbierinnen stellen die Auffassung in Frage, daß sie zwischen lesbischer Sexualität und Mutterschaft wählen müßten. Wenn sie ohne heterosexuellen Geschlechtsverkehr ein Kind empfangen wollen, können sie sich künstlich befruchten lassen. Das mag sich für manche Menschen zwar merkwürdig anhören, aber der Wunsch, mit jemandem zu schlafen, und der Wunsch nach einem Kind können zwei völlig unterschiedliche Dinge sein. Ein weiterer Grund mag der sein, daß sie versuchen, sich damit die Vormundschaft und das Sorgerecht für ihr Kind unstrittig zu sichern. Wenn man das Widerstreben der Gerichte berücksichtigt, lesbischen Müttern das Sorge- und oft sogar das Besuchsrecht zu gewähren, ist das verständlich.

Bisexualität

Bisexualität unter Erwachsenen ist selten, aber sexuelle Erfahrungen sowohl mit Männern als auch mit Frauen zu sammeln, kann ein normaler Bestandteil der Entwicklung sein.

Bisexuelle sind Menschen, die sich gleichermaßen zu Männern wie zu Frauen sexuell hingezogen fühlen. Eine total gleichmäßig verteilte sexuelle Präferenz ist allerdings nur bei relativ wenigen Leuten anzutreffen. Es gibt aber viele, die zwar überwiegend das eine Geschlecht bevorzugen, eine gewisse Anziehungskraft jedoch auch gegenüber dem anderen verspüren.

Dem Kinsey-Report zufolge räumt ein Viertel der Bevölkerung ein, mindestens einmal im Leben Sex (bis zum Orgasmus) mit einem gleichgeschlechtlichen Partner gehabt zu haben. Kinsey erfand für die sexuelle Einschätzung eine Skala, die er bei seinen Forschungen benutzte. Sie besteht aus sieben Punkten, an deren einem Ende – der 0 – die ausschließlich Heterosexuellen und an deren anderem Ende – der 6 – die ausschließlich Homosexuellen stehen. Ist man gleichermaßen homo- wie heterosexuell, so bekommt man eine 3. Auf beiden Seiten davon gibt es zwei weitere Abstufungen: 1 und 2 für die mehr Heterosexuellen und 4 und 5 für die mehr Homosexuellen. Aus dieser Skala läßt sich ersehen, daß der ausschließlich Heterosexuelle oder Homosexuelle die Minderheit ist – Menschen mit bisexuellem Potential sind in der Mehrzahl.

Die Anfänge der Bisexualität

Zur Zeit des sexuellen Erwachens, in der Pubertät und während der Jugendzeit, gibt es oft starke Bindungen zwischen Gleichgeschlechtlichen – Schwärmereien, emotionale Freundschaften, romantische Gefühle. Das kann sich auch körperlich ausdrücken – Freundinnen, die Arm in Arm spaziergehen, sich berühren und miteinander schmusen, zusammen tanzen, manchmal im selben Bett schlafen.

Es ist nicht ungewöhnlich, daß das auch gewisse sexuelle Kontakte mit einschließt – wenn Jungen zum Beispiel die Größe ihres Penis vergleichen oder mit gegenseitiger Masturbation experimentieren.

In eingeschlechtlichen Umgebungen, wie etwa in Internaten, ist das sogar üblich. Philip besuchte eine Privatschule und erinnert sich, daß sexuelle Beziehungen als ziemlich normal galten. »Ich habe auch mitgemacht. Es machte wohl irgendwie Spaß. Ich fühlte mich ein bißchen wie ein Kriegsgefangener – es gab keine Mädchen, also mußte man sich mit dem behelfen, was man kriegen konnte. Ich schäme mich nicht dafür – aber jetzt, wo ich die Wahl habe, glaube ich nicht, daß ich mich sexuell jemals mit einem anderen Mann einlassen würde. Einer meiner damaligen Schulfreunde allerdings ist heute ein eingefleischter Homosexueller. Ein anderer Mann, mit dem ich noch in Kontakt stehe, weil wir geschäftlich miteinander zu tun haben, ist verheiratet – aber seine ›kleinen Extras‹ sind immer Männer. Er ist bisexuell, nehme ich an.«

Früher oder später akzeptiert der Heranwachsende gewöhnlich, wie in Philips Fall, die Auffassung der Gesellschaft, daß diese sexuellen oder quasi-sexuellen Beziehungen verkehrt sind, und die körperliche Zuneigung zwischen den Jugendlichen nimmt ab, während sie zunehmend heterosexuelle Kontakte suchen. Für die meisten sind diese neuen Beziehungen weitaus befriedigender, und sie geben ihre vorherigen Praktiken wieder auf.

Bleibende Gefühle

Manche Menschen sind allerdings nicht imstande, ihre homosexuellen Gefühle zu unterdrücken. Eine Minderheit will sogar nie den Schritt zur »normalen« Heterosexualität tun und bleibt ein Leben lang homosexuell.

Daniel wußte, daß er als Jugendlicher homosexuell war, konnte dieser Tatsache aber nicht ins Auge sehen. Mit 19 verlobte er sich mit

> *»Ich fühlte mich ein bißchen wie ein Kriegsgefangener – es gab keine Mädchen, also mußte man sich mit dem behelfen, was man kriegen konnte. Ich schäme mich nicht dafür – aber ich glaube nicht, daß ich mich sexuell jemals mit einem anderen Mann einlassen würde.«*

einem Mädchen, mit dem er sich ein paarmal getroffen – und ein- oder zweimal geschlafen hatte. Die Verlobung wurde nach kürzester Zeit gelöst, und er hat jetzt keine Zweifel mehr über seine sexuellen Neigungen. »Ich glaube, wenn man es schafft, mit dem anderen Geschlecht Sex zu haben, so macht das noch keinen Bisexuellen aus einem. Ich wage zu behaupten, daß ich immer noch bei einer Frau eine Erektion kriegen und sie auch halten könnte – aber ich habe nicht das geringste Bedürfnis danach. Ein Bisexueller mag und verlangt nach Sex mit beiden Geschlechtern. Ebenso glaube ich nicht, daß eine einzige homosexuelle Begegnung einen Mann bereits zum Bisexuellen macht – was immer der Kinsey-Report auch dazu aussagt. Die Menschen experimentieren und stellen dann fest, daß es ihnen nicht sonderlich gefällt – auf die Kontinuität kommt es an.«

Eine größere Minderheit wird nach der Adoleszenz ganz und gar heterosexuell, ist aber nicht in der Lage, die starken sexuellen Gefühle für das eigene Geschlecht jemals zu vergessen. Diese Gefühle können bleiben, ob sie nun ausgelebt werden oder nicht.

Ob man sexuelle Affären mit Angehörigen beiderlei Geschlechts eingeht, hängt einerseits von den sexuellen Vorlieben ab und andererseits von der Einstellung zur eigenen Sexualität. Menschen, die sich diesbezüglich schuldig, verwirrt oder unbehaglich fühlen, wollen die homosexuelle Seite ihrer Natur vielleicht nie erkunden. Aber auch wenn es im Verborgenen schlummert, ist das Potential vorhanden.

Der echte Bisexuelle

In der Vorstellung der meisten Menschen ist ein praktizierender Bisexueller jemand, der gleichzeitig einen homosexuellen und einen heterosexuellen Partner hat. Das wird Troilismus genannt und ist in Wirklichkeit sehr selten.

Ein Bisexueller, der sich tatsächlich gleichermaßen zu beiden Geschlechtern hingezogen fühlt, wird dennoch meistens in enger Beziehung mit nur einem Partner leben – entweder homo- oder heterosexuell. Eventuell sucht er zusätzliche sexuelle Befriedigung bei einem Angehörigen des anderen Geschlechts.

So ist es zum Beispiel bei Winston, einem Westinder, der verheiratet ist und sechs Kinder hat. »Der Sex mit meiner Frau ist normal. Naja – was man so erwarten kann, wenn man so lange verheiratet ist

»Sex ist Sex, oder? Es fühlt sich gut an, es ist entspannend – ich sehe nicht, wieso Männer nur mit Frauen zusammensein sollten. Eine andere Frau würde Ärger machen, sie würde sich in meine Ehe einmischen wollen, da bin ich sicher.«

wie wir. In den letzten 18 Monaten treffe ich mich jedoch mit einem Weißen, den ich in einem Lokal in der Nähe meiner Arbeitsstelle kennengelernt habe. Es geht ausschließlich um Sex, nicht um Emotionen – er lebt mit einem anderen Schwulen zusammen, und sie empfinden sich als Ehepaar. Sex ist Sex, oder? Es ist gut und entspannend – ich sehe nicht, wieso Männer nur mit Frauen zusammen sein sollten. Eine andere Frau würde Ärger machen, hier aber bin ich sicher.«

Auch sequentielle Bisexualität ist häufig. Der oder die Betreffende hält sich eine Zeitlang immer nur an ein Geschlecht. Auf eine langfristige Beziehung mit einer Frau folgt oft eine ähnliche Beziehung zu einem Mann.

Alice hat es schon immer so gehalten. »Ich begreife es nicht als Bisexualität. Wenn ich in eine Frau verliebt bin, denke ich: ›Ja, das ist das Richtige, ich bin lesbisch.‹ Trotzdem glaube ich vielleicht ein Jahr später, wenn ich mit einem Mann zusammenlebe, daß das alles Vergangenheit ist und ich jetzt vollkommen ›normal‹ bin. Ich kann mir zum Beispiel nicht vorstellen, mit einer Frau zusammen zu sein und nebenbei eine heimliche Affäre mit einem Mann zu haben. Ich lasse mich total und ausschließlich auf den jeweiligen Partner ein.«

Alice, die zwei lange Affären mit Frauen und drei kürzere mit Männern gehabt hat, ist der Meinung, daß es ihr in erster Linie auf die menschliche und dann erst auf die sexuelle Ebene ankommt.

Abstufungen von Bisexualität

Die Zwischenstufen von Bisexualität zu klassifizieren, ist schon schwieriger; da gibt es den überwiegend Heterosexuellen, der gelegentliche Ausbrüche von Homosexualität hat, oder denjenigen, der eher homosexuell ist, sich aber von Zeit zu Zeit zum anderen Geschlecht hingezogen fühlt. Diese Menschen haben manchmal echte, aber ziemlich schwach ausgeprägte Bedürfnisse nach Bisexualität.

Bei anderen kann der Wunsch oder das Verlangen danach auch stärker sein; aber wie es sich ausdrückt, hängt von anderen Faktoren ab.

Manche Schwulen halten zum Beispiel absichtlich eine »heterosexuelle« Fassade aufrecht – sie haben sich auf eine heterosexuelle Lebensweise eingestellt und verweisen ihre Homosexualität auf den zweiten Platz. Das sagt etwa Sharon über sich: »Es dauerte einige Zeit, bis ich es erkannte, aber jetzt bin ich sicher, daß ich schwul bin. Vorher dachte ich, ich sei einfach frigide und würde mir nichts aus Sex machen. Wenn ich noch einmal von vorn beginnen könnte, würde ich mich wahrscheinlich dazu bekennen und mit einer Frau zusammenleben. Aber ich bin verheiratet, ich habe Kinder, ich führe ein Leben, das mir gefällt. Es ist Zeitverschwendung, darüber nachzugrübeln, was gewesen sein könnte. Ich habe allerdings eine sehr innige sexuelle Beziehung zu einer wunderbaren Frau, aber sie versteht, warum ich nie mit ihr zusammenleben könnte. Außenstehende würden mich vielleicht als bisexuell bezeichnen, aber ich weiß, daß ich eine lesbische Frau bin, die zufällig verheiratet ist.«

Ebenso ist es bei Frank. »In meinem Beruf kann man nicht damit rechnen, ein ›coming out‹ zu haben und einfach weiterzumachen. Man muß ein nach außen hin normales Leben führen, den Chef einladen und intime kleine Abendessen mit anderen verheirateten Kollegen veranstalten. Ich mag meine Frau gern, aber unser Sexualleben ist praktisch gleich Null, und ich sehe unsere Beziehung als ebenso wichtig für meine Karriere an wie etwa eine gute Aktentasche. Wenn es um Sex geht, reizen mich nur Männer. Meine Lebensweise ist bisexuell, aber von Natur aus bin ich schwul.«

Es gibt jedoch Menschen, die in geringerem oder größerem Ausmaß echt bisexuell sind und das Gefühl haben, daß sie in ihrem Leben beide Arten von Beziehung brauchen. Wenn sie sich entweder nur auf Männer oder nur auf Frauen beschränken würden, wäre ihnen das nicht genug. Bob ist ein Beispiel für jemanden, der überwiegend heterosexuell ist, aber gelegentlich das Verlangen nach Sex mit einem Mann verspürt. »Im großen und ganzen ziehe ich Frauen vor, aber manchmal reizt mich auch ein Mann, besonders wenn er offensichtlich auf mich abfährt – Frauen übermitteln niemals derart deutliche Signale. Was mir daran so gefällt, ist das Gefühl, etwas Verbotenes zu tun.«

Sequentielle Bisexualität

Alice war ein extremes Beispiel für sequentielle Bisexualität – manchmal homosexuell, manchmal heterosexuell. Ihr Verhaltensmuster war durch Zufall ziemlich symmetrisch – die Beziehung mit einer Frau wurde direkt durch die Beziehung zu einem Mann abgelöst und so weiter. Es gibt jedoch auch Menschen mit sequentieller Bisexualität, die nur eine einzige längere homosexuelle Beziehung haben, wobei der wesentliche Punkt der ist, daß sie nicht gleichzeitig auch noch heterosexuelle Affären haben.

Die meisten Partner von Karen sind bis jetzt Männer gewesen, aber sie hatte auch zwei enge, liebevolle sexuelle Beziehungen zu Frauen, beide zu der Zeit, als sie sich politisch und sozial sehr stark in der Frauenbewegung engagierte.

»Damals war mein ganzes Leben, jeder Atemzug, jeder Gedanke, feministisch, und eine sexuelle Beziehung zu einem Mann kam offenbar gar nicht in Frage. Drei Jahre lang hatte ich weibliche Liebespartner, und das schien mir auch völlig natürlich. Seitdem mein Engagement weniger intensiv geworden ist, bin ich zur Heterosexualität zurückgekehrt. Die Sexualität mit den Frauen fand ich befriedigend, aber wahrscheinlich mag ich Männer doch lieber. Die Dynamik einer Mann-Frau-Beziehung entspricht mir mehr.«

Das Bedürfnis nach Beziehungen zu beiden Geschlechtern

Praktizierende Bisexuelle haben oft eine ganze Reihe von Erklärungen, warum sie beide Geschlechter als Partner brauchen. Diese Gründe lassen sich jedoch grob in zwei Kategorien einteilen – sexuelle und emotionale.

Len sieht den wesentlichen Unterschied im emotionalen Bereich. Er meint: »Ich kann zwar sagen, daß ich mich zu Männern wie zu

> *»Wenn es zwischen mir und meinem Mann funkt, ist es großartig. Und wenn er geschickt ist, ist es super. Bei manchen Männern ist es aber nach zehn Minuten vorbei, wenn sie erst einmal ihren Spaß gehabt haben. Oder man gerät an jemanden, der mit maschineller Routine vorgeht...«*

Mädchen dürfen ihre Zuneigung offen zeigen, aber bei Jungen ist Sport einer der wenigen Bereiche, der ein gewisses Maß an Körperkontakt und Intimität erlaubt.

Frauen hingezogen fühle, aber die Beziehungen sind von verschiedener Qualität.«

Nick erklärt seine Bisexualität in erster Linie unter sexuellen Aspekten. »Mit einer Frau zu schlafen, ist etwas ganz anderes als Sex mit einem Mann. Bei einer Frau kann ich zärtlicher sein, der Sex ist inniger. Andererseits wollen manche Frauen nur, daß du den erfahrenen Liebhaber spielst – sie liegen da und lassen dich machen, und dann tun sie beleidigt, wenn du hinterher ein bißchen pennen willst. Bei einer Frau denkt man nicht an sein eigenes sexuelles Vergnügen, sondern an Technik. Sex mit Männern finde ich fast ›sportlich‹, manchmal brutal. ›Klappen‹-Sex (Sex in öffentlichen Bedürfnisanstalten) ist derb, er ist wie ich, wie das, was ich fühle, wie die Intensität meines Orgasmus.«

Enthaltsamkeit

Befinden wir uns nach den freizügigen sechziger und den promiskuitiven siebziger Jahren jetzt in den abstinenten Achtzigern? Mit dem Umsichgreifen neuer und unheilbarer Geschlechtskrankheiten kommt auch der Zölibat wieder in Mode.

Nach Jahrhunderten der Ablehnung, jedenfalls was die Gesamtheit der Gesellschaft betraf, erlebt der Zölibat – die bewußte Entscheidung, ohne Sex zu leben – heute ein Comeback.

Die beiden Schreckgespenster AIDS und Herpes scheinen die ehemals Promiskuitiven so zu lähmen, daß sie sich zu einem Leben ohne sexuelle Kontakte gezwungen sehen. Auch die allgemein vorherrschende Stimmung verschiebt sich zur Zeit allmählich in Richtung Abstinenz. Eine wachsende Anzahl von Berühmtheiten erklärt ihr mangelndes Interesse an Sex ohne Angst vor öffentlicher Mißbilligung. Viel zitiert wird ein für seine Geschlechtsneutralität bekannter Star, der angeblich lieber eine gute Tasse Tee trinkt.

Aber während man sich streitet, ob diese neuentdeckte Lust an der Selbstverleugnung eine bloße Reaktion auf die Gefahren von Geschlechtskrankheiten ist oder eine tiefergehende Bewegung gegen die sexuelle Revolution der 60er und frühen 70er Jahre, ist die Enthaltsamkeit nach wie vor von einem mythischen Schleier umgeben.

Vielen Nicht-Enthaltsamen ist der Gedanke unvorstellbar, daß ein Mann oder eine Frau für immer auf Sex verzichten kann, ohne emotionale Störungen zu riskieren. Andere verspotten den enthaltsam Lebenden als heimlichen Homosexuellen oder als Opfer unüberwindlicher Hemmungen, das dringend psychiatrischer Hilfe bedarf.

Religion kann eine wichtige Rolle bei der Entscheidung für den Zölibat sein. Nonnen sind »mit Christus verheiratet« und weihen Gott ihre Abstinenz.

Selbst der religiöse Zölibat wird gelegentlich Gegenstand verstohlener Witze, die auf dem Verdacht basieren, es handele sich dabei um eine zweifelhafte Art von Sexualität oder um schlecht getarnte Heuchelei.

Dabei ist Enthaltsamkeit keinesfalls »unnormal« und wird von sehr vielen Menschen praktiziert. Als solche verdient sie eine wohlwollende Beurteilung und ein besseres Verständnis.

Was ist Enthaltsamkeit?

Die bewußte Entscheidung für ein Leben ohne Sex sollte nicht mit sexuellem Unvermögen verwechselt werden – entweder aus Mangel an Gelegenheit oder verfügbaren Partnern oder aufgrund unbewußter Ängste, die das Ausleben von Sexualität verhindern.

Enthaltsam sind Menschen, die sich die Freiheit nehmen, zu wählen. Es sind Personen, die sich ihrer Sexualität voll bewußt sind, sich aber aus ganz individuellen Gründen dagegen entscheiden. In diesem Sinne kann man den Zölibat ebenso als eine Lebensweise ansehen wie den Entschluß, sein ganzes Leben einem bestimmten Ziel zu weihen.

Außerdem ist Enthaltsamkeit auch keine irreversible feierliche Entscheidung für jetzt und alle Zeiten. Ebenso, wie man sie wählt, kann man seine Meinung auch wieder ändern. Das sollte wenigstens den Mythos entkräften, daß alle enthaltsam Lebenden Gefangene ihrer eigenen unterdrückten Sexualität sind, eingesperrt in ein Verlies qualvoller Selbstverleugnung, dem sie nicht entfliehen können.

Gründe für Enthaltsamkeit

Eine vorherrschende Begründung für Perioden der Enthaltsamkeit bei alleinstehenden Männern und Frauen ist einfach der Wunsch, bei denjenigen, mit denen man schläft, wählerischer zu sein. Das kann zwar seinen Ursprung in der Angst vor Geschlechtskrankheiten oder emotionalen Verletzungen haben, ist wahrscheinlich aber eher eine Reaktion auf die sexuelle Freizügigkeit und fortgesetzte Promiskuität in jüngeren Jahren.

Im Gegensatz zu ihren Eltern und Großeltern haben diese Menschen vielleicht sehr vielfältige sexuelle Erfahrungen gemacht, und

> ***Wußten Sie schon?***
> *Von Moslems wird erwartet, daß sie während des Ramadans, ihres kirchlichen Fastenmonats, von Sonnenaufgang bis Sonnenuntergang sexuell abstinent sind. Jüdisch-orthodoxe Frauen gelten ab Beginn ihrer Periode sieben Tage lang als unrein und demnach unberührbar. In vielen afrikanischen Gesellschaften ist dieses Verbot noch um die Zeit der Schwangerschaft und des Stillens erweitert. Dort glaubt man, daß Geschlechtsverkehr während der Menstruation den Mann verunreinigen würde. Bei einer Schwangerschaft würde er das ungeborene Kind schädigen und zu einer Fehlgeburt führen.*
> *Jede Verletzung dieser Tabus würde nach afrikanischem Verständnis die Gesundheit des Mannes gefährden. Bei den Zulu riskiert der Mann, der in ein Gerichtsverfahren verwickelt ist und mit seiner Frau schläft, bevor es abgeschlossen ist, daß er den Fall verliert.*

der Liebesakt selbst birgt schon längst nicht mehr das mysteriöse Entzücken, das bei jeder sich bietenden Gelegenheit ausgekostet werden muß. Sie sind zu dem Schluß gekommen, daß Sex allein – in Form beiläufiger Begegnungen oder One-Night-Stands – nicht genügt, und daß sie ihn in Zukunft nur als Bestandteil einer tiefergehenden, emotional befriedigenderen Beziehung in Betracht ziehen wollen.

Im Gegensatz zur öffentlichen Meinung wird der »vorübergehend« Enthaltsame meistens nicht von Frustrationen gequält. Gelegentliches Masturbieren kann sexuelle Spannungen erleichtern, falls es dazu kommen sollte. Im allgemeinen ist aber der Wunsch, zu finden, wonach man sucht, stärker als der Geschlechtstrieb. Es gibt keinen Grund, warum diese Menschen nicht ebenso glücklich sein sollten wie alle anderen, die danach streben, ein erfüllteres Leben zu führen, und dafür auch zu Opfern bereit sind.

Verminderter Geschlechtstrieb

Von Religions- und Gewissensfragen abgesehen, ist ein längerfristiger Zölibat wahrscheinlich eher die Folge eines unterdurchschnittlich entwickelten Geschlechtstriebs.

Warum Menschen in ihren sexuellen Bedürfnissen so unterschiedlich sind, bleibt ein Geheimnis. Bis jetzt fehlt jeder Hinweis darauf, daß Sex physiologisch einem anderen Zweck dient als dem der

Wußten Sie schon?
Die alten Chinesen praktizierten den **Coitus reservatus** *und* **Coitus interruptus**, *Formen des Geschlechtsverkehrs, bei denen keine Ejakulation stattfindet. Sie glaubten, sie könnten mit extremer Selbstdisziplin bewirken, daß das Sperma wieder in den Schaft des Penis und von da aus ins Gehirn zurückkehrt. Auch manche Hindu-, Jain- und buddhistischen Sekten preisen den Geschlechtsverkehr als Vereinigung mit Gott, ermutigen aber den Mann, nicht zu ejakulieren, damit er seine Kraft nicht verschwendet. Andere asiatische Asketen übten Enthaltsamkeit, um ihre physischen und spirituellen Energien zu entwickeln und zu perfektionieren.*

In den meisten Gesellschaften gilt Keuschheit – ein Leben ganz ohne Sex – als nicht normal und sogar gefährlich. In manchen Teilen der Welt hält man sie für eine derart bizarre Vorstellung, daß dort nicht einmal ein Wort für »Jungfrau« existiert.

Fortpflanzung. Der menschliche Sexualtrieb scheint rein physischer Natur zu sein, und die Forschung geht im Moment dahin, Verbindungen zwischen Geschlechtstrieb, Kultur, Erziehung und den in den entscheidenden Jahren gemachten Erfahrungen festzustellen.

Dennoch erscheint uns – auch gefühlsmäßig – das sexuelle Verlangen als Teil unserer Natur. Ähnlich wie der ständig Erkältete über diejenigen staunt, die kaum jemals niesen, fällt es dem sexuell leicht Erregbaren, dessen Körper nach ein oder zwei enthaltsamen Tagen förmlich nach Befriedigung lechzt, schwer, die Gefühle und Motive eines überzeugten sexuellen Abstinenzlers zu verstehen.

Wer mit einem schwachen Geschlechtstrieb ausgestattet ist, wird diese Tatsache meistens nicht publik machen, weil er sich sonst einfach als »fünftes Rad am Wagen« fühlt. Er kann zwar ganz normal über Sex lachen und Witze machen, vielleicht auch ernsthaft darüber diskutieren, aber hinter all seiner Aufschneiderei steckt eine gewisse Gleichgültigkeit, die daher rührt, daß es ihn letztlich nicht betrifft.

Wie jeder andere hat auch der Enthaltsame mit dem unterentwickelten Geschlechtstrieb das Bedürfnis nach Gemeinschaft, und er kann gute Freunde beiderlei Geschlechts haben. Da der sexuelle Reiz fehlt, können sich jedoch die Begegnungen mit dem anderen Geschlecht auf wenige beschränken, und viele ziehen die Gesellschaft des eigenen Geschlechts vor, mit dem sie ihrem Gefühl nach das meiste gemeinsam haben.

Dies schließt allerdings nicht aus, daß auch enthaltsam Lebende sehr langfristige und enge Beziehungen mit dem anderen Geschlecht eingehen, die vielleicht sogar in eine Heirat münden. Wer einen schwachen Geschlechtstrieb hat, zieht oft Menschen an, die ähnlich fühlen, oder sucht sie auch aktiv, und wenn sich auch die Frage nach dem Sex in der Zeit des Kennenlernens und den ersten Monaten der Ehe stellen mag, so wird sie schnell dahingehend geregelt – oft über Ausreden auf beiden Seiten –, daß die Beziehung sich als enge Freundschaft etabliert, die auf gegenseitigem Verständnis basiert.

Nach außen hin wird dies als glückliche Ehe erscheinen. Und das entspricht auch der Wahrheit, solange der Geschlechtstrieb bei beiden schwach ausgeprägt bleibt. Für solche Menschen ist die Freude und Geborgenheit des Lebens mit einem geliebten Partner unendlich viel wichtiger als Sex.

Enthaltsamkeit und Religion

Die weitaus bekannteste Form des Zölibats ist bei denjenigen zu finden, die sich aus religiösen Gründen der geschlechtlichen Liebe enthalten – bei Mönchen, Nonnen und Priestern. Für sie ist der Zölibat ein physisches Opfer, das sie Gott freiwillig bringen. Indem sie den fleischlichen Begierden entsagen, wollen sie ihren Geist von den Fesseln weltlicher Genüsse befreien und dadurch ihre spirituellen Fähigkeiten verstärken.

Mahatma Gandhi – Porträt eines enthaltsamen Menschen

Der große indische Religionsführer und Politiker Mahatma Gandhi entschied sich mit 37 für den Zölibat, nachdem er im Alter von 19 Jahren geheiratet hatte und Vater von vier Kindern war. Er schrieb später, die Erkenntnis, daß er enthaltsam leben sollte, sei ihm gekommen, als er einmal mit seiner Frau schlief, während er wußte, daß sein Vater im Sterben lag. Die tiefe Scham, die er daraufhin empfand, setzte er in ein Streben nach höherem spirituellen Bewußtsein um, und er ging sogar so weit, sich selbst auf die Probe zu stellen, indem er nackt mit jungen Frauen im selben Bett schlief.

Man kann zwar unmöglich sagen, was Gandhis drastische Entscheidung verursachte, aber der Zölibat war für ihn zweifellos eine greifbare Verpflichtung auf ein geistiges Ziel; und das gab ihm wohl die Kraft, die beispiellosen Großtaten zu vollbringen.

Der religiöse Zölibat, dessen Ursprung etwa im 4. Jahrhundert nach Christus in den östlichen Religionen liegt, hat eine bewegte Geschichte. Seine Übernahme durch die Katholische Kirche mag sehr wohl praktische Gründe gehabt haben, da der Geistliche, indem er sich öffentlich von den sexuellen Gelüsten seiner Gemeinde lossagte, automatisch zum Mysterium und zur spirituellen Autorität wurde. In der Praxis war der klerikale Zölibat nicht zu erzwingen.

Heutzutage, wo der Zölibat für katholische Geistliche von vielen Seiten als in einer modernen Welt unzeitgemäß angegriffen wird, befolgen diejenigen, die sich dafür entscheiden, ihn wahrscheinlich strenger denn je zuvor.

Enthaltsamkeit und Sport

Schließlich, in gewissem Sinne vergleichbar mit dem religiösen Zölibat, gibt es noch diejenigen, die eine bestimmte Zeit enthaltsam leben, um ihre sexuellen Energien auf ein spezifisches Ziel oder eine Leistung zu konzentrieren. Es ist nicht unüblich, daß Sportler sexuell abstinent sind, während sie für ein wichtiges Ereignis trainieren, oder Künstler dasselbe tun, wenn sie ein bestimmtes Projekt beginnen. Eine wissenschaftliche Erklärung dafür gab Freud, der mutmaßte, daß das sexuelle Begehren eine Form psychischer Energie ist, die sich auch so kanalisieren läßt, daß sie sich in nicht-sexuellen Handlungen ausdrückt.

Heute scheint festzustehen, daß manche Menschen durch Enthaltsamkeit tatsächlich zu Höchstleistungen angespornt werden, daß aber kein Grund besteht, zu glauben, Sex würde unsere kreativen Energien irgendwie ablenken.

Folgerungen

Bis jetzt gibt es keinerlei Hinweise darauf, daß sexuelle Abstinenz körperlich schädlich ist oder daß Menschen, die den Zölibat aufgeben – katholische Priester zum Beispiel, die aus dem geistlichen

Boxweltmeister Muhammad Ali behauptete einmal, er wäre vor jedem Titelkampf sechs Wochen lang sexuell enthaltsam.

Stand austreten, um zu heiraten –, irgendwelche Probleme physischer Art haben.

Gleichermaßen wird der echt Enthaltsame – im Gegensatz zu demjenigen, der aufgrund sexueller Hemmungen zum Zölibat gezwungen ist – wahrscheinlich kaum tiefergehende psychische Schwierigkeiten haben, abgesehen von dem Druck, sich der sogenannten Normalität anzupassen. Das ist nicht verwunderlich, wenn man sich klarmacht, daß für die meisten enthaltsam Lebenden Sex eine unwichtige Rolle spielt – ebenso, wie manche Menschen sich nicht dafür interessieren, Weltreisen zu machen.

Die Forschung zeigt, daß fortgesetzte sexuelle Abstinenz, wenn überhaupt, den Geschlechtstrieb in Wirklichkeit vermindert, obgleich das nicht für Personen zutrifft, die durch ihre Arbeit zu vorübergehendem Zölibat gezwungen sind.

PARTNERSCHAFT/SEX

11020

10005

10750

10092

SCHÖNHEIT/ GESUNDHEIT/ERNÄHRUNG

11156

10753

10752

10765

Mosaik

SCHÖNHEIT/ GESUNDHEIT/ERNÄHRUNG

11128

11121

11120

11154